SV

Hermann Hesse
Weg nach Innen

Kinderseele
Wanderung
Klein und Wagner
Klingsors letzter Sommer
Siddhartha

Mit acht Aquarellen

Suhrkamp Verlag

Die Anthologie ›Weg nach Innen‹ erschien zum erstenmal 1931
Sie enthielt die vier Erzählungen ›Siddhartha‹ (1919–1922),
›Kinderseele‹ (1918), ›Klein und Wagner‹ (1919),
›Klingsors letzter Sommer‹ (1919).
Eine zweite Ausgabe von ›Weg nach Innen‹ erschien 1947.
Unsere Ausgabe ist erweitert um die Aufzeichnungen ›Wanderung‹,
die im selben Zeitraum wie die vier Erzählungen 1918/1919) entstanden.
Der Ausgabe wurden acht farbige Aquarelle,
ebenfalls aus der Zeit, beigefügt.

Einmalige Sonderausgabe 1973

Satz und Druck: Georg Wagner, Nördlingen
Printed in Germany

Inhalt

Kinderseele

Manchmal handeln wir, gehen aus und ein, tun dies und das, und es ist alles leicht, unbeschwert und gleichsam unverbindlich, es könnte scheinbar alles auch anders sein. Und manchmal, zu anderen Stunden, könnte nichts anders sein, ist nichts unverbindlich und leicht, und jeder Atemzug, den wir tun, ist von Gewalten bestimmt und schwer von Schicksal.
Die Taten unseres Lebens, die wir die guten nennen und von denen zu erzählen uns leicht fällt, sind fast alle von jener ersten, »leichten« Art, und wir vergessen sie leicht. Andere Taten, von denen zu sprechen uns Mühe macht, vergessen wir nie mehr, sie sind gewissermaßen mehr unser als andere, und ihre Schatten fallen lang über alle Tage unseres Lebens.
Unser Vaterhaus, das groß und hell an einer hellen Straße lag, betrat man durch ein hohes Tor, und sogleich war man von Kühle, Dämmerung und steinern feuchter Luft umfangen. Eine hohe, düstere Halle nahm einen schweigsam auf, der Boden von roten Sandsteinfliesen führte leicht ansteigend gegen die Treppe, deren Beginn zuhinterst tief im Halbdunkel lag. Viele tausend Male bin ich durch dies hohe Tor eingegangen, und niemals hatte ich acht auf Tor und Flur, Fliesen und Treppe: dennoch war es immer ein Übergang in eine andere Welt, in »unsere« Welt. Die Halle roch nach Stein, sie war finster und hoch, hinten führte die Treppe aus der dunklen Kühle empor und zu Licht und hellem Behagen. Immer aber war erst die Halle und die ernste Dämmerung da: etwas von Vater, etwas von Würde und Macht, etwas von Strafe und schlechtem Gewissen. Tausendmal ging man lachend hindurch. Manchmal aber trat man herein und war sogleich erdrückt und zerkleinert, hatte Angst, suchte rasch die befreiende Treppe.

Als ich elf Jahre alt war, kam ich eines Tages von der Schule her nach Hause, an einem von den Tagen, wo Schicksal in den Ecken lauert, wo leicht etwas passiert. An diesen Tagen scheint jede Unordnung und Störung der eigenen Seele sich in unserer Umwelt zu spiegeln und sie zu entstellen. Unbehagen und Angst beklemmen unser Herz, und wir suchen und finden ihre vermeintlichen Ursachen außer uns, sehen die Welt schlecht eingerichtet und stoßen überall auf Widerstände.

Ähnlich war es an jenem Tage. Von früh an bedrückte mich – wer weiß woher? vielleicht aus Träumen der Nacht – ein Gefühl wie schlechtes Gewissen, obwohl ich nichts Besonderes begangen hatte. Meines Vaters Gesicht hatte am Morgen einen leidenden und vorwurfsvollen Ausdruck gehabt, die Frühstücksmilch war lau und fad gewesen. In der Schule war ich zwar nicht in Nöte geraten, aber es hatte alles wieder einmal trostlos, tot und entmutigend geschmeckt und hatte sich vereinigt zu jenem mir schon bekannten Gefühl der Ohnmacht und Verzweiflung, das uns sagt, daß die Zeit endlos sei, daß wir ewig und ewig klein und machtlos und im Zwang dieser blöden, stinkenden Schule bleiben werden, Jahre und Jahre, und daß dies ganze Leben sinnlos und widerwärtig sei.

Auch über meinen derzeitigen Freund hatte ich mich heute geärgert. Ich hatte seit kurzem eine Freundschaft mit Oskar Weber, dem Sohn eines Lokomotivführers, ohne recht zu wissen, was mich zu ihm zog. Er hatte neulich damit geprahlt, daß sein Vater sieben Mark im Tag verdiene, und ich hatte aufs Geratewohl erwidert, der meine verdiene vierzehn. Daß er sich dadurch hatte imponieren lassen, ohne Einwände zu machen, war der Anfang

der Sache gewesen. Einige Tage später hatte ich mit Weber einen Bund gegründet, indem wir eine gemeinsame Sparkasse anlegten, aus welcher später eine Pistole gekauft werden sollte. Die Pistole lag im Schaufenster eines Eisenhändlers, eine massive Waffe mit zwei bläulichen Stahlrohren. Und Weber hatte mir vorgerechnet, daß man nur eine Weile richtig zu sparen brauche, dann könne man sie kaufen. Geld gebe es ja immer, er bekomme sehr oft einen Zehner für Ausgänge, oder sonst ein Trinkgeld, und manchmal finde man Geld auf der Gasse, oder Sachen mit Geldeswert, wie Hufeisen, Bleistücke und anderes, was man gut verkaufen könne. Einen Zehner hatte er auch sofort für unsere Kasse hergegeben, und der hatte mich überzeugt und mir unseren ganzen Plan als möglich und hoffnungsvoll erscheinen lassen.
Indem ich an jenem Mittag unseren Hausflur betrat und mir in der kellerig kühlen Luft dunkle Mahnungen an tausend unbequeme und hassenswerte Dinge und Weltordnungen entgegenwehten, waren meine Gedanken mit Oskar Weber beschäftigt. Ich fühlte, daß ich ihn nicht liebte, obwohl sein gutmütiges Gesicht, das mich an eine Waschfrau erinnerte, mir sympathisch war. Was mich zu ihm hinzog, war nicht seine Person, sondern etwas anderes, ich könnte sagen, sein Stand – es war etwas, das er mit fast allen Buben von seiner Art und Herkunft teilte: eine gewisse freche Lebenskunst, ein dickes Fell gegen Gefahr und Demütigung, eine Vertrautheit mit den kleinen praktischen Angelegenheiten des Lebens, mit Geld, mit Kaufläden und Werkstätten, Waren und Preisen, mit Küche und Wäsche und dergleichen. Solche Knaben wie Weber, denen die Schläge in der Schule nicht weh zu tun schienen und die mit Knechten, Fuhrleuten und Fabrik-

mädchen verwandt und befreundet waren, die standen anders und gesicherter in der Welt als ich; sie waren gleichsam erwachsener, sie wußten, wieviel ihr Vater im Tag verdiene, und wußten ohne Zweifel auch sonst noch vieles, worin ich unerfahren war. Sie lachten über Ausdrücke und Witze, die ich nicht verstand. Sie konnten überhaupt auf eine Weise lachen, die mir versagt war, auf eine dreckige und rohe, aber unleugbar erwachsene und »männliche« Weise. Es half nichts, daß man klüger war als sie und in der Schule mehr wußte. Es half nichts, daß man besser als sie gekleidet, gekämmt und gewaschen war. Im Gegenteil, eben diese Unterschiede kamen ihnen zugute. In die »Welt«, wie sie mir in Dämmerschein und Abenteuerschein vorschwebte, schienen mir solche Knaben wie Weber ganz ohne Schwierigkeiten eingehen zu können, während mir die »Welt« so sehr verschlossen war und jedes ihrer Tore durch unendliches Älterwerden, Schulesitzen, durch Prüfungen und Erzogenwerden mühsam erobert werden mußte. Natürlich fanden solche Knaben auch Hufeisen, Geld und Stücke Blei auf der Straße, bekamen Lohn für Besorgungen, kriegten in Läden allerlei geschenkt und gediehen auf jede Weise.

Ich fühlte dunkel, daß meine Freundschaft zu Weber und seiner Sparkasse nichts war als wilde Sehnsucht nach jener »Welt«. An Weber war nichts für mich liebenswert als sein großes Geheimnis, kraft dessen er den Erwachsenen näher stand als ich, in einer schleierlosen, nackteren, robusteren Welt lebte als ich mit meinen Träumen und Wünschen. Und ich fühlte voraus, daß er mich enttäuschen würde, daß es mir nicht gelingen werde, ihm sein Geheimnis und den magischen Schlüssel zum Leben zu entreißen.

Eben hatte er mich verlassen, und ich wußte, er ging nun nach Hause, breit und behäbig, pfeifend und vergnügt, von keiner Sehnsucht, von keinen Ahnungen verdüstert. Wenn er die Dienstmägde und Fabrikler antraf und ihr rätselhaftes, vielleicht wunderbares, vielleicht verbrecherisches Leben führen sah, so war es ihm kein Rätsel und ungeheures Geheimnis, keine Gefahr, nichts Wildes und Spannendes, sondern selbstverständlich, bekannt und heimatlich wie der Ente das Wasser. So war es. Und ich hingegen, ich würde immer nebendraußen stehen, allein und unsicher, voll von Ahnungen, aber ohne Gewißheit.

Überhaupt, das Leben schmeckte an jenem Tage wieder einmal hoffnungslos fade, der Tag hatte etwas von einem Montag an sich, obwohl er ein Samstag war, er roch nach Montag, dreimal so lang und dreimal so öde als die anderen Tage. Verdammt und widerwärtig war dies Leben, verlogen und ekelhaft war es. Die Erwachsenen taten, als sei die Welt vollkommen und als seien sie selber Halbgötter, wir Knaben aber nichts als Auswurf und Abschaum. Diese Lehrer –! Man fühlte Streben und Ehrgeiz in sich, man nahm redliche und leidenschaftliche Anläufe zum Guten, sei es nun zum Lernen der griechischen Unregelmäßigen oder zum Reinhalten seiner Kleider, zum Gehorsam gegen die Eltern oder zum schweigenden, heldenhaften Ertragen aller Schmerzen und Demütigungen – ja, immer und immer wieder erhob man sich, glühend und fromm, um sich Gott zu widmen und den idealen, reinen, edlen Pfad zur Höhe zu gehen, Tugend zu üben, Böses stillschweigend zu dulden, anderen zu helfen – ach, und immer und immer wieder blieb es ein Anlauf, ein Versuch und kurzer Flatterflug! Immer wieder passierte schon nach Tagen, o schon nach Stunden etwas, was nicht hätte sein dürfen, etwas Elendes, Betrübendes und Beschämendes. Immer wieder fiel man mitten aus den trotzigsten und adligsten Entschlüssen und Gelöbnissen plötzlich unentrinnbar in Sünde und Lumperei, in Alltag und Gewöhnlichkeiten zurück! Warum war es so, daß man die Schönheit und Richtigkeit guter Vorsätze so wohl und tief erkannte und im Herzen fühlte, wenn doch beständig und immerzu das ganze Leben (die Erwachsenen einbegriffen) nach Gewöhnlichkeit stank und überall darauf eingerichtet war, das Schäbige und Gemeine triumphieren zu lassen? Wie konnte es sein, daß man morgens im Bett auf den Knien oder nachts vor angezündeten Kerzen sich mit heiligem Schwur dem Guten und Lichten verbündete, Gott anrief und jedem Laster für immer Fehde ansagte – und daß man dann, vielleicht bloß ein paar Stunden später, an diesem selben heiligen Schwur und Vorsatz den elendesten Verrat üben konnte, sei es auch nur durch das Einstimmen in ein verführerisches Gelächter, durch das Gehör, das man einem dummen Schulbubenwitze lieh? Warum war das so? Ging es andern anders? Waren die Helden, die Römer und Griechen, die Ritter, die ersten Christen – waren diese alle andere Menschen gewesen als ich, besser, vollkommener, ohne schlechte Triebe, ausgestattet mit irgendeinem Organ, das mir fehlte, das sie hinderte, immer wieder aus dem Himmel in den Alltag, aus dem Erhabenen ins Unzulängliche und Elende zurückzufallen? War die Erbsünde jenen Helden und Heilgen unbekannt? War das Heilige und Edle nur Wenigen, Seltenen, Auserwählten möglich? Aber warum war mir, wenn ich nun also kein Auserwählter war, dennoch dieser Trieb nach dem Schönen und Adligen eingeboren, diese wilde, schluchzende Sehnsucht nach Reinheit, Güte, Tugend? War das nicht zum Hohn? Gab es das in Gottes Welt, daß ein Mensch, ein Knabe, gleichzeitig alle hohen und alle bösen Triebe in sich hatte und leiden und verzweifeln mußte, nur so als eine unglückliche und komische Figur, zum Vergnügen des zuschauenden Gottes? Gab es das? Und war dann nicht – ja war dann nicht die ganze Welt ein Teufelsspott, gerade wert, sie anzuspucken?! War dann nicht Gott ein Scheusal, ein Wahnsinniger, ein dummer, widerlicher Hanswurst? – Ach, und während ich mit einem Beigeschmack von Empörerwollust diese Gedanken dachte, strafte mich schon mein banges Herz durch Zittern für die Blasphemie!

Wie deutlich sehe ich, nach dreißig Jahren, jenes Treppenhaus wieder vor mir, mit den hohen, blinden Fenstern, die gegen die nahe Nachbarmauer gingen und so wenig Licht gaben, mit den weißgescheuerten, tannenen Treppen und Zwischenböden und dem glatten, harthölzernen Geländer, das durch meine tausend sausenden Abfahrten poliert war! So fern mir die Kindheit steht, und so unbegreiflich und märchenhaft sie mir im ganzen erscheint, so ist mir doch alles genau erinnerlich, was schon damals, mitten im Glück, in mir an Leid und Zwiespalt vorhanden war. Alle diese Gefühle waren damals im Herzen des Kindes schon dieselben, wie sie es immer blieben: Zweifel am eigenen Wert, Schwanken zwischen Selbstschätzung und Mutlosigkeit, zwischen weltverachtender Idealität und gewöhnlicher Sinneslust – und wie damals, so sah ich auch hundertmal später noch in diesen Zügen meines Wesens bald verächtliche Krankheit, bald Auszeichnung, habe zu Zeiten den Glauben, daß mich Gott auf diesem qualvollen Wege zu besonderer Vereinsamung und Vertiefung führen wolle, und finde zu andern Zeiten wieder in alledem nichts als die Zeichen einer schäbigen Charakterschwäche, einer Neurose, wie Tausende sie mühsam durchs Leben schleppen.

Wenn ich alle die Gefühle und ihren qualvollen Widerstreit auf ein Grundgefühl zurückführen und mit einem einzigen Namen bezeichnen sollte, so wüßte ich kein anderes Wort als: Angst. Angst war es, Angst und Unsicherheit, was ich in allen jenen Stunden des gestörten Kinderglücks empfand: Angst vor Strafe, Angst vor dem eigenen Gewissen, Angst vor Regungen meiner Seele, die ich als verboten und verbrecherisch empfand.

Auch in jener Stunde, von der ich erzähle, kam dies Angstgefühl wieder über mich, als ich in dem heller und heller werdenden Treppenhause mich der Glastür näherte. Es begann mit einer Beklemmung im Unterleib, die bis zum Halse emporstieg und dort zum Würgen oder zu Übelkeit wurde. Zugleich damit empfand ich in diesen Momenten stets, und so auch jetzt, eine peinliche Geniertheit, ein Mißtrauen gegen jeden Beobachter, einen Drang zu Alleinsein und Sichverstecken.

Mit diesem üblen und verfluchten Gefühl, einem wahren Verbrechergefühl, kam ich in den Korridor und in das Wohnzimmer. Ich spürte: es ist heut der Teufel los, es wird etwas passieren. Ich spürte es, wie das Barometer einen veränderten Luftdruck spürt, mit rettungsloser Passivität. Ach, nun war es wieder da, dies Unsägliche! Der Dämon schlich durchs Haus, Erbsünde nagte am Herzen, riesig und unsichtbar stand hinter jeder Wand ein Geist, ein Vater und Richter.

Noch wußte ich nichts, noch war alles bloß Ahnung, Vorgefühl, nagendes Unbehagen. In solchen Lagen war es

1921

oft das beste, wenn man krank wurde, sich erbrach und ins Bett legte. Dann ging es manchmal ohne Schaden vorüber, die Mutter oder Schwester kam, man bekam Tee und spürte sich von liebender Sorge umgeben, und man konnte weinen oder schlafen, um nachher gesund und froh in einer völlig verwandelten, erlösten und hellen Welt zu erwachen.
Meine Mutter war nicht im Wohnzimmer, und in der Küche war nur die Magd. Ich beschloß, zum Vater hinauf zu gehen, zu dessen Studierzimmer eine schmale Treppe hinaufführte. Wenn ich auch Furcht vor ihm hatte, zuweilen war es doch gut, sich an ihn zu wenden, dem man so viel abzubitten hatte. Bei der Mutter war es einfacher und leichter, Trost zu finden; beim Vater aber war der Trost wertvoller, er bedeutete einen Frieden mit dem richtenden Gewissen, eine Versöhnung und ein neues Bündnis mit den guten Mächten. Nach schlimmen Auftritten, Untersuchungen, Geständnissen und Strafen war ich oft aus des Vaters Zimmer gut und rein hervorgegangen, bestraft und ermahnt zwar, aber voll neuer Vorsätze, durch die Bundesgenossenschaft des Mächtigen gestärkt gegen das feindliche Böse. Ich beschloß, den Vater aufzusuchen und ihm zu sagen, daß mir übel sei.
Und so stieg ich die kleine Treppe hinauf, die zum Studierzimmer führte. Diese kleine Treppe mit ihrem eigenen Tapetengeruch und dem trockenen Klang der hohlen, leichten Holzstufen war noch unendlich viel mehr als der Hausflur ein bedeutsamer Weg und ein Schicksalstor; über diese Stufen hatten viele wichtige Gänge mich geführt, Angst und Gewissensqual hatte ich hundertmal dort hinaufgeschleppt, Trotz und wilden Zorn, und nicht selten hatte ich Erlösung und neue Sicherheit

zurückgebracht. Unten in unsrer Wohnung waren Mutter und Kind zu Hause, dort wehte harmlose Luft; hier oben wohnten Macht und Geist, hier waren Gericht und Tempel und das »Reich des Vaters«.
Etwas beklommen wie immer drückte ich die altmodische Klinke nieder und öffnete die Tür halb. Der väterliche Studierzimmergeruch floß mir wohlbekannt entgegen: Bücher- und Tintenduft, verdünnt durch blaue Luft aus halboffnen Fenstern, weiße, reine Vorhänge, ein verlorner Faden von Kölnisch-Wasser-Duft und auf dem Schreibtisch ein Apfel. – Aber die Stube war leer.
Mit einer Empfindung halb von Enttäuschung und halb von Aufatmen trat ich ein. Ich dämpfte meinen Schritt und trat nur mit den Zehen auf, so wie wir hier oben manchmal gehen mußten, wenn der Vater schlief oder Kopfweh hatte. Und kaum war dies leise Gehen mir bewußt geworden, so bekam ich Herzklopfen und spürte verstärkt den angstvollen Druck im Unterleib und in der Kehle wieder. Ich ging schleichend und angstvoll weiter, einen Schritt und wieder einen Schritt, und schon war ich nicht mehr ein harmloser Besucher und Bittsteller, sondern ein Eindringling. Mehrmals schon hatte ich heimlich in des Vaters Abwesenheit mich in seine beiden Zimmer geschlichen, hatte sein geheimes Reich belauscht und erforscht und hatte zweimal auch etwas daraus entwendet.
Die Erinnerung daran war alsbald da und erfüllte mich, und ich wußte sofort: jetzt war das Unglück da, jetzt passierte etwas, jetzt tat ich Verbotenes und Böses. Kein Gedanke an Flucht! Vielmehr, ich dachte wohl daran, dachte sehnlich und inbrünstig daran, davonzulaufen, die Treppe hinab und in mein Stübchen oder in den Garten – aber ich wußte, ich werde das doch nicht tun, nicht tun

können. Innig wünschte ich, mein Vater möchte sich im Nebenzimmer rühren und hereintreten und den ganzen grauenvollen Bann durchbrechen, der mich dämonisch zog und fesselte. O käme er doch! Käme er doch, scheltend meinetwegen, aber käme er nur, eh es zu spät ist!
Ich hustete, um meine Anwesenheit zu melden, und als keine Antwort kam, rief ich leise: »Papa!« Es blieb alles still, an den Wänden schwiegen die vielen Bücher, ein Fensterflügel bewegte sich im Winde und warf einen hastigen Sonnenspiegel über den Boden. Niemand erlöste mich, und in mir selber war keine Freiheit, anders zu tun, als der Dämon wollte. Verbrechergefühl zog mir den Magen zusammen und machte mir die Fingerspitzen kalt, mein Herz flatterte angstvoll. Noch wußte ich keineswegs, was ich tun würde. Ich wußte nur, es würde etwas Schlechtes sein.
Nun war ich beim Schreibtisch, nahm ein Buch in die Hand und las einen englischen Titel, den ich nicht verstand. Englisch haßte ich – das sprach der Vater stets mit der Mutter, wenn wir es nicht verstehen sollten und auch wenn sie Streit hatten. In einer Schale legen allerlei kleine Sachen, Zahnstocher, Stahlfedern, Stecknadeln. Ich nahm zwei von den Stahlfedern und steckte sie in die Tasche, Gott weiß wozu, ich brauchte sie nicht und hatte keinen Mangel an Federn. Ich tat es nur, um dem Zwang zu folgen, der mich fast erstickt hätte, dem Zwang, Böses zu tun, mir selbst zu schaden, mich mit Schuld zu beladen. Ich blätterte in meines Vaters Papieren, sah einen angefangenen Brief liegen, ich las die Worte: »es geht uns und den Kindern, Gott sei Dank, recht gut«, und die lateinischen Buchstaben seiner Handschrift sahen mich an wie Augen.

Dann ging ich leise und schleichend in das Schlafzimmer hinüber. Da stand Vaters eisernes Feldbett, seine braunen Hausschuhe darunter, ein Taschentuch lag auf dem Nachttisch. Ich atmete die väterliche Luft in dem kühlen, hellen Zimmer ein, und das Bild des Vaters stieg deutlich vor mir auf, Ehrfurcht und Auflehnung stritten in meinem beladenen Herzen. Für Augenblicke haßte ich ihn und erinnerte mich seiner mit Bosheit und Schadenfreude, wie er zuweilen an Kopfwehtagen still und flach in seinem niederen Feldbett lag, sehr lang und gestreckt, ein nasses Tuch über der Stirn, manchmal seufzend. Ich ahnte wohl, daß auch er, der Gewaltige, kein leichtes Leben habe, daß ihm, dem Ehrwürdigen, Zweifel an sich selbst und Bangigkeit nicht unbekannt waren. Schon war mein seltsamer Haß verflogen, Mitleid und Rührung folgten ihm. Aber inzwischen hatte ich eine Schieblade der Kommode herausgezogen. Da lag Wäsche geschichtet und eine Flasche Kölnisches Wasser, das er liebte; ich wollte daran riechen, aber die Flasche war noch ungeöffnet und fest verstöpselt, ich legt sie wieder zurück. Daneben fand ich eine kleine runde Dose mit Mundpastillen, die nach Lakritzen schmeckten, von denen steckte ich einige in den Mund. Eine gewisse Enttäuschung und Ernüchterung kam über mich, und zugleich war ich doch froh, nicht mehr gefunden und genommen zu haben.

Schon im Ablassen und Verzichten zog ich noch spielend an einer andern Lade, mit etwas erleichtertem Gefühl und mit dem Vorsatz, nachher die zwei gestohlenen Stahlfedern drüben wieder an ihren Ort zu legen. Vielleicht waren Rückkehr und Reue möglich, Wiedergutmachung und Erlösung. Vielleicht war Gottes Hand über mir stärker als alle Versuchung ...

Da sah ich mit schnellem Blick noch eilig in den Spalt der kaum aufgezogenen Lade. Ach, wären Strümpfe oder Hemden oder alte Zeitungen darin gewesen! Aber da war nun die Versuchung, und sekundenschnell kehrte der kaum gelockerte Krampf und Angstbann wieder, meine Hände zitterten, und mein Herz schlug rasend. Ich sah in einer aus Bast geflochtenen, indischen oder sonst exotischen Schale etwas liegen, etwas Überraschendes, Verlockendes, einen ganzen Kranz von weiß bezuckerten, getrockneten Feigen!
Ich nahm ihn in die Hand, er war wundervoll schwer. Dann zog ich zwei, drei Feigen heraus, steckte eine in den Mund, einige in die Tasche. Nun waren alle Angst und alles Abenteuer doch nicht umsonst gewesen. Keine Erlösung, keinen Trost konnte ich mehr von hier fortnehmen, so wollte ich wenigstens nicht leer ausgehen. Ich zog noch drei, vier Feigen von dem Ring, der davon kaum leichter wurde, und noch einige, und als meine Taschen gefüllt und von dem Kranz wohl mehr als die Hälfte verschwunden war, ordnete ich die übriggebliebenen Feigen auf dem etwas klebrigen Ring lockerer an, so daß weniger zu fehlen schienen. Dann stieß ich, in plötzlichem hellen Schrecken, die Lade heftig zu und rannte davon, durch beide Zimmer, die kleine Stiege hinab und in mein Stübchen, wo ich stehenblieb und mich auf mein kleines Stehpult stützte, in den Knien wankend und nach Atem ringend.
Bald darauf tönte unsre Tischglocke. Mit leerem Kopf und ganz von Ernüchterung und Ekel erfüllt, stopfte ich die Feigen in mein Bücherbrett, verbarg sie hinter Büchern und ging zu Tische. Vor der Eßzimmertür merkte ich, daß meine Hände klebten. Ich wusch sie in

der Küche. Im Eßzimmer fand ich alle schon am Tische warten. Ich sagte schnell Gutentag, der Vater sprach das Tischgebet, und ich beugte mich über meine Suppe. Ich hatte keinen Hunger, jeder Schluck machte mir Mühe. Und neben mir saßen meine Schwestern, die Eltern gegenüber, alle hell und munter und in Ehren, nur ich Verbrecher elend dazwischen, allein und unwürdig, mich fürchtend vor jedem freundlichen Blick, den Geschmack der Feigen noch im Munde. Hatte ich oben die Schlafzimmertür auch zugemacht? Und die Schublade?
Nun war das Elend da. Ich hätte mir die Hand abhauen lassen, wenn dafür meine Feigen wieder oben in der Kommode gelegen hätten. Ich beschloß, sie fortzuwerfen, sie mit in die Schule zu nehmen und zu verschenken. Nur daß sie wegkämen, daß ich sie nie wieder sehen müßte!
»Du siehst heut schlecht aus«, sagte mein Vater über den Tisch weg. Ich sah auf meinen Teller und fühlte seine Blicke auf meinem Gesicht. Nun würde er es merken. Er merkte ja alles, immer. Warum quälte er mich vorher noch? Mochte er mich lieber gleich abführen und meinetwegen totschlagen.
»Fehlt dir etwas?« hörte ich seine Stimme wieder. Ich log, ich sagte, ich habe Kopfweh.
»Du mußt dich nach Tisch ein wenig hinlegen«, sagte er. »Wieviel Stunden habt ihr heut nachmittag?«
»Bloß Turnen.«
»Nun, turnen wird dir nicht schaden. Aber iß auch, zwinge dich ein bißchen! Es wird schon vergehen.«
Ich schielte hinüber. Die Mutter sagte nichts, aber ich wußte, daß sie mich anschaute. Ich aß meine Suppe hinunter, kämpfte mit Fleisch und Gemüse, schenkte mir zweimal Wasser ein. Es geschah nichts weiter. Man ließ

mich in Ruhe. Als zum Schluß mein Vater das Dankgebet sprach: »Herr, wir danken dir, denn du bist freundlich, und deine Güte währet ewiglich«, da trennte wieder ein ätzender Schnitt mich von den hellen, heiligen, vertrauensvollen Worten und von allen, die am Tische saßen: mein Händefalten war Lüge, und meine andächtige Haltung war Lästerung.

Als ich aufstand, strich mir die Mutter übers Haar und ließ ihre Hand einen Augenblick auf meiner Stirn liegen, ob sie heiß sei. Wie bitter war das alles!

In meinem Stübchen stand ich dann vor dem Bücherbrett. Der Morgen hatte nicht gelogen, alle Anzeichen hatten recht gehabt. Es war ein Unglückstag geworden, der schlimmste, den ich je erlebt hatte. Schlimmeres konnte kein Mensch ertragen. Wenn noch Schlimmeres über einen kam, dann mußte man sich das Leben nehmen. Man müßte Gift haben, das war das beste, oder sich erhängen. Es war überhaupt besser, tot zu sein, als zu leben. Es war ja alles so falsch und häßlich. Ich stand und sann und griff zerstreut nach den verborgenen Feigen und aß davon, eine und mehrere, ohne es recht zu wissen.

Unsre Sparkasse fiel mir in die Augen, sie stand im Bord unter den Büchern. Es war eine Zigarrenkiste, die ich fest zugenagelt hatte; in den Deckel hatte ich mit dem Taschenmesser einen ungefügen Schlitz für die Geldstücke geschnitten. Er war schlecht und roh geschnitten, der Schlitz, Holzsplitter standen heraus. Auch das konnte ich nicht richtig. Ich hatte Kameraden, die konnten so etwas mühsam und geduldig und tadellos machen, daß es aussah wie vom Schreiner gehobelt. Ich aber pfuschte immer nur, hatte es eilig und machte nichts sauber fertig. So war es mit meinen Holzarbeiten, so mit meiner Handschrift und meinen Zeichnungen, so war es mit meiner Schmetterlingssammlung und mit allem. Es war nichts mit mir. Und nun stand ich da und hatte wieder gestohlen, schlimmer als je. Auch die Stahlfedern hatte ich noch in der Tasche. Wozu? Warum hatte ich sie genommen – nehmen müssen? Warum mußte man, was man gar nicht wollte?

In der Zigarrenkiste klapperte ein einziges Geldstück, der Zehner von Oskar Weber. Seither war nichts dazugekommen. Auch diese Sparkassengeschichte war so eine meiner Unternehmungen! Alles taugte nichts, alles mißriet und blieb im Anfang stecken, was ich begann! Mochte der Teufel diese unsinnige Sparkasse holen! Ich mochte nichts mehr von ihr wissen.

Diese Zeit zwischen Mittagessen und Schulbeginn war an solchen Tagen wie heute immer mißlich und schwer herumzubringen. An guten Tagen, an friedlichen, vernünftigen, liebenswerten Tagen, war es eine schöne und erwünschte Stunde; ich las dann entweder in meinem Zimmer an einem Indianerbuche oder lief sofort nach Tische wieder auf den Schulplatz, wo ich immer einige unternehmungslustige Kameraden traf, und dann spielten wir, schrien und rannten und erhitzten uns, bis der Glokkenschlag uns in die völlig vergessene »Wirklichkeit« zurückrief. Aber an Tagen wie heute – mit wem wollte man da spielen und wie die Teufel in der Brust betäuben? Ich sah es kommen – noch nicht heute, aber ein nächstes Mal, vielleicht bald. Da würde mein Schicksal vollends zum Ausbruch kommen. Es fehlte ja nur noch eine Kleinigkeit, eine winzige Kleinigkeit mehr an Angst und Leid und Ratlosigkeit, dann lief es über, dann mußte es ein Ende mit Schrecken nehmen. Eines Tages, an gerade so einem Tag wie heute, würde ich vollends im Bösen untersinken, ich würde in Trotz und Wut und wegen der sinnlosen Unerträglichkeit dieses Lebens etwas Gräßliches und Entscheidendes tun, etwas Gräßliches, aber Befreiendes, das der Angst und Quälerei ein Ende machte, für immer. Ungewiß war, was es sein würde; aber Phantasien und vorläufige Zwangsvorstellungen davon waren mir schon mehrmals verwirrend durch den Kopf gegangen, Vorstellungen von Verbrechen, mit denen ich an der Welt Rache nehmen und zugleich mich selbst preisgeben und vernichten würde. Manchmal war es mir so, als würde ich unser Haus anzünden: ungeheure Flammen schlugen mit Flügeln durch die Nacht, Häuser und Gassen wurden vom Brand ergriffen, die ganze Stadt loderte riesig gegen den schwarzen Himmel. Oder zu andern Zeiten war das Verbrechen meiner Träume eine Rache an meinem Vater, ein Mord und grausiger Totschlag. Ich aber würde mich dann benehmen wie jener Verbrecher, jener einzige, richtige Verbrecher, den ich einmal hatte durch die Gassen unsrer Stadt führen sehen. Es war ein Einbrecher, den man gefangen hatte und in das Amtsgericht führte, mit Handschellen gefesselt, einen steifen Melonenhut schief auf dem Kopf, vor ihm und hinter ihm ein Landjäger. Dieser Mann, der durch die Straßen und durch einen riesigen Volksauflauf von Neugierigen getrieben wurde, an tausend Flüchen, boshaften Witzen und herausgeschrienen bösen Wünschen vorbei, dieser Mann hatte in nichts jenen armen, scheuen Teufeln geglichen, die man zuweilen vom Polizeidiener über die Straße begleitet sah und welche meistens bloß arme Handwerksburschen waren, die gebettelt hatten. Nein, dieser war kein Handwerksbursche und sah nicht windig, scheu und weinerlich aus, oder flüchtete in ein verlegen-dummes Grinsen, wie ich es auch

schon gesehen hatte – dieser war ein echter Verbrecher und trug den etwas zerbeulten Hut kühn auf einem trotzigen und ungebeugten Schädel, er war bleich und lächelte still verachtungsvoll, und das Volk, das ihn beschimpfte und anspie, wurde neben ihm zu Pack und Pöbel. Ich hatte damals selbst mitgeschrien: »Man hat ihn, der gehört gehängt!«; aber dann sah ich seinen aufrechten, stolzen Gang, wie er die gefesselten Hände vor sich her trug, und wie er auf dem zähen, bösen Kopf den Melonenhut kühn wie eine phantastische Krone trug – und wie er lächelte! und da schwieg ich. So wie dieser Verbrecher aber würde auch ich lächeln und den Kopf steif halten, wenn man mich ins Gericht und auf das Schafott führte, und wenn die vielen Leute um mich her drängten und hohnvoll aufschrien – ich würde nicht ja und nicht nein sagen, einfach schweigen und verachten.
Und wenn ich hingerichtet und tot war und im Himmel vor den ewigen Richter kam, dann wollte ich mich keineswegs beugen und unterwerfen. O nein, und wenn alle Engelscharen ihn umstanden und alle Heiligkeit und Würde aus ihm strahlte! Mochte er mich verdammen, mochte er mich in Pech sieden lassen! Ich wollte mich nicht entschuldigen, mich nicht demütigen, ihn nicht um Verzeihung bitten, nichts bereuen! Wenn er mich fragte: »Hast du das und das getan?«, so würde ich rufen: »Jawohl habe ich's getan, und noch mehr, und es war recht, daß ich's getan habe, und wenn ich kann, werde ich es wieder und wieder tun. Ich habe totgeschlagen, ich habe Häuser angezündet, weil es mir Spaß machte, und weil ich dich verhöhnen und ärgern wollte. Ja, denn ich hasse dich, ich spucke dir vor die Füße, Gott. Du hast mich gequält und geschunden, du hast Gesetze gegeben,

die niemand halten kann, du hast die Erwachsenen angestiftet, uns Jungen das Leben zu versauen.«
Wenn es mir glückte, mir dies vollkommen deutlich vorzustellen und fest daran zu glauben, daß es mir gelingen würde, genau so zu tun und zu reden, dann war mir für Augenblicke finster wohl. Sofort aber kehrten die Zweifel wieder. Würde ich nicht schwach werden, würde mich einschüchtern lassen, würde doch nachgeben? Oder, wenn ich auch alles tat, wie es mein trotziger Wille war – würde nicht Gott einen Ausweg finden, eine Überlegenheit, einen Schwindel, so wie es den Erwachsenen und Mächtigen ja immer gelang, am Ende noch mit einem Trumpf zu kommen, einen schließlich doch noch zu beschämen, einen nicht für voll zu nehmen, einen unter der verfluchten Maske des Wohlwollens zu demütigen? Ach, natürlich würde es so enden.
Hin und her gingen meine Phantasien, ließen bald mich, bald Gott gewinnen, hoben mich zum unbeugsamen Verbrecher und zogen mich wieder zum Kind und Schwächling herab.
Ich stand am Fenster und schaute auf den kleinen Hinterhof des Nachbarhauses hinunter, wo Gerüststangen an der Mauer lehnten und in einem kleinen winzigen Garten ein paar Gemüsebeete grünten. Plötzlich hörte ich durch die Nachmittagsstille Glockenschläge hallen, fest und nüchtern in meine Visionen hinein, einen klaren, strengen Stundenschlag, und noch einen. Es war zwei Uhr, und ich schreckte aus den Traumängsten in die der Wirklichkeit zurück. Nun begann unsre Turnstunde, und wenn ich auch auf Zauberflügeln fort und in die Turnhalle gestürzt wäre, ich wäre doch schon zu spät gekommen. Wieder Pech! Das gab übermorgen Aufruf,

Schimpfworte und Strafe. Lieber ging ich gar nicht mehr hin, es war doch nichts mehr gutzumachen. Vielleicht mit einer sehr guten, sehr feinen und glaubhaften Entschuldigung – aber es wäre mir in diesem Augenblick keine eingefallen, so glänzend mich auch unsre Lehrer zum Lügen erzogen hatten; ich war jetzt nicht imstande, zu lügen, zu erfinden, zu konstruieren. Besser war es, vollends ganz aus der Stunde wegzubleiben. Was lag daran, ob jetzt zum großen Unglück noch ein kleines kam!
Aber der Stundenschlag hatte mich geweckt und meine Phantasiespiele gelähmt. Ich war plötzlich sehr schwach, überwirklich sah mein Zimmer mich an, Pult, Bilder, Bett, Bücherschaft, alles geladen mit strenger Wirklichkeit, alles Zurufe aus der Welt, in der man leben mußte, und die mir heut wieder einmal so feindlich und gefährlich geworden war. Wie denn? Hatte ich nicht die Turnstunde versäumt? Und hatte ich nicht gestohlen, jämmerlich gestohlen, und hatte die verdammten Feigen im Bücherbrett liegen, soweit sie nicht schon aufgegessen waren? Was gingen mich jetzt der Verbrecher, der liebe Gott und das Jüngste Gericht an! Das würde alles dann schon kommen, zu seiner Zeit – aber jetzt, jetzt im Augenblick war es weit weg und war dummes Zeug, nichts weiter. Ich hatte gestohlen, und jeden Augenblick konnte das Verbrechen entdeckt werden. Vielleicht war es schon soweit, vielleicht hatte mein Vater droben schon jene Schublade gezogen und stand vor meiner Schandtat, beleidigt und erzürnt, und überlegte sich, auf welche Art mir der Prozeß zu machen sei. Ach, er war möglicherweise schon unterwegs zu mir, und wenn ich nicht sofort entfloh, hatte ich in der nächsten Minute schon sein ernstes Gesicht mit der Brille vor mir. Denn er wußte

natürlich sofort, daß ich der Dieb war. Es gab keine Verbrecher in unserm Hause außer mir, meine Schwestern taten nie so etwas, Gott weiß warum. Aber wozu brauchte mein Vater da in seiner Kommode solche Feigenkränze verborgen zu haben?
Ich hatte mein Stübchen schon verlassen und mich durch die hintere Haustür und den Garten davongemacht. Die Gärten und Wiesen lagen in heller Sonne, Zitronenfalter flogen über den Weg. Alles sah jetzt schlimm und drohend aus, viel schlimmer als heut morgen. Oh, ich kannte das schon, und doch meinte ich es nie so qualvoll gespürt zu haben: wie da alles in seiner Selbstverständlichkeit und mit seiner Gewissensruhe mich ansah, Stadt und Kirchturm, Wiesen und Weg, Grasblüten und Schmetterlinge, und wie alles Hübsche und Fröhliche, was man sonst mit Freuden sah, nun fremd und verzaubert war! Ich kannte das, ich wußte, wie es schmeckt, wenn man in Gewissensangst durch die gewohnte Gegend läuft! Jetzt konnte der seltenste Schmetterling über die Wiese fliegen und sich vor meinen Füßen hinsetzen – es war nichts, es freute nicht, reizte nicht, tröstete nicht. Jetzt konnte der herrlichste Kirschbaum mir seinen vollsten Ast herbieten – es hatte keinen Wert, es war kein Glück dabei. Jetzt gab es nichts als fliehen, vor dem Vater, vor der Strafe, vor mir selber, vor meinem Gewissen, fliehen und rastlos sein, bis dennoch unerbittlich und unentrinnbar alles kam, was kommen mußte.
Ich lief und war rastlos, ich lief bergan und hoch bis zum Walde, und vom Eichenberg nach der Hofmühle hinab, über den Steg und jenseits wieder bergauf und durch Wälder hinan. Hier hatten wir unser letztes Indianerlager gehabt. Hier hatte letztes Jahr, als der Vater auf Reisen

war, unsre Mutter mit uns Kindern Ostern gefeiert und im Wald und Moos die Eier für uns versteckt. Hier hatte ich einst mit meinen Vettern in den Ferien eine Burg gebaut, sie stand noch halb. Überall Reste von einstmals, überall Spiegel, aus denen mir ein andrer entgegensah, als der ich heute war! War ich das alles gewesen? So lustig, so zufrieden, so dankbar, so kameradschaftlich, so zärtlich mit der Mutter, so ohne Angst, so unbegreiflich glücklich? War das ich gewesen? Und wie hatte ich so werden können, wie ich jetzt war, so anders, so ganz anders, so böse, so voll Angst, so zerstört? Alles war noch wie immer, Wald und Fluß, Farnkräuter und Blumen, Burg und Ameisenhaufen, und doch alles wie vergiftet und verwüstet. Gab es denn gar keinen Weg zurück, dorthin, wo das Glück und die Unschuld waren? Konnte es nie mehr werden, wie es gewesen war? Würde ich jemals wieder so lachen, so mit den Schwestern spielen, so nach Ostereiern suchen?

Ich lief und lief, den Schweiß auf der Stirn, und hinter mir lief meine Schuld und lief groß und ungeheuer der Schatten meines Vaters als Verfolger mit.

An mir vorbei liefen Alleen, sanken Waldränder hinab. Auf einer Höhe machte ich halt, abseits vom Weg, ins Gras geworfen, mit Herzklopfen, das vom Bergaufwärtsrennen kommen konnte, das vielleicht bald besser wurde. Unten sah ich Stadt und Fluß, sah die Turnhalle, wo jetzt die Stunde zu Ende war und die Buben auseinanderliefen, sah das lange Dach meines Vaterhauses. Dort war meines Vaters Schlafzimmer und die Schublade, in der die Feigen fehlten. Dort war mein kleines Zimmer. Dort würde, wenn ich zurückkam, das Gericht mich treffen. – Aber wenn ich nicht zurückkam?

Ich wußte, daß ich zurückkommen würde. Man kam

immer zurück, jedesmal. Es endete immer so. Man konnte nicht fort, man konnte nicht nach Afrika fliehen oder nach Berlin. Man war klein, man hatte kein Geld, niemand half einem. Ja, wenn alle Kinder sich zusammentäten und einander hülfen! Sie waren viele, es gab mehr Kinder als Eltern. Aber nicht alle Kinder waren Diebe und Verbrecher. Wenige waren so wie ich. Vielleicht war ich der einzige. Aber nein, ich wußte, es kamen öfters solche Sachen vor wie meine – ein Onkel von mir hatte als Kind auch gestohlen und viele Sachen angestellt, das hatte ich irgendwann einmal erlauscht, heimlich aus einem Gespräch der Eltern, heimlich, wie man alles Wissenswerte erlauschen mußte. Doch das alles half mir nicht, und wenn jener Onkel selber da wäre, er würde mir auch nicht helfen! Er war jetzt längst groß und erwachsen, er war Pastor, und er würde zu den Erwachsenen halten und mich im Stich lassen. So waren sie alle. Gegen uns Kinder waren sie alle falsch und verlogen, spielten eine Rolle, gaben sich anders als sie waren. Die Mutter vielleicht nicht, oder weniger.

Ja, wenn ich nun nicht mehr heimkehren würde? Es könnte ja etwas passieren, ich konnte den Hals brechen oder ertrinken oder unter die Eisenbahn kommen. Dann sah alles anders aus. Dann brachte man mich nach Hause, und alles war still und erschrocken und weinte, und ich tat allen leid, und von den Feigen war nicht mehr die Rede. Ich wußte sehr gut, daß man sich selber das Leben nehmen konnte. Ich dachte auch, daß ich das wohl einmal tun würde, später, wenn es einmal ganz schlimm kam. Gut wäre es gewesen, krank zu werden, aber nicht bloß so mit Husten, sondern richtig todkrank, so wie damals, als ich Scharlachfieber hatte.

Inzwischen war die Turnstunde längst vorüber, und auch die Zeit war vorüber, wo man mich zu Hause zum Kaffee erwartete. Vielleicht riefen und suchten sie jetzt nach mir, in meinem Zimmer, im Garten und Hof, auf dem Estrich. Wenn aber der Vater meinen Diebstahl schon entdeckt hatte, dann wurde nicht gesucht, dann wußte er Bescheid.

Es war mir nicht möglich, länger liegenzubleiben. Das Schicksal vergaß mich nicht, es war hinter mir her. Ich nahm das Laufen wieder auf. Ich kam an einer Bank in den Anlagen vorüber, an der hing wieder eine Erinnerung, wieder eine, die einst schön und lieb gewesen war und jetzt wie Feuer brannte. Mein Vater hatte mir ein Taschenmesser geschenkt, wir waren zusammen spazierengegangen, froh und in gutem Frieden, und er hatte sich auf diese Bank gesetzt, während ich im Gebüsch mir eine lange Haselrute schneiden wollte. Und da brach ich im Eifer das neue Messer ab, die Klinge dicht am Heft, und kam entsetzt zurück, wollte es erst verheimlichen, wurde aber gleich danach gefragt. Ich war sehr unglücklich, wegen des Messers und weil ich Scheltworte erwartete. Aber da hatte mein Vater nur gelächelt, mir leicht die Schulter berührt und gesagt: »Wie schade, du armer Kerl!« Wie hatte ich ihn da geliebt, wieviel ihm innerlich abgebeten! Und jetzt, wenn ich an das damalige Gesicht meines Vaters dachte, an seine Stimme, an sein Mitleid – was war ich für ein Ungeheuer, daß ich diesen Vater so oft betrübt, belogen und heut bestohlen hatte!

Als ich wieder in die Stadt kam, bei der oberen Brücke und weit von unserm Hause, hatte die Dämmerung schon begonnen. Aus einem Kaufladen, hinter dessen Glastür schon Licht brannte, kam ein Knabe gelaufen, der blieb

1922

plötzlich stehen und rief mich mit Namen an. Es war Oskar Weber. Niemand konnte mir ungelegener kommen. Immerhin erfuhr ich von ihm, daß der Lehrer mein Fehlen in der Turnstunde nicht bemerkt habe. Aber wo ich denn gewesen sei?

»Ach nirgends«, sagte ich, »ich war nicht recht wohl.«

Ich war schweigsam und zurückweisend, und nach einer Weile, die ich empörend lang fand, merkte er, daß er mir lästig sei. Jetzt wurde er böse.

»Laß mich in Ruhe«, sagte ich kalt, »ich kann allein heimgehen.«

»So?« rief er jetzt. »Ich kann geradesogut allein gehen wie du, dummer Fratz! Ich bin nicht dein Pudel, daß du's weißt. Aber vorher möchte ich doch wissen, wie das jetzt eigentlich mit unserer Sparkasse ist! Ich habe einen Zehner hineingetan und du nichts.«

»Deinen Zehner kannst du wiederhaben, heut noch, wenn du Angst um ihn hast. Wenn ich dich nur nimmer sehen muß. Als ob ich von dir etwas annehmen würde!«

»Du hast ihn neulich gern genommen«, meinte er höhnisch, aber nicht, ohne einen Türspalt zur Versöhnung offen zu lassen.

Aber ich war heiß und böse geworden, alle in mir angehäufte Angst und Ratlosigkeit brach in hellen Zorn aus. Weber hatte mir nichts zu sagen! Gegen ihn war ich im Recht, gegen ihn hatte ich ein gutes Gewissen. Und ich brauchte jemand, gegen den ich mich fühlen, gegen den ich stolz und im Recht sein konnte. Alles Ungeordnete und Finstere in mir strömte wild in diesen Ausweg. Ich tat, was ich sonst so sorgfältig vermied, ich kehrte den Herrensohn heraus, ich deutete an, daß es für mich keine Entbehrung sei, auf die Freundschaft mit einem Gassenbuben zu verzichten. Ich sagte ihm, daß für ihn jetzt das Beerenessen in unserm Garten und das Spielen mit meinen Spielsachen ein Ende habe. Ich fühlte mich aufglühen und aufleben: ich hatte einen Feind, einen Gegner, einen, der schuld war, den man packen konnte. Alle Lebenstriebe sammelten sich in diese erlösende, willkommene, befreiende Wut, in die grimmige Freude am Feind, der diesmal nicht in mir selbst wohnte, der mir gegenüberstand, mich mit erschreckten, dann mit bösen Augen anglotzte, dessen Stimme ich hörte, dessen Vorwürfe ich verachten, dessen Schimpfworte ich übertrumpfen konnte.

Im anschwellenden Wortwechsel, dicht nebeneinander, trieben wir die dunkelnde Gasse hinab; da und dort sah man uns aus einer Haustüre nach. Und alles, was ich gegen mich selber an Wut und Verachtung empfand, kehrte sich gegen den unseligen Weber. Als er damit zu drohen begann, er werde mich dem Turnlehrer anzeigen, war es Wollust für mich: er setzte sich ins Unrecht, er wurde gemein, er stärkte mich.

Als wir in der Nähe der Metzgergasse handgemein wurden, blieben gleich ein paar Leute stehen und sahen unserm Handel zu. Wir hieben einander in den Bauch und ins Gesicht und traten mit den Schuhen gegeneinander. Nun hatte ich für Augenblicke alles vergessen, ich war im Recht, war kein Verbrecher, Kampfrausch beglückte mich, und wenn Weber auch stärker war als ich, so war ich flinker, klüger, rascher, feuriger. Wir wurden heiß und schlugen uns wütend. Als er mir mit einem verzweifelten Griff den Hemdkragen aufriß, fühlte ich mit Inbrunst den Strom kalter Luft über meine glühende Haut laufen.

Und im Hauen, Reißen und Treten, Ringen und Würgen

hörten wir nicht auf, uns weiter mit Worten anzufeinden, zu beleidigen und zu vernichten, mit Worten, die immer glühender, immer törichter und böser, immer dichterischer und phantastischer wurden. Und auch darin war ich ihm über, war böser, dichterischer, erfinderischer. Sagte er Hund, so sagte ich Sauhund. Rief er Schuft, so schrie ich Satan. Wir bluteten beide, ohne etwas zu fühlen, und dabei häuften unsre Worte böse Zauber und Wünsche, wir empfahlen einander dem Galgen, wünschten uns Messer, um sie einander in die Rippen zu jagen und darin umzudrehen, wir beschimpften einer des andern Namen, Herkunft und Vater.

Es war das erste und einzige Mal, daß ich einen solchen Kampf im vollen Kriegsrausch bis zu Ende ausfocht, mit allen Hieben, allen Grausamkeiten, allen Beschimpfungen. Zugesehen hatte ich oft und mit grausender Lust diese vulgären, urtümlichen Flüche und Schandworte angehört; nun schrie ich selber heraus, als sei ich ihrer von klein auf gewohnt und in ihrem Gebrauch geübt. Tränen liefen mir aus den Augen und Blut über den Mund. Die Welt aber war herrlich, sie hatte einen Sinn, es war gut zu leben, gut zu hauen, gut zu bluten und bluten zu machen.

Niemals vermochte ich in der Erinnerung das Ende dieses Kampfes wieder zu finden. Irgendeinmal war es aus, irgendeinmal stand ich allein in der stillen Dunkelheit, erkannte Straßenecken und Häuser, war nahe bei unserm Hause. Langsam floh der Rausch, langsam hörte das Flügelbrausen und Donnern auf, und Wirklichkeit drang stückweise vor meine Sinne, zuerst nur vor die Augen. Da der Brunnen. Die Brücke. Blut an meiner Hand, zerrissene Kleider, herabgerutschte Strümpfe, ein Schmerz im

Knie, einer im Auge, keine Mütze mehr da – alles kam nach und nach, wurde Wirklichkeit und sprach zu mir. Plötzlich war ich tief ermüdet, fühlte meine Knie und Arme zittern, tastete nach einer Hauswand.

Und da war unser Haus. Gott sei Dank! Ich wußte nichts auf der Welt mehr, als daß dort Zuflucht war, Friede, Licht, Geborgenheit. Aufatmend schob ich das hohe Tor zurück.

Da mit dem Duft von Stein und feuchter Kühle überströmte mich plötzlich Erinnerung, hundertfach. O Gott! Es roch nach Strenge, nach Gesetz, nach Verantwortung, nach Vater und Gott. Ich hatte gestohlen. Ich war kein verwundeter Held, der vom Kampfe heimkehrte. Ich war kein armes Kind, das nach Hause findet und von der Mutter in Wärme und Mitleid gebettet wird. Ich war Dieb, ich war Verbrecher. Da droben waren nicht Zuflucht, Bett und Schlaf für mich, nicht Essen und Pflege, nicht Trost und Vergessen. Auf mich wartete Schuld und Gericht.

Damals in dem finstern abendlichen Flur und im Treppenhaus, dessen viele Stufen ich unter Mühen erklomm, atmete ich, wie ich glaube, zum erstenmal in meinem Leben für Augenblicke den kalten Äther, die Einsamkeit, das Schicksal. Ich sah keinen Ausweg, ich hatte keine Pläne, auch keine Angst, nichts als das kalte, rauhe Gefühl: »Es muß sein.« Am Geländer zog ich mich die Treppe hinauf. Vor der Glastür fühlte ich Lust, noch einen Augenblick mich auf die Treppe zu setzen, aufzuatmen, Ruhe zu haben. Ich tat es nicht, es hatte keinen Zweck. Ich mußte hinein. Beim Öffnen der Tür fiel mir ein, wie spät es wohl sei?

Ich trat ins Eßzimmer. Da saßen sie um den Tisch und

hatten eben gegessen, ein Teller mit Äpfeln stand noch da. Es war gegen acht Uhr. Nie war ich ohne Erlaubnis so spät heimgekommen, nie hatte ich beim Abendessen gefehlt.
»Gott sei Dank, da bist du!« rief meine Mutter lebhaft. Ich sah, sie war in Sorge um mich gewesen. Sie lief auf mich zu und blieb erschrocken stehen, als sie mein Gesicht und die beschmutzten und zerrissenen Kleider sah. Ich sagte nichts und blickte niemanden an, doch spürte ich deutlich, daß Vater und Mutter sich mit Blicken meinetwegen verständigten. Mein Vater schwieg und beherrschte sich; ich fühlte, wie zornig er war. Die Mutter nahm sich meiner an, Gesicht und Hände wurden mir gewaschen, Pflaster aufgeklebt, dann bekam ich zu essen. Mitleid und Sorgfalt umgaben mich, ich saß still und tief beschämt, fühlte die Wärme und genoß sie mit schlechtem Gewissen. Dann ward ich zu Bett geschickt. Dem Vater gab ich die Hand, ohne ihn anzusehen.
Als ich schon im Bette lag, kam die Mutter noch zu mir. Sie nahm meine Kleider vom Stuhl und legte mir andere hin, denn morgen war Sonntag. Dann fing sie behutsam zu fragen an, und ich mußte von meiner Rauferei erzählen. Sie fand es zwar schlimm, schalt aber nicht und schien ein wenig verwundert, daß ich dieser Sache wegen so sehr gedrückt und scheu war. Dann ging sie.
Und nun, dachte ich, war sie überzeugt, daß alles gut sei. Ich hatte Händel ausgefochten und war blutiggehauen worden, aber das würde morgen vergessen sein. Von dem Andern, dem Eigentlichen, wußte sie nichts. Sie war betrübt gewesen, aber unbefangen und zärtlich. Auch der Vater wußte also vermutlich noch nichts.
Und nun überkam mich ein furchtbares Gefühl von Enttäuschung. Ich merkte jetzt, daß ich seit dem Augenblick,

wo ich unser Haus betreten hatte, ganz und gar von einem einzigen, sehnlichen, verzehrenden Wunsch erfüllt gewesen war. Ich hatte nichts anderes gedacht, gewünscht, ersehnt, als daß das Gewitter nun ausbrechen möge, daß das Gericht über mich ergehe, daß das Furchtbare zur Wirklichkeit werde und die entsetzliche Angst davor aufhöre. Ich war auf alles gefaßt, zu allem bereit gewesen. Mochte ich schwer gestraft, geschlagen und eingesperrt werden! Mochte er mich hungern lassen! Mochte er mich verfluchen und verstoßen! Wenn nur die Angst und Spannung ein Ende nahmen!

Statt dessen lag ich nun da, hatte noch Liebe und Pflege genossen, war freundlich geschont und für meine Unarten nicht zur Rechenschaft gezogen worden und konnte aufs neue warten und bangen. Sie hatten mir die zerrissenen Kleider, das lange Fortbleiben, das versäumte Abendessen vergeben, weil ich müde war und blutete und ihnen leid tat, vor allem aber, weil sie das andere nicht ahnten, weil sie nur von meinen Unarten, nichts von meinem Verbrechen wußten. Es würde mir doppelt schlimm gehen, wenn es ans Licht kam! Vielleicht schickte man mich, wie man früher einmal gedroht hatte, in eine Besserungsanstalt, wo man altes, hartes Brot essen und während der ganzen Freizeit Holz sägen und Stiefel putzen mußte, wo es Schlafsäle mit Aufsehern geben sollte, die einen mit dem Stock schlugen und morgens um vier mit kaltem Wasser weckten. Oder man übergab mich der Polizei?

Jedenfalls aber, es komme wie es möge, lag wieder eine Wartezeit vor mir. Noch länger mußte ich die Angst ertragen, noch länger mit meinem Geheimnis herumgehen, vor jedem Blick und Schritt im Hause zittern und niemand ins Gesicht sehen können.

Oder war es am Ende möglich, daß mein Diebstahl gar nicht bemerkt wurde? Daß alles blieb, wie es war? Daß ich mir alle diese Angst und Pein vergebens gemacht hatte? – Oh, wenn das geschehen sollte, wenn dies Unausdenkliche, Wundervolle möglich war, dann wollte ich ein ganz neues Leben beginnen, dann wollte ich Gott danken und mich dadurch würdig zeigen, daß ich Stunde für Stunde ganz rein und fleckenlos lebte! Was ich schon früher versucht hatte und was mir mißglückt war, jetzt würde es gelingen, jetzt waren mein Vorsatz und Wille stark genug, jetzt nach diesem Elend, dieser Hölle voll Qual! Mein ganzes Wesen bemächtigte sich dieses Wunschgedankens und sog sich inbrünstig daran fest. Trost regnete vom Himmel, Zukunft tat sich blau und sonnig auf. In diesen Phantasien schlief ich endlich ein und schlief unbeschwert die ganze, gute Nacht hindurch.

Am Morgen war Sonntag, und noch im Bett empfand ich, wie den Geschmack einer Frucht, das eigentümliche, sonderbar gemischte, im ganzen aber so köstliche Sonntagsgefühl, wie ich es seit meiner Schulzeit kannte. Der Sonntagmorgen war eine gute Sache: Ausschlafen, keine Schule, Aussicht auf ein gutes Mittagessen, kein Geruch nach Lehrer und Tinte, eine Menge freie Zeit. Dies war die Hauptsache. Schwächer nur klangen andere, fremdere, fadere Töne hinein: Kirchgang oder Sonntagsschule, Familienspaziergang, Sorge um die schönen Kleider. Damit wurden der reine, gute, köstliche Geschmack und Duft ein wenig verfälscht und zersetzt – so, wie wenn zwei gleichzeitig gegessene Speisen, etwa ein Pudding und der Saft dazu, nicht ganz zusammenpaßten, oder wie zuweilen Bonbons oder Backwerk, die man in kleinen

Läden geschenkt bekam, einen fatalen leisen Beigeschmack von Käse oder von Erdöl hatten. Man aß sie, und sie waren gut, aber es war nichts Volles und Strahlendes, man mußte ein Auge dabei zudrücken. Nun, so ähnlich war meistens der Sonntag, namentlich wenn ich in die Kirche oder Sonntagsschule gehen mußte, was zum Glück nicht immer der Fall war. Der freie Tag bekam dadurch einen Beigeschmack von Pflicht und von Langeweile. Und bei den Spaziergängen mit der ganzen Familie, wenn sie auch oft schön sein konnten, passierte gewöhnlich irgend etwas, es gab Streit mit den Schwestern, man ging zu rasch oder zu langsam, man brachte Harz an die Kleider; irgendein Haken war meistens dabei.

Nun, das mochte kommen. Mir war wohl. Seit gestern war eine Masse Zeit vergangen. Vergessen hatte ich meine Schandtat nicht, sie fiel mir schon am Morgen wieder ein, aber es war nun so lange her, die Schrecken waren ferngerückt und unwirklich geworden. Ich hatte gestern meine Schuld gebüßt, wenn auch nur durch Gewissensqualen, ich hatte einen bösen, jammervollen Tag durchlitten. Nun war ich wieder zu Vertrauen und Harmlosigkeit geneigt und machte mir wenig Gedanken mehr. Ganz war es ja noch nicht abgetan, es klangen noch ein wenig Drohung und Peinlichkeit nach, so wie in den schönen Sonntag jene kleinen Pflichten und Kümmernisse mit hineinklangen.

Beim Frühstück waren wir alle vergnügt. Es wurde mir die Wahl zwischen Kirche und Sonntagsschule gelassen. Ich zog, wie immer, die Kirche vor. Dort wurde man wenigstens in Ruhe gelassen und konnte seine Gedanken laufen lassen; auch war der hohe, feierliche Raum mit den bunten Fenstern oft schön und ehrwürdig, und wenn man mit eingekniffenen Augen dort das lange dämmernde Schiff gegen die Orgel sah, dann gab es manchmal wundervolle Bilder; die aus dem Finstern ragenden Orgelpfeifen erschienen oft wie eine strahlende Stadt mit hundert Türmen. Auch war es mir oft geglückt, wenn die Kirche nicht voll war, die ganze Stunde ungestört in einem Geschichtenbuch zu lesen.

Heut nahm ich keines mit und dachte auch nicht daran, mich um den Kirchgang zu drücken, wie ich es auch schon getan hatte. So viel klang von gestern abend noch in mir nach, daß ich gute und redliche Vorsätze hatte und gesonnen war, mich mit Gott, Eltern und Welt freundlich und gefügig zu vertragen. Auch mein Zorn gegen Oskar Weber war ganz und gar verflogen. Wenn er gekommen wäre, ich hätte ihn aufs beste aufgenommen.

Der Gottesdienst begann, ich sang die Choralverse mit, es war das Lied »Hirte deiner Schafe«, das wir auch in der Schule auswendig gelernt hatten. Es fiel mir dabei wieder einmal auf, wie ein Liedervers beim Singen, und gar bei dem schleppend langsamen Gesang in der Kirche, ein ganz anderes Gesicht hatte als beim Lesen oder Hersagen. Beim Lesen war so ein Vers ein Ganzes, hatte einen Sinn, bestand aus Sätzen. Beim Singen bestand er nur noch aus Worten, Sätze kamen nicht zustande, Sinn war keiner da, aber dafür gewannen die Worte, die einzelnen, gesungenen, langhin gedehnten Worte, ein sonderbar starkes, unabhängiges Leben, ja, oft waren es nur einzelne Silben, etwas an sich ganz Sinnloses, die im Gesang selbständig wurden und Gestalt annahmen. In dem Vers »Hirte deiner Schafe, der von keinem Schlafe etwas wissen mag« war zum Beispiel heute beim Kirchengesang gar kein Zusammenhang und Sinn, man dachte auch weder an einen Hirten noch an Schafe, man dachte durchaus gar nichts. Aber das war keineswegs langweilig. Einzelne Worte, namentlich das »Schla-afe«, wurden so seltsam voll und schön, man wiegte sich ganz darin, und auch das »mag« tönte geheimnisvoll und schwer, erinnerte an »Magen« und an dunkle, gefühlsreiche, halbbekannte Dinge, die man in sich innen im Leibe hat. Dazu die Orgel!

Und dann kam der Stadtpfarrer und die Predigt, die stets so unbegreiflich lang war, und das seltsame Zuhören, wobei man oft lange Zeit nur den Ton der redenden Stimme glockenhaft schweben hörte, dann wieder einzelne Worte scharf und deutlich samt ihrem Sinn vernahm und ihnen zu folgen bemüht war, solange es ging. Wenn ich nur im Chor hätte sitzen dürfen, statt unter all den Männern auf der Empore. Im Chor, wo ich bei Kirchenkonzerten schon gesessen war, da saß man tief in schweren, isolierten Stühlen, deren jeder ein kleines festes Gebäude war, und über sich hatte man ein sonderbar reizvolles, vielfältiges, netzartiges Gewölbe, und hoch an der Wand war die Bergpredigt in sanften Farben gemalt, und das blaue und rote Gewand des Heilands auf dem blaßblauen Himmel war so zart und beglückend anzusehen.

Manchmal knackte das Kirchengestühl, gegen das ich eine tiefe Abneigung hegte, weil es mit einer gelben, öden Lackfarbe gestrichen war, an der man immer ein wenig klebenblieb. Manchmal summte eine Fliege auf und gegen eines der Fenster, in deren Spitzbogen blaurote Blumen und grüne Sterne gemalt waren. Und unversehens war die Predigt zu Ende, und ich streckte mich vor, um den Pfarrer in seinen engen, dunklen Treppenschlauch verschwinden zu sehen. Man sang wieder, aufatmend und sehr laut, und man stand auf und strömte hinaus; ich warf den mitgebrachten Fünfer in die Opferbüchse, deren blecherner Klang so schlecht in die Feierlichkeit paßte, und ließ mich vom Menschenstrom mit ins Portal ziehen und ins Freie treiben.

Jetzt kam die schönste Zeit des Sonntags, die zwei Stunden zwischen Kirche und Mittagessen. Da hatte man seine Pflicht getan, man war im langen Sitzen auf Bewegung, auf Spiele oder Gänge begierig geworden, oder auf ein Buch, und war völlig frei bis zum Mittag, wo es meistens etwas Gutes gab. Zufrieden schlenderte ich nach Hause, angefüllt mit freundlichen Gedanken und Gesinnungen. Die Welt war in Ordnung, es ließ sich in ihr leben. Friedfertig trabte ich durch Flur und Treppe hinauf.

In meinem Stübchen schien Sonne. Ich sah nach meinen Raupenkästen, die ich gestern vernachlässigt hatte, fand ein paar neue Puppen, gab den Pflanzen frisches Wasser.

Da ging die Tür.

Ich achtete nicht gleich darauf. Nach einer Minute wurde die Stille mir sonderbar; ich drehte mich um. Da stand mein Vater. Er war blaß und sah gequält aus. Der Gruß blieb mir im Halse stecken. Ich sah: er wußte! Er war da. Das Gericht begann. Nichts war gut geworden, nichts abgebüßt, nichts vergessen! Die Sonne wurde bleich, und der Sonntagmorgen sank welk dahin.

Aus allen Himmeln gerissen starrte ich dem Vater entgegen. Ich haßte ihn, warum war er nicht gestern gekommen? Jetzt war ich auf nichts vorbereitet, hatte nichts bereit, nicht einmal Reue und Schuldgefühl. – Und wozu brauchte er oben in seiner Kommode Feigen zu haben?

Er ging zu meinem Bücherschrank, griff hinter die Bücher

und zog einige Feigen hervor. Es waren wenige mehr da. Dazu sah er mich an, mit stummer, peinlicher Frage. Ich konnte nichts sagen. Leid und Trotz würgten mich.

»Was ist denn?« brachte ich dann heraus.

»Woher hast du diese Feigen?« fragte er, mit einer beherrschten, leisen Stimme, die mir bitter verhaßt war.

Ich begann sofort zu reden. Zu lügen. Ich erzählte, daß ich die Feigen bei einem Konditor gekauft hätte, es sei ein ganzer Kranz gewesen. Woher das Geld dazu kam? Das Geld kam aus einer Sparkasse, die ich gemeinsam mit einem Freunde hatte. Da hatten wir beide alles kleine Geld hineingetan, das wir je und je bekamen. Übrigens – hier war die Kasse. Ich holte die Schachtel mit dem Schlitz hervor. Jetzt war bloß noch ein Zehner darin, eben weil wir gestern die Feigen gekauft hatten.

Mein Vater hörte zu, mit einem stillen, beherrschten Gesicht, dem ich nichts glaubte.

»Wieviel haben denn die Feigen gekostet?« fragte er mit der zu leisen Stimme.

»Eine Mark und sechzig.«

»Und wo hast du sie gekauft?«

»Beim Konditor.«

»Bei welchem?«

»Bei Haager.«

Es gab eine Pause. Ich hielt die Geldschachtel noch in frierenden Fingern. Alles an mir war kalt und fror.

Und nun fragte er, mit einer Drohung in der Stimme: »Ist das wahr?«

Ich redete wieder rasch. Ja, natürlich war es wahr, und mein Freund Weber war im Laden gewesen, ich hatte ihn nur begleitet. Das Geld hatte hauptsächlich ihm, dem Weber, gehört, von mir war nur wenig dabei.

»Nimm deine Mütze«, sagte mein Vater, »wir wollen miteinander zum Konditor Haager gehen. Er wird ja wissen, ob es wahr ist.«
Ich versuchte zu lächeln. Nun ging mir die Kälte bis in Herz und Magen. Ich ging voran und nahm im Korridor meine blaue Mütze. Der Vater öffnete die Glastür, auch er hatte seinen Hut genommen.
»Noch einen Augenblick!« sagte ich, »ich muß schnell hinausgehen.«
Er nickte. Ich ging auf den Abtritt, schloß zu, war allein, war noch einen Augenblick gesichert. Oh, wenn ich jetzt gestorben wäre!
Ich blieb eine Minute, blieb zwei. Es half nichts. Man starb nicht. Es galt standzuhalten. Ich schloß auf und kam. Wir gingen die Treppe hinunter.
Als wir eben durchs Haustor gingen, fiel mir etwas Gutes ein, und ich sagte schnell: »Aber heut ist ja Sonntag, da hat der Haager gar nicht offen.«
Das war eine Hoffnung, zwei Sekunden lang. Mein Vater sagte gelassen: »Dann gehen wir zu ihm in die Wohnung. Komm.«
Wir gingen. Ich schob meine Mütze gerade, steckte eine Hand in die Tasche und versuchte neben ihm daherzugehen, als sei nichts Besonderes los. Obwohl ich wußte, daß alle Leute mir ansahen, ich sei ein abgeführter Verbrecher, versuchte ich doch mit tausend Künsten, es zu verheimlichen. Ich bemühte mich, einfach und harmlos zu atmen; es brauchte niemand zu sehen, wie es mir die Brust zusammenzog. Ich war bestrebt, ein argloses Gesicht zu machen, Selbstverständlichkeit und Sicherheit zu heucheln. Ich zog einen Strumpf hoch, ohne daß er es nötig hatte, und lächelte, während ich wußte, daß dies

Lächeln furchtbar dumm und künstlich aussehe. In mir innen, in Kehle und Eingeweiden, saß der Teufel und würgte mich.

Wir kamen am Gasthaus vorüber, beim Hufschmied, beim Lohnkutscher, bei der Eisenbahnbrücke. Dort drüben hatte ich gestern abend mit Weber gekämpft. Tat nicht der Riß beim Auge noch weh? Mein Gott! Mein Gott!

Willenlos ging ich weiter, unter Krämpfen um meine Haltung bemüht. An der Adlerscheuer vorbei, die Bahnhofstraße hinaus. Wie war diese Straße gestern noch gut und harmlos gewesen! Nicht denken! Weiter! Weiter!

Wir waren ganz nahe bei Haagers Haus. Ich hatte in diesen paar Minuten einige hundertmal die Szene voraus erlebt, die mich dort erwartete. Nun waren wir da. Nun kam es.

Aber es war mir unmöglich, das auszuhalten. Ich blieb stehen.

»Nun? Was ist?« fragte mein Vater.

»Ich gehe nicht hinein«, sagte ich leise.

Er sah zu mir herab. Er hatte es ja gewußt, von Anfang an. Warum hatte ich ihm das alles vorgespielt und mir so viel Mühe gegeben? Es hatte ja keinen Sinn.

»Hast du die Feigen nicht bei Haager gekauft?« fragte er.

Ich schüttelte den Kopf.

»Ach so«, sagte er mit scheinbarer Ruhe. »Dann können wir ja wieder nach Hause gehen.«

Er benahm sich anständig, er schonte mich auf der Straße, vor den Leuten. Es waren viele Leute unterwegs, jeden Augenblick wurde mein Vater gegrüßt. Welches Theater! Welche dumme, unsinnige Qual! Ich konnte ihm für diese Schonung nicht dankbar sein.

Er wußte ja alles! Und er ließ mich tanzen, ließ mich meine nutzlosen Kapriolen vollführen, wie man eine gefangene Maus in der Drahtfalle tanzen läßt, ehe man sie ersäuft. Ach, hätte er mir gleich zu Anfang, ohne mich überhaupt zu fragen und zu verhören, mit dem Stock über den Kopf gehauen, das wäre mir im Grunde lieber gewesen als diese Ruhe und Gerechtigkeit, mit der er mich in meinem dummen Lügengespinst einkreiste und langsam erstickte. Überhaupt, vielleicht war es besser, einen groben Vater zu haben als so einen feinen und gerechten. Wenn ein Vater, so wie es in Geschichten und Traktätchen vorkam, im Zorn oder in der Betrunkenheit seine Kinder furchtbar prügelte, so war er eben im Unrecht, und wenn die Prügel auch weh taten, so konnte man doch innerlich die Achseln zucken und ihn verachten. Bei meinem Vater ging das nicht, er war zu fein, zu einwandfrei, er war nie im Unrecht. Ihm gegenüber wurde man immer klein und elend.

Mit zusammengebissenen Zähnen ging ich vor ihm her ins Haus und wieder in mein Zimmer. Er war noch immer ruhig und kühl, vielmehr er stellte sich so, denn in Wahrheit war er, wie ich deutlich spürte, sehr böse. Nun begann er in seiner gewohnten Art zu sprechen.

»Ich möchte nur wissen, wozu diese Komödie dienen soll? Kannst du mir das nicht sagen? Ich wußte ja gleich, daß deine ganze hübsche Geschichte erlogen war. Also wozu die Faxen? Du hältst mich doch nicht im Ernst für so dumm, daß ich sie dir glauben würde?«

Ich biß weiter auf meine Zähne und schluckte. Wenn er doch aufhören wollte! Als ob ich selber gewußt hätte, warum ich ihm diese Geschichte vorlog! Als ob ich selber gewußt hätte, warum ich nicht mein Verbrechen gestehen und um Verzeihung bitten konnte! Als ob ich auch nur gewußt hätte, warum ich diese unseligen Feigen stahl! Hatte ich das denn gewollt, hatte ich es denn mit Überlegung und Wissen und aus Gründen getan?! Tat es mir denn nicht leid? Litt ich denn nicht mehr darunter als er?

Er wartete und machte ein nervöses Gesicht voll mühsamer Geduld. Einen Augenblick lang war mir selbst die Lage vollkommen klar, im Unbewußten, doch hätte ich es nicht wie heut mit Worten sagen können. Es war so: Ich hatte gestohlen, weil ich trostbedürftig in Vaters Zimmer gekommen war und es zu meiner Enttäuschung leer gefunden hatte. Ich hatte nicht stehlen wollen. Ich hatte, als der Vater nicht da war, nur spionieren wollen, mich unter seinen Sachen umsehen, seine Geheimnisse belauschen, etwas über ihn erfahren. So war es. Dann lagen Feigen da, und ich stahl. Und sofort bereute ich, und den ganzen Tag gestern hatte ich Qual und Verzweiflung gelitten, hatte zu sterben gewünscht, hatte mich verurteilt? hatte neue, gute Vorsätze gefaßt. Heut aber – ja, heut war es nun anders. Ich hatte diese Reue und all das nun ausgekostet, ich war jetzt nüchterner, und ich spürte unerklärliche, aber riesenstarke Widerstände gegen den Vater und gegen alles, was er von mir erwartete und verlangte.

Hätte ich ihm das sagen können, so hätte er mich verstanden. Aber auch Kinder, so sehr sie den Großen an Klugheit überlegen sind, stehen einsam und ratlos vor dem Schicksal.

Steif vor Trotz und verbissenem Weh schwieg ich weiter, ließ ihn klug reden und sah mit Leid und seltsamer Schadenfreude zu, wie alles schiefging und schlimm und

schlimmer wurde, wie er litt und enttäuscht war, wie er vergeblich an alles Bessere in mir appellierte.
Als er fragte: »Also hast du die Feigen gestohlen?«, konnte ich nur nicken. Mehr als ein schwaches Nicken brachte ich auch nicht über mich, als er wissen wollte, ob es mir leid tue. – Wie konnte er, der große, kluge Mann, so unsinnig fragen! Als ob es mir etwa nicht leid getan hätte! Als ob er nicht hätte sehen können, wie mir das Ganze weh tat und das Herz umdrehte! Als ob es mir möglich gewesen wäre, mich etwa gar noch meiner Tat und der elenden Feigen zu freuen! Vielleicht zum erstenmal in meinem kindlichen Leben empfand ich fast bis zur Schwelle der Einsicht und des Bewußtwerdens, wie namenlos zwei verwandte, gegeneinander wohlgesinnte Menschen sich mißverstehen und quälen und martern können, und wie dann alles Reden, alles Klugseinwollen, alle Vernunft bloß noch Gift hinzugießen, bloß neue Qualen, neue Stiche, neue Irrtümer schaffen. Wie war das möglich? Aber es war möglich, es geschah. Es war unsinnig, es war toll, es war zum Lachen und zum Verzweifeln – aber es war so.
Genug nun von dieser Geschichte! Es endete damit, daß ich über den Sonntagnachmittag in der Dachkammer eingesperrt wurde. Einen Teil ihrer Schrecken verlor die harte Strafe durch Umstände, welche freilich mein Geheimnis waren. In der dunkeln, unbenutzten Bodenkammer stand nämlich tief verstaubt eine Kiste, halb voll mit alten Büchern, von denen einige keineswegs für Kinder bestimmt waren. Das Licht zum Lesen gewann ich durch das Beiseiteschieben eines Dachziegels.
Am Abend dieses traurigen Sonntags gelang es meinem Vater, kurz vor Schlafengehen mich noch zu einem kur-

zen Gespräch zu bringen, das uns versöhnte. Als ich im Bett lag, hatte ich die Gewißtheit, daß er mir ganz und vollkommen verziehen habe – vollkommener als ich ihm. *(1919)*

Wanderung

Aufzeichnungen

Bauernhaus

Bei diesem Hause nehme ich Abschied. Lange werde ich kein solches Haus mehr zu sehen bekommen. Denn ich nähere mich dem Alpenpaß, und hier nimmt die nördliche, deutsche Bauart ein Ende, samt deutscher Landschaft und deutscher Sprache.

Wie schön ist es, solche Grenzen zu überschreiten! Der Wanderer ist in vielen Hinsichten ein primitiver Mensch, so wie der Nomade primitiver ist als der Bauer. Die Überwindung der Seßhaftigkeit aber und die Verachtung der Grenzen machen Leute meines Schlages trotzdem zu Wegweisern in die Zukunft. Wenn es viele Menschen gäbe, in denen eine so tiefe Verachtung für Landesgrenzen lebte wie in mir, dann gäbe es keine Kriege und Blockaden mehr. Es gibt nichts Gehässigeres als Grenzen, nichts Stupideres als Grenzen. Sie sind wie Kanonen, wie Generale: solange Vernunft, Menschlichkeit und Friede herrscht, spürt man nichts von ihnen und lächelt über sie – sobald aber Krieg und Wahnsinn ausbricht, werden sie wichtig und heilig. Wie sind sie uns Wanderern in den Kriegsjahren zur Pein und zum Kerker geworden! Der Teufel hole sie!

Ich zeichne das Haus in mein Notizbuch, und mein Auge nimmt von deutschem Dach, deutschem Gebälk und Giebel, von mancher Traulichkeit und Heimatlichkeit Abschied. Noch einmal liebe ich all dies Heimatliche mit verstärkter Innigkeit, weil es zum Abschied ist. Morgen werde ich andere Dächer, andere Hütten lieben. Ich werde nicht, wie es in Liebesbriefen heißt, mein Herz hier zurücklassen. O nein, ich werde mein Herz mitnehmen, ich brauche es auch drüben über den Bergen, zu jeder Stunde. Denn ich bin ein Nomade, kein Bauer. Ich bin ein Verehrer der Untreue, des Wechsels, der Phantasie. Ich halte nichts davon, meine Liebe an irgendeinen Fleck der Erde festzunageln. Ich halte das, was wir lieben, immer nur für ein Gleichnis. Wo unsere Liebe hängenbleibt und zur Treue und Tugend wird, da wird sie mir verdächtig.

Wohl dem Bauern! Wohl dem Besitzenden und Seßhaften, dem Treuen, dem Tugendhaften! Ich kann ihn lieben, ich kann ihn verehren, ich kann ihn beneiden. Aber ich habe mein halbes Leben daran verloren, seine Tugend nachahmen zu wollen. Ich wollte sein, was ich nicht war. Ich wollte zwar ein Dichter sein, aber daneben doch auch ein Bürger. Ich wollte ein Künstler und Phantasiemensch sein, dabei aber auch Tugend haben und Heimat genießen. Lange hat es gedauert, bis ich wußte, daß man nicht beides sein und haben kann, daß ich Nomade bin und nicht Bauer, Sucher und nicht Bewahrer. Lange habe ich mich vor Göttern und Gesetzen kasteit, die doch für mich nur Götzen waren. Dies war mein Irrtum, meine Qual, meine Mitschuld am Elend der Welt. Ich vermehrte Schuld und Qual der Welt, indem ich mir selbst Gewalt antat, indem ich den Weg der Erlösung nicht zu gehen wagte. Der Weg der Erlösung führt nach links und nicht nach rechts, er führt ins eigene Herz, und dort allein ist Gott, und dort allein ist Friede.

Von den Bergen weht ein feuchter Fallwind mir vorüber, jenseits blicken blaue Himmelsinseln auf andere Länder nieder. Unter jenen Himmeln werde ich oftmals glücklich

sein, oft auch Heimweh haben. Der vollkommene Mensch meiner Art, der reine Wanderer, müßte das Heimweh nicht kennen. Ich kenne es, ich bin nicht vollkommen, und ich strebe auch nicht es zu sein. Ich will mein Heimweh kosten, wie ich meine Freuden koste.
Dieser Wind, dem ich entgegensteige, duftet wunderbar nach Jenseits und Ferne, nach Wasserscheide und Sprachgrenze, nach Gebirge und Süden. Er ist voll Versprechung.
Lebe wohl, kleines Bauernhaus und heimatliche Landschaft! Von dir nehme ich Abschied wie ein Jüngling von der Mutter: er weiß, es ist Zeit für ihn, von der Mutter fort zu gehen, und er weiß auch, daß er sie niemals ganz und gar verlassen kann, ob er auch wollte.

Ländlicher Friedhof

Über schiefen Kreuzen Efeuhang,
Sanfte Sonne, Duft und Bienensang.

Selig ihr, die ihr geborgen liegt,
An der guten Erde Herz geschmiegt,

Selig, die ihr sanft und namenlos,
Heimgekehrte, ruht im Mutterschoß!

Aber horch, aus Bienenflug und Blust
Singt mir Lebensgier und Daseinslust,

Aus der Tiefe Wurzelträumen bricht
Längst erloschener Wesen Drang ans Licht,

Lebenstrümmer, dunkel eingescharrt
Wandeln sich und heischen Gegenwart,

Und die Erdenmutter königlich
Rührt in drängenden Geburten sich.

Süßer Friedenshort in Grabes Schacht
Wiegt nicht schwerer als ein Traum der Nacht.

Trüber Rauch nur ist der Traum vom Tod,
Unter dem des Lebens Feuer loht.

Bergpaß

Über die tapfere kleine Straße weht der Wind. Baum und Strauch sind zurückgeblieben, Stein und Moos wächst hier allein. Niemand hat hier etwas zu suchen, niemand hat hier Besitz, der Bauer hat nicht Heu noch Holz hier oben. Aber die Ferne zieht, die Sehnsucht brennt, und sie hat über Fels und Sumpf und Schnee hinweg diese gute kleine Straße geschaffen, die zu anderen Tälern, anderen Häusern, zu anderen Sprachen und Menschen führt.
Auf der Paßhöhe mache ich halt. Nach beiden Seiten fällt die Straße hinab, nach beiden Seiten rinnt Wasser, und was hier oben nah und Hand in Hand beisammen steht, findet seinen Weg nach zwei Welten hin. Die kleine Lache, die mein Schuh da streift, rinnt nach dem Norden ab, ihr Wasser kommt in ferne kalte Meere. Der kleine Schneerest dicht daneben aber tropft nach Süden ab, sein Wasser fällt nach ligurischen oder adriatischen Küsten hin ins Meer, dessen Grenze Afrika ist. Aber alle Wasser der Welt finden sich wieder, und Eismeer und Nil vermischen sich im feuchten Wolkenflug. Das alte schöne Gleichnis heiligt mir die Stunde. Auch uns Wanderer führt jeder Weg nach Hause.
Noch hat mein Blick die Wahl, noch gehört ihm Nord und Süd. Nach fünfzig Schritten wird nur noch der Süden mir offen stehen. Wie atmet er geheimnisvoll aus bläulichen Tälern herauf! Wie schlägt mein Herz ihm entgegen! Ahnung von Seen und Gärten, Duft von Wein und Mandel weht herauf, alte heilige Sage von Sehnsucht und Romfahrt.

Aus der Jugend klingt mir Erinnerung her wie Glockenruf aus fernen Tälern: Reiserausch meiner ersten Südenfahrt, trunkenes Einatmen der üppigen Gartenluft an den blauen Seen, abendliches Hinüberlauschen über erblassende Schneeberge in die ferne Heimat! Erstes Gebet vor heiligen Säulen des Altertums! Erster traumhafter Anblick des schäumenden Meeres hinter braunen Felsen!

Der Rausch ist nicht mehr da, und nicht mehr das Verlangen, allen meinen Lieben die schöne Ferne und mein Glück zu zeigen. Es ist nicht mehr Frühling in meinem Herzen. Es ist Sommer. Anders klingt der Gruß der Fremde zu mir herauf. Sein Widerhall in meiner Brust ist stiller. Ich werfe keinen Hut in die Luft. Ich singe kein Lied.

Aber ich lächle, nicht nur mit dem Munde. Ich lächle mit der Seele, mit den Augen, mit der ganzen Haut, und ich biete dem heraufduftenden Lande andere Sinne entgegen als einstmals, feinere, stillere, schärfere, geübtere, auch dankbarere. Dies alles gehört mir heute mehr als damals, spricht reicher und mit verhundertfachten Nuancen zu mir. Meine trunkene Sehnsucht malt nicht mehr Traumfarben über die verschleierten Fernen, mein Auge ist zufrieden mit dem, was da ist, denn es hat sehen gelernt. Die Welt ist schöner geworden seit damals.

Die Welt ist schöner geworden. Ich bin allein, und leide nicht unter dem Alleinsein. Ich wünsche nichts anders. Ich bin bereit, mich von der Sonne fertig kochen zu lassen. Ich bin begierig, reif zu werden. Ich bin bereit zu sterben, bereit wiedergeboren zu werden.

Die Welt ist schöner geworden.

Gang am Abend

Spät auf staubiger Straße geh ich,
Mauerschatten fallen schräg,
Und durch Rebenranken seh ich
Mondlicht über Bach und Weg.

Lieder, die ich einst gesungen,
Stimm ich leise wieder an,
Ungezählter Wanderungen
Schatten kreuzen meine Bahn.

Wind und Schnee und Sonnenhitze
Vieler Jahre klingt mir nach,
Sommernacht und blaue Blitze,
Sturm und Reiseungemach.

Braun gebrannt und vollgesogen
Von der Fülle dieser Welt,
Fühl ich weiter mich gezogen,
Bis mein Pfad ins Dunkle fällt.

Dorf

Das erste Dorf auf der Südseite der Berge. Hier beginnt erst recht das Wanderleben, das ich liebe, das ziellose Schweifen, die sonnigen Rasten, das befreite Vagabundentum. Ich neige sehr dazu, aus dem Rucksack zu leben und Fransen an den Hosen zu haben.

Während ich mir Wein aus der Pinte ins Freie bringen lasse, fällt mir plötzlich Ferruccio Busoni ein. »Sie sehen so ländlich aus«, sagte mir der liebe Mensch mit einem Anflug von Ironie, als wir uns das letztemal sahen – es ist gar nicht lange her, in Zürich. Andreae hatte eine Mahler-Symphonie dirigiert, wir saßen im gewohnten Restaurant zusammen, ich freute mich wieder an Busonis fahlem Geistergesicht und an der flotten Bewußtheit dieses glänzendsten Antiphilisters, den wir heut noch haben. – Wie kommt diese Erinnerung hierher?

Ich weiß! Es ist nicht Busoni, an den ich denke, und nicht Zürich, und nicht Mahler. Da sind die üblichen Täuschungen des Gedächtnisses, wenn es an Unbequemes kommt; es schiebt dann gern harmlose Bilder in den Vordergrund. Ich weiß jetzt! In jenem Restaurant saß auch eine junge Frau, hellblond und sehr rotwangig, mit der ich kein Wort sprach. Engel du! Sie anzusehen war Genuß und Qual, wie liebte ich sie jene Stunde lang! Ich war wieder achtzehn Jahre alt.

Plötzlich ist alles deutlich. Schöne, hellblonde, lustige Frau! Ich weiß nicht mehr, wie du heißt. Ich habe dich eine Stunde lang geliebt, und ich liebe dich heut am sonnigen Sträßchen des Bergdorfes wieder, eine Stunde lang. Niemand hat dich mehr geliebt als ich, niemand hat dir jemals so viel Macht über sich eingeräumt wie ich, unbedingte Macht. Aber ich bin zur Untreue verurteilt. Ich gehöre zu den Windbeuteln, welche nicht eine Frau, sondern nur die Liebe lieben.

Wir Wanderer sind alle so beschaffen. Unser Wandertrieb und Vagabundentum ist zu einem großen Teil Liebe, Erotik. Die Reiseromantik ist zur Hälfte nichts anderes als Erwartung des Abenteuers. Zur andern Hälfte aber ist sie unbewußter Trieb, das Erotische zu verwandeln und aufzulösen. Wir Wanderer sind darin geübt, Liebeswünsche gerade um ihrer Unerfüllbarkeit willen zu hegen, und jene Liebe, welche eigentlich dem Weib gehörte, spielend zu verteilen an Dorf und Berg, See und Schlucht, an die Kinder am Weg, den Bettler an der Brücke, das Rind auf der Weide, den Vogel, den Schmetterling. Wir lösen die Liebe vom Gegenstand, die Liebe selbst ist uns genug, ebenso wie wir im Wandern nicht das Ziel suchen, sondern nur den Genuß des Wanderns selbst, das Unterwegssein.

Junge Frau mit dem frischen Gesicht, ich will deinen Namen nicht wissen. Meine Liebe zu dir will ich nicht hegen und mästen. Du bist nicht das Ziel meiner Liebe, sondern ihr Antrieb. Ich schenke diese Liebe weg, an die Blumen am Weg, an den Sonnenblitz im Weinglas, an die rote Zwiebel des Kirchturms. Du machst, daß ich in die Welt verliebt bin.

Ach, dummes Gerede! Ich habe heut nacht, in der Berghütte, von der blonden Frau geträumt. Ich war unsinnig in sie verliebt. Ich hätte den Rest meines Lebens samt allen Wanderfreuden darum gegeben, wenn sie bei mir

gewesen wäre. An sie denke ich heute den ganzen Tag. Für sie trinke ich Wein und esse Brot. Für sie zeichne ich Dorf und Turm in mein Büchlein. Für sie danke ich Gott – daß sie lebt, daß ich sie sehen durfte. Für sie werde ich ein Lied dichten und mich an diesem roten Wein betrinken.
Und so war es mir bestimmt, daß meine erste Rast im heitern Süden der Sehnsucht nach einer hellblonden Frau jenseits der Berge gehört. Wie schön war ihr frischer Mund! Wie schön, wie dumm, wie verzaubert ist dies arme Leben!

Verlorenheit

Nachtwandler, tast ich mich durch Wald und Schlucht,
Phantastisch um mich glüht ein Zauberkreis,
Unachtend ob umworben ob verflucht,
Folg ich getreu dem inneren Geheiß.

Wie oft hat mich die Wirklichkeit geweckt,
In der ihr lebt, und mich zu sich befohlen!
Ich stand in ihr ernüchtert und erschreckt
Und habe bald mich wieder fortgestohlen.

O warme Heimat, der ihr mich entzieht,
O Liebestraum, aus dem ihr mich gestört,
Zu dir zurück auf tausend Schlichen flieht
Mein Wesen, wie zum Meer das Wasser kehrt.

Mich leiten heimlich Quellen mit Gesang,
Traumvögel rühren glänzendes Gefieder;
Aufklingt aufs neue meiner Kindheit Klang,
Im Goldgeflecht, im süßen Bienensang
Find ich mich schluchzend bei der Mutter wieder.

Die Brücke

Auf einer Brücke führt die Straße über den Bergbach hin und am Wasserfall vorbei. Ich bin diese Straße schon einmal gegangen – schon oft, oft, aber besonders einmal. Das war in der Zeit des Krieges, und mein Urlaub war zu Ende, und ich mußte wieder wegreisen und auf Landstraßen und Eisenbahnen mich beeilen, zur rechten Zeit wieder dabei und im Dienst zu sein. Krieg und Amt, Urlaub und Einberufung, rote Zettel und grüne Zettel, Exzellenzen, Minister, Generale, Bureaus – was war das für eine unwahrscheinliche, schattenhafte Welt, und lebte doch, und hatte doch die Macht, die Erde zu vergiften, und mich kleinen Wanderer und Aquarellmaler aus meiner Zuflucht hervorzutrompeten. Da lag Wiese und Weinberg, und unter der Brücke, es war Abend, schluchzte im Finstern der Bach und zitterte das nasse Gesträuch, und ein erlöschender Abendhimmel war kühlrosig darübergespannt, bald war es Zeit für die Leuchtkäfer. Kein Stein hier, den ich nicht liebte. Kein Tropfen im Wasserfall, dem ich nicht dankbar war, der nicht unmittelbar aus Gottes Kammern kam. Aber das alles war nichts, und meine Liebe zu dem niedergebogenen nassen Gesträuch war sentimental, und die Wirklichkeit war ganz anders, und hieß Krieg, und trompetete durch den Mund eines Generals oder Feldwebels, und ich mußte laufen, und aus allen Tälern der Welt mußten tausend andere laufen, und eine große Zeit war angebrochen. Und wir armen guten Tiere liefen schnell, und die Zeit wurde immer größer. Auf der ganzen Reise aber sang in mir das schluchzende Wasser unter der Brücke, und klang die süße Müdigkeit des kühlen Abendhimmels, und alles war überaus töricht und betrübt. Jetzt gehen wir wieder, jeder an seinem Bach und auf seiner Straße, und sehen die alte Welt, Gesträuch und Wiesenhang, aus stiller und müder gewordenen Augen an. Wir denken an die Freunde, die begraben sind, und wissen nur, es mußte sein, und tragen es traurig.

Aber das schöne Wasser kommt noch immer weiß und blau den braunen Berg herabgeronnen, und singt das alte Lied, und der Busch sitzt voll von Amseln. Keine Trompete schreit aus der Ferne herüber, und die große Zeit besteht wieder aus Tagen und Nächten, die voll von Zaubern sind, und aus Morgen und Abenden, aus Mittagen und Dämmerungen, und das geduldige Herz der Welt schlägt weiter. Wenn wir uns auf die Wiese legen, das Ohr an der Erde, oder uns über die Brücke übers Wasser beugen, oder lang in den hellen Himmel blicken, so hören wir es, das große ruhige Herz, und es ist das Herz der Mutter, deren Kinder wir sind.

Wenn ich heut an jenen Abend denke, da ich hier meinen Abschiedsweg ging, so klingt die Trauer schon aus einer Ferne herüber, deren Blau und Duft von Kampf und Schrei nichts weiß.

Und einmal wird von allem nichts mehr da sein, was mein Leben verzerrt und gequält und oft mit so schwerer Angst erfüllt hat. Einmal wird mir der letzten Müdigkeit der Friede kommen, und die mütterliche Erde wird mich in sich nehmen. Es wird nicht zum Ende sein, sondern zur Wiedergeburt, es wird ein Bad und Schlummer sein, in dem Altes und Verwelktes hinsinkt, und Junges und Neues zu atmen beginnt.

Dann will ich wieder, mit anderen Gedanken, solche Straßen gehen, und Bächen zuhören, und Abendhimmel belauschen, immer und immer wieder.

Herrliche Welt

Immer und immer fühl ich's, ob alt oder jung:
Ein Gebirg in der Nacht, am Balkon ein schweigendes
[Weib,
Eine weiße Straße im Mondschein mit sanftem
[Schwung,
Das reißt mir vor Sehnsucht das bange Herz aus dem
[Leib.

O brennende Welt, o du weißes Weib am Balkon,
Bellender Hund im Tal, fernrollende Eisenbahn,
O wie loget ihr, o wie bitter betrogt ihr mich schon,
Dennoch seid ihr noch immer mein süßester Traum
[und Wahn.

Oft versucht ich den Weg in die schreckliche
[»Wirklichkeit«,
Wo Assessor, Gesetz, Mode und Geldkurs gilt,
Aber einsam entfloh ich immer, enttäuscht und befreit,
Dort hinüber, wo Traum und selige Narrheit quillt.

Schwüler Nachtwind im Baum, dunkle Zigeunerin,
Welt voll törichter Sehnsucht und Dichterduft,
Herrliche Welt, der ich ewig verfallen bin,
Wo dein Wetterleuchten mir zuckt, wo deine Stimme
[mir ruft!

Pfarrhaus

An diesem schönen Hause vorüberwandern, das gibt einem einen Hauch von Sehnsucht und Heimweh, von Sehnsucht nach Stille, Ruhe und Bürgertum, Heimweh nach guten Betten, Gartenbank und Düften einer feinen Küche, dazu auch nach Studierzimmer, Tabak, alten Büchern. Und wie sehr habe ich in meiner Jugend die Theologie verachtet und verspottet! Sie ist, wie ich heute weiß, eine Gelehrsamkeit voll Anmut und Zauber, sie hat es nicht mit Lumpereien zu tun wie Metern und Zentnern, auch nicht mit schnöder Weltgeschichte, worin beständig geschossen, Hoch gerufen und verraten wird, sondern sie befaßt sich zart und fein mit innigen, lieben, seligen Dingen, mit Gnade und Erlösung, mit Engeln und Sakramenten.

Wunderbar wäre es für einen Menschen wie mich, hier drin zu wohnen und Pfarrer zu sein. Gerade für einen Menschen wie mich! Wäre ich nicht der Mann dazu, hier in einem feinen schwarzen Hausrock hin und wieder zu gehen, die Birnenspaliere im Garten zärtlich und doch wieder nur geistig und gleichnisweise zu lieben, Sterbende im Dorf zu trösten, in alten lateinischen Büchern zu lesen, der Köchin milde Befehle zu erteilen und am Sonntag mit einer guten Predigt im Kopf über die Steinfliesen nach der Kirche hinüber zu wandeln?

Bei schlechtem Wetter würde ich gewaltig einheizen und mich hin und wieder an einen der grünen oder bläulichen Kachelöfen lehnen, dazwischen auch mich ans Fenster stellen und den Kopf zu diesem Wetter schütteln.

Bei schönem Sonnenwetter hingegen würde ich viel im Garten sein, an den Spalieren schneiden und binden, oder am offenen Fenster stehen, nach den Bergen blicken, wie sie aus dem Grau und Schwarz wieder rosig und glühend werden. Ach, ich würde mit tiefer Teilnahme jedem Wanderer nachblicken, der an meinem stillen Haus vorüberzöge, ich würde ihm mit zarten und wohlwollenden Gedanken folgen, und auch mit Sehnsucht, denn er hat doch das bessere Teil erwählt, der wirklich und ehrlich ein Gast und Pilger auf Erden ist, statt wie ich den Seßhaften und Herrn zu spielen.

Ein solcher Pfarrer würde ich vielleicht sein. Vielleicht auch würde ich ein anderer sein, würde im düstern Studierzimmer mir die Nächte mit schwerem Burgunder vertreiben und mit tausend Teufeln mich herumhauen, oder ich würde nachts aus Angstträumen aufschrecken, weil die Gewissensfurcht über heimliche Sünden mit meinen Beichtmädchen mich auftriebe. Oder ich würde mein grünes Gartentor verschlossen halten, und den Mesner läuten lassen, und mich den Teufel um mein Amt und um mein Dorf und um die Welt bekümmern, würde auf einem breiten Kanapee liegen, rauchen und wahnsinnig faulenzen. Abends zu Faul, um mich auszuziehen, morgens zu faul, um aufzustehen.

Kurz, ich würde eigentlich in diesem Hause kein Pfarrer sein, sondern derselbe unstete und harmlose Wanderer wie jetzt, ich würde niemals Pfarrer sein, sondern bald phantastischer Theolog, bald Feinschmecker, bald stinkfaul und hinter den Weinflaschen her, bald auf junge Mädchen versessen, bald Dichter und Mime, bald heimwehkrank mit Angst und Weh im armen Herzen.

Darum ist es nun einerlei, ob ich das grüne Tor und die

Spalierbäume, den hübschen Garten und das hübsche Pfarrhaus von außen oder innen anschaue, ob meine Sehnsucht von der Straße zu dem stillen geistlichen Herrn durchs Fenster hinein, oder ob sie aus dem Fenster mit Neid und Sehnsucht zu den Wanderern herausschaut. Es ist völlig einerlei, ob ich hier Pfarrer bin oder Vagabund auf der Straße. Es ist alles völlig einerlei, bis auf einiges wenige, woran mir allerdings sehr stark gelegen ist. Daß ich das Leben in mir zucken spüre, sei's auf der Zunge oder an den Sohlen, sei's in Wollust oder in Qualen, daß meine Seele beweglich sei und mit hundert Phantasiespielen in hundert Formen sich hineinstehlen könne, in Pfarrherren und Wanderer, in Köchinnen und Mörder, in Kinder und Tiere, namentlich auch in Vögel, und auch in Bäume, das ist wesentlich, das will und brauche ich zum Leben, und wenn es einmal damit nichts mehr sein sollte und ich auf ein Leben in der sogenannten »Wirklichkeit« angewiesen wäre, dann werde ich lieber sterben.

Ich habe mich an den Brunnen gelehnt und das Pfarrhaus abgezeichnet, mit der grünen Tür, die mir eigentlich von allem am besten gefällt, und mit dem Kirchturm dahinter. Es ist möglich, daß ich die Tür grüner gemacht habe als sie ist, und den Kirchturm in die Länge gezogen. Die Hauptsache ist, daß ich eine Viertelstunde in diesem Hause Heimat hatte. Ich werde nach diesem Pfarrhaus, das ich nur von außen sah und in dem ich keinen Menschen kenne, einmal Heimweh haben wie nach einer richtigen Heimat, wie nach den Orten, an denen ich ein Kind und glücklich war. Denn auch hier war ich ja, eine Viertelstunde lang, ein Kind und glücklich.

Gehöft

Wenn ich diese gesegnete Gegend am Südfuß der Alpen wieder sehe, dann ist mir immer zumute, als kehre ich aus einer Verbannung heim, als sei ich endlich wieder auf der richtigen Seite der Berge. Hier scheint die Sonne inniger, und die Berge sind röter, hier wächst Kastanie und Wein, Mandel und Feige, und die Menschen sind gut, gesittet und freundlich, obwohl sie arm sind. Und alles, was sie machen, sieht so gut, so richtig und freundlich aus, als sei es von Natur so gewachsen. Die Häuser, Mauern, Weinbergtreppen, Wege, Pflanzungen und Terrassen, alles ist weder neu noch alt, alles ist, als sei es nicht erarbeitet, erklügelt und der Natur abgelistet, sondern entstanden wie Fels, Baum und Moos. Weinbergmauer, Haus und Hausdach, alles ist vom selben braunen Gneisgestein gemacht, alles paßt brüderlich zueinander. Nichts sieht fremd, feindlich und gewaltsam aus, alles scheint vertraulich, heiter, nachbarlich.

Setze dich nieder, wo du willst, auf Mauer, Fels oder Baumstumpf, auf Gras oder Erde: überall umgibt dich ein Bild und Gedicht, überall klingt die Welt um dich her schön und glücklich zusammen.

Hier ist ein Gehöft, wo arme Bauern wohnen. Sie haben kein Rindvieh, nur Schwein, Ziege und Huhn, sie pflanzen Wein, Mais, Obst und Gemüse. Das ganze Haus ist aus Stein, auch Böden und Treppen, zum Hofe führt eine behauene Stufe zwischen zwei Steinsäulen. Überall blaut zwischen Gewächs und Gestein der See herauf.

Die Gedanken und Sorgen scheinen jenseits der Schnee-

berge liegengeblieben zu sein. Zwischen gequälten Menschen und häßlichen Sachen denkt und sorgt man so viel! Es ist dort so schwer, und so verzweifelt wichtig, eine Rechtfertigung des Daseins zu finden. Wie sollte man denn sonst leben? Vor lauter Unglück wird man tiefsinnig. – Hier aber sind keine Probleme, das Dasein bedarf keiner Rechtfertigung, die Gedanken werden zum Spiel. Man empfindet: die Welt ist schön, und das Leben ist kurz. Nicht alle Wünsche ruhen; ich möchte ein paar Augen mehr, eine Lunge mehr haben. Ich strecke die Beine ins Gras und wünsche, sie möchten länger sein.
Ich möchte ein Riese sein, dann läge ich mit dem Kopfe nah am Schnee auf einer Alp zwischen den Ziegen, und meine Zehen unten plätscherten im tiefen See. So läge ich und stünde nimmer auf, zwischen meinen Fingern wüchse Gesträuch, in meinem Haar Alpenrosen, meine Knie wären Vorgebirge, auf meinem Leibe stünden Weinberge, Häuser und Kapellen. So liege ich zehntausend Jahre, blinzle in den Himmel, blinzle in den See. Wenn ich niese, gibt es ein Gewitter. Wenn ich drüber hauche, schmilzt der Schnee, und Wasserfälle tanzen. Wenn ich sterbe, stirbt die ganze Welt. Dann fahre ich übers Weltmeer, eine neue Sonne zu holen.
Wo werde ich diesen Abend schlafen? Einerlei! Was macht die Welt? Sind neue Götter erfunden, neue Gesetze, neue Freiheiten? Einerlei! Aber daß hier oben noch eine Primel blüht und Silberpelzchen auf den Blättern trägt, und daß der leise süße Wind dort unten in der Pappel singt, und daß zwischen meinem Auge und dem Himmel eine dunkelgoldene Biene schwebt und summt – das ist nicht einerlei. Sie summt das Lied vom Glück, sie summt das Lied von der Ewigkeit. Ihr Lied ist meine Weltgeschichte.

Regen

Lauer Regen, Sommerregen
Rauscht von Büschen, rauscht von Bäumen.
O wie gut und voller Segen,
Einmal wieder satt zu träumen!

War so lang im Hellen draußen,
Ungewohnt ist mir dies Wogen:
In der eignen Seele hausen,
Nirgend fremdwärts hingezogen.

Nichts begehr ich, nichts verlang ich,
Summe leise Kindertöne,
Und verwundert heim gelang ich
In der Träume warme Schöne.

Herz, wie bist du wund gerissen
Und wie selig, blind zu wühlen,
Nicht zu denken, nicht zu wissen,
Nur zu atmen, nur zu fühlen!

Bäume

Bäume sind für mich immer die eindringlichsten Prediger gewesen. Ich verehre sie, wenn sie in Völkern und Familien leben, in Wäldern und Hainen. Und noch mehr verehre ich sie, wenn sie einzeln stehen. Sie sind wie Einsame. Nicht wie Einsiedler, welche aus irgendeiner Schwäche sich davongestohlen haben, sondern wie große vereinsamte Menschen, wie Beethoven und Nietzsche. In ihren Wipfeln rauscht die Welt, ihre Wurzeln ruhen im Unendlichen; allein sie verlieren sich nicht darin, sondern erstreben mit aller Kraft ihres Lebens nur das Eine: ihr eigenes, in ihnen wohnendes Gesetz zu erfüllen, ihre eigene Gestalt auszubauen, sich selbst darzustellen. Nichts ist heiliger, nichts ist vorbildlicher als ein schöner, starker Baum. Wenn ein Baum umgesägt worden ist und seine nackte Todeswunde der Sonne zeigt, dann kann man auf der lichten Scheibe seines Stumpfes und Grabmals seine ganze Geschichte lesen: in den Jahresringen und Verwachsungen steht aller Kampf, alles Leid, alle Krankheit, alles Glück und Gedeihen treu geschrieben, schmale Jahre und üppige Jahre, überstandene Angriffe, überdauerte Stürme. Und jeder Bauernjunge weiß, daß das härteste und edelste Holz die engsten Ringe hat, daß hoch auf Bergen und in immerwährender Gefahr die unzerstörbarsten, kraftvollsten, vorbildlichsten Stämme wachsen.

Bäume sind Heiligtümer. Wer mit ihnen zu sprechen, wer ihnen zuzuhören weiß, der erfährt die Wahrheit. Sie pre-

digen nicht Lehren und Rezepte, sie predigen, um das Einzelne unbekümmert, das Urgesetz des Lebens.
Ein Baum spricht: In mit ist ein Kern, ein Funke, ein Gedanke verborgen, ich bin Leben vom ewigen Leben. Einmalig ist der Versuch und Wurf, den die ewige Mutter mit mir gewagt hat, einmalig ist meine Gestalt und das Geäder meiner Haut, einmalig das kleinste Blätterspiel meines Wipfels und die kleinste Narbe meiner Rinde. Mein Amt ist, im ausgeprägten Einmaligen das Ewige zu gestalten und zu zeigen.
Ein Baum spricht: Meine Kraft ist das Vertrauen. Ich weiß nichts von meinen Vätern, ich weiß nichts von den tausend Kindern, die in jedem Jahr aus mir entstehen. Ich lebe das Geheimnis meines Samens zu Ende, nichts andres ist meine Sorge. Ich vertraue, daß Gott in mir ist. Ich vertraue, daß meine Aufgabe heilig ist. Aus diesem Vertrauen lebe ich.
Wenn wir traurig sind und das Leben nicht mehr gut ertragen können, dann kann ein Baum zu uns sprechen: Sei still! Sei still! Sieh mich an! Leben ist nicht leicht, Leben ist nicht schwer. Das sind Kindergedanken. Laß Gott in dir reden, so schweigen sie. Du bangst, weil dich dein Weg von der Mutter und Heimat wegführt. Aber jeder Schritt und Tag führt dich neu der Mutter entgegen. Heimat ist nicht da oder dort. Heimat ist in dir innen, oder nirgends.
Wandersehnsucht reißt mir am Herzen, wenn ich Bäume höre, die abends im Wind rauschen. Hört man still und lange zu, so zeigt auch die Wandersehnsucht ihren Kern und Sinn. Sie ist nicht Fortlaufenwollen vor dem Leide, wie es schien. Sie ist Sehnsucht nach Heimat, nach Gedächtnis der Mutter, nach neuen Gleichnissen des

Lebens. Sie führt nach Hause. Jeder Weg führt nach Hause, jeder Schritt ist Geburt, jeder Schritt ist Tod, jedes Grab ist Mutter.
So rauscht der Baum im Abend, wenn wir Angst vor unsern eigenen Kindergedanken haben. Bäume haben lange Gedanken, langatmige und ruhige, wie sie ein längeres Leben haben als wir. Sie sind weiser als wir, solange wir nicht auf sie hören. Aber wenn wir gelernt haben, die Bäume anzuhören, dann gewinnt gerade die Kürze und Schnelligkeit und Kinderhast unserer Gedanken eine Freudigkeit ohnegleichen. Wer gelernt hat, Bäumen zuzuhören, begehrt nicht mehr, ein Baum zu sein. Er begehrt nichts zu sein, als was er ist. Das ist Heimat. Das ist Glück.

Malerfreude

Äcker tragen Korn und kosten Geld,
Wiesen sind von Stacheldraht umlauert,
Notdurft sind und Habsucht aufgestellt,
Alles scheint verdorben und vermauert.

Aber hier in meinem Auge wohnt
Eine andere Ordnung aller Dinge,
Violett zerfließt und Purpur thront,
Deren unschuldvolles Lied ich singe.

Geld zu Gelb, und Gelb zu Rot gesellt,
Kühle Bläue rötlich angeflogen,
Licht und Farbe schwingt von Welt zu Welt,
Wölbt und tönt sich aus in Liebeswogen.

Geist regiert, der alles Kranke heilt,
Grün klingt auf aus neugeborener Quelle,
Neu und sinnvoll wird die Welt verteilt,
Und im Herzen wird es froh und helle.

Regenwetter

Es will anfangen zu regnen, überm See hängt grau und ängstlich die schlaffe Luft. Ich gehe am Strand, in der Nähe meines Wirtshauses.

Es gibt ein Regenwetter, das ist erfrischend und heiter. Das heutige ist nicht so. Die Feuchtigkeit fällt und steigt fortwährend in der dicken Luft, die Wolken lassen beständig fallen, und immer sind neue da. Unentschlossenheit und schlechte Laune herrscht am Himmel.

Diesen Abend hatte ich mir viel schöner gedacht, Abendessen und Nachtlager in der Fischerkneipe, Gang am Strand, Bad im See, vielleicht Schwimmen im Mondlicht. Statt dessen läßt ein mißtrauischer und finsterer Himmel nervös und mißgestimmt seine launischen Regenschauer fallen, und ich schleiche nicht minder nervös und mißgestimmt durch die verwandelte Landschaft. Vielleicht habe ich gestern nacht zu viel Wein getrunken, oder zu wenig, oder ich habe von ängstlichen Dingen geträumt. Weiß Gott, was es ist. Die Laune ist zum Teufel, die Luft ist schlaff und peinigend, meine Gedanken sind finster, die Welt ist ohne Glanz.

Heut abend werde ich mir Fische backen lassen, und sehr viel roten Landwein dazu trinken. Wir werden schon wieder etwas Glanz in die Welt bringen und das Leben erträglicher finden. Wir stecken in der Kneipe ein Kaminfeuer an, daß man diesen faulen schlaffen Regen nimmer hört und sieht. Ich rauche die guten langen Brissago-Zigarren dazu, und halte das Weinglas gegen's Feuer, daß

es blutig karfunkelt. Wir werden es schon machen. Der Abend wird vergehen, ich werde schlafen können, morgen wird alles anders sein.
Ins seichte Strandwasser klatschen Regentropfen, ein Wind wühlt kühlfeucht in den nassen Bäumen, sie blinken bleiern auf wie tote Fische. Der Teufel hat in die Suppe gespuckt. Nichts stimmt. Nichts klingt. Nichts freut und wärmt. Alles ist öd, trist, beschissen. Alle Saiten verstimmt. Alle Farben gefälscht.
Ich weiß, warum es so ist. Es ist nicht ein Wein, den ich gestern getrunken, und ist nicht ein schlechtes Bett, in dem ich geschlafen, es ist auch nicht das Regenwetter. Es sind Teufel dagewesen und haben Saite um Saite in mir schrill verstimmt. Die Angst war wieder da, Angst aus Kinderträumen, aus Märchen, aus Schulknabenschicksalen. Die Angst, das Umschlossensein vom Unabänderlichen, die Melancholie, der Ekel. Wie fade schmeckt die Welt! Wie scheußlich, daß man morgen wieder aufstehen, wieder essen, wieder leben muß! Warum lebt man denn? Warum ist man so blödsinnig gutmütig? Warum liegt man nicht längst im See.
Dagegen ist kein Kraut gewachsen. Du kannst nicht ein Vagabund und Künstler, und daneben auch noch ein Bürger und wohlanständiger Gesunder sein. Du willst den Rausch haben, so habe auch den Katzenjammer! Sagst du ja zum Sonnenschein und den holden Phantasien, so sage auch ja zum Schmutz und Ekel! Alles das ist in dir, Gold und Dreck, Lust und Pein, Kinderlachen und Todesangst. Sag ja zu allem, drücke dich um nichts, suche nichts hinwegzulügen! Du bist kein Bürger, du bist auch kein Grieche, du bist nicht harmonisch und Herr deiner selbst, du bist ein Vogel im Sturm. Laß stürmen! Laß dich trei-

ben! Wie viel hast du gelogen! Wie tausendmal hast du, auch in deinen Gedichten und Büchern, den Harmonischen und Weisen gespielt, den Glücklichen, den Abgeklärten! So haben sie im Krieg beim Angriff die Helden gespielt, während die Eingeweide zuckten! Herrgott, was für ein armer Aff und Spiegelfechter ist der Mensch – zumal der Künstler – zumal der Dichter – zumal ich!

Ich werde mir Fische backen lassen, und werde den Nostrano aus dickem Glase trinken, und die langen Zigarren dazu qualmen, und ins Kaminfeuer spucken, an meine Mutter denken, und aus meiner Angst und Traurigkeit einen Tropfen Süßigkeit zu pressen suchen. Dann werde ich im schlechten Bett an dünner Wand liegen, Wind und Regen hören, mit dem Herzklopfen kämpfen, den Tod wünschen, den Tod fürchten, Gott anrufen. Bis es vorüber ist, bis die Verzweiflung müde wird, bis wieder etwas wie Schlaf und Trost mir winkt. So war es, als ich zwanzigjährig war, so ist es heute, so wird es weiter sein, bis es ein Ende hat. Immer wieder werde ich mein liebes, schönes Leben mit diesen Tagen bezahlen müssen. Immer wieder werden diese Tage und Nächte kommen, die Angst, der Ekel, die Verzweiflung. Und doch werde ich leben, und doch werde ich das Leben lieben.

O wie schäbig und hämisch die Wolken an den Bergen hängen! Wie falsch und blechern spiegelt das fade Licht im See! Wie dumm und trostlos ist alles, was mir in den Sinn kommt!

Kapelle

Die rosenrote Kapelle mit dem kleinen Vordach muß von guten und zartfühlenden Menschen erbaut sein, und von sehr frommen Menschen.
Mir ist oft gesagt worden, es gäbe heute keine frommen Menschen mehr. Man könnte ebensogut sagen, es gäbe heute keine Musik und keinen blauen Himmel mehr. Ich glaube, es gibt viele Fromme. Ich selbst bin fromm. Aber ich war es nicht immer.
Der Weg zur Frömmigkeit mag für jeden ein andrer sein. Für mich lief er über viel Irrtümer und Leiden, über viel Selbstquälerei, durch stattliche Dummheiten, Urwälder von Dummheiten. Ich bin Freigeist gewesen und wußte, daß Frömmigkeit eine Seelenkrankheit sei. Ich bin Asket gewesen und habe mir Nägel ins Fleisch getrieben. Ich wußte nicht, daß Frommsein Gesundheit und Heiterkeit bedeutet.
Frommsein ist nichts andres als Vertrauen. Vertrauen hat der einfache, gesunde, harmlose Mensch, das Kind, der Wilde. Unsereiner, der nicht einfach noch harmlos war, mußte das Vertrauen auf Umwegen finden. Vertrauen zu dir selbst ist der Beginn. Nicht mit Abrechnungen, Schuld und bösem Gewissen, nicht mit Kasteiung und Opfern wird der Glaube gewonnen. Alle diese Bemühungen wenden sich an Götter, welche außer uns wohnen. Der Gott, an den wir glauben müssen, ist in uns innen. Wer zu sich selber nein sagt, kann zu Gott nicht ja sagen.
O liebe, innige Kapellen dieses Landes! Ihr traget die

Zeichen und Inschriften eines Gottes, der nicht der meine ist. Eure Gläubigen beten Gebete, deren Worte ich nicht kenne. Dennoch kann ich in euch beten, so gut wie im Eichenwald oder auf der Bergwiese. Ihr blühet aus dem Grün hervor, gelb oder weiß oder rosig, wie Frühlingslieder junger Menschen. Jedes Gebet ist bei euch erlaubt und heilig.

Gebet ist so heilig, so heilend wie Gesang. Gebet ist Vertrauen, ist Bestätigung. Wer wahrhaft betet, der bittet nicht, er erzählt nur seine Zustände und Nöte, er singt sein Leid und seinen Dank vor sich hin, wie die kleinen Kinder singen. So haben die seligen Einsiedler gebetet, die inmitten ihrer Oase und ihrer Rehe im Kirchhof von Pisa gemalt sind, es ist das schönste Bild der Welt. So beten auch Bäume, auch Tiere. Auf den Bildern guter Maler betet jeder Baum und jeder Berg.

Wer aus einem frommen Protestantenhause stammt, der hat einen weiten Weg zu suchen bis zu diesem Gebet. Er kennt die Höllen des Gewissens, er kennt den Todesstachel der Zerfallenheit mit sich selber, er hat Spaltung, Qual, Verzweiflung jeder Art erfahren. Am späten Ende des Weges sieht er mit Erstaunen, wie einfach, kindlich und natürlich die Seligkeit ist, die er auf so dornigen Wegen gesucht hat. Aber die Dornenwege waren nicht umsonst. Der Heimgekehrte ist ein andrer als der stets Daheimgebliebene. Er liebt inniger, und er ist freier von Gerechtigkeit und Wahn. Gerechtigkeit ist die Tugend der Daheimgebliebenen, eine alte Tugend, eine Urmenschentugend. Wir Jüngeren können sie nicht gebrauchen. Wir kennen nur ein Glück: Liebe, und nur eine Tugend: Vertrauen.

Euch Kapellen beneide ich um eure Gläubigen, um eure

Gemeinden. Hundert Beter klagen euch ihr Leid, hundert Kinder bekränzen eure Türen und bringen in euch ihre Kerzen dar. Unser Glaube aber, die Frömmigkeit der Weitgereisten, ist einsam. Die vom alten Glauben wollen nicht unsre Genossen sein, und die Strömungen der Welt gehen fern von unsren Inseln vorüber.

Ich pflücke Blumen in der nächsten Wiese, Primel, Klee und Hahnenfuß, und lege sie in der Kapelle nieder. Ich setze mich auf die Brüstung unterm Vordach und summe mein frommes Lied in der Morgenstille. Mein Hut liegt auf der braunen Mauer, und ein blauer Schmetterling setzt sich darauf. Im fernen Tal pfeift dünn und sanft eine Eisenbahn. Auf den Sträuchern blinkt noch hier und dort der Morgentau.

Vergänglichkeit

Vom Baum des Lebens fällt
Mir Blatt um Blatt.
O taumelbunte Welt,
Wie machst du satt,
Wie machst du satt und müd,
Wie machst du trunken!
Was heut noch glüht,
Ist bald versunken.
Bald klirrt der Wind
Über mein braunes Grab,
Über das kleine Kind
Beugt sich die Mutter herab.
Ihre Augen will ich wiedersehn,

Ihr Blick ist mein Stern,
Alles andre mag gehn und verwehn,
Alles stirbt, alles stirbt gern.
Nur die ewige Mutter bleibt,
Von der wir kamen,
Ihr spielender Finger schreibt
In die flüchtige Luft unsre Namen.

Mittagsrast

Wieder lacht der Himmel hell, über allem tanzt ein Überfluß von Luft. Das ferne fremde Land gehört mir wieder, die Fremde ist Heimat geworden. Beim Baume überm See ist heut mein Platz, ich habe eine Hütte mit Vieh und einige Wolken gezeichnet. Ich habe einen Brief geschrieben, den ich nicht absende. Jetzt packe ich mein Essen aus dem Sack: Brot, Wurst, Nüsse, Schokolade.

Nahe ist ein Birkengehölz, dort sah ich den Boden voll von dürren Zweigen liegen. Es kommt mir die Lust, ein Feuerchen zu machen, es zum Kameraden zu haben und bei ihm zu sitzen. Ich gehe hinüber, sammle einen guten Arm voll Reisig, lege Papier darunter und zünde an. Der dünne Rauch steigt leicht und freudig auf, die hellrote Flamme blickt sonderbar ins sonnige Mittagslicht.

Die Wurst ist gut, ich werde morgen wieder so eine kaufen. Wollte Gott, ich hätte ein paar Kastanien bei mir, um sie zu braten!

Nach der Mahlzeit breite ich meine Jacke ins Gras, lege den Kopf darauf und sehe zu, wie mein kleines Rauchopfer in die helle Höhe emporsteigt. Etwas Musik und Festgenuß gehört dazu. Ich besinne mich auf Lieder von Eichendorff, die ich auswendig weiß. Es fallen mir nicht viele ein, bei einigen fehlen mir Verse. Ich sage die Lieder halb singend her, nach den Melodien von Hugo Wolf und Othmar Schoeck. »Wer in die Fremde will wandern« und »Du liebe treue Laute«, das sind die schönsten. Die Lieder sind voll Wehmut, aber die Wehmut ist nur eine Sommerwolke, dahinter steht Sonne und Vertrauen. Das ist Eichendorff. Darin steht er über Mörike und Lenau. Wenn jetzt meine Mutter noch lebte, würde ich an sie denken und versuchen, ihr alles zu sagen und zu bekennen, was sie von mir wissen sollte.

Statt dessen kommt ein schwarzhaariges Mädchen gegangen, zehn Jahre alt, die schaut mir und meinem Feuerchen zu, nimmt eine Nuß und ein Stück Schokolade von mir, setzt sich zu mir ins Gras, und nun erzählt sie, von ihrer Ziege und von ihrem großen Bruder, mit der Würde und dem Ernst der Kinder. Was für Hanswurste sind wir Alten! Dann muß sie nach Hause, sie hat dem Vater das Essen hinausgebracht. Sie grüßt artig und ernsthaft und geht in ihren Holzsandalen und roten Wollstrümpfen weiter. Sie heißt Annunziata.

Das Feuer ist erloschen. Die Sonne ist unmerklich weiter gerückt. Ich will heut noch eine gute Strecke gehen. Im Einpacken und Zusammenschnallen meines Bündels fällt mir noch ein Eichendorff ein, und ich singe im Knien:

»Bald, ach wie bald kommt die stille Zeit,
Da ruh auch ich, und über mir
Rauschet die schöne Waldeinsamkeit,
Und keiner mehr kennt mich auch hier.«

Ich empfinde zum erstenmal, daß auch in diesem lieben Vers die Wehmut nur ein Wolkenschatten ist. Diese Wehmut ist nichts als die sanfte Musik der Vergänglichkeit, ohne welche das Schöne uns nicht rührt. Sie ist ohne Schmerz. Ich nehme sie mit auf den Marsch und trabe zufrieden auf dem Bergsteig weiter, den See tief unter mir, an einem Mühlenbach mit Kastanienbäumen und eingeschlafenem Rad vorbei, in den stillen blauen Tag hinein.

Der Wanderer an den Tod

Auch zu mir kommst du einmal,
Du vergißt mich nicht,
Und zu Ende ist die Qual,
Und die Kette bricht.

Noch erscheinst du fremd und fern,
Lieber Bruder Tod.
Stehest als ein kühler Stern
Über meiner Not.

Aber einmal wirst du nah
Und voll Flammen sein.
Komm, Geliebter, ich bin da,
Nimm mich, ich bin dein!

See, Baum, Berg

Es war einmal ein See. Über den blauen See und den blauen Himmel hinweg ragte grün und gelb ein Frühlingsbaum. Jenseits ruhte der Himmel still auf dem gewölbten Berge.

Ein Wanderer saß zu Füßen des Baumes. Gelbe Blütenblätter sanken auf seine Schultern. Er war müde und hatte die Augen geschlossen. Traum sank von dem gelben Baume auf ihn herunter.

Der Wanderer wurde klein und war ein Knabe, hinterm Hause im Garten hörte er seine Mutter singen. Er sah einen Falter fliegen, gelb und süß, freudiggelb im blauen Himmel. Dem Falter lief er nach. Er lief über die Wiese, er lief über den Bach, er lief an den See. Da flog der Falter hoch überm hellen Wasser weiter, und der Knabe flog ihm nach, schwebte hell und leicht, flog glücklich durch den blauen Raum. Sonne schien auf seine Flügel. Er flog dem Gelben nach und flog über den See und über den hohen Berg, da stand auf einer Wolke Gott und sang. Um ihn her waren die Engel, und einer von den Engeln sah aus wie des Knaben Mutter, und hielt eine grüne Gießkanne über ein Beet mit Tulpen geneigt, daß sie trinken konnten. Zu ihm flog der Knabe, und war auch ein Engel, und umarmte seine Mutter.

Der Wanderer rieb sich die Augen, und schloß sie wieder. Er brach eine rote Tulpe und steckte sie seiner Mutter an die Brust. Er brach eine Tulpe und steckte sie ihr ins Haar. Engel und Schmetterlinge flogen, und alle Vögel und Tiere und Fische der Welt waren da, und welchen man bei seinem Namen rief, der kam her und flog dem Knaben in die Hand und gehörte ihm, ließ sich streicheln, ließ sich befragen, ließ sich weiterschicken.

Der Wanderer erwachte und dachte an den Engel. Er hörte vom Baum die feinen Blätter rieseln, und hörte im Baum das feine, stille Leben in goldenen Strömen auf und nieder steigen. Der Berg sah zu ihm herüber, dort lehnte Gott in einem braunen Mantel und sang. Man hörte sein Lied über die gläserne Seebreite herüber. Es war ein einfaches Lied, es vermischte sich und klang zusammen mit dem leisen Strömen der Kräfte im Baum, und mit dem leisen Strömen des Blutes im Herzen, und mit den leisen goldenen Strömen, die aus dem Traume her durch ihn hin rannen.

Da fing er selber an zu singen, langsam und gedehnt. Sein Lied war ohne Kunst, es war wie Luft und Wellenschlag, es war nur ein Summen und bienenhaftes Brummsen. Das Lied gab dem singenden Gott in der Ferne Antwort, und dem singenden Strom im Baum, und dem rinnenden Gesang im Blut.

Lange sang der Wanderer so vor sich hin, wie eine Glokkenblume im Frühlingswind vor sich hin läutet und wie eine Heuschrecke im Gras Musik macht. Er sang eine Stunde lang oder ein Jahr. Er sang kindlich und göttlich, er sang Schmetterling und sang Mutter, er sang Tulpe und sang See, er sang sein Blut und das Blut im Baume.

Als er weiterging und gedankenlos in das warme Land hineinlief, fiel ihm allmählich sein Weg und sein Ziel und sein eigener Name wieder ein, und daß es Dienstag war, und daß drüben die Bahn nach Mailand lief. Nur ganz in der Ferne hörte er noch singen, über den See herüber.

Dort stand Gott im braunen Mantel und sang noch immer, aber der Wanderer verlor den Ton mehr und mehr aus dem Gehör.

Magie der Farben

Gottes Atem hin und wieder,
Himmel oben, Himmel unten,
Licht singt tausendfache Lieder,
Gott wird Welt im farbig Bunten,

Weiß zu Schwarz, und Warm zum Kühlen
Fühlt sich immer neu gezogen,
Ewig aus chaotischem Wühlen,
Klärt sich neu der Regenbogen.

So durch unsre Seele wandelt
Tausendfalt in Qual und Wonne
Gottes Licht, erschafft und handelt,
Und wir preisen Ihn als Sonne.

Bewölkter Himmel

Zwischen den Felsen blühen kleine Zwergenkräuter. Ich liege und blicke in den abendlichen Himmel, der seit Stunden sich langsm mit kleinen, stillen, wirren Wölkchen überzieht. Dort oben müssen Winde gehen, von denen man hier nichts spürt. Sie weben die Wolkenfäden wie Garn.
Wie das Verdunsten und das Wiederherabregnen des Wassers über der Erde in einem gewissen Rhythmus erfolgt, wie die Jahreszeiten oder Ebbe und Flut ihre festen Zeiten und Folgen haben, so geht alles auch in unsrem Innern gesetzlich und in Rhythmen vor sich. Es gibt einen Professor Fließ, der gewisse Zahlenfolgen herausgerechnet hat, um die periodische Wiederkehr der Lebensvorgänge zu bezeichnen. Es klingt wie Kabbala, aber vermutlich ist auch Kabbala Wissenschaft. Daß sie von den deutschen Professoren belächelt wird, spricht sehr für sie.
Die dunkle Welle in meinem Leben, die ich fürchte, kommt auch mit einer gewissen Regelmäßigkeit. Ich kenne die Daten und Zahlen nicht, ich habe niemals ein fortlaufendes Tagebuch geführt. Ich weiß nicht und will nicht wissen, ob die Zahlen 23 und 27, oder irgendwelche anderen Zahlen damit zu tun haben. Ich weiß nur: Von Zeit zu Zeit erhebt sich in meiner Seele, ohne äußere Ursachen die dunkle Welle. Es läuft ein Schatten über die Welt, wie ein Wolkenschatten. Die Freude klingt unecht, die Musik schal. Schwermut herrscht, Sterben ist besser als Leben. Wie ein Anfall kommt diese Melancholie von Zeit

zu Zeit, ich weiß nicht in welchen Abständen, und überzieht meinen Himmel langsam mit Gewölk. Es beginnt mit Unruhe im Herzen, mit Vorgefühl von Angst, wahrscheinlich mit nächtlichen Träumen. Menschen, Häuser, Farben, Töne, die mir sonst gefielen, werden zweifelhaft und wirken falsch. Musik macht Kopfweh. Alle Briefe wirken verstimmend und enthalten versteckte Spitzen. In diesen Stunden zum Gespräch mit Menschen gezwungen zu sein, ist Qual und führt unvermeidlich zu Szenen. Diese Stunden sind es, wegen deren man keine Schießwaffen besitzt; sie sind es, in denen man sie vermißt. Zorn, Leid und Anklage richten sich gegen alles, gegen Menschen, gegen Tiere, gegen die Witterung, gegen Gott, gegen das Papier des Buches, in dem man liest, und gegen den Stoff des Kleides, das man anhat. Aber Zorn, Ungeduld, Anklage und Haß gelten nicht den Dingen, sie kehren von ihnen allen zurück zu mir selbst. Ich bin es, der Haß verdient. Ich bin es, der Mißklang und Häßlichkeit in die Welt bringt.

Ich ruhe heut von einem solchen Tage aus. Ich weiß, daß nun eine Weile Ruhe zu erwarten ist. Ich weiß, wie schön die Welt ist, daß sie für mich zu Stunden unendlich schöner ist als für irgend jemand sonst, daß die Farben süßer klingen, die Luft seliger rinnt, das Licht zärtlicher schwebt. Und ich weiß, daß ich das bezahlen muß durch die Tage, wo das Leben unerträglich ist. Es gibt gute Mittel gegen die Schwermut: Gesang, Frömmigkeit, Weintrinken, Musizieren, Gedichtemachen, Wandern. Von diesen Mitteln lebe ich, wie der Einsiedler vom Brevier lebt. Manchmal scheint mir, die Schale habe sich gesenkt und meine guten Stunden seien zu selten und zu wenig gut, um die üblen noch aufzuwiegen. Zuweilen finde ich im Gegenteil, daß ich Fortschritte gemacht habe, daß die guten Stunden zu- und die bösen abgenommen haben. Was ich niemals wünsche, auch in den schlechtesten Stunden nicht, das ist ein mittlerer Zustand zwischen Gut und Schlecht, so eine laue erträgliche Mitte. Nein, lieber noch eine Übertreibung der Kurve – lieber die Qual noch böser, und dafür die seligen Augenblicke noch um einen Glanz reicher!

Abklingend verläßt mich die Unlust, Leben ist wieder hübsch, Himmel ist wieder schön, Wandern wieder sinnvoll. An solchen Tagen der Rückkehr fühle ich etwas von Genesungsstimmung: Müdigkeit ohne eigentlichen Schmerz, Ergebnis ohne Bitterkeit, Dankbarkeit ohne Selbstverachtung. Langsam beginnt die Lebenslinie wieder zu steigen. Man summt wieder einen Liedervers. Man bricht wieder eine Blume ab. Man spielt wieder mit dem Spazierstock. Man lebt noch. Man hat es wieder überstanden. Man wird es auch nochmals überstehen, und vielleicht noch oft.

Es wäre mir ganz unmöglich zu sagen, ob dieser bewölkte, still in sich bewegte, vielfädige Himmel sich in meiner Seele spiegelt oder umgekehrt, ob ich von diesem Himmel nur das Bild meines Inneren ablese. Manchmal wird das alles so völlig ungewiß! Es gibt Tage, an denen bin ich überzeugt, daß kein Mensch auf Erden gewisse Luft- und Wolkenstimmungen, gewisse Farbenklänge, gewisse Düfte und Feuchtigkeitsschwankungen so fein, so genau und so treu beobachten könne wie ich mit meinen alten, nervösen Dichter- und Wanderersinnen. Und dann wieder, so wie heute, kann es mir zweifelhaft werden, ob ich überhaupt je etwas gesehen, gehört und gerochen habe, ob nicht alles, was ich wahrzunehmen meine, bloß das nach außen geworfene Bild meines inneren Lebens sei.

Rotes Haus

Rotes Haus, aus deinem kleinen Garten und Weinberg duftet mir der ganze Alpensüden! Mehrmals bin ich an dir vorbeigegangen, und schon beim ersten Mal hat meine Wanderlust sich zuckend ihres Gegenpols erinnert, und wieder einmal spiele ich mit den alten, oft gespielten Melodien: Heimathaben, ein kleines Haus im grünen Garten, Stille ringsum, weiter unten das Dorf. Im Stübchen nach Morgen hin stünde mein Bett, mein eigenes Bett, im Stübchen nach Süden mein Tisch, und dort würde ich auch die kleine alte Madonna aufhängen, die ich einmal, in früheren Reisezeiten, in Brescia gekauft habe.

Wie der Tag zwischen Morgen und Abend, so vergeht zwischen Reisetrieb und Heimatwunsch mein Leben. Vielleicht werde ich einmal so weit sein, daß Reise und Ferne mir in der Seele gehören, daß ich ihre Bilder in mir habe, ohne sie mehr verwirklichen zu müssen. Vielleicht auch komme ich noch einmal dahin, daß ich Heimat in mir habe, und dann gibt es kein Liebäugeln mit Gärten und roten Häuschen mehr. – Heimat in sich haben!

Wie wäre da das Leben anders! Es hätte eine Mitte, und von der Mitte aus schwängen alle Kräfte.

So aber hat mein Leben keine Mitte, sondern schwebt zuckend zwischen vielen Reihen von Polen und Gegenpolen. Sehnsucht nach Daheimsein hier, Sehnsucht nach Unterwegssein dort. Verlangen nach Einsamkeit und Kloster hier, und Drang nach Liebe und Gemeinschaft dort! Ich habe Bücher und Bilder gesammelt, und habe sie wieder weggegeben. Ich habe Üppigkeit und Laster gepflegt, und bin davon weg zu Askese und Kasteiung gegangen. Ich habe das Leben gläubig als Substanz verehrt, und kam dazu, es nur noch als Funktion erkennen und lieben zu können.

Aber es ist nicht meine Sache, mich anders zu machen. Das ist Sache des Wunders. Wer das Wunder sucht, wer es herbeiziehen, wer ihm helfen will, den flieht es nur. Meine Sache ist, zwischen vielen gespannten Gegensätzen zu schweben und bereit zu sein, wenn das Wunder mich ereilt. Meine Sache ist, unzufrieden zu sein und Unrast zu leiden.

Rotes Haus im Grünen! Ich habe dich schon erlebt, ich darf dich nicht nochmals erleben wollen. Ich habe schon einmal Heimat gehabt, habe ein Haus gebaut, habe Wand und Dach gemessen, Wege im Garten gezogen und eigene Wände mit eigenen Bildern behängt. Jeder Mensch hat dazu einen Trieb – wohl mir, daß ich ihm einmal nachleben konnte! Viele meiner Wünsche haben sich im Leben erfüllt. Ich wollte ein Dichter sein, und wurde ein Dichter. Ich wollte ein Haus haben, und baute mir eins. Ich wollte Frau und Kinder haben, und hatte sie. Ich wollte zu Menschen sprechen und auf sie wirken, und ich tat es. Und jede Erfüllung wurde schnell zur Sättigung. Sattsein aber war das, was ich nicht ertragen konnte. Verdächtig wurde mir das Dichten. Eng wurde mir das Haus. Kein erreichtes Ziel war ein Ziel, jeder Weg war ein Umweg, jede Rast gebar neue Sehnsucht.

Viele Umwege werde ich noch gehen, viele Erfüllungen noch werden mich enttäuschen. Alles wird seinen Sinn einst zeigen.

Dort, wo die Gegensätze erlöschen, ist Nirwana. Mir brennen sie noch hell, geliebte Sterne der Sehnsucht.

1922

Abends

Abends gehn die Liebespaare
Langsam durch das Feld,
Frauen lösen ihre Haare,
Händler zählen Geld,
Bürger lesen bang das Neuste
In dem Abendblatt,
Kinder ballen kleine Fäuste,
Schlafen tief und satt.
Jeder tut das einzig Wahre,
Folgt erhabner Pflicht,
Bürger, Säugling, Liebespaare –
Und ich selber nicht?

Doch! Auch meiner Abendtaten,
Deren Sklav ich bin,
Kann der Weltgeist nicht entraten,
Sie auch haben Sinn.
Und so geh ich auf und nieder,
Tanze innerlich,
Summe dumme Gassenlieder,
Lobe Gott und mich,
Trinke Wein und phantasiere,
Daß ich Pascha wär,
Fühle Sorgen an der Niere,
Lächle, trinke mehr,
Sage Ja zu meinem Herzen
(Morgens geht es nicht),
Spinne aus vergangnen Schmerzen
Spielend ein Gedicht,

Sehe Mond und Sterne kreisen,
Ahne ihren Sinn,
Fühle mich mit ihnen reisen
Einerlei wohin.

Klein und Wagner

Novelle

I

Im Schnellzug, nach den raschen Handlungen und Aufregungen der Flucht und der Grenzüberschreitung, nach einem Wirbel von Spannungen und Ereignissen, Aufregungen und Gefahren, noch tief erstaunt darüber, daß alles gutgegangen war, sank Friedrich Klein ganz und gar in sich zusammen. Der Zug fuhr mit seltsamer Geschäftigkeit – nun wo doch keine Eile mehr war – nach Süden und riß die wenigen Reisenden eilig an Seen, Bergen, Wasserfällen und andern Naturwundern vorüber, durch betäubende Tunnels und über sanft schwankende Brükken, alles fremdartig, schön und etwas sinnlos, Bilder aus Schulbüchern und aus Ansichtskarten, Landschaften, die man sich erinnert einmal gesehen zu haben, und die einen doch nichts angehen. Dieses war nun die Fremde, und hierher gehörte er nun, nach Hause gab es keine Rückkehr. Das mit dem Geld war in Ordnung, es war da, er hatte es bei sich, alle die Tausenderscheine, und trug es jetzt wieder in der Brusttasche verwahrt.

Den Gedanken, daß ihm jetzt nichts mehr geschehen könne, daß er jenseits der Grenze und durch seinen falschen Paß vorläufig vor aller Verfolgung gesichert sei, diesen angenehmen und beruhigenden Gedanken zog er zwar immer wieder hervor, voll Verlangen, sich an ihm zu wärmen und zu sättigen; aber dieser hübsche Gedanke war wie ein toter Vogel, dem ein Kind in die Flügel bläst. Er lebte nicht, er tat kein Auge auf, er fiel einem wie Blei aus der Hand, er gab keine Lust, keinen Glanz, keine

Freude her. Es war seltsam, es war ihm dieser Tage schon mehrmals aufgefallen: er konnte durchaus nicht denken, an was er wollte, er hatte keine Verfügung über seine Gedanken, sie liefen wie sie wollten, und sie verweilten trotz seinem Sträuben mit Vorliebe bei Vorstellungen, die ihn quälten. Es war, als sei sein Gehirn ein Kaleidoskop, in dem der Wechsel der Bilder von einer fremden Hand geleitet wurde. Vielleicht war es nur die lange Schlaflosigkeit und Erregung, er war ja auch schon längere Zeit nervös. Jedenfalls war es häßlich, und wenn es nicht bald gelang, wieder etwas Ruhe und Freude zu finden, war es zum Verzweifeln.

Friedrich Klein tastete nach dem Revolver in seiner Manteltasche. Das war auch so ein Stück, dieser Revolver, das zu seiner neuen Ausrüstung und Rolle und Maske gehörte. Wie war es im Grunde lästig und ekelhaft, all das mit sich zu schleppen und bis in den dünnen, vergifteten Schlaf hinein bei sich zu tragen, ein Verbrechen, gefälschte Papiere, heimlich eingenähtes Geld, den Revolver, den falschen Namen. Es schmeckte so nach Räubergeschichten, nach einer schlechten Romantik, und es paßte alles so gar nicht zu ihm, zu Klein, dem guten Kerl. Es war lästig und ekelhaft, und nichts von Aufatmen und Befreiung dabei, wie er es erhofft hatte.

Mein Gott, warum hatte er eigentlich das alles auf sich genommen, er, ein Mann von fast vierzig Jahren, als braver Beamter und stiller harmloser Bürger mit gelehrten Neigungen bekannt, Vater von lieben Kindern? Warum? Er fühlte: ein Trieb mußte dagewesen sein, ein Zwang und Drang von genügender Stärke, um einen Mann wie ihn zu dem Unmöglichen zu bewegen – und erst wenn er das wußte, wenn er diesen Zwang und Trieb kannte,

wenn er wieder Ordnung in sich hatte, erst dann war etwas wie Aufatmen möglich.
Heftig setzte er sich aufrecht, drückte die Schläfen mit den Daumen und gab sich Mühe zu denken. Es ging schlecht, sein Kopf war wie von Glas, und ausgehöhlt von Aufregungen, Ermüdung und Mangel an Schlaf. Aber es half nichts, er mußte nachdenken. Er mußte suchen, und mußte finden, er mußte wieder einen Mittelpunkt in sich wissen und sich selber einigermaßen kennen und verstehen. Sonst war das Leben nicht mehr zu ertragen.
Mühsam suchte er die Erinnerungen dieser Tage zusammen, wie man kleine Porzellanscherben mit einer Pinzette zusammenpickt, um den Bruch an einer alten Dose wieder zu kitten. Es waren lauter kleine Splitter, keiner hatte Zusammenhang mit den andern, keiner deutete durch Struktur und Farbe aufs Ganze. Was für Erinnerungen! Er sah eine kleine blaue Schachtel, aus der er mit zitternder Hand das Amtssiegel seines Chefs herausnahm. Er sah den alten Mann an der Kasse, der ihm seinen Scheck mit braunen und blauen Banknoten ausbezahlte. Er sah eine Telephonzelle, wo er sich, während er ins Rohr sprach, mit der linken Hand gegen die Wand stemmte, um aufrecht zu bleiben. Vielmehr er sah nicht sich, er sah einen Menschen dies alles tun, einen fremden Menschen, der Klein hieß und nicht er war. Er sah diesen Menschen Briefe verbrennen, Briefe schreiben. Er sah ihn in einem Restaurant essen. Er sah ihn – nein, das war kein Fremder, das war er, das war Friedrich Klein selbst! – nachts über das Bett eines schlafenden Kindes gebückt. Nein, das war er selbst gewesen! Wie weh das tat, auch jetzt wieder in der Erinnerung! Wie weh das tat, das

Gesicht des schlafenden Kindes zu sehen und seine Atemzüge zu hören und zu wissen: nie mehr würde man diese lieben Augen offen sehen, nie mehr diesen kleinen Mund lachen und essen sehen, nie mehr von ihm geküßt werden. Wie weh das tat! Warum tat jener Mensch Klein sich selber so weh!

Er gab es auf, die kleinen Scherben zusammenzusetzen. Der Zug hielt, ein fremder großer Bahnhof lag da, Türen schlugen, Koffer schwankten am Wagenfenster vorüber, Papierschilder blau und gelb riefen laut: Hotel Milano-Hotel Kontinental! Mußte er darauf achten? War es wichtig? War eine Gefahr? Er schloß die Augen und sank eine Minute lang in Betäubung, schreckte sofort wieder auf, riß die Augen weit auf, spielte den Wachsamen. Wo war er? Der Bahnhof war noch da. Halt – wie heiße ich? Zum tausendstenmal machte er die Probe. Also: Wie heiße ich? Klein. Nein, zum Teufel! Fort mit Klein, Klein existierte nicht mehr. Er tastete nach der Brusttasche, wo der Paß steckte.

Wie war das alles ermüdend! Überhaupt – wenn man wüßte, wie wahnsinnig mühsam es ist, ein Verbrecher zu sein – –! Er ballte die Hände vor Anstrengung. Das alles hier ging ihn ja gar nichts an, Hotel Milano, Bahnhof, Kofferträger, das alles konnte er ruhig weglassen – nein, es handelte sich um anderes, um Wichtiges. Um was?

Im Halbschlummer, der Zug fuhr schon wieder, kam er zu seinen Gedanken zurück. Es war ja so wichtig, es handelte sich ja darum, ob das Leben noch länger zu ertragen sein würde. Oder – war es nicht einfacher, dem ganzen ermüdenden Unsinn ein Ende zu machen? Hatte er denn nicht Gift bei sich? Das Opium? – Ach nein, er erinnerte sich, das Gift hatte er ja nicht bekommen. Aber er hatte den Revolver. Ja richtig. Sehr gut. Ausgezeichnet.

»Sehr gut« und »ausgezeichnet« sagte er laut vor sich hin und fügte mehr solche Worte hinzu. Plötzlich hörte er sich sprechen, erschrak, sah in der Fensterscheibe sein entstelltes Gesicht gespiegelt, fremd, fratzenhaft und traurig. Mein Gott, schrie er in sich hinein, mein Gott! Was tun? Wozu noch leben? Mit der Stirn in dies bleiche Fratzenbild hinein, sich in diese trübe blöde Scheibe stürzen, sich ins Glas verbeißen, sich am Glase den Hals abschneiden. Mit dem Kopf auf die Bahnschwelle schlagen, dumpf und dröhnend, von den Rädern der vielen Wagen aufgewickelt werden, alles zusammen, Därme und Hirn, Knochen und Herz, auch die Augen – und auf den Schienen zerrieben, zu Nichts gemacht, ausradiert. Dies war das einzige, was noch zu wünschen war, was noch Sinn hatte.

Während er verzweifelt in sein Spiegelbild starrte, mit der Nase ans Glas stieß, schlief er wieder ein. Vielleicht Sekunden, vielleicht Stunden. Hin und her schlug sein Kopf, er öffnete die Augen nicht.

Er erwachte aus einem Traum, dessen letztes Stück ihm im Gedächtnis blieb. Er saß, so träumte ihm, vorn auf einem Automobil, das fuhr rasch und ziemlich waghalsig durch eine Stadt, bergauf und -ab. Neben ihm saß jemand, der den Wagen lenkte. Dem gab er im Traum einen Stoß in den Bauch, riß ihm das Steuerrad aus den Händen und steuerte nun selber, wild und beklemmend über Stock und Stein, knapp an Pferden und an Schaufenstern vorbei, an Bäume streifend, daß ihm Funken vor den Augen stoben.

Aus diesem Traum erwachte er. Sein Kopf war freier

geworden. Er lächelte über die Traumbilder. Der Stoß in den Bauch war gut, er empfand ihn freudig nach. Nun begann er den Traum zu rekonstruieren und über ihn nachzudenken. Wie das an den Bäumen vorbei gepfiffen hatte! Vielleicht kam es von der Eisenbahnfahrt? Aber das Steuern war, bei aller Gefahr, doch eine Lust gewesen, ein Glück, eine Erlösung! Ja, es war besser, selber zu steuern und dabei in Scherben zu gehen, als immer von einem andern gefahren und gelenkt zu werden.

Aber – wem hatte er eigentlich im Traum diesen Stoß gegeben? Wer war der fremde Chauffeur, wer war neben ihm am Steuer des Automobils gesessen? Er konnte sich an kein Gesicht, an keine Figur erinnern – nur an ein Gefühl, eine vage dunkle Stimmung... Wer konnte es gewesen sein? Jemand, den er verehrte, dem er Macht über sein Leben einräumte, den er über sich duldete, und den er doch heimlich haßte, dem er doch schließlich den Tritt in den Bauch gab! Vielleicht sein Vater? Oder einer seiner Vorgesetzten? Oder – oder war es am Ende –?

Klein riß die Augen auf. Er hatte ein Ende des verlorenen Fadens gefunden. Er wußte alles wieder. Der Traum war vergessen. Es gab Wichtigeres. Jetzt wußte er! Jetzt begann er zu wissen, zu ahnen, zu schmecken, warum er hier im Schnellzug saß, warum er nicht mehr Klein hieß, warum er Geld unterschlagen und Papiere gefälscht hatte. Endlich, endlich!

Ja, es war so. Es hatte keinen Sinn mehr, es vor sich zu verheimlichen. Es war seiner Frau wegen geschehen, einzig seiner Frau wegen. Wie gut, daß er es endlich wußte!

Vom Turme dieser Erkenntnis aus meinte er plötzlich weite Strecken seines Lebens zu überblicken, das ihm seit langem immer in lauter kleine, wertlose Stücke auseinandergefallen war. Er sah auf eine lange durchlaufene Strecke zurück, auf seine ganze Ehe, und die Strecke erschien ihm wie eine lange, müde, öde Straße, wo ein Mann allein im Staube sich mit schweren Lasten schleppt. Irgendwo hinten, unsichtbar jenseits des Staubes, wußte er leuchtende Höhen und grüne rauschende Wipfel der Jugend verschwunden. Ja, er war einmal jung gewesen, und kein Jüngling wie alle, er hatte große Träume geträumt, er hatte viel vom Leben und von sich verlangt. Seither aber nichts als Staub und Lasten, lange Straße, Hitze und müde Knie, nur im vertrocknenden Herzen ein verschlafenes, alt gewordenes Heimweh lauernd. Das war sein Leben gewesen. Das war sein Leben gewesen.

Er blickte durchs Fenster und zuckte erstaunt zusammen. Ungewohnte Bilder sahen ihn an. Er sah plötzlich aufzuckend, daß er im Süden war. Verwundert richtete er sich auf, lehnte sich hinaus, und wieder fiel ein Schleier, und das Rätsel seines Schicksals ward ein wenig klarer. Er war im Süden! Er sah Reblauben auf grünen Terrassen stehn, goldbraunes Gemäuer halb in Ruinen, wie auf alten Stichen, blühende rosenrote Bäume! Ein kleiner Bahnhof schwand vorbei, mit einem italienischen Namen, irgend etwas auf ogno oder ogna.

Soweit vermochte Klein jetzt die Wetterfahne seines Schicksals zu lesen. Es ging fort von seiner Ehe, seinem Amt, von allem, was bisher sein Leben und seine Heimat gewesen war. Und es ging nach Süden! Nun erst begriff er, warum er, mitten in Hetze und Rausch seiner Flucht, jene Stadt mit dem italienischen Namen zum Ziel gewählt hatte. Er hatte es nach einem Hotelbuch getan, anscheinend wahllos und auf gut Glück, er hätte ebensogut

Amsterdam, Zürich oder Malmö sagen können. Erst jetzt war es kein Zufall mehr. Er war im Süden, er war durch die Alpen gefahren. Und damit hatte er den strahlendsten Wunsch seiner Jugendzeit erfüllt, jener Jugend, deren Erinnerungszeichen ihm auf der langen öden Straße eines sinnlosen Lebens erloschen und verlorengegangen waren. Eine unbekannte Macht hatte es so gefügt, daß ihm die beiden brennendsten Wünsche seines Lebens sich erfüllten: die längst vergessene Sehnsucht nach dem Süden, und das heimliche, niemals klar und frei gewordene Verlangen nach Flucht und Freiheit aus dem Frondienst und Staub seiner Ehe. Jener Streit mit seinem Vorgesetzten, jene überraschende Gelegenheit zu der Unterschlagung des Geldes – all das, was ihm so wichtig erschienen war, fiel jetzt zu kleinen Zufällen zusammen. Nicht sie hatten ihn geführt. Jene beiden großen Wünsche in seiner Seele hatten gesiegt, alles andre war nur Weg und Mittel gewesen.

Klein erschrak vor dieser neuen Einsicht tief. Er fühlte sich wie ein Kind, das mit Zündhölzern gespielt und ein Haus dabei angezündet hat. Nun brannte es. Mein Gott! Und was hatte er davon? Und wenn er bis nach Sizilien oder Konstantinopel fuhr, konnte ihn das um zwanzig Jahre jünger machen?

Indessen lief der Zug, und Dorf um Dorf lief ihm entgegen, fremdartig schön, ein heiteres Bilderbuch, mit allen den hübschen Gegenständen, die man vom Süden erwartet und aus Ansichtskarten kennt: steinerne schön gewölbte Brücken über Bach und braunen Felsen, Weinbergmauern von kleinen Farnen überwachsen, hohe schlanke Glockentürme, die Fassaden der Kirchen bunt bemalt oder von gewölbten Hallen mit leichten, edlen

Bogen beschattet, Häuser mit rosenrotem Anstrich und dickgemauerte Arkadenhallen mit dem kühlsten Blau gemalt, zahme Kastanien, da und dort schwarze Zypressen, kletternde Ziegen, vor einem Herrschaftshaus im Rasen die ersten Palmen kurz und dickstämmig. Alles merkwürdig und ziemlich unwahrscheinlich, aber alles zusammen war doch überaus hübsch und verkündete etwas wie Trost. Es gab diesen Süden, er war keine Fabel. Die Brücken und Zypressen waren erfüllte Jugendträume, die Häuser und Palmen sagten: du bist nicht mehr im Alten, es beginnt lauter Neues. Luft und Sonnenschein schienen gewürzt und verstärkt, das Atmen leichter, das Leben möglicher, der Revolver entbehrlicher, das Ausradiertwerden auf den Schienen minder dringlich. Ein Versuch schien möglich, trotz allem. Das Leben konnte vielleicht ertragen werden.

Wieder übernahm ihn die Erschlaffung, leichter gab er sich jetzt hin, und schlief, bis es Abend war und der volltönende Name der kleinen Hotelstadt ihn weckte. Hastig stieg er aus.

Ein Diener mit dem Schild »Hotel Milano« an der Mütze redete ihn deutsch an, er bestellte ein Zimmer und ließ sich die Adresse geben. Schlaftrunken taumelte er aus der Glashalle und dem Rausch in den lauen Abend.

»So habe ich mir etwa Honolulu gedacht«, ging ihm durch den Kopf. Eine phantastisch unruhige Landschaft, schon beinahe nächtlich, schwankte ihm fremd und unbegreiflich entgegen. Vor ihm fiel der Hügel steil hinab, da lag unten tief geschachtelt die Stadt, senkrecht blickte er auf erleuchtete Plätze hinunter. Von allen Seiten stürzten steile spitze Zuckerhutberge jäh herab in einen See, der am Widerschein unzähliger Kailaternen kenntlich wurde.

Eine Seilbahn senkte sich wie ein Korb den Schacht hinunter zur Stadt, halb gefährlich, halb spielzeughaft. Auf einigen der hohen Bergkegel glühten erleuchtete Fenster bis zum Gipfel in launischen Reihen, Stufen und Sternbildern geordnet. Von der Stadt wuchsen die Dächer großer Hotels herauf, dazwischen schwarzdunkle Gärten, ein warmer sommerhafter Abendwind voll Staub und Duft flatterte wohlgelaunt unter den grellen Laternen. Aus der wirr durchfunkelten Finsternis am See schwoll taktfest und lächerlich eine Blechmusik heran.
Ob das nun Honolulu, Mexiko oder Italien war, konnte ihm einerlei sein. Es war Fremde, es war neue Welt und neue Luft, und wenn sie ihn auch verwirrte und heimlich in Angst versetzte, sie duftete doch auch nach Rausch und Vergessen und neuen, unerprobten Gefühlen.
Eine Straße schien ins Freie zu führen, dorthin schlenderte er, an Lagerschuppen und leeren Lastfuhrwerken vorüber, dann bei kleinen Vorstadthäusern vorbei, wo laute Stimmen italienisch schrien und im Hof eines Wirtshauses eine Mandoline schrillte. Im letzten Hause klang eine Mädchenstimme auf, ein Duft von Wohllaut beklemmte ihm das Herz, viele Worte konnte er zu seiner Freude verstehen und den Refrain sich merken:

Mama non vuole, papa ne meno,
Come faremo a fare l'amor?

Es klang wie aus Träumen seiner Jugend her. Bewußtlos schritt er die Straße weiter, floß hingerissen in die warme Nacht, in der die Grillen sangen. Ein Weinberg kam, und bezaubert blieb er stehen: Ein Feuerwerk, ein Reigen von kleinen, grün glühenden Lichtern erfüllte die Luft und das

duftende, hohe Gras, tausend Sternschnuppen taumelten trunken durcheinander. Es war ein Schwarm von Leuchtkäfern, langsam und lautlos geisterten sie durch die warm aufzuckende Nacht. Die sommerliche Luft und Erde schien sich phantastisch in leuchtenden Figuren und tausend kleinen beweglichen Sternbildern auszuleben.
Lange stand der Fremde dem Zauber hingegeben und vergaß die ängstliche Geschichte dieser Reise und die ängstliche Geschichte seines Lebens über der schönen Seltsamkeit. Gab es noch eine Wirklichkeit? Noch Geschäfte und Polizei? Noch Assessoren und Kursberichte? Stand zehn Minuten von hier ein Bahnhof?
Langsam wandte sich der Flüchtling, der aus seinem Leben heraus in ein Märchen gereist war, gegen die Stadt zurück. Laternen glühten auf. Menschen riefen ihm Worte zu, die er nicht verstand. Unbekannte Riesenbäume standen voll Blüten, eine steinerne Kirche hing mit schwindelnder Terrasse über dem Absturz, helle Straßen, von Treppen unterbrochen, flossen rasch wie Bergbäche in das Städtchen hinab.
Klein fand sein Hotel, und mit dem Eintritt in die überhellen nüchternen Räume, Halle und Treppenhaus schwand sein Rausch dahin, und es kehrte die ängstliche Schüchternheit zurück, sein Fluch und Kainszeichen. Betreten drückte er sich an den wachen, taxierenden Blikken des Concierge, der Kellner, des Liftjungen, der Hotelgäste vorbei in die ödeste Ecke eines Restaurants. Er bat mit schwacher Stimme um die Speisekarte, und las, als wäre er noch arm und müßte sparen, bei allen Speisen sorgfältig die Preise mit, bestellte etwas Wohlfeiles, ermunterte sich künstlich zu einer halben Flasche Bordeaux, der ihm nicht schmeckte, und war froh, als er endlich

hinter verschlossener Tür in seinem schäbigen kleinen Zimmer lag. Bald schlief er ein, schlief gierig und tief, aber nur zwei, drei Stunden. Noch mitten in der Nacht wurde er wieder wach.

Er starrte, aus den Abgründen des Unbewußten kommend, in die feindselige Dämmerung, wußte nicht, wo er war, hatte das drückende und schuldhafte Gefühl, Wichtiges vergessen und versäumt zu haben. Wirr umhertastend erfühlte er einen Drücker und drehte Licht an. Das kleine Zimmer sprang ins grelle Licht, fremd, öde, sinnlos. Wo war er? Böse glotzten die Plüschsessel. Alles blickte ihn kalt und fordernd an. Da fand er sich im Spiegel und las das Vergessene aus seinem Gesicht. Ja, er wußte. Dies Gesicht hatte er früher nicht gehabt, nicht diese Augen, nicht diese Falten, nicht diese Farben. Es war ein neues Gesicht, schon einmal war es ihm aufgefallen, im Spiegel einer Glasscheibe, irgendwann im gehetzten Theaterstück dieser wahnsinnigen Tage. Es war nicht sein Gesicht, das gute, stille und etwas duldende Friedrich-Klein-Gesicht. Es war das Gesicht eines Gezeichneten, vom Schicksal mit neuen Zeichen gestempelt, älter und auch jünger als das frühere, maskenhaft und doch wunderlich durchglüht. Niemand liebte solche Gesichter.

Da saß er im Zimmer eines Hotels im Süden mit seinem gezeichneten Gesicht. Daheim schliefen seine Kinder, die er verlassen hatte. Nie mehr würde er sie schlafen, nie mehr sie aufwachen sehen, nie mehr ihre Stimmen hören. Er würde niemals mehr aus dem Wasserglas auf jenem Nachttisch trinken, auf dem bei der Stehlampe die Abendpost und ein Buch lagen, und dahinter an der Wand überm Bett die Bilder seiner Eltern, und alles, und alles. Statt dessen starrte er hier im ausländischen Hotel in

1924

den Spiegel, in das traurige und angstvolle Gesicht des Verbrechers Klein, und die Plüschmöbel blickten kalt und schlecht, und alles war anders, nichts war mehr in Ordnung. Wenn sein Vater das noch erlebt hätte!
Niemals seit seiner Jugendzeit war Klein so unmittelbar und so einsam seinen Gefühlen überlassen gewesen, niemals so in der Fremde, niemals so nackt und senkrecht unter der unerbittlichen Sonne des Schicksals. Immer war er mit irgend etwas beschäftigt gewesen, mit etwas anderm als mit sich selbst, immer hatte er zu tun und zu sorgen gehabt, um Geld, um Beförderung im Amt, um Frieden im Hause, um Schulgeschichten und Kinderkrankheiten; immer waren große, heilige Pflichten des Bürgers, des Gatten, des Vaters um ihn her gestanden, in ihrem Schutz und Schatten hatte er gelebt, ihnen hatte er Opfer gebracht, von ihnen her war seinem Leben Rechtfertigung und Sinn gekommen. Jetzt hing er plötzlich nackt im Weltraum, er allein Sonne und Mond gegenüber, und fühlte die Luft um sich dünn und eisig.
Und das Wunderliche war, daß kein Erdbeben ihn in diese bange und lebensgefährliche Lage gebracht hatte, kein Gott und kein Teufel, sondern er allein, er selber! Seine eigene Tat hatte ihn hierher geschleudert, hier allein mitten in die fremde Unendlichkeit gestellt. In ihm selbst war alles gewachsen und entstanden, in seinem eigenen Herzen war das Schicksal groß geworden, Verbrechen und Auflehnung, Wegwerfen heiliger Pflichten, Sprung in den Weltenraum, Haß gegen sein Weib, Flucht, Vereinsamung und vielleicht Selbstmord. Andere mochten wohl auch Schlimmes und Umstürzendes erlebt haben, durch Brand und Krieg, durch Unfall und bösen Willen anderer – er jedoch, der Verbrecher Klein, konnte sich auf nichts

dergleichen berufen, auf nichts hinausreden, nichts verantwortlich machen, höchstens vielleicht seine Frau. Ja, sie, sie allerdings konnte und mußte herangezogen und verantwortlich gemacht werden, auf sie konnte er deuten, wenn einmal Rechenschaft von ihm verlangt wurde!

Ein großer Zorn brannte in ihm auf, und mit einemmal fiel ihm etwas ein, brennend und tödlich, ein Knäuel von Vorstellungen und Erlebnissen. Es erinnerte ihn an den Traum vom Automobil, und an den Stoß, den er seinem Feinde dort in den Bauch gegeben hatte.

Woran er sich nun erinnerte, das war ein Gefühl, oder eine Phantasie, ein seltsamer und krankhafter Seelenzustand, eine Versuchung, ein wahnsinniges Gelüst, oder wie immer man es bezeichnen wollte. Es war die Vorstellung oder Vision einer furchtbaren Bluttat, die er beging, indem er sein Weib, seine Kinder und sich selbst ums Leben brachte. Mehrmals, so besann er sich jetzt, während noch immer der Spiegel ihm sein gestempeltes, irres Verbrechergesicht zeigte, – mehrmals hatte er sich diesen vierfachen Mord vorstellen müssen, vielmehr sich verzweifelt gegen diese häßliche und unsinnige Vision gewehrt, wie sie ihm damals erschienen war. Genau damals hatten die Gedanken, Träume und quälenden Zustände in ihm begonnen, so schien ihm, welche dann mit der Zeit zu der Unterschlagung und zu seiner Flucht geführt hatten. Vielleicht – es war möglich – war es nicht bloß die übergroß gewordene Abneigung gegen seine Frau und sein Eheleben gewesen, die ihn von Hause fortgetrieben hatte, sondern noch mehr die Angst davor, daß er eines Tages doch noch dies viel furchtbarere Verbrechen begehen möchte: sie alle töten, sie schlachten und in ihrem Blut liegen sehen. Und weiter: auch diese Vorstellung

noch hatte eine Vorgeschichte. Sie war zuzeiten gekommen, wie etwa ein leichter Schwindelanfall, wo man meint, sich fallenlassen zu müssen. Das Bild aber, die Mordtat, stammte aus einer besonderen Quelle her! Unbegreiflich, daß er das erst jetzt sah!
Damals, als er zum erstenmal die Zwangsvorstellung vom Töten seiner Familie hatte und über diese teuflische Vision zu Tode erschrocken war, da hatte ihn, gleichsam höhnisch, eine kleine Erinnerung heimgesucht. Es war diese: Vor Jahren, als sein Leben noch harmlos, ja beinahe glücklich war, sprach er einmal mit Kollegen über die Schreckenstat eines süddeutschen Schullehrers namens W. (er kam nicht gleich auf den Namen), der seine ganze Familie auf eine furchtbar blutige Weise abgeschlachtet und dann die Hand gegen sich selber erhoben hatte. Es war die Frage gewesen, wie weit bei einer solchen Tat von Zurechnungsfähigkeit die Rede sein könne, und im weiteren darüber, ob und wie man überhaupt eine solche Tat, eine solche grausige Explosion menschlicher Scheußlichkeit verstehen und erklären könne. Er, Klein war damals sehr erregt gewesen und hatte gegen einen Kollegen, welcher jenen Totschlag psychologisch zu erklären versuchte, überaus heftig geäußert: einem so scheußlichen Verbrechen gegenüber gebe es für einen anständigen Mann keine andere Haltung als Entrüstung und Abscheu, eine solche Bluttat könne nur im Gehirn eines Teufels entstehen, und für einen Verbrecher dieser Art sei überhaupt keine Strafe, kein Gericht, keine Folter streng und schwer genug. Er erinnerte sich noch heut genau des Tisches, an dem sie saßen, und des verwunderten und etwas kritischen Blikkes, mit dem jener ältere Kollege ihn nach diesem Ausbruch seiner Entrüstung gestreift hatte.

Damals nun, als er sich selber zum erstenmal in einer häßlichen Phantasie als Mörder der Seinigen sah und vor dieser Vorstellung mit einem Schauder zurückschreckte, da war ihm dies um Jahre zurückliegende Gespräch über den Verwandtenmörder W. sofort wieder eingefallen. Und seltsam, obwohl er hätte schwören können, daß er damals völlig aufrichtig seine wahrste Empfindung ausgesprochen habe, war jetzt in ihm innen eine häßliche Stimme da, die ihn verhöhnte und ihm zurief: schon damals, schon damals vor Jahren bei dem Gespräch über den Schullehrer W. habe sein Innerstes dessen Tat verstanden, verstanden und gebilligt, und seine so heftige Entrüstung und Erregung sei nur daraus entstanden, daß der Philister und Heuchler in ihm die Stimme des Herzens nicht habe gelten lassen wollen. Die furchtbaren Strafen und Foltern, die er dem Gattenmörder wünschte, und die entrüsteten Schimpfworte, mit denen er dessen Tat bezeichnete, die hatte er eigentlich gegen sich selber gerichtet, gegen den Keim zum Verbrechen, der gewiß damals schon in ihm war! Seine große Erregung bei diesem ganzen Gespräch und Anlaß war nur daher gekommen, daß in Wirklichkeit er sich selbst sitzen sah, der Bluttat angeklagt, und daß er sein Gewissen zu retten suchte, indem er auf sich selber jede Anklage und jedes schwere Urteil häufte. Als ob er damit, mit diesem Wüten gegen sich selbst, das heimliche Verbrechertum in seinem Innern bestrafen oder übertäuben könnte.

So weit kam Klein mit seinen Gedanken, und er fühlte, daß es sich da für ihn um Wichtiges, ja um das Leben selber handle. Aber es war unsäglich mühsam, diese Erinnerungen und Gedanken auseinanderzufädeln und zu ordnen. Eine aufzuckende Ahnung letzter, erlösender

Erkenntnisse unterlag der Müdigkeit und dem Widerwillen gegen seine ganze Situation. Er stand auf, wusch sich das Gesicht, ging barfuß auf und ab, bis ihn fröstelte, und dachte nun zu schlafen.

Aber es kam kein Schlaf. Er lag unerbittlich seinen Empfindungen ausgeliefert, lauter häßlichen, schmerzenden und demütigenden Gefühlen: dem Haß gegen seine Frau, dem Mitleid mit sich selber, die Ratlosigkeit, dem Bedürfnis nach Erklärungen, Entschuldigungen, Trostgründen. Und da ihm für jetzt keine andern Trostgründe einfielen, und da der Weg zum Verständnis so tief und schonungslos in die heimlichsten und gefährlichsten Dikkichte seiner Erinnerungen führte und der Schlaf nicht wiederkommen wollte, lag er den Rest der Nacht in einem Zustande, den er in diesem häßlichen Grad noch nicht gekannt hatte. Alle die widerlichen Gefühle, die in ihm stritten, vereinigten sich zu einer furchtbaren, erstickenden, tödlichen Angst, zu einem teuflischen Alpdruck auf Herz und Lunge, der sich immer von neuem bis an die Grenze des Unerträglichen steigerte. Was Angst war, hatte er ja längst gewußt, seit Jahren schon, und seit den letzten Wochen und Tagen erst! Aber so hatte er sie noch nie an der Kehle gefühlt! Zwanghaft mußte er an die wertlosesten Dinge denken, an einen vergessenen Schlüssel, an die Hotelrechnung, und daraus Berge von Sorgen und peinlichen Erwartungen schaffen. Die Frage, ob dies schäbige Zimmerchen für die Nacht wohl mehr als dreieinhalb Franken kosten würde, und ob er in diesem Fall noch länger im Haus bleiben solle, hielt ihn wohl eine Stunde lang in Atem, Schweiß und Kerzklopfen. Dabei wußte er genau, wie dumm diese Gedanken seien, und sprach immer wieder sich selbst vernünftig und begütigend zu, wie einem trotzigen Kind, rechnete sich an den Fingern die völlige Haltlosigkeit seiner Sorgen vor – vergebens, vollkommen vergebens! Vielmehr dämmerte auch hinter diesem Trösten und Zureden etwas wie blutiger Hohn auf, als sei auch das bloß Getue und Theater, geradeso wie damals sein Getue wegen des Mörders W. Daß die Todesangst, daß dies grauenhafte Gefühl einer Umschnürung und eines Verurteiltseins zu qualvollem Ersticken nicht von der Sorge um die paar Franken oder von ähnlichen Ursachen herkomme, war ihm ja klar. Dahinter lauerte Schlimmeres, Ernsteres – aber was? Es mußten Dinge sein, die mit dem blutigen Schullehrer, mit seinen eigenen Mordwünschen und mit allem Kranken und Ungeordneten in ihm zu tun hatten. Aber wie daran rühren? Wie den Grund finden? Da gab es keine Stelle in ihm innen, die nicht blutete, die nicht krank und faul und wahnsinnig schmerzempfindlich war. Er spürte: Lange war das nicht zu ertragen. Wenn es so weiterging, und namentlich wenn noch manche solche Nächte kamen, dann wurde er wahnsinnig oder nahm sich das Leben.

Angespannt setzte er sich im Bett aufrecht und suchte das Gefühl seiner Lage auszuschöpfen, um einmal damit fertig zu werden. Aber es war immer dasselbe: Einsam und hilflos saß er, mit fieberndem Kopf und schmerzlichem Herzdruck, in Todesbangigkeit dem Schicksal gegenüber wie ein Vogel der Schlange, festgebannt und von Furcht verzehrt. Schicksal, das wußte er jetzt, kam nicht von irgendwoher, es wuchs im eigenen Innern. Wenn er kein Mittel dagegen fand, so fraß es ihn auf – dann war ihm beschieden, Schritt für Schritt von der Angst, von dieser grauenhaften Angst verfolgt und aus seiner Vernunft ver-

drängt zu werden, Schritt für Schritt, bis er am Rande stand, den er schon nahe fühlte.
Verstehen können – das wäre gut, das wäre vielleicht die Rettung! Er war noch lange nicht am Ende mit dem Erkennen seiner Lage und dessen, was mit ihm vorgegangen war. Er stand noch ganz im Anfang, das fühlte er wohl. Wenn er sich jetzt zusammenraffen und alles ganz genau zusammenfassen, ordnen und überlegen könnte, dann würde er vielleicht den Faden finden. Das Ganze würde einen Sinn und ein Gesicht bekommen und würde dann vielleicht zu ertragen sein. Aber diese Anstrengung, dieses letzte Sichaufraffen war ihm zuviel, es ging über seine Kräfte, er konnte einfach nicht. Je angespannter er zu denken versuchte, desto schlechter ging es, er fand statt Erinnerungen und Erklärungen in sich nur leere Löcher, nichts fiel ihm ein, und dabei verfolgte ihn schon wieder die quälende Angst, er möchte gerade das Wichtigste vergessen haben. Er stöberte und suchte in sich herum wie ein nervöser Reisender, der alle Taschen und Koffer nach seiner Fahrkarte durchwühlt, die er vielleicht am Hut oder gar in der Hand hat. Aber was half es, das Vielleicht?
Vorher, vor einer Stunde oder länger – hatte er da nicht eine Erkenntnis gehabt, einen Fund getan? Was war es gewesen, was? Es war fort, er fand es nicht wieder. Verzweifelnd schlug er sich mit der Faust an die Stirn. Gott im Himmel, laß mich den Schlüssel finden! Laß mich nicht so umkommen, so jammervoll, so dumm, so traurig! In Fetzen gelöst wie Wolkentreiben im Sturm floh seine ganze Vergangenheit an ihm vorüber, Millionen Bilder, durcheinander und übereinander, unkenntlich und höhnend, jedes an irgend etwas erinnernd – an was? An was?

Plötzlich fand er den Namen »Wagner« auf seinen Lippen. Wie bewußtlos sprach er ihn aus: »Wagner – Wagner.« Wo kam der Name her? Aus welchem Schacht? Was wollte er? Wer war Wagner? Wagner?
Er biß sich an dem Namen fest. Er hatte eine Aufgabe, ein Problem, das war besser als dies Hangen im Gestaltlosen. Also: Wer ist Wagner? Was geht mich Wagner an? Warum sagen meine Lippen, die verzogenen Lippen in meinem Verbrechergesicht, jetzt in der Nacht den Namen Wagner vor sich hin? Er nahm sich zusammen. Allerlei fiel ihm ein. Er dachte an Lohengrin, und damit an das etwas unklare Verhältnis, das er zu dem Musiker Wagner hatte. Er hatte ihn, als Zwanzigjähriger, rasend geliebt. Später war er mißtrauisch geworden, und mit der Zeit hatte er gegen ihn eine Menge von Einwänden und Bedenken gefunden. An Wagner hatte er viel herumkritisiert, und vielleicht galt diese Kritik weniger dem Richard Wagner selbst als seiner eigenen, einstigen Liebe zu ihm? Haha, hatte er sich wieder erwischt? Hatte er da wieder einen Schwindel aufgedeckt, eine kleine Lüge, einen kleinen Unrat? Ach ja, es kam einer um den andern zum Vorschein – in dem tadellosen Leben des Beamten und Gatten Friedrich Klein war es gar nicht tadellos, gar nicht sauber gewesen, in jeder Ecke lag der Hund begraben! Ja, richtig, also so war es auch mit Wagner. Der Komponist Richard Wagner wurde von Friedrich Klein scharf beurteilt und gehaßt. Warum? Weil Friedrich Klein es sich selber nicht verzeihen konnte, daß er als junger Mensch für diesen selben Wagner geschwärmt hatte. In Wagner verfolgte er nun seine eigene Jugendschwärmerei, seine eigne Jugend, seine eigne Liebe. Warum? Weil Jugend und Schwärmerei und Wagner und all das ihn peinlich an

Verlorenes erinnerten, weil er sich von einer Frau hatte heiraten lassen, die er nicht liebte, oder doch nicht richtig, nicht genug. Ach, und so, wie er gegen Wagner verfuhr, so verfuhr der Beamte Klein noch gegen viele und vieles. Er war ein braver Mann, der Herr Klein, und hinter seiner Bravheit versteckte er nichts als Unflat und Schande! Ja, wenn er ehrlich sein wollte – wieviel heimliche Gedanken hatte er vor sich selber verbergen müssen! Wieviel Blicke nach hübschen Mädchen auf der Gasse, wieviel Neid gegen Liebespaare, die ihm abends begegneten, wenn er vom Amt zu seiner Frau nach Hause ging! Und dann die Mordgedanken. Und hatte er nicht den Haß, der ihm selber hätte gelten sollen, auch gegen jenen Schullehrer – – –

Er schrak plötzlich zusammen. Wieder ein Zusammenhang! Der Schullehrer und Mörder hatte ja – Wagner geheißen! Also da saß der Kern! Wagner – so hieß jener Unheimliche, jener wahnsinnige Verbrecher, der seine ganze Familie umgebracht hatte. War nicht mit diesem Wagner irgendwie sein ganzes Leben seit Jahren verknüpft gewesen? Hatte nicht dieser üble Schatten ihn überall verfolgt?

Nun, Gott sei Dank, der Faden war wieder gefunden. Ja, und über diesen Wagner hatte er einst, in langvergangener besserer Zeit, sehr zornig und empört gescholten und ihm die grausamsten Strafen gewünscht. Und dennoch hatte er später selber, ohne mehr an Wagner zu denken, denselben Gedanken gehabt und hatte mehrmals in einer Art von Vision sich selber gesehen, wie er seine Frau und seine Kinder ums Leben brachte.

Und war denn das nicht eigentlich sehr verständlich? War es nicht richtig? Konnte man nicht sehr leicht dahin

kommen, daß die Verantwortung für das Dasein von Kindern einem unerträglich wurde, ebenso unerträglich wie das eigene Wesen und Dasein, das man nur als Irrtum, nur als Schuld und Qual empfand?
Aufseufzend dachte er diesen Gedanken zu Ende. Es schien ihm jetzt ganz gewiß, daß er schon damals, als er ihn zuerst erfuhr, im Herzen jenen Wagnerschen Totschlag verstanden und gebilligt habe, gebilligt natürlich nur als Möglichkeit. Schon damals, als er noch nicht sich unglücklich und sein Leben verpfuscht fühlte, schon damals vor Jahren, als er noch meinte, seine Frau zu lieben und an ihre Liebe glaubte, schon damals hatte sein Innerstes den Schullehrer Wagner verstanden und seinem entsetzlichen Schlachtopfer heimlich zugestimmt. Was er damals sagte und meinte, war immer nur die Meinung seines Verstandes gewesen, nicht die seines Herzens. Sein Herz – jene innerste Wurzel in ihm, aus der das Schicksal wuchs – hatte schon immer und immer eine andere Meinung gehabt, es hatte Verbrechen begriffen und gebilligt. Es waren immer zwei Friedrich Klein dagewesen, ein sichtbarer und ein heimlicher, ein Beamter und ein Verbrecher, ein Familienvater und ein Mörder.
Damals aber war er im Leben stets auf der Seite des »bessern« Ich gestanden, des Beamten und anständigen Menschen, des Ehemannes und rechtlichen Bürgers. Die heimliche Meinung seines Innersten hatte er nie gebilligt, er hatte sie nicht einmal gekannt. Und doch hatte diese innerste Stimme ihn unvermerkt geleitet und schließlich zum Flüchtling und Verworfenen gemacht!
Dankbar hielt er diesen Gedanken fest. Da war doch ein Stück Folgerichtigkeit, etwas wie Vernunft. Es genügte noch nicht, es blieb alles Wichtige noch so dunkel, aber

eine gewisse Helligkeit, eine gewisse Wahrheit war doch gewonnen. Und Wahrheit – das war es, worauf es ankam. Wenn ihm nur das kurze Ende des Fadens nicht wieder verlorenging!
Zwischen Wachen und Schlaf vor Erschöpfung fiebernd, immer an der Grenze zwischen Gedanke und Traum, verlor er hundertmal den Faden wieder, fand ihn hundertmal neu. Bis es Tag war und der Gassenlärm zum Fenster hereinscholl.

2

Den Vormittag lief Klein durch die Stadt. Er kam vor ein Hotel, dessen Garten ihm gefiel, ging hinein, sah Zimmer an und mietete eines. Erst im Weggehen sah er sich nach dem Namen des Hauses um und las: Hotel Kontinental. War ihm dieser Name nicht bekannt? Nicht vorausgesagt worden? Ebenso wie Hotel Milano? Er gab es indessen bald auf, zu suchen und war zufrieden in der Atmosphäre von Fremdheit, Spiel und eigentümlicher Bedeutsamkeit, in die sein Leben geraten schien.
Der Zauber von gestern kam allmählich wieder. Es war sehr gut, daß er im Süden war, dachte er dankbar. Er war gut geführt worden. Wäre dies nicht gewesen, dieser liebenswerte Zauber überall, dies ruhige Schlendern und Sichvergessenkönnen, dann wäre er Stunde um Stunde von dem furchtbaren Gedankenzwang gestanden und wäre verzweifelt. So aber gelang es ihm, stundenlang in angenehmer Müdigkeit dahinzuvegetieren, ohne Zwang, ohne Angst, ohne Gedanken. Das tat ihm wohl. Es war sehr gut, daß es diesen Süden gab, und daß er ihn sich

verordnet hatte. Der Süden erleichterte das Leben. Er tröstete. Er betäubte.
Auch jetzt am hellen Tage sah die Landschaft unwahrscheinlich und phantastisch aus, die Berge waren alle zu nah, zu steil, zu hoch, wie von einem etwas verschrobenen Maler erfunden. Schön aber war alles Nahe und Kleine: ein Baum, ein Stück Ufer, ein Haus in schönen heitern Farben, eine Gartenmauer, ein schmales Weizenfeld unter Reben stehend, klein und gepflegt wie ein Hausgarten. Dies alles war lieb und freundlich, heiter und gesellig, es atmete Gesundheit und Vertrauen. Diese kleine, freundliche, wohnliche Landschaft samt ihren stillheitern Menschen konnte man lieben. Etwas lieben zu können – welche Erlösung!
Mit dem leidenschaftlichen Willen, zu vergessen und sich zu verlieren, schwamm der Leidende, auf der Flucht vor den lauernden Angstgefühlen, hingegeben durch die fremde Welt. Er schlenderte ins Freie, in das anmutige, fleißig bestellte Bauernland hinein. Es erinnerte ihn nicht an das Land und Bauerntum seiner Heimat, sondern mehr an Homer und an die Römer, er fand etwas Uraltes, Kultiviertes und doch Primitives darin, eine Unschuld und Reife, die der Norden nicht hat. Die kleinen Kapellen und Bildstöcke, die farbig und zum Teil zerfallend, fast alle von Kindern mit Feldblumen geschmückt, überall an den Wegen zu Ehren von Heiligen standen, schienen ihm denselben Sinn zu haben und vom selben Geist zu stammen wie die vielen kleinen Tempel und Heiligtümer der Alten, die in jedem Hain, Quell und Berg eine Gottheit verehrten und deren heitere Frömmigkeit nach Brot und Wein und Gesundheit duftete. Er kehrte in die Stadt zurück, lief unter hallenden Arkaden, ermüdete sich auf

rauhem Steinpflaster, blickte neugierig in offene Läden und Werkstätten, kaufte italienische Zeitungen, ohne sie zu lesen, und geriet endlich müde in einen herrlichen Park am See. Hier schlenderten Kurgäste und saßen lesend auf Bänken, und alte ungeheure Bäume hingen wie in ihr Spiegelbild verliebt überm schwarzgrünen Wasser, das sie dunkel überwölbten. Unwahrscheinliche Gewächse, Schlangenbäume und Perückenbäume, Korkeichen und andre Seltsamkeiten standen frech oder ängstlich oder trauernd im Rasen, der voll Blumen war, und an den fernen jenseitigen Seeufern schwammen weiß und rosig lichte Dörfer und Landhäuser.
Als er auf einer Bank zusammengesunken saß und nah am Einnicken war, riß ein fester elastischer Schritt ihn wach. Auf hohen rotbraunen Schnürstiefeln, im kurzen Rock über dünnen durchbrochenen Strümpfen lief eine Frau vorbei, ein Mädchen, kräftig und taktfest, sehr aufrecht und herausfordernd, elegant, hochmütig, ein kühles Gesicht mit geschminkter Lippenröte und einem hohen dichten Haarbau von hellem, metallischem Gelb. Ihr Blick traf ihn im Vorbeigehen eine Sekunde, sicher und abschätzend wie die Blicke des Portiers und Boys im Hotel, und lief gleichgültig weiter.
Allerdings, dachte Klein, sie hat recht, ich bin kein Mensch, den man beachtet. Unsereinem schaut so eine nicht nach. Dennoch tat die Kürze und Kühle ihres Blickes ihm heimlich weh, er kam sich abgeschätzt und mißachtet vor von jemand, der nur Oberfläche und Außenseite sah, und aus den Tiefen seiner Vergangenheit wuchsen ihm Stacheln und Waffen empor, um sich gegen sie zu wehren. Schon war vergessen, daß ihr feiner belebter Schuh, ihr so sehr elastischer und sicherer Gang,

ihr straffes Bein im dünnen Seidenstrumpf ihn einen Augenblick gefesselt und beglückt hatten. Ausgelöscht war das Rauschen ihres Kleides und der dünne Wohlgeruch, der an ihr Haar und an ihre Haut erinnerte. Weggeworfen und zerstampft war der schöne holde Hauch von Geschlecht und Liebesmöglichkeit, der ihn von ihr gestreift hatte. Statt dessen kamen viele Erinnerungen. Wie oft hatte er solche Wesen gesehn, solche junge, sichere und herausfordernde Personen, seien es nun Dirnen oder eitle Gesellschaftsweiber, wie oft hatte ihre schamlose Herausforderung ihn geärgert, ihre Sicherheit ihn irritiert, ihr kühles, brutales Sichzeigen ihn angewidert! Wie manchmal hatte er, auf Ausflügen und in städtischen Restaurants, die Empörung seiner Frau über solche unweibliche und hetärenhafte Wesen von Herzen geteilt!
Mißmutig streckte er die Beine von sich. Dieses Weib hatte ihm seine gute Stimmung verdorben! Er fühlte sich ärgerlich, gereizt und benachteiligt, er wußte: wenn diese mit dem gelben Haar nochmals vorüberkommen und ihn nochmals mustern würde, dann würde er rot werden und sich in seinen Kleidern, seinem Hut, seinen Schuhen, seinem Gesicht, Haar und Bart unzulänglich und minderwertig vorkommen! Hole sie der Teufel! Schon dies gelbe Haar! Es war falsch, es gab nirgends in der Welt so gelbe Haare. Geschminkt war sie auch. Wie nur ein Mensch sich dazu hergeben konnte, seine Lippen mit Schminke anzumalen – negerhaft! Und solche Leute liefen herum, als gehörte ihnen die Welt, sie besaßen das Auftreten, die Sicherheit, die Frechheit und verdarben anständigen Leuten die Freude.
Mit den wieder aufwogenden Gefühlen von Unlust, Ärger

und Befangenheit kam abermals ein Schwall von Vergangenheit heraufgekocht, und plötzlich dazwischen der Einfall: du berufst dich ja auf deine Frau, du gibst ihr ja recht, du ordnest dich ihr wieder unter! Einen Augenblick lang überfloß ihn ein Gefühl wie: ich bin ein Esel, daß ich noch immer mich unter die »anständigen Menschen« rechne, ich bin ja keiner mehr, ich gehöre geradeso wie diese Gelbe zu einer Welt, die nicht mehr meine frühere und nicht mehr die anständige ist, in eine Welt, wo anständig oder unanständig nichts mehr bedeutet, wo jeder für sich das schwere Leben zu leben sucht. Einen Augenblick lang empfand er, daß seine Verachtung für die Gelbe ebenso oberflächlich und unaufrichtig war wie seine einstige Empörung über den Schullehrer und Mörder Wagner und auch seine Abneigung gegen den andern Wagner, dessen Musik er einst als allzu sinnenschwül empfunden hatte. Eine Sekunde lang tat sein verschütteter Sinn, sein verlorengegangenes Ich die Augen auf und sagte ihm mit seinem alleswissenden Blick, daß alle Empörung, aller Ärger, alle Verachtung ein Irrtum und eine Kinderei sei und auf den armen Kerl von Verächter zurückfalle.

Dieser gute, alleswissende Sinn sagte ihm auch, daß er hier wieder vor einem Geheimnis stehe, dessen Deutung für sein Leben wichtig sei, daß diese Dirne oder Weltdame, daß dieser Duft von Eleganz, Verführung und Geschlecht ihm keineswegs zuwider und beleidigend sei, sondern daß er sich diese Urteile nur eingebildet und eingehämmert habe, aus Angst vor seiner wirklichen Natur, aus Angst vor Wagner, aus Angst vor dem Tier oder Teufel, den er in sich entdecken konnte, wenn er einmal die Fesseln und Verkleidungen seiner Sitte und

Bürgerlichkeit abwürfe. Blitzhaft zuckte etwas wie Lachen, wie Hohnlachen in ihm auf, das aber alsbald wieder schwieg. Es siegte wieder das Mißgefühl. Es war unheimlich, wie jedes Erwachen, jede Erregung, jeder Gedanke ihn immer wieder unfehlbar dorthin traf, wo er schwach und nur zu Qualen fähig war. Nun saß er wieder mitten darin und hatte es mit seinem fehlgeratenen Leben, mit seiner Frau, mit seinem Verbrechen, mit der Hoffnungslosigkeit seiner Zukunft zu tun. Angst kam wieder, das allwissende Ich sank unter wie ein Seufzer, den niemand hörte. O welche Qual! Nein, daran war nicht die Gelbe schuld. Und alles, was er gegen sie empfand, tat ihr ja nicht weh, traf nur ihn selber.

Er stand auf und fing zu laufen an. Früher hatte er oft geglaubt, er führe ein ziemlich einsames Leben, und hatte sich mit einiger Eitelkeit eine gewisse resignierte Philosophie zugeschrieben, galt auch unter seinen Kollegen für einen Gelehrten, Leser und heimlichen Schöngeist. Mein Gott, er war nie einsam gewesen! Er hatte mit den Kollegen, mit seiner Frau, mit den Kindern, mit allen möglichen Leuten geredet, und der Tag war dabei vergangen und die Sorgen erträglich geworden. Und auch wenn er allein gewesen war, war es keine Einsamkeit gewesen. Er hatte die Meinungen, die Ängste, die Freuden, die Tröstungen vieler geteilt, einer ganzen Welt. Stets war um ihn her und bis in ihn hinein Gemeinsamkeit gewesen, und auch noch im Alleinsein, im Leid und in der Resignation hatte er stets einer Schar und Menge angehört, einem schützenden Verband, der Welt der Anständigen, Ordentlichen und Braven. Jetzt aber, jetzt schmeckte er Einsamkeit. Jeder Pfeil fiel auf ihn selber, jeder Trostgrund erwies sich als sinnlos, jede Flucht vor der Angst führte nur in jene Welt hinüber, mit der er gebrochen hatte, die ihm zerbrochen und entglitten war. Alles, was sein Leben lang gut und richtig gewesen war, war es jetzt nicht mehr. Alles mußte er aus sich selber holen, niemand half ihm. Und was fand er denn in sich selbst? Ach, Unordnung und Zerrissenheit!

Ein Automobil, dem er auswich, lenkte seine Gedanken ab, warf ihnen neues Futter zu; er fühlte im unausgeschlafenen Schädel Leere und Schwindel. »Automobil«, dachte er, oder sagte es, und wußte nicht, was es bedeute. Da sah er, einen Augenblick im Schwächegefühl die Augen schließend, ein Bild wieder, das ihm bekannt schien, das ihn erinnerte und seinen Gedanken neues Blut zuführte. Er sah sich auf einem Auto sitzen und es steuern, das war ein Traum, den er einmal geträumt hatte. In jenem Traumgefühl, da er den Lenker hinabgestoßen und sich selber der Steuerung bemächtigt hatte, war etwas wie Befreiung und Triumph gewesen. Es gab da einen Trost, irgendwo, schwer zu finden. Aber es gab einen. Es gab, und sei es auch nur in der Phantasie oder im Traum, die wohltätige Möglichkeit, sein Fahrzeug ganz allein zu steuern, jeden andern Führer hohnlachend vom Bock zu werfen, und wenn das Fahrzeug dann auch Sprünge machte und über Trottoirs oder in Häuser und Menschen hineinfuhr, so war es doch köstlich und war viel besser, als geschützt unter fremder Führung zu fahren und ewig ein Kind zu bleiben.

Ein Kind! Er mußte lächeln. Es fiel ihm ein, daß er als Kind und Jüngling seinen Namen Klein manchmal verflucht und gehaßt hatte. Jetzt hieß er nicht mehr so. War das nicht von Bedeutung – ein Gleichnis, ein Symbol? Er hatte aufgehört, klein und ein Kind zu sein und sich von andern führen zu lassen.

Im Hotel trank er zu seinem Essen einen guten, sanften Wein, den er auf gut Glück bestellt hatte und dessen Namen er sich merkte. Wenige Dinge gab es, die einem halfen, wenige, die trösteten und das Leben erleichterten; diese wenigen Dinge zu kennen war wichtig. Dieser Wein war so ein Ding, und die südliche Luft und Landschaft war eines. Was noch? Gab es noch andre? Ja, das Denken war auch so ein tröstliches Ding, das einem wohltat und leben half. Aber nicht jedes Denken! O nein, es gab ein Denken, das war Qual und Wahnsinn. Es gab ein Denken, das wühlte schmerzvoll im Unabänderlichen und führte zu nichts als Ekel, Angst und Lebensüberdruß. Ein anderes Denken war es, das man suchen und lernen mußte. War es überhaupt ein Denken? Es war ein Zustand, eine innere Verfassung, die immer nur Augenblicke dauerte und durch angestrengtes Denkenwollen nur zerstört wurde. In diesem höchst wünschenswerten Zustand hatte man Einfälle, Erinnerungen, Visionen, Phantasien, Einsichten von besonderer Art. Der Gedanke (oder Traum) vom Automobil war von dieser Art, von dieser guten und tröstlichen Art, und die plötzlich gekommene Erinnerung an den Totschläger Wagner und an jenes Gespräch, das er vor Jahren über ihn geführt hatte. Der seltsame Einfall mit dem Namen Klein war auch so. Bei diesen Gedanken, diesen Einfällen wichen für Augenblicke die Angst und das scheußliche Unwohlsein einer rasch aufleuchtenden Sicherheit – es war dann, als sei alles gut, das Alleinsein war stark und stolz, die Vergangenheit überwunden, die kommende Stunde ohne Schrecken.
Er mußte das noch erfassen, es mußte sich begreifen und lernen lassen! Er war gerettet, wenn es ihm gelang, häufig Gedanken von jener Art in sich zu finden, in sich zu

pflegen und hervorzurufen. Und er sann und sann. Er wußte nicht, wie er den Nachmittag verbrachte, die Stunden schmolzen ihm weg wie im Schlaf, und vielleicht schlief er auch wirklich, wer wollte das wissen. Immerzu kreisten seine Gedanken um jenes Geheimnis. Er dachte sehr viel und mühsam über seine Begegnung mit der Gelben nach. Was bedeutet sie? Wie kam es, daß in ihm diese flüchtige Begegnung, das sekundenkurze Wechseln eines Blickes mit einem fremden, schönen, aber ihm unsympathischen Weibe für lange Stunden zur Quelle von Gedanken, von Gefühlen, von Erregungen, Erinnerungen, Selbstpeinigungen, Anklagen wurde? Wie kam das? Ging das andern auch so? Warum hatten die Gestalt, der Gang, das Bein, der Schuh und Strumpf der Gelben ihn einen winzigen Moment entzückt? Warum hatte dann ihr kühl abwägender Blick ihn so sehr ernüchtert? Warum hatte dieser fatale Blick ihn nicht bloß ernüchtert und aus der kurzen erotischen Bezauberung geweckt, sondern ihn auch beleidigt, empört und vor sich selbst entwertet? Warum hatte er gegen diesen Blick lauter Worte und Erinnerungen ins Feld geführt, welche seiner einstigen Welt angehörten, Worte, die keinen Sinn mehr hatten, Gründe, an die er nicht mehr glaubte? Er hatte Urteile seiner Frau, Worte seiner Kollegen, Gedanken und Meinungen seines einstigen Ich, des nicht mehr vorhandenen Bürgers und Beamten Klein, gegen jene gelbe Dame und ihren unangenehmen Blick aufgeboten, er hatte das Bedürfnis gehabt, sich gegen diesen Blick mit allen erdenklichen Mitteln zu rechtfertigen, und hatte einsehen müssen, daß seine Mittel lauter alte Münzen waren, welche nicht mehr galten. Und aus allen diesen langen, peinlichen Erwägungen war ihm nichts geworden als Beklemmung, Unruhe und leidvolles Gefühl des eigenen Unrechts! Nur einen einzigen Moment aber hatte er jenen andren, so sehr zu wünschenden Zustand wieder empfunden, einen Moment lang hatte er innerlich zu all jenen peinlichen Erwägungen den Kopf geschüttelt und es besser gewußt. Er hatte gewußt, eine Sekunde lang: Meine Gedanken über die Gelbe sind dumm und unwürdig, Schicksal steht über ihr wie über mir, Gott liebt sie, wie er mich liebt.

Woher war diese holde Stimme gekommen? Wo konnte man sie wiederfinden, wie sie wieder herbeilocken, auf welchem Ast saß dieser seltne, scheue Vogel? Diese Stimme sprach die Wahrheit, und Wahrheit war Wohltat, Heilung, Zuflucht. Diese Stimme entstand, wenn man im Herzen mit dem Schicksal einig war und sich selber liebte; sie war Gottes Stimme, oder war die Stimme des eigenen, wahrsten, innersten Ich, jenseits von allen Lügen, Entschuldigungen und Komödien.

Warum konnte er diese Stimme nicht immer hören? Warum flog die Wahrheit an ihm immer vorbei wie ein Gespenst, das man nur mit halbem Blick im Vorbeihuschen sehen kann und das verschwindet, wenn man den vollen Blick darauf richtet? Warum sah er wieder und wieder diese Glückspforte offenstehen, und wenn er hineinwollte, war sie doch geschlossen!

In seinem Zimmer aus einem Schlummer aufwachend, griff er nach einem Bändchen Schopenhauer, das auf dem Tischchen lag und das ihn meistens auf Reisen begleitete. Er schlug blindlings auf und las einen Satz: »Wenn wir auf unsern zurückgelegten Lebensweg zurücksehn und zumal unsre unglücklichen Schritte, nebst ihren Folgen, ins Auge fassen, so begreifen wir oft nicht, wie wir haben

dieses tun, oder jenes unterlassen können; so daß es aussieht, als hätte eine fremde Macht unsre Schritte gelenkt. Goethe sagt im Egmont: Es glaubt der Mensch sein Leben zu leiten, sich selbst zu führen; und sein Innerstes wird unwiderstehlich nach seinem Schicksal gezogen.« – Stand da nicht etwas, was ihn anging? Was mit seinen heutigen Gedanken nah und innig zusammenhing? – Begierig las er weiter, doch es kam nichts mehr, die folgenden Zeilen und Sätze ließen ihn unberührt. Er legte das Buch weg, sah auf die Taschenuhr, fand sie unaufgezogen und abgelaufen, stand auf und blickte durchs Fenster, es schien gegen Abend zu sein.
Er fühlte sich etwas angegriffen wie nach starker geistiger Anstrengung, aber nicht unangenehm und fruchtlos erschöpft, sondern sinnvoll ermüdet wie nach befriedigender Arbeit. Ich habe wohl eine Stunde oder mehr geschlafen, dachte er, und trat vor den Spiegelschrank, um sein Haar zu bürsten. Es war ihm seltsam frei und wohl zumute, und im Spiegel sah er sich lächeln! Sein bleiches überanstrengtes Gesicht, das er seit langem nur noch verzerrt und starr und irr gesehen hatte, stand in einem sanften, freundlichen, guten Lächeln. Verwundert schüttelte er den Kopf und lächelte sich selber zu.
Er ging hinab, im Restaurant wurde an einigen Tischen schon soupiert. Hatte er nicht eben erst gegessen? Einerlei, er hatte große Lust, es sofort wieder zu tun, und er bestellte, mit Eifer den Kellner befragend, eine gute Mahlzeit.
»Will der Herr vielleicht heut abend nach Castiglione fahren?« fragte ihn der Kellner beim Vorlegen. »Es geht ein Motorboot vom Hotel.«
Klein dankte mit Kopfschütteln. Nein, solche Hotelver-

anstaltungen waren nichts für ihn. – Castiglione? Davon hatte er schon sprechen hören. Es war ein Vergnügungsort mit einer Spielbank, so etwas wie ein kleines Monte Carlo. Lieber Gott, was sollte er dort tun?
Während der Kaffee gebracht wurde, nahm er aus dem Blumenstrauß, der in einer Kristallvase vor ihm stand, eine kleine weiße Rose und steckte sie an. Von einem Nebentische her streifte ihn der Rauch einer frisch angezündeten Zigarre. Richtig, eine gute Zigarre wollte er auch haben.
Unschlüssig stieg er dann vor dem Hause hin und her. Ganz gerne wäre er wieder in jene dörfliche Gegend gegangen, wo er gestern abend beim Gesang der Italienerin und dem magischen Funkentanz der Leuchtkäfer zum erstenmal die süße Wirklichkeit des Südens gespürt hatte. Aber es zog ihn auch zum Park, an das schattig überlaubte stille Wasser, zu den seltsamen Bäumen, und wenn er die Dame mit dem gelben Haar wieder angetroffen hätte, so würde ihr kalter Blick ihn jetzt nicht ärgern noch beschämen. Übrigens – wie unausdenklich lang war es seit gestern! Wie fühlte er sich in diesem Süden schon heimisch! Wieviel hatte er erlebt, gedacht, erfahren!
Er schlenderte eine Straße weit, umflossen von einem guten, sanften Sommerabendwind. Nachtfalter kreisten leidenschaftlich um die eben entzündeten Straßenlaternen, fleißige Leute schlossen spät ihre Geschäfte zu und klappten Eisenstangen vor die Läden, viele Kinder trieben sich noch herum und rannten bei ihren Spielen zwischen den kleinen Tischen der Cafés herum, an denen mitten auf der Straße Kaffee und Limonaden getrunken wurden. Ein Marienbild in einer Wandnische lächelte im Schein brennender Lichter. Auch auf den Bänken am See war noch

Leben, wurde gelacht, gestritten, gesungen, und auf dem Wasser schwamm hier und dort noch ein Boot mit hemdärmeligen Ruderern und Mädchen in weißen Blusen.

Klein fand leicht den Weg zum Park wieder, aber das hohe Tor stand geschlossen. Hinter den hohen Eisenstangen stand die schweigende Baumfinsternis fremd und schon voll Nacht und Schlaf. Er blickte lang hinein. Dann lächelte er, und es wurde ihm nun erst der heimliche Wunsch bewußt, der ihn an diese Stelle vor das verschlossene Eisentor getrieben hatte. Nun, es war einerlei, es ging auch ohne Park.

Auf einer Bank am See saß er friedlich und sah dem vorübertreibenden Volk zu. Er entfaltete im hellen Laternenlicht eine italienische Zeitung und versuchte zu lesen. Er verstand nicht alles, aber jeder Satz, den er zu übersetzen vermochte, machte ihm Spaß. Erst allmählich begann er, über die Grammatik weg, auf den Sinn zu achten, und fand mit einem gewissen Erstaunen, daß der Artikel eine heftige, erbitterte Schmähung seines Volkes und Vaterlandes war. Wie seltsam, dachte er, das alles gibt es noch! Die Italiener schrieben über sein Volk, genau so wie die heimischen Zeitungen es immer über Italien getan hatten, genau so richtend, genau so empört, genau so unfehlbar vom eigenen Recht und fremden Unrecht überzeugt! Auch daß diese Zeitung mit ihrem Haß und ihrem grausamen Aburteilen ihn nicht zu empören und zu ärgern vermochte, war ja seltsam. Oder nicht? Nein, wozu sich empören? Das alles war ja die Art und Sprache einer Welt, zu der er nicht mehr gehörte. Sie mochte die gute, die bessere, die richtige Welt sein – es war nicht mehr die seine.

Er ließ die Zeitung auf der Bank liegen und ging weiter.

Aus einem Garten strahlten über dicht blühenden Rosenstämmen hinweg hundert bunte Lichter. Menschen gingen hinein, er schloß sich an, eine Kasse, Aufwärter, eine Wand mit Plakaten. Mitten im Garten war ein Saal ohne Wände, nur ein großes Zeltdach, von welchem alle die zahllosen vielfarbigen Lampen niederhingen. Viele halbbesetzte Gartentische füllten den luftigen Saal; im Hintergrunde silbern, grün und rosa in grellen Farben glitzerte überhell eine schmale erhöhte Bühne. Unter der Rampe saßen Musikanten, ein kleines Orchester. Beschwingt und licht atmete die Flöte in die bunte warme Nacht hinaus, die Oboe satt und schwellend, das Cello sang dunkel, bang und warm. Auf der Bühne darüber sang ein alter Mann komische Lieder, sein gemalter Mund lachte starr, in seinem kahlen bekümmerten Schädel spiegelte das üppige Licht.
Klein hatte nichts dergleichen gesucht, einen Augenblick fühlte er etwas wie Enttäuschung und Kritik und die alte Scheu vor dem einsamen Sitzen inmitten einer frohen und eleganten Menge; die künstliche Lustbarkeit schien ihm schlecht in den duftenden Gartenabend zu stimmen. Doch setzte er sich, und das aus so vielen buntfarbigen gedämpften Lampen niederrinnende Licht versöhnte ihn alsbald, es hing wie ein Zauberschleier über dem offenen Saal. Zart und innig glühte die kleine Musik herüber, gemischt mit dem Duft der vielen Rosen. Die Menschen saßen heiter und geschmückt in gedämpfter Fröhlichkeit; über Tassen, Flaschen und Eisbechern schwebten, von dem milden farbigen Licht hold behaucht und bepudert, helle Gesichter und schillernde Frauenhüte, und auch das gelbe und rosige Eis in den Bechern, die Gläser mit roten, grünen, gelben Limonaden klangen in dem Bilde festlich und juwelenhaft mit.

Niemand hörte dem Komiker zu. Der dürftige Alte stand gleichgültig und vereinsamt auf seiner Bühne und sang, was er gelernt hatte, das köstliche Licht floß an seiner armen Gestalt herab. Er endete sein Lied und schien zufrieden, daß er gehen konnte. An den vordersten Tischen klatschten zwei, drei Menschen mit den Händen. Der Sänger trat ab und erschien bald darauf durch den Garten im Saale, an einem der ersten Tische beim Orchester nahm er Platz. Eine junge Dame schenkte ihm Sodawasser in ein Glas, sie erhob sich dabei halb, und Klein blickte hin. Es war die mit den gelben Haaren.
Jetzt tönte von irgendwoher eine schrille Klingel lang und dringlich, es entstand Bewegung in der Halle. Viele gingen ohne Hut und Mantel hinaus. Auch der Tisch beim Orchester leerte sich, die Gelbe lief mit den andern hinaus, ihr Haar glänzte hell noch draußen in der Gartendämmerung. An dem Tisch blieb nur der alte Sänger sitzen.
Klein gab sich einen Stoß und ging hinüber. Er grüßte den Alten höflich, der nickte nur.
»Können Sie mir sagen, was dies Klingeln bedeutet?« fragte Klein.
»Pause«, sagte der Komiker.
»Und wohin sind all die Leute gegangen?«
»Spielen. Jetzt ist eine halbe Stunde Pause, und so lange kann man im Kursaal drüben spielen.«
»Danke. – Ich wußte nicht, daß auch hier eine Spielbank ist.«
»Nicht der Rede wert. Nur für Kinder, höchster Einsatz fünf Franken.«
»Danke sehr.«
Er hatte schon wieder den Hut gezogen und sich umge-

dreht. Da fiel ihm ein, er könnte den Alten nach der Gelben fragen. Der kannte sie.

Er zögerte, den Hut noch in der Hand. Dann ging er weg. Was wollte er eigentlich? Was ging sie ihn an? Doch spürte er, sie ging ihn trotzdem an. Es war nur Schüchternheit, irgendein Wahn, eine Hemmung. Eine leise Welle von Unmut stieg in ihm auf, eine dünne Wolke. Schwere war wieder im Anzug, jetzt war er wieder befangen, unfrei und über sich selbst ärgerlich. Es war besser, er ging nach Hause. Was tat er hier, unter den vergnügten Leuten? Er gehörte nicht zu ihnen.

Ein Kellner, der Zahlung verlangte, störte ihn. Er war ungehalten. »Können Sie nicht warten, bis ich rufe?«

»Entschuldigen, ich dachte, der Herr wolle gehen. Mir ersetzt es niemand, wenn einer drausläuft.«

Er gab mehr Trinkgeld, als nötig war.

Als er die Halle verließ, sah er aus dem Garten her die Gelbe zurückkommen. Er wartete und ließ sie an sich vorübergehen. Sie schritt aufrecht, stark und leicht wie auf Federn. Ihr Blick traf ihn, kühl, ohne Erkennen. Er sah ihr Gesicht hell beleuchtet, ein ruhiges und kluges Gesicht, fest und blaß, ein wenig blasiert, der geschminkte Mund blutrot, graue Augen voll Wachsamkeit, ein schönes, reich ausgeformtes Ohr, an dem ein grüner länglicher Stein blitzte. Sie ging in weißer Seide, der schlanke Hals sank in Opalschatten hinab, von einer dünnen Kette mit grünen Steinen umspannt.

Er sah sie an, heimlich erregt, und wieder mit zwiespältigem Eindruck. Etwas an ihr lockte, erzählte von Glück und Innigkeit, duftete nach Fleisch und Haar und gepflegter Schönheit, und etwas anderes stieß ab, schien unecht, ließ Enttäuschung fürchten. Es war die alte, anerzogene und ein Leben lang gepflegte Scheu vor dem, was er als dirnenhaft empfand, vor dem bewußten Sichzeigen des Schönen, vor dem offenen Erinnern an Geschlecht und Liebeskampf. Er spürte wohl, daß der Zwiespalt in ihm selbst lag. Da war wieder Wagner, da war wieder die Welt des Schönen, aber ohne Zucht, des Reizenden, aber ohne Versteckheit, ohne Scheu, ohne schlechtes Gewissen. Da steckte ein Feind in ihm, der ihm das Paradies verbot.

Die Tische in der Halle wurden jetzt von Dienern umgestellt und ein freier Raum in der Mitte geschaffen. Ein Teil der Gäste war nicht wiedergekommen.

»Dableiben«, rief ein Wunsch in dem einsamen Mann. Er spürte voraus, was für eine Nacht ihm bevorstand, wenn er jetzt fortging. Eine Nacht wie die vorige, wahrscheinlich eine noch schlimmere. Wenig Schlaf, mit bösen Träumen, Hoffnungslosigkeit und Selbstquälerei, dazu das Geheul der Sinne, der Gedanke an die Kette von grünen Steinen auf der weißen und perlfarbigen Frauenbrust. Vielleicht war schon bald, bald der Punkt erreicht, wo das Leben nicht mehr auszuhalten war. Und er hing doch am Leben, sonderbar genug. Ja, tat er das? Wäre er denn sonst hier? Hätte er seine Frau verlassen, hätte er die Schiffe hinter sich verbrannt, hätte er diesen ganzen bösartigen Apparat in Anspruch genommen, alle diese Schnitte ins eigene Fleisch, und wäre er schließlich in diesen Süden hergereist, wenn er nicht am Leben hinge, wenn nicht Wunsch und Zukunft in ihm waren? Hatte er es nicht heut gefühlt, klar und wunderschön, bei dem guten Wein, vor dem geschlossenen Parktor, auf der Bank am Kai?

Er blieb und fand Platz am Tisch neben jenem, wo der

Sänger und die Gelbe saßen. Dort waren sechs, sieben Menschen beisammen, welche sichtlich hier zu Hause waren, gewissermaßen ein Teil dieser Veranstaltung und Lustbarkeit waren. Er blickte beständig zu ihnen hinüber. Zwischen ihnen und den Stammgästen dieses Gartens bestand Vertraulichkeit, auch die Leute vom Orchester kannten sie und gingen an ihrem Tische ab und zu oder riefen Witze herüber, sie nannten die Kellner du und mit den Vornamen. Es wurde deutsch, italienisch und französisch durcheinander gesprochen.

Klein betrachtete die Gelbe. Sie blieb ernst und kühl, er hatte sie noch nicht lächeln sehen, ihr beherrschtes Gesicht schien unveränderlich. Er konnte sehen, daß sie an ihrem Tische etwas galt, Männer und Mädchen hatten gegen sie einen Ton von kameradschaftlicher Achtung. Er hörte nun auch ihren Namen nennen: Teresina. Er besann sich, ob sie schön sei, ob sie ihm eigentlich gefalle. Er konnte es nicht sagen. Schön war ohne Zweifel ihr Wuchs und ihr Gang, sogar ungewöhnlich schön, ihre Haltung beim Sitzen und die Bewegungen ihrer sehr gepflegten Hände. An ihrem Gesicht und Blick aber beschäftigte und irritierte ihn die stille Kühle, die Sicherheit und Ruhe der Miene, das fast maskenhaft Starre. Sie sah aus wie ein Mensch, der seinen eigenen Himmel und seine eigene Hölle hat, welche niemand mit ihm teilen kann. Auch in dieser Seele, welche durchaus hart, spröde und vielleicht stolz, ja böse schien, auch in dieser Seele mußte Wunsch und Leidenschaft brennen. Welcherlei Gefühle suchte und liebte sie, welche floh sie? Wo waren ihre Schwächen, ihre Ängste, ihr Verborgenes? Wie sah sie aus, wenn sie lachte, wenn sie schlief, wenn sie weinte, wenn sie küßte?

Und wie kam es, daß sie nun seit einem halben Tage seine

Gedanken beschäftigte, daß er sie beobachten, sie studieren, sie fürchten, sich über sie ärgern mußte, während er noch nicht einmal wußte, ob sie ihm gefalle oder nicht?
War sie vielleicht ein Ziel und Schicksal für ihn? Zog eine heimliche Macht ihn zu ihr, wie sie ihn nach dem Süden gezogen hatte? Ein angeborener Trieb, eine Schicksalslinie, ein lebenslanger unbewußter Drang? War die Begegnung mit ihr ihm vorbestimmt? Über ihn verhängt?
Er hörte ein Bruchstück ihres Gesprächs mit angestrengtem Lauschen aus dem vielstimmigen Geplauder heraus. Zu einem hübschen, geschmeidigen, eleganten Jüngling mit gewelltem schwarzen Haar und glattem Gesicht hörte er sie sagen: »Ich möchte noch einmal richtig spielen, nicht hier, nich um Pralinés, drüben in Castiglione oder in Monte Carlo.« Und dann, auf seine Antwort hin, nochmals: »Nein, Sie wissen ja gar nicht, wie das ist! Es ist vielleicht häßlich, es ist vielleicht nicht klug, aber es ist hinreißend.«
Nun wußte er etwas von ihr. Es machte ihm großes Vergnügen, sie beschlichen und belauscht zu haben. Durch ein erleuchtetes kleines Fenster hatte er, der Fremde, von außen her, auf Posten stehend, einen kurzen Späherblick in ihre Seele werfen können. Sie hatte Wünsche. Sie wurde von Verlangen gequält nach etwas, was erregend und gefährlich war, nach etwas, an das man sich verlieren konnte. Es war ihm lieb, das zu wissen. – Und wie war das mit Castiglione? Hatte er davon nicht heut schon einmal reden hören? Wann? Wo?
Einerlei, er konnte jetzt nicht denken. Aber er hatte jetzt wieder, wie schon mehrmals in diesen seltsamen Tagen, die Empfindung, daß alles, was er tat, hörte, sah und dachte, voll von Beziehung und Notwendigkeit war, daß

ein Führer ihn leite, daß lange, ferne Ursachenreihen ihre Früchte trugen. Nun, mochten sie ihre Früchte tragen. Es war gut so.

Wieder überflog ihn ein Glücksgefühl, ein Gefühl von Ruhe und Sicherheit des Herzens, wunderbar entzückend für den, der die Angst und das Grauen kennt. Er erinnerte sich eines Wortes aus seiner Knabenzeit. Sie hatten, Schulknaben, miteinander darüber gesprochen, wie es wohl die Seiltänzer machen, daß sie so sicher und angstlos auf dem Seil gehen konnten. Und einer hatte gesagt: »Wenn du auf dem Stubenboden einen Kreidestrich ziehst, ist es gerade so schwer, genau auf diesem Kreidestrich vorwärtszugehen, wie auf dem dünnsten Seil. Und doch tut man es ruhig, weil keine Gefahr dabei ist. Wenn du dir vorstellst, es sei bloß ein Kreidestrich, und die Luft daneben sei Fußboden, dann kannst du auf jedem Seil sicher gehen.« Das fiel ihm ein. Wie schön war das! War es bei ihm nicht vielleicht umgekehrt? Ging es ihm nicht so, daß er auch auf keinem ebenen Boden mehr ruhig und sicher gehen konnte, weil er ihn für ein Seil hielt?

Er war innig froh darüber, daß solche tröstliche Sachen ihm einfallen konnten, daß sie in ihm schlummerten und je und je zum Vorschein kamen. In sich innen trug man alles, worauf es ankam, von außen konnte niemand einem helfen. Mit sich selbst nicht im Krieg liegen, mit sich selbst in Liebe und Vertrauen leben – dann konnte man alles. Dann konnte man nicht nur seiltanzen, dann konnte man fliegen.

Eine Weile hing er, alles um sich her vergessend, diesen Gefühlen auf weichen, schlüpfrigen Pfaden der Seele in sich nachtastend wie ein Jäger und Pfadfinder, mit auf die Hand gestütztem Kopfe wie entrückt über seinem Tisch.

In diesem Augenblick sah die Gelbe herüber und sah ihn an. Ihr Blick verweilte nicht lang, aber er las aufmerksam in seinem Gesicht, und als er es fühlte und ihr entgegenblickte, spürte er etwas wie Achtung, etwas wie Teilnahme und auch etwas wie Verwandtschaft. Diesmal tat ihr Blick ihm nicht weh, tat ihm nicht Unrecht. Diesmal, so fühlte er, sah sie ihn, ihn selbst, nicht seine Kleider und Manieren, seine Frisur und seine Hände, sondern das Echte, Unwandelbare, Geheimnisvolle an ihm, das Einmalige, Göttliche, das Schicksal.

Er bat ihr ab, was er heut Bittres und Häßliches über sie gedacht hatte. Aber nein, da war nichts abzubitten. Was er Böses und Törichtes über sie gedacht, gegen sie gefühlt hatte, das waren Schläge gegen ihn selbst gewesen, nicht gegen sie. Nein, es war gut so.

Plötzlich erschreckte ihn der Wiederbeginn der Musik. Das Orchester stimmte einen Tanz an. Aber die Bühne blieb leer und dunkel, statt auf sie waren die Blicke der Gäste nach dem leeren Viereck zwischen den Tischen gerichtet. Er erriet, es würde getanzt werden.

Aufblickend sah er am Nebentisch die Gelbe und den jungen bartlosen Elegant sich erheben. Er lächelte über sich, als er bemerkte, wie er auch gegen diesen Jüngling Widerstände fühlte, wie er nur mit Widerwillen seine Eleganz, seine sehr netten Manieren, sein hübsches Haar und Gesicht anerkannte. Der Jüngling bot ihr die Hand, führte sie in den freien Raum, ein zweites Paar trat an, und nun tanzten die beiden Paare elegant, sicher und hübsch einen Tango. Er verstand nicht viel davon, aber er sah bald, daß Teresina wunderbar tanze. Er sah: sie tat etwas, was sie verstand und bemeisterte, was in ihr lag und natürlich aus ihr herauskam. Auch der Jüngling mit dem gewellten schwarzen Haar tanzte gut, sie paßten zusammen. Ihr Tanz erzählte den Zuschauern lauter angenehme, lichte, einfache und freundliche Dinge. Leicht und zart lagen ihre Hände ineinander, willig und froh taten ihre Knie, ihre Arme, ihre Füße und Leiber die zartkräftige Arbeit. Ihr Tanz drückte Glück und Freude aus, Schönheit und Luxus, gute Lebensart und Lebenskunst. Er drückte auch Liebe und Geschlechtlichkeit aus, aber nicht wild und glühend, sondern eine Liebe voll Selbstverständlichkeit, Naivität und Anmut. Sie tanzten den reichen Leuten, den Kurgästen das Schöne vor, das in deren Leben lag und das diese selber nicht ausdrücken und ohne eine solche Hilfe nicht einmal empfinden konnten. Diese bezahlten, geschulten Tänzer dienten der guten Gesellschaft zu einem Ersatz. Sie, die selber nicht so gut und geschmeidig tanzten, die angenehme Spielerei ihres Lebens nicht recht genießen konnten, ließen sich von diesen Leuten vortanzen, wie gut sie es hatten. Aber das war es nicht allein. Sie ließen sich nicht nur eine Schwerelosigkeit und heitere Selbstherrlichkeit des Lebens vorspielen, sie wurden auch an Natur und Unschuld der Gefühle und Sinne gemahnt. Aus ihrem überhasteten und überarbeiteten oder auch faulen und übersättigten Leben, das zwischen wilder Arbeit, wildem Vergnügen und erzwungener Sanatoriumspönitenz pendelte, blickten sie lächelnd, dumm und heimlich gerührt auf den Tanz dieser hübschen und gewandten jungen Menschen wie auf einen holden Lebensfrühling hin, wie auf ein fernes Paradies, das man verloren hat und von dem man nur noch an Feiertagen den Kindern erzählt, an das man kaum mehr glaubt, von dem man aber nachts mit brennendem Begehren träumt.

Und nun ging während des Tanzes mit dem Gesicht der Gelbhaarigen eine Veränderung vor, welcher Friedrich Klein mit reinem Entzücken zuschaute. Ganz allmählich und unmerklich, wie das Rosenrot über einen Morgenhimmel, kam über ihr ernstes, kühles Gesicht ein langsam wachsendes, langsam sich erwärmendes Lächeln. Gradaus vor sich hinblickend, lächelte sie wie erwachend, so als sei sie, die Kühle, erst nun durch den Tanz zum vollen Leben erwärmt worden. Auch der Tänzer lächelte, und auch das zweite Paar lächelte, und auf allen vier Gesichtern war es wunderhübsch, obwohl es wie maskenhaft und unpersönlich erschien – aber bei Teresina war es am schönsten und geheimnisvollsten, niemand lächelte so wie sie, so unberührt von außen, so im eigenen Wohlgefühl von innen her aufblühend. Er sah es mit tiefer Rührung, es ergriff ihn wie die Entdeckung eines heimlichen Schatzes.
»Was für wundervolles Haar sie hat!« hörte er in der Nähe jemand leise rufen. Er dachte daran, daß er dies wundervolle blondgelbe Haar geschmäht und bezweifelt hatte.
Der Tango war zu Ende, Klein sah Teresina einen Augenblick neben ihrem Tänzer stehen, der ihre linke Hand mit den Fingern noch in Schulterhöhe hielt, und sah den Zauber auf ihrem Gesicht nachleuchten und langsam schwinden. Es wurde halblaut geklatscht, und jedermann blickte den beiden nach, als sie mit schwebendem Schritt an ihren Tisch zurückkehrten.
Der nächste Tanz, der nach einer kurzen Pause begann, wurde nur von einem einzigen Paar ausgeführt, von Teresina und ihrem hübschen Partner. Es war ein freier Phantasietanz, eine kleine komplizierte Dichtung, beinahe schon eine Pantomime, die jeder Tänzer für sich allein

spielte und die nur in einigen aufleuchtenden Höhepunkten und im galoppierend raschen Schlußtanz zum Paartanz wurde.

Hier schwebte Teresina, die Augen voll von Glück, so aufgelöst und innig dahin, folgte mit schwerelosen Gliedern so selig den Werbungen der Musik, daß es still in der Halle wurde und alle hingegeben auf sie schauten. Der Tanz endete mit einem heftigen Wirbel, wobei Tänzer und Tänzerin sich nur mit Händen und Fußspitzen berührten und sich, weit hintenüber hängend, bacchantisch im Kreise drehten.

Bei diesem Tanz hatte jedermann das Gefühl, daß die beiden Tanzenden in ihren Gebärden und Schritten, in Trennung und Widervereinigung, in immer erneutem Wegwerfen und Wiedergreifen des Gleichgewichtes Empfindungen darstellten, die allen Menschen vertraut und zutiefst erwünscht sind, die aber nur von wenigen Glücklichen so einfach, stark und unverborgen erlebt werden: die die Freude des gesunden Menschen an sich selber, die Steigerung dieser Freude in der Liebe zum andern, das gläubige Einverstandensein mit der eigenen Natur, die vertrauensvolle Hingabe an die Wünsche, Träume und Spiele des Herzens. Viele empfanden für einen Augenblick nachdenkliche Trauer darüber, daß zwischen ihrem Leben und ihren Trieben so viel Zwiespalt und Streit bestand, daß ihr Leben kein Tanz, sondern ein mühsames Keuchen unter Lasten war – Lasten, die schließlich nur sie selber sich aufgebürdet hatten.

Friedrich Klein blickte, während er dem Tanz folgte, durch viele vergangene Jahre seines Lebens hindurch wie durch einen finstern Tunnel, und jenseits lag in Sonne und Wind grün und strahlend das Verlorene, die Jugend, das starke einfache Fühlen, die gläubige Bereitschaft zum Glück – und all dies lag wieder seltsam nah, nur einen Schritt weit, durch Zauber herangezogen und gespiegelt.

Das innige Lächeln des Tanzes noch auf dem Gesicht, kam Teresina jetzt an ihm vorüber. Ihn durchfloß Freude und entzückte Hingabe. Und als habe er sie gerufen, blickte sie ihn plötzlich innig an, noch nicht erwacht, die Seele noch voll Glück, das süße Lächeln noch auf den Lippen. Und auch er lächelte ihr zu, dem nahen Glücksschimmer, durch den finstern Schacht so vieler verlorener Jahre.

Zugleich stand er auf, und gab ihr die Hand, wie ein alter Freund, ohne ein Wort zu sagen. Die Tänzerin nahm sie und hielt sie einen Augenblick fest, ohne stehenzubleiben. Er folgte ihr. Am Tisch der Künstler wurde ihm Platz gemacht, nun saß er neben Teresina und sah die länglichen grünen Steine auf der hellen Haut ihres Halses schimmern.

Er nahm nicht an den Gesprächen teil, von denen er das wenigste verstand. Hinter Teresinas Kopf sah er, im grelleren Licht der Gartenlaternen, die blühenden Rosenstämme, dunkel volle Kugeln, abgezeichnet, hier und da von Leuchtkäfern überflogen. Seine Gedanken ruhten, es gab nichts zu denken. Die Rosenkugeln schaukelten leicht im Nachtwind. Tresina saß neben ihm, an ihrem Ohr hing glitzernd der grüne Stein. Die Welt war in Ordnung.

Jetzt legte Teresina die Hand auf seinen Arm.

»Wir werden miteinander sprechen. Nicht hier. Ich erinnere mich jetzt, Sie im Park gesehen zu haben. Ich bin morgen dort, um die gleiche Zeit. Ich bin jetzt müde und muß bald schlafen. Gehen Sie lieber vorher, sonst pumpen meine Kollegen Sie an.«

Da ein Kellner vorüberlief, hielt sie ihn an:

»Eugenio, der Herr will zahlen.«

Er zahlte, gab ihr die Hand, zog den Hut, und ging davon, dem See nach, er wußte nicht wohin. Unmöglich, jetzt sich in sein Hotelzimmer zu legen. Er lief die Seestraße weiter, zum Städtchen und den Vororten hinaus, bis die Bänke am Ufer und die Anlagen ein Ende nahmen. Da setzte er sich auf die Ufermauer und sang vor sich hin, ohne Stimme, verschollene Liederbruchstücke aus Jugendjahren. Bis es kalt wurde und die steilen Berge eine feindselige Fremdheit annahmen. Da ging er zurück, den Hut in der Hand.

Ein verschlafener Nachtportier öffnete ihm die Tür.

»Ja, ich bin etwas spät«, sagte Klein und gab ihm einen Franken.

»Oh, wir sind das gewohnt. Sie sind noch nicht der letzte. Das Motorboot von Castiglione ist auch noch nicht zurück.«

3

Die Tänzerin war schon da, als Klein sich im Park einfand. Sie ging mit ihrem federnden Schritt im Innern des Gartens um die Rasenstücke und stand plötzlich am schattigen Eingang eines Gehölzes vor ihm.

Teresina musterte ihn aufmerksam mit den hellgrauen Augen, ihr Gesicht war ernst und etwas ungeduldig. Sofort im Gehen fing sie zu sprechen an.

»Können Sie mir sagen, was das gestern war? Wie kommt

das, daß wir uns so in den Weg liefen? Ich habe darüber nachgedacht. Ich sah Sie gestern im Kursaalgarten zweimal. Das erste Mal standen Sie am Ausgang und sahen mich an, Sie sahen gelangweilt oder geärgert aus, und als ich Sie sah, fiel mir ein: dem bin ich schon einmal im Park begegnet. Es war kein guter Eindruck, und ich gab mir Mühe, Sie gleich wieder zu vergessen. Dann sah ich Sie wieder, kaum eine Viertelstunde später. Sie saßen am Nebentisch und sahen plötzlich ganz anders aus, ich merkte nicht gleich, daß Sie derselbe seien, der mir vorher begegnet war. Und dann, nach meinem Tanz, standen Sie auf einmal vor mir und hielten mich an der Hand, oder ich Sie, ich weiß nicht recht. Wie ging das zu? Sie müssen doch etwas wissen. Aber ich hoffe, Sie sind nicht etwa gekommen, um mir Liebeserklärungen zu machen?«
Sie sah ihn befehlend an.
»Ich weiß nicht«, sagte Klein. »Ich bin nicht mit bestimmten Absichten gekommen. Ich liebe Sie, seit gestern, aber wir brauchen ja nicht davon zu sprchen.«
»Ja, sprechen wir von anderm. Es war gestern einen Augenblick etwas zwischen uns da, was mich beschäftigt und auch erschreckt hat, als hätten wir irgend etwas Ähnliches oder Gemeinsames. Was ist das? Und, die Hauptsache: Was war das für eine Verwandlung mit Ihnen? Wie war es möglich, daß Sie innerhalb einer Stunde zwei so ganz verschiedene Gesichter haben konnten? Sie sahen aus wie ein Mensch, der sehr Wichtiges erlebt hat.«
»Wie sah ich aus?« fragte er kindlich.
»Oh, zuerst sahen Sie aus wie ein älterer, etwas vergrämter, unangenehmer Herr. Sie sahen aus wie ein Philister, wie ein Mann, der gewohnt ist, den Zorn über seine eigene

Unfähigkeit an andern auszulassen.«
Er hörte mit gespannter Teilnahme zu und nickte lebhaft. Sie fuhr fort:
»Und dann, nachher, das läßt sich nicht gut beschreiben. Sie saßen etwas vorgebückt; als Sie mir zufällig in die Augen fielen, dachte ich in der ersten Sekunde noch: Herrgott, haben diese Philister traurige Haltungen! Sie hatten den Kopf auf die Hand gestützt, und das sah nun plötzlich so seltsam aus: es sah aus, als wären Sie der einzige Mensch in der Welt, und als sei es Ihnen ganz und gar einerlei, was mit Ihnen und mit der ganzen Welt geschähe. Ihr Gesicht war wie eine Maske, schauderhaft traurig oder auch schauderhaft gleichgültig –«
Sie brach ab, schien nach Worten zu suchen, sagte aber nichts.
»Sie haben recht«, sagte Klein bescheiden. »Sie haben so richtig gesehen, daß ich erstaunt sein müßte. Sie haben mich gelesen wie einen Brief. Aber eigentlich ist es ja nur natürlich und richtig, daß Sie das alles sahen.«
»Warum natürlich?«
»Weil Sie, auf eine etwas andere Art, beim Tanzen ganz das gleiche ausdrücken. Wenn Sie tanzen, Teresina, und auch sonst in manchen Augenblicken, sind Sie wie ein Baum oder ein Berg oder Tier, oder ein Stern, ganz für sich, ganz allein, Sie wollen nichts anderes sein, als was Sie sind, einerlei ob gut oder böse. Ist es nicht das gleiche, was Sie bei mir sahen?«
Sie betrachtete ihn prüfend, ohne Antwort zu geben.
»Sie sind ein wunderlicher Mensch«, sagte sie dann zögernd. »Und wie ist das nun: sind Sie wirklich so, wie Sie da aussahen? Ist Ihnen wirklich alles einerlei, was mit Ihnen geschieht?«

»Ja. Nur nicht immer. Ich habe oft auch Angst. Aber dann kommt es wieder, und die Angst ist fort, und dann ist alles einerlei. Dann ist man stark. Oder vielmehr: einerlei ist nicht das Richtige: alles ist köstlich und willkommen, es sei, was es sei.«

»Einen Augenblick hielt ich es sogar für möglich, daß Sie ein Verbrecher wären.«

»Auch das ist möglich. Es ist sogar wahrscheinlich. Sehen Sie, ein ›Verbrecher‹, das sagt man so, und man meint damit, daß einer etwas tut, was andre ihm verboten haben. Er selber aber, der Verbrecher, tut ja nur, was in ihm ist. – Sehen Sie, das ist die Ähnlichkeit, die wir beide haben: wir beide tun hier und da, in seltnen Augenblikken, das, was in uns ist. Nichts ist seltener, die meisten Menschen kennen das überhaupt nicht. Auch ich kannte es nicht, ich sagte, dachte, tat, lebte nur Fremdes, nur Gelerntes, nur Gutes und Richtiges, bis es eines Tages damit zu Ende war. Ich konnte nicht mehr, ich mußte fort, das Gute war nicht mehr gut, das Richtige war nicht mehr richtig, das Leben war nicht mehr zu ertragen. Aber ich möchte es dennoch ertragen, ich liebe es sogar, obwohl es soviel Qualen bringt.«

»Wollen Sie mir sagen, wie Sie heißen und wer Sie sind?«

»Ich bin der, den Sie vor sich sehen, sonst nichts. Ich habe keinen Namen und keinen Titel und auch keinen Beruf. Ich mußte das alles aufgeben. Mit mir steht es so, daß ich nach einem langen braven und fleißigen Leben eines Tages aus dem Nest gefallen bin, es ist noch nicht lange her, und jetzt muß ich untergehen oder fliegen lernen. Die Welt geht mich nichts mehr an, ich bin jetzt ganz allein.«

Etwas verlegen fragte sie: »Waren Sie in einer Anstalt?«

»Verrückt, meinen Sie? Nein. Obwohl auch das ja möglich wäre.« Er wurde zerstreut, Gedanken packten ihn von innen. Mit beginnender Unruhe sprach er fort: »Wenn man darüber redet, wird auch das Einfachste gleich kompliziert und unverständlich. Wir sollten gar nicht davon sprechen! – Man tut das ja auch nur, man spricht nur dann darüber, wenn man es nicht verstehen will.«

Wie meinen Sie das? Ich will wirklich verstehen. Glauben Sie mir! Es interessiert mich sehr.«

Er lächelte lebhaft.

»Ja, ja. Sie wollen sich darüber unterhalten. Sie haben etwas erlebt und wollen jetzt darüber reden. Ach, es hilft nichts. Reden ist der sichere Weg dazu, alles mißzuverstehen, alles seicht und öde zu machen. – Sie wollen mich ja nicht verstehen und auch sich selber nicht! Sie wollen bloß Ruhe haben vor der Mahnung, die Sie gespürt haben. Sie wollen mich und die Mahnung damit abtun, daß Sie die Etikette finden, unter der Sie mich einreihen können. Sie versuchen es mit dem Verbrecher und mit dem Geisteskranken, Sie wollen meinen Stand und Namen wissen. Das alles führt aber nur weg vom Verstehen, das alles ist Schwindel, liebes Fräulein, ist schlechter Ersatz für Verstehen, ist vielmehr Flucht vor dem Verstehenwollen, vor dem Verstehenmüssen.«

Er unterbrach sich, strich gequält mit der Hand über die Augen, dann schien ihm etwas Freundliches einzufallen, er lächelte wieder. »Ach, sehen Sie, als Sie und ich gestern einen Augenblick lang genau das gleiche fühlten, da sagten wir nichts und fragten nichts und dachten auch nichts – auf einmal gaben wir einander die Hand, und es war gut. Jetzt aber – jetzt reden wir und denken und erklären

– und alles ist seltsam und unverständlich geworden, was so einfach war. Und doch wäre es ganz leicht für Sie, mich ebenso gut zu verstehen wie ich Sie.«

»Sie glauben mich so gut zu verstehen?«

»Ja, natürlich. Wie Sie leben, weiß ich nicht. Aber Sie leben, wie ich es auch getan habe und wie alles es tun, meistens im Dunkeln und an sich selber vorbei, irgendeinem Zweck, einer Pflicht, einer Absicht nach. Das tun fast alle Menschen, daran ist die ganze Welt krank, daran wird sie auch untergehen. Manchmal aber, beim Tanzen zum Beispiel, geht die Absicht oder Pflicht Ihnen verloren, und Sie leben auf einmal ganz anders. Sie fühlen auf einmal so, als wären Sie allein auf der Welt, oder als könnten Sie morgen tot sein, und da kommt alles heraus, was Sie wirklich sind. Wenn Sie tanzen, stecken Sie damit sogar andere an. Das ist Ihr Geheimnis.«

Sie ging eine Strecke weit rascher. Zu äußerst auf einem Vorsprung überm See blieb sie stehen.

»Sie sind sonderbar«, sagte sie. »Manches kann ich verstehen. Aber – was wollten Sie eigentlich von mir?«

Er senkte den Kopf und sah einen Augenblick traurig aus.

»Sie sind es so gewohnt, daß man immer etwas von Ihnen haben will. Teresina, ich will von Ihnen nichts, was nicht Sie selber wollen und gerne tun. Daß ich Sie liebe, kann Ihnen gleichgültig sein. Es ist kein Glück, geliebt zu werden. Jeder Mensch liebt sich selber, und doch quälen sich Tausende ihr Leben lang. Nein, geliebt werden ist kein Glück. Aber lieben, das ist Glück!«

»Ich würde Ihnen gern irgendeine Freude machen, wenn ich könnte«, sagte Teresina langsam, wie mitleidig.

»Das können Sie, wenn Sie mir erlauben, Ihnen irgendeinen Wunsch zu erfüllen.«

»Ach, was wissen Sie von meinen Wünschen!«
»Allerdings, Sie sollten keine haben. Sie haben ja den Schlüssel zum Paradies, das ist Ihr Tanz. Aber ich weiß, daß Sie doch Wünsche haben, und das ist mir lieb. Und nun wissen Sie: da ist einer, dem macht es Spaß, Ihnen jeden Wunsch zu erfüllen.«
Teresina besann sich. Ihre wachsamen Augen wurden wieder scharf und kühl. Was konnte er von ihr wissen? Da sie nichts fand, begann sie vorsichtig:
»Meine erste Bitte an Sie wäre, daß Sie aufrichtig sind. Sagen Sie mir, wer Ihnen etwas von mir erzählt hat.«
»Niemand. Ich habe niemals mit einem Menschen über Sie gesprochen. Was ich weiß – es ist sehr wenig – weiß ich von Ihnen selbst. Ich hörte Sie gestern sagen, daß Sie sich wünschen, einmal in Castiglione zu spielen.«
Ihr Gesicht zuckte.
»Ach so, Sie haben mich belauscht.«
»Ja, natürlich. Ich habe Ihren Wunsch verstanden. Weil Sie nicht immer einig mit sich sind, suchen Sie nach Erregung und Betäubung.«
»O nein, ich bin nicht so romantisch, wie Sie meinen. Ich suche beim Spiel nicht Betäubung, sondern einfach Geld. Ich möchte einmal reich sein oder doch sorgenfrei, ohne mich dafür verkaufen zu müssen. Das ist alles.«
»Das klingt so richtig, und doch glaube ich es nicht. Aber wie Sie wollen! Sie wissen ja im Grunde ganz gut, daß Sie sich nie zu verkaufen brauchen. Reden wir nicht davon! Aber wenn Sie Geld haben wollen, sei es nun zum Spielen oder sonst, so nehmen Sie es doch von mir! Ich habe mehr, als ich brauche, glaube ich, und lege keinen Wert darauf.«
Teresina zog sich wieder zurück.

»Ich kenne Sie ja kaum. Wie soll ich Geld von Ihnen nehmen?«
Er zog plötzlich den Hut, wie von einem Schmerz befallen, und brach ab.
»Was haben Sie?« rief Teresina.
»Nichts, nichts. – Erlauben Sie, daß ich gehe! Wir haben zuviel gesprochen, viel zuviel. Man sollte nie so viel sprechen.«
Und da lief er schon, ohne Abschied genommen zu haben, rasch und wie von Verzweiflung hingeweht durch den Baumgang fort. Die Tänzerin sah ihm mit gestauten, uneinigen Empfindungen nach, aufrichtig verwundert über ihn und über sich.
Er aber lief nicht aus Verzweiflung, sondern nur aus unerträglicher Spannung und Gefülltheit. Es war ihm plötzlich unmöglich geworden, noch ein Wort zu sagen, noch ein Wort zu hören, er mußte allein sein, mußte notwendig allein sein, denken, horchen, sich selber zuhören. Das ganze Gespräch mit Teresina hatte ihn selbst in Erstaunen gesetzt und überrascht, die Worte waren ohne seinen Willen so gekommen, es hatte ihn wie ein Würgen das heftige Bedürfnis befallen, seine Erlebnisse und Gedanken mitzuteilen, zu formen, auszusprechen, sie sich selber zuzurufen. Er war erstaunt über jedes Wort, das er sich sagen hörte, aber mehr und mehr fühlte er, wie er sich in etwas hineinredete, was nicht mehr einfach und richtig war, wie er unnützerweise das Unbegreifliche zu erklären versuchte – und mit einemmal war es ihm unerträglich geworden, er hatte abbrechen müssen.
Jetzt aber, wo er sich der vergangenen Viertelstunde wieder zu erinnern suchte, empfand er dies Erlebnis freudig und dankbar. Es war ein Fortschritt, eine Erlösung, eine Bestätigung.

Die Zweifelhaftigkeit, in welche die ganze gewohnte Welt für ihn gefallen war, hatte ihn furchtbar ermüdet und gepeinigt. Er hatte das Wunder erlebt, daß das Leben am sinnvollsten wird in den Augenblicken, wo alle Sinne und Bedeutungen uns verlorengehen. Immer wieder aber war ihm der peinliche Zweifel gekommen, ob diese Erlebnisse wirklich wesentlich seien, ob sie mehr seien als kleine zufällige Kräuselungen an der Oberfläche eines ermüdeten und erkrankten Gemütes, Launen im Grunde, kleine Nervenschwankungen. Jetzt hatte er gesehen, gestern abend und heute, daß sein Erlebnis wirklich war. Es hatte aus ihm gestrahlt und ihn verändert, es hatte einen andern Menschen zu ihm hergezogen. Seine Vereinsamung war durchbrochen, er liebte wieder, es gab jemand, dem er dienen und Freude machen wollte, er konnte wieder lächeln, wieder lachen!

Die Welle ging durch ihn hin wie Schmerz und wie Wollust, er zuckte vor Gefühl, Leben klang in ihm auf wie eine Brandung, unbegreiflich war alles. Er riß die Augen auf und sah: Bäume an einer Straße, Silberflocken im See, ein rennender Hund, Radfahrer – und alles war sonderbar, märchenhaft und beinahe allzu schön, alles wie nagelneu aus Gottes Spielzeugschachtel genommen, alles nur für ihn da, für Friedrich Klein, und er selbst nur dazu da, diesen Strom von Wunder und Schmerz und Freude durch sich hinzucken zu fühlen. Überall war Schönheit, in jedem Dreckhaufen am Weg, überall war tiefes Leiden, überall war Gott. Ja, das war Gott, und so hatte er ihn, vor unausdenklichen Zeiten, als Knabe einst empfunden und mit dem Herzen gesucht, wenn er »Gott« und »Allgegenwart« dachte. Herz, brich nicht vor Fülle! Wieder schossen aus allen vergessenen Schächten seines

Lebens frei gewordene Erinnerungen zu ihm empor, unzählbare: an Gespräche, an seine Verlobungszeit, an Kleider, die er als Kind getragen, an Ferienmorgen der Studentenzeit, und ordneten sich in Kreisen um einige feste Mittelpunkte: um die Gestalt einer Frau, um seine Mutter, um den Mörder Wagner, um Teresina. Stellen aus klassischen Schriftstellern fielen ihm ein und lateinische Sprichwörter, die ihn als Schüler einst ergriffen hatten, und törichte sentimentale Verse aus Volksliedern. Der Schatten seines Vaters stand hinter ihm, er erlebte wieder den Tod seiner Schwiegermutter. Alles, was je durch Auge und Ohr, durch Menschen und Bücher, mit Wonne oder Leid in ihn eingegangen und in ihm untergesunken war, alles schien wieder da zu sein, alles zugleich, aufgerührt und durcheinander gewirbelt, ohne Ordnung, doch voller Sinn, alles wichtig, alles bedeutungsvoll, alles unverloren.

Der Andrang wurde zur Qual, zu einer Qual, die von höchster Wollust nicht zu unterscheiden war. Sein Herz schlug rasch, Tränen standen ihm in den Augen. Er begriff, daß er nahe am Wahnsinn stehe, und wußte doch, daß er nicht wahnsinnig werden würde, und blickte zugleich in dies neue Seelenland des Irrsinns mit demselben Erstaunen und Entzücken wie in die Vergangenheit, wie in den See, wie in den Himmel: auch hier war alles zauberhaft, wohllaut und voll Bedeutung. Er begriff, warum im Glauben edler Völker der Wahnsinn für heilig galt. Er begriff alles, alles sprach zu ihm, alles war ihm erschlossen. Es gab keine Worte dafür, es war falsch und hoffnungslos, irgend etwas in Worten ausdenken und verstehen zu wollen! Man mußte nur offenstehen, nur bereit sein: dann konnte jedes Ding, dann konnte in unendlichem Zug wie in eine Arche

Noahs die ganze Welt in einen hineingehen, und man besaß sie, verstand sie und war eins mit ihr.
Trauer ergriff ihn. Oh, wenn alle Menschen dies wüßten, dies erlebten! Wie wurde drauflos gelebt, drauflos gesündigt, wie blind und maßlos wurde gelitten! Hatte er nicht gestern noch sich über Teresina geärgert? Hatte er nicht gestern noch seine Frau gehaßt, sie angeklagt und für alles Leid seines Lebens verantwortlich machen wollen? Wie traurig, wie dumm, wie hoffnungslos! Alles war doch so einfach, so gut, so sinnvoll, sobald man es von innen sah, sobald man hinter jedem Ding das Wesen stehen sah, ihn, Gott.
Hier bog ein Weg zu neuen Vorstellungsgärten und Bilderwäldern ein. Wendete er sein heutiges Gefühl der Zukunft zu, sprühten hundert Glücksträume auf, für ihn und für alle. Sein vergangenes, dumpfes, verdorbenes Leben sollte nicht beklagt, nicht angeklagt, nicht gerichtet werden, sondern erneut und ins Gegenteil verwandelt, voll Sinn, voll Freude, voll Güte, voll Liebe. Die Gnade, die er erlebt, mußte widerstrahlen und weiter wirken. Bibelsprüche kamen ihm in den Sinn, und alles, was er von begnadeten Frommen und Heiligen wußte. So hatte es immer begonnen, bei allen. Sie waren denselben harten und finstern Weg geführt worden wie er, feig und voll Angst, bis zur Stunde der Umkehr und Erleuchtung. »In der Welt habet ihr Angst«, hatte Jesus zu seinen Jüngern gesagt. Wer aber die Angst überwunden hatte, der lebte nicht mehr in der Welt, sondern in Gott, in der Ewigkeit.
So hatten alle gelehrt, alle Weisen der ganzen Welt, Buddha und Schopenhauer, Jesus, die Griechen. Es gab nur eine Weisheit, nur einen Glauben, nur ein Denken:

das Wissen von Gott in uns. Wie wurde das in den Schulen, Kirchen, Büchern und Wissenschaften verdreht und falsch gelehrt!

Mit weiten Flügelschlägen flog Kleins Geist durch die Bezirke seiner innern Welt, seines Wissens, seiner Bildung. Auch hier, wie in seinem äußern Leben, lag Gut um Gut, Schatz um Schatz, Quelle um Quelle, aber jedes für sich, abgesondert, tot und wertlos. Nun aber, mit dem Strahl des Wissens, mit der Erleuchtung, zuckte auch hier plötzlich Ordnung, Sinn und Formung durch das Chaos, Schöpfung begann, Leben und Beziehung sprang von Pol zu Pol. Sprüche entlegenster Kontemplation wurden selbstverständlich, Dunkles wurde hell, und das Einmaleins wurde zum mystischen Bekenntnis. Beseelt und liebeglühend ward auch diese Welt. Die Kunstwerke, die er in jüngeren Jahren geliebt hatte, klangen mit neuem Zauber herauf. Er sah: die rätselhafte Magie der Kunst öffnete sich demselben Schlüssel. Kunst war nichts andres als Betrachtung der Welt im Zustand der Gnade, der Erleuchtung. Kunst war: hinter jedem Ding Gott zeigen.

Flammend schritt der Beseligte durch die Welt, jeder Zweig an jedem Baume hatte teil an einer Ekstase, strebte edler empor, hing inniger herab, war Sinnbild und Offenbarung. Dünne violette Wolkenschatten liefen über den Seespiegel, schaudernd in zärtlicher Süße. Jeder Stein lag bedeutungsvoll neben seinem Schatten. So schön, so tief und heilig liebenswert war die Welt noch nie gewesen, oder nie mehr seit den geheimnisvollen, sagenhaften Jahren der ersten Kindheit. »So ihr nicht werdet wie die Kinder«, fiel ihm ein, und er fühlte: ich bin wieder Kind geworden, ich bin ins Himmelreich eingegangen.

Als er Müdigkeit und Hunger zu spüren begann, fand er sich weit von der Stadt. Nun erinnerte er sich, woher er kam, was gewesen war, und daß er ohne Abschied von Teresina weggelaufen war. Im nächsten Dorf suchte er ein Wirtshaus. Ein kleiner ländlicher Weinschank, mit einem eingepflockten Holztisch im Gärtchen unterm Kirschlorbeer, zog ihn an. Er verlangte Essen, man hatte aber nichts als Wein und Brot. Eine Suppe, bat er, oder Eier, oder Schinken. Nein, es gab solche Sachen hier nicht. Niemand aß hier dergleichen bei der teuren Zeit. Er hatte erst mit der Wirtin, dann mit einer Großmutter verhandelt, die auf der Steinschwelle der Haustür saß und Wäsche flickte. Nun setzte er sich in den Garten unterm tiefschattenden Baum, mit Brot und herbem Rotwein. Im Nachbargarten, unsichtbar hinter Reblaub und aufgehängter Wäsche, hörte er zwei Mädchenstimmen singen. Plötzlich fuhr ein Wort des Liedes ihm ins Herz, ohne daß er es doch festhalten konnte. Es kam im nächsten Vers wieder, es war der Name Teresina. Das Lied, ein Couplet von halb komischer Art, handelte von einer Teresina. Er verstand:

La sua mama alla finestra
Con una voce serpentina:
Vieni a casa, o Teresina,
Lasc' andare quel traditor!

Teresina! Wie liebte er sie! Wie herrlich war es, zu lieben!

Er legte den Kopf auf den Tisch und dämmerte, schlummerte ein und erwachte wieder, mehrmals, oftmals. Es war Abend. Die Wirtin kam und stellte sich vor den

Tisch, über den Gast verwundert. Er legte Geld hin, erbat noch ein Glas Wein, fragte sie nach jenem Liede. Sie wurde freundlich, brachte den Wein und blieb bei ihm stehen. Er ließ sich das ganze Teresina-Lied vorsagen und hatte große Freude an dem Vers:

Io non sono traditore
E ne meno lusinghero,
Io son' figlio d'un ricco signore,
Son' venuto per fare l'amor.

Die Wirtin meinte, jetzt könnte er eine Suppe haben, sie koche ohnehin für ihren Mann, den sie erwarte.
Er aß Gemüsesuppe und Brot, der Wirt kam heim, an den grauen Steindächern des Dorfes verglühte die späte Sonne. Er fragte nach einem Zimmer, es wurde ihm eines angeboten, eine Kammer mit dicken nackten Steinwänden. Er nahm es. Noch nie hatte er in einer solchen Kammer geschlafen, sie kam ihm vor wie das Gelaß aus einem Räuberdrama. Nun ging er durch das abendliche Dorf, fand einen kleinen Kramladen noch offen, bekam Schokolade zu kaufen und verteilte sie an Kinder, die in Mengen durch die Gasse schwärmten. Sie liefen ihm nach, Eltern grüßten ihn, jedermann wünschte ihm gute Nacht, und er gab es zurück, nickte allen den alten und jungen Menschen zu, die auf den Schwellen und Vortreppen der Häuser saßen.
Mit Freude dachte er an seine Kammer im Wirtshaus, an diese primitive, höhlenhafte Unterkunft, wo der alte Kalk von den grauen Mauern blätterte und nichts Unnützes an den nackten Wänden hing, nicht Bild noch Spiegel, nicht Tapete noch Vorhang. Er lief durch das abendliche Dorf

wie durch ein Abenteuer, alles war beglänzt, alles voll geheimer Versprechung.
In die Osteria zurückkehrend, sah er vom leeren und dunkeln Gastzimmer aus Licht in einem Türspalt, ging ihm nach und kam in die Küche. Der Raum erschien ihm wie ein Märchenhöhle, das wenige dünne Licht floß über einen roten steinernen Boden und verlief sich, ehe es die Wände und Decke erreichte, in dichte warme Dämmerung, und von dem ungeheuer und tiefschwarz herabhängenden Rauchfang schien eine unerschöpfliche Quelle von Finsternis auszufließen.
Die Frau saß da mit der Großmutter, sie saßen beide gebückt, klein und schwach auf niederen demütigen Schemeln, die Hände auf den Knien ausruhend. Die Wirtsfrau weinte, niemand kümmerte sich um den Eintretenden. Er setzte sich auf den Rand eines Tisches neben Gemüseresten, ein stumpfes Messer blinkte bleiern auf, im Lichtschein glühte blankes Kupfergeschirr rot an den Wänden. Die Frau weinte, die alte Graue stand ihr bei und murmelte mit ihr in der Mundart, er verstand allmählich, daß Hader im Hause und der Mann nach einem Streit wieder fortgegangen war. Er fragte, ob er sie geschlagen habe, bekam aber keine Antwort. Allmählich fing er an zu trösten. Er sagte, der Mann werde gewiß schon bald wiederkommen. Die Frau sagte scharf: »Heut nicht und vielleicht auch morgen nicht.« Er gab es auf, die Frau setzte sich aufrechter, man saß schweigend, das Weinen war verstummt. Die Einfachheit des Vorgangs, zu dem keine Worte gemacht wurden, schien ihm wundervoll. Man hatte Streit gehabt, man hatte Schmer empfangen, man hatte geweint. Jetzt war es vorbei, jetzt saß man still und wartete. Das Leben würde schon weitergehen. Wie

bei Kindern. Wie bei Tieren. Nur nicht reden, nur nicht das Einfache kompliziert machen, nur nicht die Seele nach außen drehen.
Klein lud die Großmutter ein, Kaffee zu kochen, für sie alle drei. Die Frauen leuchteten auf, die Alte legte sofort Reisig in den Kamin, es knisterte von brechenden Zweigen, von Papier, von aufprasselnder Flamme. Im jäh aufflammenden Feuerschein sah er das Gesicht der Wirtin, von unten her beleuchtet, etwas vergrämt und doch beruhigt. Sie schaute ins Feuer, zwischenein lächelte sie, plötzlich stand sie auf, ging langsam zum Wasserhahn und wusch sich die Hände.
Dann saßen sie alle drei am Küchentisch und tranken den heißen schwarzen Kaffee, und einen alten Wachholderlikör dazu. Die Weiber wurden lebendiger, sie erzählten und fragten, lachten über Kleins mühsame und fehlerhafte Sprache. Ihm schien, er sei schon sehr lange hier. Wunderlich, was in diesen Tagen alles Platz hatte! Ganze Zeiträume und Lebensabschnitte fanden Raum in einem Nachmittag, jede Stunde schien mit Lebensfracht überladen. Sekundenlang zuckte Furcht in ihm wetterleuchtend auf, es könnte plötzlich Müdigkeit und Verbrauch der Lebenskraft ihn verhundertfacht überfallen und ihn aussaugen, wie Sonne einen Tropfen vom Felsen leckt. In diesen sehr flüchtigen, doch zuweilen wiederkehrenden Augenblicken, in diesem fremden Wetterleuchten sah er sich selbst leben, fühlte und sah in sein Gehirn und sah dort in beschleunigten Schwingungen einen unsäglich komplizierten, zarten, kostbaren Apparat vor tausendfacher Arbeit vibrieren, wie hinter Glas ein höchst sensibles Uhrwerk, das zu stören ein Stäubchen genügt.
Es wurde ihm erzählt, daß der Wirt sein Geld in unsichere

Geschäft stecke, viel außer Hause sei und da und dort Verhältnisse mit Frauen unterhalte. Kinder waren nicht da. Während Klein sich Mühe gab, die italienischen Worte für einfache Fragen und Auskünfte zu finden, arbeitete hinterm Glas das zarte Uhrwerk rastlos in feinem Fieber fort, jeden gelebten Moment sofort in seine Abrechnungen und Abwägungen einbeziehend.

Zeitig erhob er sich, um schlafen zu gehen. Er gab den beiden Frauen die Hand, der alten und der jungen, die ihn durchdringend ansah, während die Großmutter mit dem Gähnen kämpfte. Dann tastete er sich die dunkle Steintreppe hinauf, erstaunlich hohe Riesenstufen, in seine Kammer. Dort fand er Wasser in einem Tonkrug bereit, wusch sich das Gesicht, vermißte einen Augenblick Seife, Hausschuhe, Nachthemd, lag noch eine Viertelstunde im Fenster, auf das granitne Gesimse gestützt, zog sich dann vollends aus und legte sich in das harte Bett, dessen grobe Leinwand ihn entzückte und einen Schwall von holden ländlichen Vorstellungen weckte. War es nicht das einzig Richtige, stets so zu leben, in einem Raum aus vier Steinwänden, ohne den lächerlichen Kram der Tapeten, des Schmucks, der vielen Möbel, ohne all das übertriebene und im Grund barbarische Zubehör? Ein Dach überm Kopf, gegen den Regen, eine einfache Decke um sich, gegen die Kälte, etwas Brot und Wein oder Milch, gegen den Hunger, morgens die Sonne zum Wecken, abends die Dämmerung zum Einschlafen – brauchte der Mensch mehr?

Aber kaum hatte er das Licht gelöscht, so waren Haus und Kammer und Dorf in ihm versunken. Er stand wieder am See bei Teresina und sprach mit ihr, konnte sich des heutigen Gespräches nur mit Mühe erinnern und wurde zweifelhaft, was er ihr eigentlich gesagt habe, ja ob nicht das ganze Gespräch nur ein Traum und Phantom von ihm gewesen sei. Die Dunkelheit tat ihm wohl – weiß Gott, wo er morgen aufwachen würde?

Ein Geräusch an der Tür weckte ihn. Leise wurde die Klinke gedreht, ein Faden dünnen Lichtes sank herein und zögerte im Spalt. Verwundert und doch im Augenblick wissend, blickte er hinüber, noch nicht in der Gegenwart. Da ging die Türe auf, mit einem Licht in der Hand stand die Wirtsfrau, barfuß, lautlos. Sie blickte zu ihm her, durchdringend, und er lächelte und streckte die Arme aus, tief erstaunt, gedankenlos. Da war sie schon bei ihm, und ihr dunkles Haar lag neben ihm auf dem rauhen Kissen.

Sie sprachen kein Wort. Von ihrem Kuß entzündet, zog er sie an sich. Die plötzliche Nähe und Wärme eines Menschen an seiner Brust, der fremde starke Arm um seinen Nacken erschütterte ihn seltsam – wie war diese Wärme ihm unbekannt, wie fremd, wie schmerzlich neu war ihm diese Wärme und Nähe – wie war er allein gewesen, wie sehr allein, wie lang allein! Abgründe und Flammenhöllen hatten zwischen ihm und aller Welt geklafft – und nun war da ein fremder Mensch gekommen, in wortlosem Vertrauen und Trostbedürfnis, eine arme, vernachlässigte Frau, so wie er selbst jahrelang ein vernachlässigter und verschüchterter Mann gewesen war, und hing an seinem Hals und gab und nahm und sog mit Gier den Tropfen Wonne aus dem kargen Leben, suchte trunken und doch schüchtern seinen Mund, spielte mit traurig zärtlichen Fingern in den seinen, rieb ihre Wange an seiner. Er richtete sich über ihrem blassen Gesichte auf und küßte sie auf beide geschlossene Augen und dachte:

sie glaubt zu nehmen und weiß nicht, daß sie gibt, sie flüchtet ihre Vereinsamung zu mir und ahnt die meine nicht! Erst jetzt sah er sie, neben der er den ganzen Abend blind gesessen hatte, sah, daß sie lange, schlanke Hände und Finger hatte, hübsche Schultern und ein Gesicht voll von Schicksalsangst und blindem Kinderdurst, und ein halb ängstliches Wissen um kleine, holde Wege und Übungen der Zärtlichkeit.

Er sah auch und wurde traurig darüber, daß er selbst in der Liebe ein Knabe und Anfänger geblieben war, in langer, lauer Ehe resigniert, schüchtern und doch ohne Unschuld, begehrlich und doch voll von schlechtem Gewissen. Noch während er mit durstigen Küssen an Mund und Brust des Weibes hing, noch während er ihre Hand zärtlich und fast mütterlich auf seinen Haaren fühlte, empfand er im voraus Enttäuschung und Druck im Herzen, er fühlte das Schlimme wiederkommen: die Angst, und es durchfloß ihn schneidend kalt die Ahnung und Furcht, daß er tief in seinem Wesen nicht zur Liebe fähig sei, daß Liebe ihm nur Qual und bösen Zauber bringen könne. Noch ehe der kurze Sturm der Wollust vertobt war, schlug in seiner Seele Bangigkeit und Mißtrauen das böse Auge auf, Widerwille dagegen, daß er genommen worden sei statt selbst zu nehmen und zu erobern, und Vorgefühl von Ekel.

Lautlos war die Frau wieder davongeschlüpft, samt ihrem Kerzenlicht. Im Dunkeln lag Klein, und es kam mitten in der Sättigung der Augenblick, den er schon vorher, schon vor Stunden in so viel ahnenden wetterleuchtenden Sekunden gefürchtet, der schlimme Augenblick, wo die überreiche Musik seines neuen Lebens in ihm nur noch müde und verstimmte Saiten fand und tausend Lustge-

fühle plötzlich mit Müdigkeit und Angst bezahlt werden mußten. Mit Herzklopfen fühlte er alle Feinde auf der Lauer liegen, Schlaflosigkeit, Depression und Alpdruck. Das rauhe Linnen brannte an seiner Haut, bleich sah die Nacht durchs Fenster. Unmöglich, hierzubleiben und wehrlos den kommenden Qualen standzuhalten! Ach, es kam wieder, die Schuld und Angst kam wieder und die Traurigkeit und die Verzweiflung! Alles Überwundene, alles Vergangene kam wieder. Es gab keine Erlösung.
Hastig kleidete er sich an, ohne Licht, suchte vor der Tür seine staubigen Stiefel, schlich hinab und aus dem Hause und lief, auf müden, einsinkenden Beinen, verzweifelt durch Dorf und Nacht davon, von sich selbst verhöhnt, von sich selbst verfolgt, von sich selbst gehaßt.

4

Ringend und verzweifelnd schlug sich Klein mit seinem Dämon. Was ihm seine Schicksalstage an Neuem, an Erkenntnis und Erlösung gebracht hatten, war in der trunkenen Gedankenhast und Hellsichtigkeit des vergangenen Tages zu einer Welle gestiegen, deren Höhe ihm unverlierbar erschienen war, während er schon wieder aus ihr zu sinken begann. Jetzt lag er wieder im Tal und Schatten, noch kämpfend, noch heimlich hoffend, aber tief verwundet. Einen Tag lang, einen kurzen, glänzenden Tag lang war es ihm gelungen, die einfache Kunst zu üben, die jeder Grashalm kann. Einen armen Tag lang hatte er sich selbst geliebt, sich selbst als Eines und Ganzes gefühlt, nicht in feindliche Teile zerspalten, er hatte sich geliebt, und in sich die Welt und Gott, und nichts als

Liebe, Bestätigung und Freude war ihm von überall her entgegengekommen. Hätte gestern ein Räuber ihn überfallen, ein Polizist ihn verhaftet, es wäre Bestätigung, Lächeln, Harmonie gewesen! Und nun, mitten im Glück war er wieder umgefallen und klein geworden. Er ging mit sich ins Gericht, während sein Innerstes wußte, daß jedes Gericht falsch und töricht sei. Die Welt, welche einen herrlichen Tag lang durchsichtig und ganz von Gott erfüllt gewesen war, lag wieder hart und schwer, und jedes Ding hatte seinen eigenen Sinn, und jeder Sinn widersprach jedem andern. Die Begeisterung dieses Tages hatte wieder weichen, hatte sterben können! Sie, die heilige, war eine Laune gewesen, und die Sache mit Teresina eine Einbildung, und das Abenteuer im Wirtshaus eine zweifelhafte und anrüchige Geschichte.
Er wußte bereits, daß das würgende Angstgefühl nur dann verging, wenn er nicht an sich schulmeisterte und Kritik übte, nicht in den Wunden stocherte, in den alten Wunden. Er wußte: alles Schmerzende, alles Dumme, alles Böse wurde zum Gegenteil, wenn man es als Gott erkennen konnte, wenn man ihm in seine tiefsten Wurzeln nachging, die weit über das Weh und Wohl und Gut und Böse hinauf reichten. Er wußte es. Aber es war nichts dagegen zu tun, der böse Geist war in ihm, Gott war wieder ein Wort, schön und fern. Er haßte und verachtete sich, und dieser Haß kam, wenn es Zeit war, ebenso ungewollt und unabwendbar über ihn wie zu andern Zeiten die Liebe und das Vertrauen. Und so mußte es immer wieder gehen! Immer und immer wieder würde er die Gnade und das Selige erleben, und immer wieder das verfluchte Gegenteil, und nie würde sein Leben die Straße gehen, die sein eigener Wille ihm vorschrieb. Spielball und schwim-

mender Kork, würde er ewig hin und wider geschlagen werden. Bis es zu Ende war, bis einmal eine Welle sich überschlug und Tod oder Wahnsinn ihn aufnahm. Oh, möchte es bald sein!
Zwangsweise kehrten die ihm längst so bitter vertrauten Gedanken wieder, unnütze Sorgen, unnütze Ängste, unnütze Selbstanklagen, deren Unsinn einzusehen nur eine Qual mehr war. Eine Vorstellung kehrt wieder, die er kürzlich (ihm schien, es seien Monate dazwischen) auf der Reise gehabt hatte: Wie gut es wäre, sich auf die Schienen unter einen Bahnzug zu stürzen, den Kopf voran! Diesem Bilde ging er begierig nach, atmete es wie Äther ein: den Kopf voran, alles in Splitter und Fetzen gehauen und gemahlen, alles auf die Räder gewickelt und auf den Schienen zu nichts zerrieben! Tief fraß sein Leid sich in diese Visionen ein, mit Beifall und Wollust hörte, sah und schmeckte er die gründliche Zerstörung des Friedrich Klein, fühlte sein Herz und Gehirn zerrissen, verspritzt, zerstampft, den schmerzenden Kopf zerkracht, die schmerzenden Augen ausgelaufen, die Leber zerknetet, die Nieren zerrieben, das Haar wegrasiert, die Knochen, Knie und Kinn zerpulvert. Das war es, was der Totschläger Wagner hatte fühlen wollen, als er seine Frau, seine Kinder und sich selbst im Blut ersäufte. Genau dies war es. Oh, er verstand ihn so gut! Er selbst war Wagner, war ein Mensch von guten Gaben, fähig, das Göttliche zu fühlen, fähig zu lieben, aber allzu beladen, allzu nachdenklich, allzu leicht zu ermüden, allzu wohl unterrichtet über seine Mängel und Krankheiten. Was in aller Welt hatte solch ein Mensch, solch ein Wagner, solch ein Klein denn zu tun? Immer die Kluft vor Augen, die ihn von Gott trennte, immer den Riß der Welt durch sein eignes

Herz gehen fühlend, ermüdet, aufgerieben vom ewigen Aufschwung zu Gott, der ewig mit Rückfall endete – was sollte solch ein Wagner, solch ein Klein anderes tun als sich auslöschen, sich und alles, was an ihn erinnern konnte, und sich zurückwerfen in den dunkeln Schoß, aus dem der Unausdenkliche immer und ewig wieder die vergängliche Welt der Gestaltungen ausstieß? Nein, es war nichts anderes möglich! Wagner mußte gehen, Wagner mußte sterben, Wagner mußte sich aus dem Buch des Lebens ausstreichen. Es mochte vielleicht nutzlos sein, sich umzubringen, es mochte vielleicht lächerlich sein. Vielleicht war alles das ganz richtig, was die Bürger, in jener anderen Welt drüben, über den Selbstmord sagten. Aber gab es irgend etwas für den Menschen in diesem Zustande, das nicht nutzlos, das nicht lächerlich war? Nein, nichts. Immer noch besser, den Schädel unter den Eisenrädern zu haben, ihn krachen zu fühlen und mit Willen in den Abgrund zu tauchen.

Auf schwankenden Knien hielt er sich Stunde um Stunde rastlos unterwegs. Auf den Schienen einer Bahnlinie, an die der Weg ihn geführt hatte, lag er einige Zeit, schlummerte sogar ein, den Kopf auf dem Eisen, erwachte wieder und hatte vergessen, was er wollte, stand auf, wehte taumelnd weiter, Schmerzen an den Sohlen, Qualen im Kopf, zuweilen fallend, von einem Dorn verletzt, zuweilen leicht und wie schwebend, zuweilen Schritt um Schritt mühsam bezwingend.

»Jetzt reitet mich der Teufel reif!« sang er heiser vor sich hin. Reif werden! Unter Qualen fertig gebraten, zu Ende geröstet werden, wie der Kern im Pfirsich, um reif zu sein, um sterben zu können!

Ein Funke schwamm hier in seiner Finsternis, an den hing

er alsbald alle Inbrunst seiner zerrissenen Seele. Ein Gedanke: es war nutzlos, sich zu töten, sich jetzt zu töten, es hatte keinen Wert, sich Glied für Glied auszurotten und zu zerschlagen, es war nutzlos! Gut aber und erlösend war es, zu leiden, unter Qualen und Tränen reif gegoren, unter Schlägen und Schmerzen fertig geschmiedet zu werden. Dann durfte man sterben, und dann war es ein gutes Sterben, schön und sinnvoll, das Seligste der Welt, seliger als jede Liebesnacht: ausgeglüht und völlig hingegeben in den Schoß zurückzufallen, zum Erlöschen, zum Erlösen, zur Neugeburt. Solch ein Tod, solch ein reifer und guter, edler Tod allein hatte Sinn, nur er war Erlösung, nur er war Heimkehr. Sehnsucht weinte in seinem Herzen auf. Oh, wo war der schmale, schwere Weg, wo war die Pforte? Er war bereit, er sehnte sich mit jeder Zuckung seines von Ermattung zitternden Leibes, seiner von Todespein geschüttelten Seele.
Als der Morgen am Himmel aufgraute und der bleierne See im ersten kühlen Silberblitz erwachte, stand der Gejagte in einem kleinen Kastanienwalde, hoch über See und Stadt, zwischen Farnkraut und hohen, blühenden Spiräen, feucht vom Tau. Mit erloschenen Augen, doch lächelnd, starrte er in die wunderliche Welt. Er hatte den Zweck seiner triebhaften Irrfahrt erreicht: er war so todmüde, daß die geängstigte Seele schwieg. Und, vor allem, die Nacht war vorbei! Der Kampf war gekämpft, eine Gefahr war überstanden. Von der Erschöpfung gefällt, sank er wie ein Toter zwischen Farn und Wurzeln auf den Waldboden, den Kopf ins Heidelbeerkraut, vor seinen versagenden Sinnen schmolz die Welt hinweg. Die Hände ins Gekräut geballt, Brust und Gesicht an der Erde, gab er sich hungernd dem Schlafe hin, als sei es der ersehnte letzte.

In einem Traume, von dem nur wenige Bruchstücke ihm nachher erinnerlich waren, sah er folgendes: An einem Tor, das wie der Eingang zu einem Theater aussah, hing ein großes Schild mit einer riesigen Aufschrift: sie hieß (das war unentschieden) entweder »Lohengrin« oder »Wagner«. Zu diesem Tore ging er hinein. Drinnen war eine Frau, die glich der Wirtsfrau von heute nacht, aber auch seiner eigenen Frau. Ihr Kopf war entstellt, er war zu groß, und das Gesicht zu einer fratzenhaften Maske verändert. Widerwille gegen diese Frau ergriff ihn mächtig, er stieß ihr ein Messer in den Leib. Aber eine andere Frau, wie ein Spiegelbild der ersten, kam von hinten über ihn, rächend, schlug ihm scharfe, starke Krallen in den Hals und wollte ihn erwürgen.
Beim Aufwachen aus diesem tiefen Schlaf sah er verwundert Wald über sich und war steif vom harten Liegen, doch erfrischt. Mit leiser Beängstigung klang der Traum in ihm nach. Was für seltsame, naive und negerhafte Spiele der Phantasie! dachte er, einen Augenblick lächelnd, als ihm die Pforte mit der Aufforderung zum Eintritt in das Theater »Wagner« wieder einfiel. Welche Idee, sein Verhältnis zu Wagner so darzustellen! Dieser Traumgeist war roh, aber genial. Er traf den Nagel auf den Kopf. Und er schien alles zu wissen! Das Theater mit der Aufschrift »Wagner«, war das nicht er selbst, war es nicht die Aufforderung, in sich selbst einzutreten, in das fremde Land seines wahren Innern? Denn Wagner war er selbsr – Wagner war der Mörder und Gejagte in ihm, aber Wagner war auch der Komponist, der Künstler, das Genie, der Verführer, die Neigung zu Lebenslust, Sinnenlust, Luxus – Wagner war der Sammelname für alles Unterdrückte, Untergesunkene, zu kurz Gekommene in

dem ehemaligen Beamten Friedrich Klein. Und »Lohengrin« – war nicht auch das er selbst, Lohengrin, der irrende Ritter mit dem geheimnisvollen Ziel, den man nicht nach seinem Namen fragen darf? Das weitere war unklar, die Frau mit dem furchtbaren Maskenkopf und die andere mit den Krallen – der Messerstoß in ihren Bauch erinnerte ihn auch noch an irgend etwas, er hoffte es noch zu finden – die Stimmung von Mord und Todesgefahr war seltsam und grell vermischt mit der von Theater, Masken und Spiel.
Beim Gedanken an die Frau und das Messer sah er einen Augenblick deutlich sein eheliches Schlafzimmer vor sich. Da mußte er an die Kinder denken – wie hatte er die vergessen können! Er dachte an sie, wie sie morgens in ihren Nachthemdchen aus den kleinen Betten kletterten. Er mußte an ihre Namen denken, besonders an Elly. Oh, die Kinder! Langsam liefen ihm Tränen aus den Augen über das übernächtige Gesicht. Er schüttelte den Kopf, erhob sich mit einiger Mühe und begann Laub und Erdkrumen von seinen zerdrückten Kleidern zu lesen. Nun erst erinnerte er sich klar dieser Nacht, der kahlen Steinkammer in der Dorfschenke, der fremden Frau an seiner Brust, seiner Flucht, seiner gehetzten Wanderung. Er sah dies kleine, entstellte Stück Leben an wie ein Kranker die abgezehrte Hand, den Ausschlag an seinem Bein anschaut.
In gefaßter Trauer, noch mit Tränen in den Augen, sagte er leise vor sich hin: »Gott, was hast du noch mit mir im Sinn?« Aus den Gedanken der Nacht klang nur die eine Stimme voll Sehnsucht in ihm fort: nach Reifsein, nach Heimkehr, nach Sterbendürfen. War denn sein Weg noch weit? War die Heimkehr noch fern? War noch viel, viel Schweres, war

noch Unausdenkliches zu leiden? Er war bereit dazu, er bot sich hin, sein Herz stand offen: Schicksal, stoß zu!

Langsam kam er durch Bergwiesen und Weinberge gegen die Stadt hinabgeschritten. Er suchte sein Zimmer auf, wusch und kämmte sich, wechselte die Kleider. Er ging speisen, trank etwas von dem guten Wein und spürte die Ermüdung in den steifen Gliedern sich lösen und wohlig werden. Er erkundigte sich, wann im Kursaal getanzt werde, und ging zur Teestunde hin.

Teresina tanzte eben, als er eintrat. Er sah das eigentümlich glänzende Tanzlächeln auf ihrem Gesicht wieder und freute sich. Er begrüßte sie, als sie zu ihrem Tisch zurückging, und nahm dort Platz.

»Ich möchte Sie einladen, heute abend mit mir nach Castiglione zu fahren«, sagte er leise.

Sie besann sich.

»Gleich heut?« fragte sie. »Eilt es so sehr?«

»Ich kann auch warten. Aber es wäre hübsch. Wo darf ich Sie erwarten?«

Sie widerstand der Einladung nicht und nicht dem kindlichen Lachen, das für Augenblicke seltsam hübsch in seinem zerfurchten, einsamen Gesicht hing, wie an der letzten Wand eines abgebrannten und eingerissenen Hauses noch eine frohe bunte Tapete hängt.

»Wo waren Sie denn?« fragte sie neugierig. »Sie waren gestern so plötzlich verschwunden. Und jedesmal haben Sie ein anderes Gesicht, auch heute wieder. – Sie sind doch nicht Morphinist?«

Er lachte nur, mit einem seltsam hübschen und etwas fremdartigen Lachen, bei dem sein Mund und Kinn ganz knabenhaft aussahen, während über Stirn und Augen unverändert der Dornenreif lag.

»Bitte, holen Sie mich gegen neun Uhr ab, im Restaurant des Hotel Esplanade. Ich glaube, um neun geht ein Boot. Aber sagen Sie, was haben Sie seit gestern gemacht?«

»Ich glaube, ich war spazieren, den ganzen Tag, und auch die ganze Nacht. Ich habe eine Frau in einem Dorf trösten müssen, weil ihr Mann fortgelaufen war. Und dann habe ich mir viel Mühe mit einem italienischen Lied gegeben, das ich lernen wollte, weil es von einer Teresina handelt.«

»Was ist das für ein Lied?«

»Es fängt an: Su in cima di quel boschetto.«

»Um Gottes willen, diesen Gassenhauer kennen Sie auch schon? Ja, der ist jetzt in Mode bei den Ladenmädchen.«

»Oh, ich finde das Lied sehr hübsch.«

»Und eine Frau haben Sie getröstet?«

»Ja, sie war traurig, ihr Mann war weggelaufen und war ihr untreu.«

»So? Und wie haben Sie sie getröstet?«

»Sie kam zu mir, um nicht mehr allein zu sein. Ich habe sie geküßt und bei mir liegen gehabt.«

»War sie denn hübsch?«

»Ich weiß nicht, ich sah sie nicht genau. – Nein, lachen Sie nicht, nicht hierüber! Es war so traurig.«

Sie lachte dennoch. »Wie sind Sie komisch! Nun, und geschlafen haben Sie überhaupt nicht? Sie sehen danach aus.«

»Doch, ich habe mehrere Stunden geschlafen, in einem Wald dort oben.«

Sie blickte seinem Finger nach, der in die Saaldecke deutete, und lachte laut.

»In einem Wirtshaus?«

»Nein, im Wald. In den Heidelbeeren. Sie sind schon beinahe reif.«

»Sie sind ein Phantast. – Aber ich muß tanzen, der Direktor klopft schon. – Wo sind Sie, Claudio?«

Der schöne, dunkle Tänzer stand schon hinter ihrem Stuhl, die Musik begann. Am Schluß des Tanzes ging er.

Abends holte er sie pünktlich ab und war froh, den Smoking angezogen zu haben, denn Teresina hatte sich überaus festlich gekleidet, violett mit vielen Spitzen, und sah wie eine Fürstin aus.

Am Strande führte er Teresina nicht zum Kursschiff, sondern in ein hübsches Motorboot, das er für den Abend gemietet hatte. Sie stiegen ein, in der halboffenen Kajüte lagen Decken für Teresina bereit und Blumen. Mit scharfer Kurve schnob das rasche Boot zum Hafen hinaus in den See.

Draußen in der Nacht und Stille sagte Klein: »Teresina, ist es nicht eigentlich schade, jetzt dort hinüber unter die vielen Menschen zu gehen? Wenn Sie Lust haben, fahren wir weiter, ohne Ziel, solang es uns gefällt, oder wir fahren in irgendein hübsches stilles Dorf, trinken einen Landwein und hören zu, wie die Mädchen singen. Was meinen Sie?«

Sie schwieg, und er sah alsbald Enttäuschung auf ihrem Gesicht. Er lachte.

»Nun, es war ein Einfall von mir, verzeihen Sie. Sie sollen vergnügt sein und haben, was Ihnen Spaß macht, ein andres Programm haben wir nicht. In zehn Minuten sind wir drüben.«

»Interessiert Sie denn das Spiel gar nicht?« fragte sie.

»Ich werde ja sehen, ich muß es erst probieren. Der Sinn

1924

davon ist mir noch etwas dunkel. Man kann Geld gewinnen und Geld verlieren. Ich glaube, es gibt stärkere Sensationen.«

»Das Geld, um das gespielt wird, braucht ja nicht bloß Geld zu sein. Es ist für jeden ein Sinnbild, jeder gewinnt oder verliert nicht Geld, sondern all die Wünsche und Träume, die es für ihn bedeutet. Für mich bedeutet es Freiheit. Wenn ich Geld habe, kann niemand mir mehr befehlen. Ich lebe, wie ich will. Ich tanze, wann und wo und für wen ich will. Ich reise, wohin ich will.«

Er unterbrach sie.

»Was sind Sie für ein Kind, liebes Fräulein! Es gibt keine solche Freiheit, außer in Ihren Wünschen. Werden Sie morgen reich und frei und unabhängig – übermorgen verlieben Sie sich in einen Kerl, der Ihnen das Geld wieder abnimmt oder der Ihnen bei Nacht den Hals abschneidet.«

»Reden Sie nicht so scheußlich! Also: wenn ich reich wäre, würde ich vielleicht einfacher leben als jetzt, aber ich täte es, weil es mir Spaß machte, freiwillig und nicht aus Zwang. Ich hasse Zwang! Und sehen Sie, wenn ich nun mein Geld im Spiel einsetze, dann sind bei jedem Verlust und Gewinn alle meine Wünsche beteiligt, es geht um alles, was mir wertvoll und begehrenswert ist, und das gibt ein Gefühl, das man sonst nicht leicht findet.«

Klein sah sie an, während sie sprach, ohne sehr auf ihre Worte zu achten. Ohne es zu wissen, verglich er Teresinas Gesicht mit dem Gesicht jener Frau, von der er im Wald geträumt hatte.

Erst als das Boot in die Bucht von Castiglione einfuhr, wurde es ihm bewußt, denn jetzt erinnerte ihn der Anblick des beleuchteten Blechschildes mit dem Stationsnamen heftig an das Schild im Traum, auf welchem »Lohengrin« oder »Wagner« gestanden hatte. Genau so hatte jenes Schild ausgesehen, genau so groß, so grau und weiß, so grell beleuchtet. War dies hier die Bühne, die auf ihn wartete? Kam er hier zu Wagner? Nun fand er auch, daß Teresina der Traumfrau glich, vielmehr den beiden Traumfrauen, deren eine er mit dem Messer totgestochen, deren andre ihn tödlich mit den Krallen gewürgt hatte. Ein Schrecken lief ihm über die Haut. Hing denn das alles zusammen? Wurde er wieder von unbekannten Geistern geführt? Und wohin? Zu Wagner? Zu Mord? Zu Tod?

Beim Aussteigen nahm Teresina seinen Arm, und so Arm in Arm gingen sie durch den kleinen buten Lärm der Schifflände, durchs Dorf und in das Kasino. Hier gewann alles jenen halb reizenden, halb ermüdenden Schimmer von Unwahrscheinlichkeit, den die Veranstaltungen gieriger Menschen stets da bekommen, wo sie fern den Städten in stille Landschaften verirrt stehen. Die Häuser waren zu groß und zu neu, das Licht zu reichlich, die Säle zu prächtig, die Menschen zu lebhaft. Zwischen den großen, finsteren Bergzügen und dem weiten, sanften See hing der kleine dichte Bienenschwarm begehrlicher und übersättigter Menschen so ängstlich gedrängt, als sei er keine Stunde seiner Dauer gewiß, als könne jeden Augenblick etwas geschehen, das ihn wegwischte. Aus Sälen, wo gespeist und Champagner getrunken wurde, quoll süße überhitzte Geigenmusik heraus, auf Treppen zwischen Palmen und laufenden Brunnen glühten Blumengruppen und Frauenkleider durcheinander, bleiche Männergesichter über offnen Abendröcken, blaue Diener mit Goldknöpfen geschäftigt, dienstbar und vielwissend, duftende Weiber mit südlichen Gesichtern bleich und glühend,

schön und krank, und nordische derbe Frauen drall, befehlend und selbstbewußt, alte Herren wie aus Illustrationen zu Turgenjew und Fontane.
Klein fühlte sich unwohl und müde, sobald sie die Säle betraten. Im großen Spielsaal zog er zwei Tausenderscheine aus der Tasche.
»Wie nun?« fragte er. »Wollen wir gemeinsam spielen?«
»Nein, nein, das ist nichts. Jeder für sich.«
Er gab ihr einen Schein und bat sie, ihn zu führen. Sie standen bald an einem Spieltisch. Klein legte seine Banknote auf eine Nummer, das Rad wurde gedreht, er verstand nichts davon, sah nur seinen Einsatz weggewischt und verschwunden. Das geht schnell, dachte er befriedigt, und wollte Teresina zulachen. Sie war nicht mehr neben ihm. Er sah sie bei einem andern Tisch stehen und ihr Geld wechseln. Er ging hinüber. Sie sah nachdenklich, besorgt und sehr beschäftigt aus wie eine Hausfrau.
Er folgte ihr an einen Spieltisch und sah ihr zu. Sie kannte das Spiel und folgte ihm mit scharfer Aufmerksamkeit. Sie setzte kleine Summen, nie mehr als fünfzig Franken, bald hier, bald dort, gewann einige Male, steckte Scheine in ihre perlengestickte Handtasche, zog wieder Scheine heraus.
»Wie geht's?« fragte er zwischenein.
Sie war empfindlich über die Störung.
»Oh, lassen Sie mich spielen! Ich werde es schon gut machen.« Bald wechselte sie den Tisch, er folgte ihr, ohne daß sie ihn sah. Da sie so sehr beschäftigt war und seine Dienste nie in Anspruch nahm, zog er sich auf eine Lederbank an der Wand zurück. Einsamkeit schlug über ihm zusammen. Er versank wieder in Nachdenken über seinen

Traum. Es war sehr wichtig, ihn zu verstehen. Vielleicht würde er nicht oft mehr solche Träume haben, vielleicht waren sie wie im Märchen die Winke der guten Geister: zweimal, auch dreimal wurde man gelockt, oder wurde gewarnt, war man dann immer noch blind, so nahm das Schicksal seinen Lauf, und keine befreundete Macht griff mehr ins Rad. Von Zeit zu Zeit blickte er nach Teresina aus, sah sie an einem Tische bald sitzen, bald stehen, hell schimmerte ihr gelbes Haar zwischen den Fräcken.
Wie lang sie mit den tausend Franken ausreicht! dachte er gelangweilt, bei mir ging das schneller.
Einmal nickte sie ihm zu. Einmal, nach einer Stunde, kam sie herüber, fand ihn in sich versunken und legte ihm die Hand auf den Arm.
»Was machen Sie? Spielen Sie denn nicht?«
»Ich habe schon gespielt.«
»Verloren?«
»Ja. Oh, es war nicht viel.«
»Ich habe etwas gewonnen. Nehmen Sie von meinem Geld.«
»Danke, heut nicht mehr. – Sind Sie zufrieden?«
»Ja, es ist schön. Nun, ich gehe wieder. Oder wollen Sie schon nach Hause?«
Sie spielte weiter, da und dort sah er ihr Haar zwischen den Schultern der Spieler aufglänzen. Er brachte ihr ein Glas Champagner hinüber und trank selbst ein Glas. Dann setzte er sich wieder auf die Lederbank an der Wand.
Wie war das mit den beiden Frauen im Traum? Sie hatten seiner eigenen Frau geglichen und auch der Frau im Dorfwirtshaus und auch Teresina. Von andern Frauen wußte er nicht, seit Jahren nicht. Die eine Frau hatte er erstochen, voll Abscheu über ihr verzerrtes geschwollenes

Gesicht. Die andre hatte ihn überfallen, von hinten, und erwürgen wollen. Was war nun richtig? Was war bedeutsam? Hatte er seine Frau verwundet, oder sie ihn? Würde er an Teresina zugrunde gehen, oder sie an ihm? Konnte er eine Frau nicht lieben, ohne ihr Wunden zu schlagen, und ohne von ihr verwundet zu werden? War das sein Fluch? Oder war das allgemein? Ging es allen so? War alle Liebe so?

Und was verband ihn mit dieser Tänzerin? Daß er sie liebte? Er hatte viele Frauen geliebt, die nie davon erfahren hatten. Was band ihn an sie, die drüben stand und Glücksspiel wie ein ernstes Geschäft betrieb? Wie war sie kindlich in ihrem Eifer, in ihrer Hoffnung, wie war sie gesund, naiv und lebenshungrig! Was würde sie davon verstehen, wenn sie seine tiefste Sehnsucht kannte, das Verlangen nach Tod, das Heimweh nach Erlöschen, nach Rückkehr in Gottes Schoß! Vielleicht würde sie ihn lieben, schon bald, vielleicht würde sie mit ihm leben – aber würde es anders sein, als es mit seiner Frau gewesen war? Würde er nicht, immer und immer, mit seinen innigsten Gefühlen allein sein?

Teresina unterbrach ihn. Sie blieb bei ihm stehen und gab ihm ein Bündel Banknoten in die Hand.

»Bewahren Sie mir das auf, bis nachher.«

Nach einer Zeit, er wußte nicht, war es lang oder kurz, kam sie wieder und erbat das Geld zurück.

Sie verliert, dachte er, Gott sei Dank! Hoffentlich ist sie bald fertig.

Kurz nach Mitternacht kam sie, vergnügt und etwas erhitzt. »So, ich höre auf. Sie Armer sind gewiß müde. Wollen wir nicht noch einen Bissen essen, eh wir heimfahren?«

In einem Speisesaal aßen sie Schinkeneier und Früchte und tranken Champagner. Klein erwachte und wurde munter. Die Tänzerin war verändert, froh und in einem leichten süßen Rausch. Sie sah und wußte wieder, daß sie schön war und schöne Kleider trug, sie spürte die Blicke der Männer, die von benachbarten Tischen herüber warben, und auch Klein fühlte die Verwandlung, sah sie wieder von Reiz und holder Verlockung umgeben, hörte wieder den Klang von Herausforderung und Geschlecht in ihrer Stimme, sah wieder ihre Hände weiß und ihren Hals perlfarben aus den Spitzen steigen.
»Haben Sie auch tüchtig gewonnen?« fragte er lachend.
»Es geht, noch nicht das große Los. Es sind etwa fünftausend.«
»Nun, das ist ein hübscher Anfang.«
»Ja, ich werde natürlich fortfahren, das nächste Mal. Aber das richtige ist es noch nicht. Es muß auf einmal kommen, nicht tropfenweise.«
Er wollte sagen: »Dann müßten Sie auch nicht tropfenweise setzen, sondern alles auf einmal« – aber er stieß statt dessen mit ihr an, auf das große Glück, und lachte und plauderte weiter.
Wie war das Mädchen hübsch, gesund und einfach in seiner Freude! Vor einer Stunde noch hatte sie an den Spieltischen gestanden, streng, besorgt, faltig, böse, rechnend. Jetzt sah sie aus, als habe nie eine Sorge sie berührt, als wisse sie nichts von Geld, Spiel, Geschäften, als kenne sie nur Freude, Luxus und müheloses Schwimmen an der schillernden Oberfläche des Lebens. War das alles wahr, alles echt? Er selbst lachte ja auch, war ja auch vergnügt, warb ja auch um Freude und Liebe aus heitern Augen – und doch saß zugleich einer in ihm, der an das alles nicht

glaubte, der dem allem mit Mißtrauen und mit Hohn zusah. War das bei andern Menschen anders? Ach, man wußte so wenig, so verzweifelt wenig von den Menschen! Hundert Jahreszahlen von lächerlichen Schlachten und Namen von lächerlichen alten Königen hatte man in den Schulen gelernt, und man las täglich Artikel über Steuern oder über den Balkan, aber vom Menschen wußte man nichts! Wenn eine Glocke nicht schellte, wenn ein Ofen rauchte, wenn ein Rad in einer Maschine stockte, so wußte man sogleich, wo zu suchen sei, und tat es mit Eifer, und fand den Schaden und wußte, wie er zu heilen war. Aber das Ding in uns, die geheime Feder, die allein dem Leben den Sinn gibt, das Ding in uns, das allein lebt, das allein fähig ist, Lust und Weh zu fühlen, Glück zu begehren, Glück zu erleben – das war unbekannt, von dem wußte man nichts, gar nichts, und wenn es krank wurde, so gab es keine Heilung. War es nicht wahnsinnig?

Während er mit Teresina trank und lachte, stiegen in andern Bezirken seiner Seele solche Fragen auf und nieder, dem Bewußtsein bald näher, bald ferner. Alles war zweifelhaft, alles schwamm im Ungewissen. Wenn er nur das Eine gewußt hätte: ob diese Unsicherheit, diese Not, diese Verzweiflung mitten in der Freude, dieses Denkenmüssen und Fragenmüssen auch in andern Menschen so war, oder nur in ihm allein, in dem Sonderling Klein?

Eines fand er, darin unterschied er sich von Teresina, darin war sie anders als er, war kindlich und primitiv gesund. Dies Mädchen rechnete, wie alle Menschen, und wie auch er selbst es früher getan hatte, immerzu instinktiv mit Zukunft, mit Morgen und Übermorgen, mit Fortdauer. Hätte sie sonst spielen und das Geld so ernst nehmen können? Und da, das fühlte er tief, da stand es bei ihm anders. Für ihn stand hinter jedem Gefühl und Gedanken das Tor offen, das ins Nichts führte. Wohl litt er an Angst, an Angst vor sehr vielem, vor dem Wahnsinn, vor der Polizei, der Schlaflosigkeit, auch an Angst vor dem Tod. Aber alles, wovor er Angst empfand, das begehrte und ersehnte er dennoch zugleich – er war voll brennender Sehnsucht und Neugierde nach Leid, nach Untergang, nach Verfolgung, nach Wahnsinn und Tod.

»Komische Welt«, sagte er vor sich hin, und meinte damit nicht die Welt um ihn her, sondern dies innere Wesen. Plaudernd verließen sie den Saal und das Haus, kamen im blassen Laternenlicht an das schlafende Seeufer, wo sie ihren Bootsmann wecken mußten. Es dauerte eine Weile, bis das Boot abfahren konnte, und die beiden standen nebeneinander, plötzlich aus der Lichtfülle und farbigen Geselligkeit des Kasinos in die dunkle Stille des verlassenen nächtlichen Ufers verzaubert, das Lachen von drüben noch auf erhitzten Lippen und schon kühl berührt von Nacht, Schlafnähe und Furcht vor Einsamkeit. Sie fühlten beide dasselbe. Unversehens hielten sie sich bei den Händen, lächelten irr und verlegen in die Dunkelheit, spielten mit zuckenden Fingern einer auf Hand und Arm des andern. Der Bootsmann rief, sie stiegen ein, setzten sich in die Kabine, und mit heftigem Griff zog er den blonden schweren Kopf zu sich her und in die ausbrechende Glut seiner Küsse.

Zwischenein sich erwehrend, setzte sie sich aufrecht und fragte: »Werden wir wohl bald wieder hier herüber fahren?«

Mitten in der Liebeserregung mußte er heimlich lachen.

Sie dachte bei allem noch ans Spiel, sie wollte wiederkommen und ihr Geschäft fortsetzen.
»Wann du willst«, sagte er werbend, »morgen und übermorgen und jeden Tag, den du willst.«
Als er ihre Finger in seinem Nacken spielen fühlte, durchzuckte ihn Erinnerung an das furchtbare Gefühl im Traum, als das rächende Weib ihm die Nägel in den Hals krallte.
»Jetzt sollte sie mich plötzlich töten, das wäre das richtige«, dachte er glühend – »oder ich sie.«
Ihre Brust mit tastender Hand umspannend lachte er leise vor sich hin. Unmöglich wäre es ihm gewesen, noch Lust und Weh zu unterscheiden. Auch seine Lust, seine hungrige Sehnsucht nach der Umarmung mit diesem schönen starken Weibe, war von Angst kaum zu unterscheiden, er ersehnte sie wie der Verurteilte das Beil. Beides war da, flammernde Lust und trostlose Trauer, beides brannte, beides zuckte in fiebernden Sternen auf, beides wärmte, beides tötete.
Teresina entzog sich geschmeidig einer zu kühnen Liebkosung, hielt seine beiden Hände fest, brachte ihre Augen nah an seine unf flüsterte wie abwesend: »Was bist du für ein Mensch, du? Warum liebe ich dich? Warum zieht mich etwas zu dir? Du bist schon alt und bist nicht schön – wie ist das? Höre, ich glaube doch, daß du ein Verbrecher bist. Bist du nicht einer? Ist dein Geld nicht gestohlen?«
Er suchte sich loszumachen: »Rede nicht, Teresina! Alles Geld ist gestohlen, alle Habe ist ungerecht. Ist denn das wichtig? Wir sind alle Sünder, wir sind alle Verbrecher, nur schon weil wir leben. Ist denn das wichtig?«
»Ach, was ist wichtig?« zuckte sie auf.
»Wichtig ist, daß wir diesen Becher austrinken«, sagte

Klein langsam, »nichts anderes ist wichtig. Vielleicht kommt er nicht wieder. Willst du mit mir schlafen kommen, oder darf ich mit zu dir gehen?«

»Komm zu mir«, sagte sie leise. »Ich habe Angst vor dir, und doch muß ich bei dir sein. Sage mir dein Geheimnis nicht! Ich will nichts wissen!«

Das Abklingen des Motors weckte sie, sie riß sich los, strich sich klärend über Haar und Kleider. Das Boot lief leise an den Steg, Laternenlichter spiegelten splitternd im schwarzen Wasser. Sie stiegen aus.

»Halt, meine Tasche!« rief Teresina nach zehn Schritten. Sie lief zum Steg zurück, sprang ins Boot, fand auf dem Polster die Tasche mit ihrem Geld liegen, warf dem mißtrauisch blickenden Fährmann einen der Scheine hin und lief Klein in die Arme, der sie am Kai erwartete.

5

Der Sommer hatte plötzlich begonnen, in zwei heißen Tagen hatte er die Welt verändert, die Wälder vertieft, die Nächte verzaubert. Heiß drängte sich Stunde an Stunde, schnell lief die Sonne ihren glühenden Halbkreis ab, schnell und hastig folgten ihr die Sterne, Lebensfieber glühte hoch, eine lautlose gierige Eile jagte die Welt.

Ein Abend kam, da wurde Teresinas Tanz im Kursaal durch ein rasend hertobendes Gewitter unterbrochen. Lampen erloschen, irre Gesichter grinsten sich im weißen Flackern der Blitze an, Weiber schrien, Kellner brüllten, Fenster zerklirrten im Sturm.

Klein hatte Teresina sofort zu sich an den Tisch gezogen, wo er neben dem alten Komiker saß.

»Herrlich!« sagte er. »Wir gehen. Du hast doch keine Angst?«
»Nein, nicht Angst. Aber du darfst heute nicht mit mir kommen. Du hast drei Nächte nicht geschlafen, und du siehst scheußlich aus. Bring mich nach Haus, und dann geh schlafen in dein Hotel! Nimm Veronal, wenn du es brauchst. Du lebst wie ein Selbstmörder.«
Sie gingen, Teresina im geborgten Mantel eines Kellners, mitten durch Sturm und Blitze und aufheulende Staubwirbel durch die leergefegten Straßen, hell und frohlokkend knallten die prallen Donnerschläge durch die aufgewühlte Nacht, plötzlich brauste Regen los, auf dem Pflaster zerspritzend, voll und voller mit dem erlösenden Schluchzen wilder Güsse im dicken Sommerlaub.
Naß und durchschüttelt kamen sie in die Wohnung der Tänzerin, Klein ging nicht nach Hause, es wurde nicht mehr davon gesprochen. Aufatmend traten sie ins Schlafzimmer, taten lachend die durchnäßten Kleider ab, durchs Fenster schrillte grell das Licht der Blitze, in den Akazien wühlte Sturm und Regen sich müde.
»Wir waren noch nicht wieder in Castiglione«, spottete Klein.
»Wann gehen wir?«
»Wir werden wieder gehen, verlaß dich drauf. Hast du Langeweile?«
Er zog sie an sich, beide fieberten, und Nachglanz des Gewitters loderte in ihrer Liebkosung. In Stößen kam durchs Fenster die gekühlte Luft, mit bittrem Geruch von Laub und stumpfem Geruch von Erde. Aus dem Liebeskampf fielen sie beide schnell in Schlummer. Auf dem Kissen lag sein ausgehöhltes Gesicht neben ihrem frischen, sein dünnes trockenes Haar neben ihrem vollen blühen-

den. Vor dem Fenster glühte das Nachtgewitter in letzten Flammen auf, wurde müde und erlosch, der Sturm schlief ein, beruhigt rann ein stiller Regen in die Bäume.

Bald nach ein Uhr erwachte Klein, der keinen längern Schlaf mehr kannte, aus einem schweren schwülen Traumgewirre, mit wüstem Kopf und schmerzenden Augen. Regungslos lag er eine Weile, die Augen aufgerissen, sich besinnend, wo er sei. Es war Nacht, jemand atmete neben ihm, er war bei Teresina.

Langsam richtete er sich auf. Nun kamen die Qualen wieder, nun war ihm wieder beschieden, Stunde um Stunde zu liegen, Weh und Angst im Herzen, allein, nutzlose Leiden leiden, nutzlose Gedanken denken, nutzlose Sorgen sorgen. Aus dem Alpdrücken, das ihn geweckt hatte, krochen schwere fette Gefühle ihm nach, Ekel und Grauen, Übersättigung, Selbstverachtung.

Er tastete nach dem Licht und drehte an. Die kühle Helligkeit floß übers weiße Kissen, über die Stühle voll Kleider, schwarz hing das Fensterloch in der schmalen Wand. Über Teresinas abgewandtes Gesicht fiel Schatten, ihr Nacken und Haar glänzten hell.

So hatte er einst auch seine Frau zuweilen liegen sehen, auch neben ihr war er zuzeiten schlaflos gelegen, ihren Schlummer beneidend, von ihrem satten zufriedenen Atemholen wie verhöhnt. Nie, niemals war man von seinem Nächsten so ganz und gar, so vollkommen verlassen, als wenn er schlief! Und wieder, wie schon oft, fiel ihm das Bild des leidenden Jesus ein, im Garten Gethsemane, wo die Todesangst ihn ersticken will, seine Jünger aber schlafen, schlafen.

Leise zog er das Kissen mehr zu sich herüber, samt dem schlafenden Kopf Teresinas. Nun sah er ihr Gesicht, im

Schlaf so fremd, so ganz bei sich selbst, so ganz von ihm abgewandt. Eine Schulter und Brust lagen bloß, unter dem Leintuch wölbte sich sanft ihr Leib bei jedem Atemzug. Komisch, fiel ihm ein, wie man in Liebesworten, in Gedichten, in Liebesbriefen immer und immer von den süßen Lippen und Wangen sprach, und nie von Bauch und Bein! Schwindel! Schwindel! Er betrachtete Teresina lang. Mit diesem schönen Leib, mit dieser Brust und diesen weißen, gesunden, starken, gepflegten Armen und Beinen würde sie ihn noch oft verlocken und ihn umschlingen und Lust von ihm nehmen und dann ruhen und schlafen, satt und tief, ohne Schmerzen, ohne Angst, ohne Ahnung, schön und stumpf und dumm wie ein gesundes schlafendes Tier. Und er würde neben ihr liegen, schlaflos, mit flackernden Nerven, das Herz voll Pein. Noch oft? Noch oft? Ach nein, nicht oft mehr, nicht viele Male mehr, vielleicht keinmal mehr! Er zuckte zusammen. Nein, er wußte es: keinmal mehr!

Stöhnend bohrte er den Daumen in seine Augenhöhle, wo zwischen Auge und Stirn diese teuflischen Schmerzen saßen. Gewiß hatte auch Wagner diese Schmerzen gehabt, der Lehrer Wagner. Er hatte sie gehabt, diese wahnsinnigen Schmerzen, gewiß jahrelang, und hatte sie getragen und erlitten, und sich dabei reifen und Gott näher kommen gemeint in seinen Qualen, seinen nutzlosen Qualen. Bis er eines Tages es nicht mehr ertragen konnte – so wie auch er, Klein, es nicht mehr ertragen konnte. Die Schmerzen waren ja das wenigste, aber die Gedanken, die Träume, das Alpdrücken! Da war Wagner eines Nachts aufgestanden und hatte gesehen, daß es keinen Sinn habe, noch mehr, noch viele solche Nächte voll Qual aneinander zu reihen, daß man dadurch nicht zu

Gott komme, und hatte das Messer geholt. Es war vielleicht unnütz, es war vielleicht töricht und lächerlich von Wagner, daß er gemordet hatte. Wer seine Qualen nicht kannte, wer seine Pein nicht gelitten hatte, der konnte es ja nicht verstehen.
Er selbst hatte vor kurzem, in einem Traum, eine Frau mit dem Messer erstochen, weil ihr entstelltes Gesicht ihm unerträglich gewesen war. Entstellt war freilich jedes Gesicht, das man liebte, entstellt und grausam aufreizend, wenn es nicht mehr log, wenn es schwieg, wenn es schlief. Da sah man ihm auf den Grund und sah nichts von Liebe darin, wie man auch im eigenen Herzen nichts von Liebe fand, wenn man auf den Grund sah. Da war nur Lebensgier und Angst, und aus Angst, aus dummer Kinderangst vor der Kälte, vor dem Alleinsein, vor dem Tode floh man zueinander, küßte sich, umarmte sich, rieb Wange an Wange, legte Bein zu Bein, warf neue Menschen in die Welt. So war es. So war er einst zu seiner Frau gekommen. So war die Frau des Wirtes in einem Dorf zu ihm gekommen, einst, am Anfang seines jetzigen Weges, in einer kahlen steinernen Kammer, barfuß und schweigend, getrieben von Angst, von Lebensgier, von Trostbedürfnis. So war auch er zu Teresina gekommen, und sie zu ihm. Es war stets derselbe Trieb, dasselbe Begehren, dasselbe Mißverständnis. Es war auch stets dieselbe Enttäuschung, dasselbe grimme Leid. Man glaubte, Gott nah zu sein, und hielt ein Weib in den Armen. Man glaubte, Harmonie erreicht zu haben, und hatte nur seine Schuld und seinen Jammer weggewälzt, auf ein fernes zukünftiges Wesen! Ein Weib hielt man in den Armen, küßte ihren Mund, streichelte ihre Brust und zeugte mit ihr ein Kind, und einst würde das Kind, vom selben Schicksal ereilt, in einer

Nacht ebenso neben einem Weibe liegen und ebenso aus dem Rausch erwachen und mit schmerzenden Augen in den Abgrund sehen, und das Ganze verfluchen. Unerträglich, das zu Ende zu denken!

Sehr aufmerksam betrachtete er das Gesicht der Schlafenden, die Schulter und Brust, das gelbe Haar. Das alles hatte ihn entzückt, hatte ihn getäuscht, hatte ihn verlockt, das alles hatte ihm Lust und Glück vorgelogen. Nun war es aus, nun wurde abgerechnet. Er war in das Theater Wagner eingetreten, er hatte erkannt, warum jedes Gesicht, sobald die Täuschung dahinfiel, so entstellt und unausstehlich war.

Klein stand vom Bett auf und ging auf die Suche nach einem Messer. Im Vorbeischleichen streifte er Teresinas lange hellbraune Strümpfe vom Stuhl – dabei fiel ihm blitzschnell ein, wie er sie das erste Mal gesehen, im Park, und wie von ihrem Gang und von ihrem Schuh und straffen Strumpf der erste Reiz ihm zugeflogen war. Er lachte leise, wie schadenfroh, und nahm Teresinas Kleider, Stück um Stück, in die Hand, befühlte sie und ließ sie zu Boden fallen. Dann suchte er weiter, dazwischen für Momente alles vergessend. Sein Hut lag auf dem Tisch, er nahm ihn gedankenlos in die Hände, drehte ihn, fühlte, daß er naß war, und setzte ihn auf. Beim Fenster blieb er stehen, sah in die Schwärze hinaus, hörte Regen singen, es klang wie aus verschollenen anderen Zeiten her. Was wollte das alles von ihm, Fenster, Nacht, Regen – was ging es ihn an, das alte Bilderbuch aus der Kinderzeit.

Plötzlich blieb er stehen. Er hatte ein Ding in die Hand genommen, das auf einem Tische lag, und sah es an. Es war ein silberner ovaler Handspiegel, und aus dem Spiegel schien ihm sein Gesicht entgegen, das Gesicht Wagners, ein irres verzogenes Gesicht mit tiefen schattigen Höhlen und zerstörten, zersprungenen Zügen. Das geschah ihm jetzt so merkwürdig oft, daß er sich unversehens in einem Spiegel sah, ihm schien, er habe früher jahrzehntelang nie in einen geblickt. Auch das, schien es, gehörte zum Theater Wagner.

Er blieb stehen und blickte lang in das Glas. Dies Gesicht des ehemaligen Friedrich Klein war fertig und verbraucht, es hatte ausgedient, Untergang schrie aus jeder Falte. Dies Gesicht mußte verschwinden, es mußte ausgelöscht werden. Es war sehr alt, dies Gesicht, viel hatte sich in ihm gespielt, allzu viel, viel Lug und Trug, viel Staub und Regen war darüber gegangen. Es war einmal glatt und hübsch gewesen, er hatte es einst geliebt und gepflegt und Freude daran gehabt, und hatte es oft auch gehaßt. Warum? Beides war nicht mehr zu begreifen.

Und warum stand er jetzt da, nachts in diesem kleinen fremden Zimmer, mit einem Glas in der Hand und einem nassen Hut auf dem Kopf, ein seltsamer Hanswurst – was war mit ihm? Was wollte er? Er setzte sich auf den Tischrand. Was hatte er gewollt? Was suchte er? Er hatte doch etwas gesucht, etwas sehr Wichtiges gesucht?

Ja, ein Messer.

Plötzlich ungeheuert erschüttert sprang er empor und lief zum Bett. Er beugte sich über das Kissen, sah das schlafende Mädchen im gelben Haare liegen. Sie lebte noch! Er hatte es noch nicht getan! Grauen überfloß ihn eisig. Mein Gott, nun war es da! Nun war es soweit, und es geschah, was er schon immer und immer in seinen furchtbarsten Stunden hatte kommen sehen. Nun war es da. Nun stand er, Wagner, am Bett einer Schlafenden, und suchte das Messer! – Nein, er wollte nicht. Nein, er war nicht wahn-

1928

sinnig! Gott sei Dank, er war nicht wahnsinnig! Nun war es gut.

Es kam Friede über ihn. Langsam zog er seine Kleider an, die Hosen, den Rock, die Schuhe. Nun war es gut.

Als er nochmals zum Bett treten wollte, fühlte er Weiches unter seinem Fuß. Da lagen Teresinas Kleider am Boden, die Strümpfe, das hellgraue Kleid. Sorgfältig hob er sie auf und legte sie über den Stuhl.

Er löschte das Licht und ging aus dem Zimmer. Vor dem Hause troff Regen still und kühl, nirgends Licht, nirgends ein Mensch, nirgends ein Laut, nur der Regen. Er wandte das Gesicht nach oben und ließ sich den Regen über Stirn und Wangen laufen. Kein Himmel zu finden. Wie dunkel es war! Gern, gern hätte er einen Stern gesehen.

Ruhig ging er durch die Straßen, vom Regen durchweicht. Kein Mensch, kein Hund begegnete ihm, die Welt war ausgestorben. Am Seeufer ging er von Boot zu Boot, sie waren alle hoch ans Land gezogen und stramm mit Ketten befestigt. Erst ganz in der Vorstadt außen fand er eins, das locker am Strick hing und sich lösen ließ. Das machte er los und hängte die Ruder ein. Schnell war das Ufer vergangen, es floß ins Grau hinweg wie nie gewesen, nur Grau und Schwarz und Regen war noch auf der Welt, grauer See, nasser See, grauer See, nasser Himmel, alles ohne Ende.

Draußen, weit im See, zog er die Ruder ein. Es war nun soweit, und er war zufrieden. Früher hatte er, in den Augenblicken, wo Sterben ihm unvermeidlich schien, doch immer gern noch ein wenig gezögert, die Sache auf morgen verschoben, es erst noch einmal mit dem Weiterleben probiert. Davon war nichts mehr da. Sein kleines Boot, das war er, das war sein kleines, umgrenztes, künstlich versichertes Leben – rundum aber das weite Grau, das war die Welt, das war All und Gott, dahinein sich fallen zu lassen war nicht schwer, das war leicht, das war froh.

Er setzte sich auf den Rand des Bootes nach außen, die Füße hingen ins Wasser. Er neigte sich langsam vor, neigte sich vor, bis hinter ihm das Boot elastisch entglitt. Er war im All.

In die kleine Zahl von Augenblicken, welche er von da an noch lebte, war viel mehr Erlebnis gedrängt als in die vierzig Jahre, die er zuvor bis zu diesem Ziel unterwegs gewesen war.

Es begann damit: Im Moment, wo er fiel, wo er einen Blitz lang zwischen Bootsrand und Wasser schwebte, stellte sich ihm dar, daß er einen Selbstmord begehe, eine Kinderei, etwas zwar nicht Schlimmes, aber Komisches und ziemlich Törichtes. Das Pathos des Sterbenwollens und das Pathos des Sterbens selbst fiel in sich zusammen, es war nichts damit. Sein Sterben war nicht mehr notwendig, jetzt nicht mehr. Es war erwünscht, es war schön und willkommen, aber notwendig war es nicht mehr. Seit dem Moment, seit dem aufblitzenden Sekundenteil, wo er sich mit ganzem Wollen, mit ganzem Verzicht auf jedes Wollen, mit ganzer Hingabe hatte vom Bootsrand fallen lassen, in den Schoß der Mutter, in den Arm Gottes – seit diesem Augenblick hatte das Sterben keine Bedeutung mehr. Es war ja alles so einfach, es war ja alles so wunderbar leicht, es gab ja keine Abgründe, keine Schwierigkeiten mehr. Die ganze Kunst war: sich fallen lassen! Das leuchtete als Ergebnis seines Lebens hell durch sein ganzes Wesen: sich fallen lassen! Hatte man das einmal getan, hatte man einmal sich dahingegeben, sich anheimgestellt, sich ergeben, hatte man einmal auf alle Stützen und jeden festen Boden unter sich verzichtet, hörte man ganz und gar nur noch auf den Führer im eigenen Herzen, dann war alles gewonnen, dann war alles gut, keine Angst mehr, keine Gefahr mehr.

Dies war erreicht, dies Große, Einzige: er hatte sich fallen lassen! Daß er sich ins Wasser und in den Tod fallen ließ, wäre nicht notwendig gewesen, ebensogut hätte er sich ins Leben fallen lassen können. Aber daran lag nicht viel, wichtig war dies nicht. Er würde leben, er würde wiederkommen. Dann aber würde er keinen Selbstmord mehr brauchen und keinen von all diesen seltsamen Umwegen, keine von all diesen mühsamen und schmerzlichen Torheiten mehr, denn er würde die Angst überwunden haben.

Wunderbarer Gedanke: ein Leben ohne Angst! Die Angst überwinden, das war die Seligkeit, das war die Erlösung. Wie hatte er sein Leben lang Angst gelitten, und nun, wo der Tod ihn schon am Halse würgte, fühlte er nichts mehr davon, keine Angst, kein Grauen, nur Lächeln, nur Erlösung, nur Einverstandensein. Er wußte nun plötzlich, was Angst ist, und daß sie nur von dem überwunden werden kann, der sie erkannt hat. Man hatte vor tausend Dingen Angst, vor Schmerzen, vor Richtern, vor dem eigenen Herzen, man hatte Angst vor dem Schlaf, Angst vor dem Erwachen, vor dem Alleinsein, vor der Kälte, vor dem Wahnsinn, vor dem Tode – namentlich vor ihm, vor dem Tode. Aber all das waren nur Masken und Verkleidungen. In Wirklichkeit gab es nur eines, vor dem man Angst hatte: das Sichfallenlassen, den Schritt in das Ungewisse hinaus, den kleinen Schritt hinweg über all die Versicherungen, die es gab. Und wer sich einmal, ein einziges Mal hingegeben hatte, wer einmal das große Vertrauen geübt und sich dem Schicksal anvertraut hatte, der war befreit. Er gehorchte nicht mehr den Erdgesetzen, er war in den Weltraum gefallen und schwang im Reigen der Gestirne mit. So war das. Es war so einfach, jedes Kind konnte das verstehen, konnte das wissen.

Er dachte dies nicht, wie man Gedanken denkt, er lebte, fühlte, tastete, roch und schmeckte es. Er schmeckte, roch, sah und verstand, was Leben war. Er sah die Erschaffung der Welt, er sah den Untergang der Welt, beide wie zwei Heerzüge beständig gegeneinander in Bewegung, nie vollendet, ewig unterwegs. Die Welt wurde immerfort geboren, sie starb immerfort. Jedes Leben war ein Atemzug, von Gott ausgestoßen. Jedes Sterben war ein Atemzug, von Gott eingesogen. Wer gelernt hatte, nicht zu widerstreben, sich fallen zu lassen, der starb leicht, der wurde leicht geboren. Wer widerstrebte, der litt Angst, der starb schwer, der wurde ungern geboren.

Im grauen Regendunkel über dem Nachtsee sah der Untersinkende das Spiel der Welt gespiegelt und dargestellt: Sonnen und Sterne rollten heraus, rollten hinab, Chöre von Menschen und Tieren, Geistern und Engeln standen gegeneinander, sangen, schwiegen, schrien, Züge von Wesen zogen gegeneinander, jedes sich selbst mißkennend, sich selbst hassend, und sich in jedem andern Wesen hassend und verfolgend. Ihrer aller Sehnsucht war nach Tod, war nach Ruhe, ihr Ziel war Gott, war die Wiederkehr zu Gott und das Bleiben in Gott. Dies Ziel schuf Angst, denn es war ein Irrtum. Es gab kein Bleiben in Gott! Es gab keine Ruhe! Es gab nur das ewige, ewige, herrliche, heilige Ausgeatmetwerden und Eingeatmetwerden, Gestaltung und Auflösung, Geburt und Tod, Auszug und Wiederkehr, ohne Pause, ohne Ende. Und darum gab es nur Eine Kunst, nur Eine Lehre, nur Ein Geheimnis: sich fallen lassen, sich nicht gegen Gottes Willen sträuben, sich an nichts klammern, nicht an Gut noch Böse. Dann war man erlöst, dann war man frei von Leid, frei von Angst, nur dann.

Sein Leben lag vor ihm wie ein Land mit Wäldern, Talschaften und Dörfern, das man vom Kamm eines hohen Gebirges übersieht. Alles war gut gewesen, einfach und gut gewesen, und alles war durch seine Angst, durch sein Sträuben zu Qual und Verwicklung, zu schauerlichen Knäueln und Krämpfen von Jammer und Elend geworden! Es gab keine Frau, ohne die man nicht leben konnte – und es gab auch keine Frau, mit der man nicht hätte leben können. Es gab kein Ding in der Welt, das nicht ebenso schön, ebenso begehrenswert, ebenso beglückend war wie sein Gegenteil! Es war selig zu leben, es war selig zu sterben, sobald man allein im Weltraum hing. Ruhe von außen gab es nicht, keine Ruhe im Friedhof, keine Ruhe in Gott, kein Zauber unterbrach je die ewige Kette der Geburten, die unendliche Reihe der Atemzüge Gottes. Aber es gab eine andere Ruhe, im eigenen Innern zu finden. Sie hieß: Laß dich fallen! Wehre dich nicht! Stirb gern! Lebe gern!

Alle Gestalten seines Lebens waren bei ihm, alle Gesichter seiner Liebe, alle Wechsel seines Leidens. Seine Frau war rein und ohne Schuld wie er selbst, Teresina lächelte kindlich her. Der Mörder Wagner, dessen Schatten so breit über Kleins Leben gefallen war, lächelte ihm ernst ins Gesicht, und sein Lächeln erzählte, daß auch Wagners Tat ein Weg zur Erlösung gewesen war, auch sie ein Atemzug, auch sie ein Symbol, und daß auch Mord und

Blut und Scheußlichkeit nicht Dinge sind, welche wahrhaft existieren, sondern nur Wertungen unsrer eigenen, selbstquälerischen Seele. Mit dem Morde Wagners hatte er, Klein, Jahre seines Lebens hingebracht, in Verwerfen und Billigen, Verurteilen und Bewundern, Verabscheuen und Nachahmen hatte er sich aus diesem Morde unendliche Ketten von Qualen, von Ängsten, von Elend geschaffen. Er hatte hundertmal voll Angst seinem eigenen Tode beigewohnt, er hatte sich auf dem Schafott sterben sehen, er hatte den Schnitt des Rasiermessers durch seinen Hals gefühlt und die Kugel in seiner Schläfe – und nun, da er den gefürchteten Tod wirklich starb, war es so leicht, war es so einfach, war es Freude und Triumph! Nichts in der Welt war zu fürchten, nichts war schrecklich – nur im Wahn machten wir uns all diese Furcht, all dies Leid, nur in unsrer eignen, geängsteten Seele entstand Gut und Böse, Wert und Unwert, Begehren und Furcht.

Die Gestalt Wagners versank weit in der Ferne. Er war nicht Wagner, nicht mehr, es gab keinen Wagner, das alles war Täuschung gewesen. Nun, mochte Wagner sterben! Er, Klein, würde leben.

Wasser floß ihm in den Mund, und er trank. Von allen Seiten, durch alle Sinne floß Wasser herein, alles löste sich auf. Er wurde angesogen, er wurde eingeatmet. Neben ihm, an ihn gedrängt, so eng beisammen wie die Tropfen im Wasser, schwammen andere Menschen, schwamm Teresina, schwamm der alte Sänger, schwammen seine einstige Frau, sein Vater, seine Mutter und Schwester, und tausend, tausend, tausend andre Menschen, und auch Bilder und Häuser, Tizians Venus und das Münster von Straßburg, alles schwamm, eng aneinander, in einem ungeheuren Strom dahin, von Notwendigkeit getrieben, rasch und rascher, rasend – und diesem ungeheuern, rasenden Riesenstrom der Gestaltungen kam ein anderer Strom entgegen, ungeheuer, rasend, ein Strom von Gesichtern, Beinen, Bäuchen, von Tieren, Blumen, Gedanken, Morden, Selbstmorden, geschriebenen Büchern, geweinten Tränen, dicht, dicht, voll, voll, Kinderaugen und schwarze Locken und Fischköpfe, ein Weib mit langem starren Messer im blutigen Bauch, ein junger Mensch, ihm selbst ähnlich, das Gesicht voll heiliger Leidenschaft, das war er selbst, zwanzigjährig, jener verschollene Klein von damals! Wie gut, daß auch diese Erkenntnis nun zu ihm kam: daß es keine Zeit gab! Das einzige, was zwischen Alter und Jugend, zwischen Babylon und Berlin, zwischen Gut und Böse, Geben und Nehmen stand, das einzige, was die Welt mit Unterschieden, Wertungen, Leid, Streit, Krieg erfüllte, war der Menschengeist, der junge ungestüme und grausame Menschengeist im Zustand der tobenden Jugend, noch fern vom Wissen, noch weit von Gott. Er erfand Gegensätze, er erfand Namen. Dinge nannte er schön, Dinge häßlich, diese gut, diese schlecht. Ein Stück Leben wurde Liebe genannt, ein andres Mord. So war dieser Geist, jung, töricht, komisch. Eine seiner Erfindungen war die Zeit. Eine feine Erfindung, ein raffiniertes Instrument, sich noch inniger zu quälen und die Welt vielfach und schwierig zu machen! Von allem, was der Mensch begehrte, war er immer nur durch Zeit getrennt, nur durch diese Zeit, diese tolle Erfindung! Sie war eine der Stützen, eine der Krücken, die man vor allem fahren lassen mußte, wenn man frei werden wollte.

Weiter quoll der Weltstrom der Gestaltungen, der von Gott eingesogene, und der andere, ihm entgegen, der ausgeatmete. Klein sah Wesen, die sich dem Strom widersetzten, die sich unter furchtbaren Krämpfen aufbäumten und sich grauenhafte Qualen schufen: Helden, Verbrecher, Wahnsinnige, Denker, Liebende, Religiöse. Andre sah er, gleich ihm selbst, rasch und leicht in inniger Wollust der Hingabe, des Einverstandenseins dahingetrieben, Selige wie er. Aus dem Gesang der Seligen und aus dem endlosen Qualschrei der Unseligen baute sich über den beiden Weltströmen eine durchsichtige Kugel oder Kuppel aus Tönen, ein Dom von Musik, in dessen Mitte saß Gott, saß ein heller, vor Helle unsichtbarer Glanzstern, ein Inbegriff von Licht, umbraust von der Musik der Weltchöre, in ewiger Brandung.

Helden und Denker traten aus dem Weltstrom, Propheten, Verkünder. »Siehe, das ist Gott, der Herr, und sein Weg führt zum Frieden«, rief einer, und viele folgten ihm. Ein andrer verkünderte, daß Gottes Bahn zum Kampf und Kriege führe. Einer nannte ihn Licht, einer nannte ihn Nacht, einer Vater, einer Mutter. Einer pries ihn als Ruhe, einer als Bewegung, als Feuer, als Kühle, als Richter, als Tröster, als Schöpfer, als Vernichter, als Verzeiher, als Rächer. Gott selbst nannte sich nicht. Er wollte genannt, er wollte geliebt, er wollte gepriesen, verflucht, gehaßt, angebetet sein, denn die Musik der Weltchöre war sein Gotteshaus und war sein Leben – aber es galt ihm gleich, mit welchen Namen man ihn pries, ob man ihn liebte oder haßte, ob man bei ihm Ruhe und Schlaf, oder Tanz und Raserei suchte. Jeder konnte suchen. Jeder konnte finden.

Jetzt vernahm Klein seine eigene Stimme. Er sang. Mit einer neuen, gewaltigen, hellen, hallenden Stimme sang er laut, sang er laut und hallend Gottes Lob, Gottes Preis. Er sang im rasenden Dahinschwimmen, inmitten der Millionen Geschöpfe, ein Prophet und Verkünder. Laut schallte sein Lied, hoch stieg das Gewölbe der Töne auf, strahlend saß Gott im Innern. Ungeheuer brausten die Ströme hin.

(1919)

Klingsors letzter Sommer

Vorbemerkung

Den letzten Sommer seines Lebens brachte der Maler Klingsor, im Alter von zweiundvierzig Jahren, in jenen südlichen Gegenden in der Nähe von Pampambio, Kareno und Laguno hin, die er schon in früheren Jahren geliebt und oft besucht hatte. Dort entstanden seine letzten Bilder, jene freien Paraphrasen zu den Formen der Erscheinungswelt, jene seltsamen, leuchtenden und doch stillen, traumstillen Bilder mit den gebogenen Bäumen und pflanzenhaften Häusern, welche von den Kennern denen seiner »klassischen« Zeit vorgezogen werden. Seine Palette zeigte damals nur noch wenige, sehr leuchtende Farben: Kadmium gelb und rot, Veronesergrün, Emerald, Kobalt, Kobaltviolett, französischen Zinnober und Geraniumlack.

Die Nachricht von Klingsors Tode erschreckte seine Freunde im Spätherbst. Manche seiner Briefe hatten Vorahnungen oder Todeswünsche enthalten. Hieraus mag das Gerücht entstanden sein, er habe sich selbst das Leben genommen. Andre Gerüchte, wie sie eben einem umstrittenen Namen anfliegen, sind kaum weniger haltlos als jenes. Viele behaupten, Klingsor sei schon seit Monaten geisteskrank gewesen, und ein wenig einsichtiger Kunstschriftsteller hat versucht, das Verblüffende und Ekstatische in seinen letzten Bildern aus diesem angeblichen Wahnsinn zu erklären! Mehr Grund als diese Redereien hat die anekdotenreiche Sage von Klingsors Neigung zum Trunk. Diese Neigung war bei ihm vorhanden, und nie-

mand nannte sie offenherziger mit Namen als er selbst. Er hat zu gewissen Zeiten, und so auch in den letzten Monaten seines Lebens, nicht nur Freude am häufigen Pokulieren gehabt, sondern auch den Weinrausch bewußt als Betäubung seiner Schmerzen und einer oft schwer erträglichen Schwermut gesucht. Li Tai Po, der Dichter der tiefsten Trinklieder, war sein Liebling, und im Rausche nannte er oft sich selbst Li Tai Po und einen seiner Freunde Thu Fu.
Seine Werke leben fort, und nicht minder lebt, im kleinen Kreis seiner Nächsten, die Legende seines Lebens und jenes letzten Sommers weiter.

Klingsor

Ein leidenschaftlicher und raschlebiger Sommer war angebrochen. Die heißen Tage, so lang sie waren, loderten weg wie brennende Fahnen, den kurzen schwülen Mondnächten folgten kurze schwüle Regennächte, wie Träume schnell und mit Bildern überfüllt fieberten die glänzenden Wochen dahin.
Klingsor stand nach Mitternacht, von einem Nachtgang heimgekehrt, auf dem schmalen Steinbalkon seines Arbeitszimmers. Unter ihm sank tief und schwindelnd der alte Terrassengarten hinab, ein tief durchschattetes Gewühl dichter Baumwipfel, Palmen, Zedern, Kastanien, Judasbaum, Blutbuche, Eukalyptus, durchklettert von Schlingpflanzen, Lianen, Glyzinien. Über der Baumschwärze schimmerten blaßspiegelnd die großen blechernen Blätter der Sommermagnolien, riesige schneeweiße Blüten dazwischen halbgeschlossen, groß wie Menschenköpfe, bleich wie Mond und Elfenbein, von denen durchdringend und beschwingt ein inniger Zitronengeruch herüberkam. Aus unbestimmter Ferne her mit müden Schwingen kam Musik geflogen, vielleicht eine Gitarre, vielleicht ein Klavier, nicht zu unterscheiden. In den Geflügelhöfen schrie plötzlich ein Pfau auf, zwei- und dreimal, und durchriß die waldige Nacht mit dem kurzen, bösen und hölzernen Ton seiner gepeinigten Stimme, wie wenn das Leid aller Tierwelt ungeschlacht und schrill aus der Tiefe schellte. Sternlicht floß durch das Waldtal, hoch und verlassen blickte eine weiße Kapelle aus dem endlosen Walde, verzaubert

und alt. See, Berge und Himmel flossen in der Ferne ineinander.

Klingsor stand auf dem Balkon, im Hemde, die nackten Arme auf die Eisenbrüstung gestützt, und las halb unmutig, mit heisen Augen, die Schrift der Sterne auf dem bleichen Himmel und der milden Lichter auf dem schwarzen klumpigen Gewölk der Bäume. Der Pfau erinnerte ihn. Ja, es war wieder Nacht, spät, und man hätte nun schlafen sollen, unbedingt und um jeden Preis. Vielleicht, wenn man eine Reihe von Nächten wirklich schlafen würde, sechs oder acht Stunden richtig schlafen, so würde man sich erholen können, so würden die Augen wieder gehorsam und geduldig sein, und das Herz ruhiger, und die Schläfen ohne Schmerzen. Aber dann war dieser Sommer vorüber, dieser tolle flackernde Sommertraum, und mit ihm tausend ungetrunkene Becher verschüttet, tausend ungesehene Liebesblicke gebrochen, tausend unwiederbringliche Bilder ungesehen erloschen!

Er legte die Stirn und die schmerzenden Augen auf die kühle Eisenbrüstung, das erfrischte für einen Augenblick. In einem Jahr vielleicht, oder früher, waren diese Augen blind, und das Feuer in seinem Herzen gelöscht. Nein, kein Mensch konnte dies flammende Leben lang ertragen, auch nicht er, auch nicht Klingsor, der zehn Leben hatte. Niemand konnte eine lange Zeit hindurch Tag und Nacht alle seine Lichter, alle seine Vulkane brennen haben, niemand konnte mehr als eine kurze Zeit lang Tag und Nacht in Flammen stehen, jeden Tag viele Stunden glühender Arbeit, jede Nacht viele Stunden glühender Gedanken, immerzu genießend, immerzu schaffend, immerzu in allen Sinnen und Nerven hell und überwach wie ein Schloß, hinter dessen sämtlichen Fenstern Tag für

Tag Musik erschallt, Nacht für Nacht tausend Kerzen funkeln. Es wird zu Ende gehen, schon ist viel Kraft vertan, viel Augenlicht verbrannt, viel Leben hingeblutet.
Plötzlich lachte er und reckte sich auf. Ihm fiel ein: oft schon hatte er so empfunden, oft schon so gedacht, so gefürchtet. In allen guten, fruchtbaren, glühenden Zeiten seines Lebens, auch in der Jugend schon, hatte er so gelebt, hatte seine Kerze an beiden Enden brennen gehabt, mit einem bald jubelnden, bald schluchzenden Gefühl von rasender Verschwendung, von Verbrennen, mit einer verzweifelten Gier, den Becher ganz zu leeren, und mit einer tiefen, verheimlichten Angst vor dem Ende. Oft schon hatte er so gelebt, oft schon den Becher geleert, oft schon lichterloh gebrannt. Zuweilen war das Ende sanft gewesen, wie ein tiefer bewußtloser Winterschlaf. Zuweilen auch war es schrecklich gewesen, unsinnige Verwüstung, unleidliche Schmerzen, Ärzte, trauriger Verzicht, Triumph der Schwäche. Und allerdings war von Mal zu Mal das Ende einer Glutzeit schlimmer geworden, trauriger, vernichtender. Aber immer war auch das überlebt worden, und nach Wochen oder Monaten, nach Qual oder Betäubung war die Auferstehung gekommen, neuer Brand, neuer Ausbruch der unterirdischen Feuer, neue glühendere Werke, neuer glänzender Lebensrausch. So war es gewesen, und die Zeiten der Qual und des Versagens, die elenden Zwischenzeiten, waren vergessen worden und untergesunken. Es war gut so. Es würde gehen, wie es oft gegangen war.
Lächelnd dachte er an Gina, die er heut abend gesehen hatte, mit der auf dem ganzen nächtlichen Heimweg seine zärtlichen Gedanken gespielt hatten. Wie war dies Mäd-

chen schön und warm in seiner noch unerfahrenen und ängstlichen Glut! Spielend und zärtlich sagte er vor sich hin, als flüstere er ihr wieder ins Ohr: »Gina! Gina! Cara Gina! Carina Gina! Bella Gina!«
Er trat ins Zimmer zurück und drehte das Licht wieder an. Aus einem kleinen wirren Bücherhaufen zog er einen roten Band Gedichte; ein Vers war ihm eingefallen, ein Stück eines Verses, der ihm unsäglich schön und liebevoll schien. Er suchte lange, bis er ihn fand:

Laß mich nicht so der Nacht, dem Schmerze,
Du Allerliebstes, du mein Mondgesicht!
Oh, du mein Phosphor, meine Kerze,
Du meine Sonne, du mein Licht!

Tief genießend schlürfte er den dunklen Wein dieser Worte. Wie schön, wie innig und zauberhaft war das: Oh, du mein Phosphor! Und: Du mein Mondgesicht!
Lächelnd ging er vor den hohen Fenstern auf und ab, sprach die Verse, rief sie der fernen Gina zu: »Oh, du mein Mondgesicht!« und seine Stimme wurde dunkel vor Zärtlichkeit.
Dann schloß er die Mappe auf, die er nach dem langen Arbeitstage noch den ganzen Abend mit sich getragen hatte. Er öffnete das Skizzenbuch, das kleine, sein liebstes, und suchte die letzten Blätter, die von gestern und heut, auf. Da war der Bergkegel mit den tiefen Felsenschatten; er hatte ihn ganz nahe an ein Fratzengesicht heran modelliert, er schien zu schreien, der Berg, vor Schmerz zu klaffen. Da war der kleine Steinbrunnen, halbrund im Berghang, der gemauerte Bogen schwarz mit Schatten gefüllt, ein blühender Granatbaum drüber blutig glühend.

Alles nur für ihn zu lesen, nur Geheimschrift für ihn selbst, eilige gierige Notiz des Augenblicks, rasch herangerissene Erinnerung an jeden Augenblick, in dem Natur und Herz neu und laut zusammenklangen. Und jetzt die größern Farbskizzen, weiße Blätter mit leuchtenden Farbflächen in Wasserfarben: die rote Villa im Gehölz, feurig glühend wie ein Rubin auf grünem Sammet, und die eiserne Brücke bei Castiglia, rot auf blaugrünem Berg, der violette Damm daneben, die rosige Straße. Weiter: der Schlot der Zigelei, rote Rakete vor kühlhellem Baumgrün, blauer Wegweiser, hellvioletter Himmel mit der dicken wie gewalzten Wolke. Dies Blatt war gut, das konnte bleiben. Um die Stalleinfahrt war es schade, das Rotbraun vor dem stählernen Himmel war richtig, das sprach und klang; aber es war nur halb fertig, die Sonne hatte ihm aufs Blatt geschienen und wahnsinnige Augenschmerzen gemacht. Er hatte nachher lange das Gesicht in einem Bach gebadet. Nun, das Braunrot vor dem bösen metallenen Blau war da, das war gut, das war um keine kleine Tönung, um keine kleinste Schwingung gefälscht oder mißglückt. Ohne caput mortuum hätte man das nicht herausbekommen. Hier, auf diesem Gebiet, lagen die Geheimnisse. Die Formen der Natur, ihr Oben und Unten, ihr Dick und Dünn konnte verschoben werden, man konnte auf alle die biederen Mittel verzichten, mit denen die Natur nachgeahmt wird. Auch die Farben konnte man fälschen, gewiß, man konnte sie steigern, dämpfen, übersetzen, auf hundert Arten. Aber wenn man mit Farbe ein Stück Natur umdichten wollte, so kam es darauf an, daß die paar Farben genau, haargenau im gleichen Verhältnis, in der gleichen Spannung zueinander standen wie in der Natur. Hier blieb man abhängig, hier blieb man Naturalist, einstweilen, auch wenn man statt Grau Orange und statt Schwarz Krapplack nahm.

Also, ein Tag war wieder vertan, und der Ertrag spärlich. Das Blatt mit dem Fabrikschlot und der rotblaue Klang auf dem andern Blatt und vielleicht die Skizze mit dem Brunnen. Wenn morgen bedeckter Himmel war, ging er nach Carabbina; dort war die Halle mit den Wäscherinnen. Vielleicht regnete es auch wieder einmal, dann blieb er zu Haus und fing das Bachbild in Öl an. Und jetzt zu Bett! Es war wieder ein Uhr vorbei.

Im Schlafzimmer riß er das Hemd ab, goß sich Wasser über die Schultern, daß es auf dem roten Steinboden klatschte, sprang ins hohe Bett und löschte das Licht. Durchs Fenster sah der blasse Monte Salute herein, tausendmal hatte Klingsor vom Bett aus seine Formen abgelesen. Ein Eulenruf aus der Waldschlucht tief und hohl, wie Schlaf, wie Vergessen.

Er schloß die Augen und dachte an Gina, und an die Halle mit den Wäscherinnen. Gott im Himmel, so viel tausend Dinge warteten, so viel tausend Becher standen eingeschenkt! Kein Ding auf der Erde, das man nicht hätte malen müssen! Keine Frau in der Welt, die man nicht hätte lieben müssen! Warum gab es Zeit? Warum immer nur dies idiotische Nacheinander, und kein brausendes, sättigendes Zugleich? Warum lag er jetzt wieder allein im Bett, wie ein Witwer, wie ein Greis? Das ganze kurze Leben hindurch konnte man genießen, konnte man schaffen, aber man sang immer nur Lied um Lied, nie klang die ganze volle Symphonie mit allen hundert Stimmen und Instrumenten zugleich.

Vor langer Zeit, im Alter von zwölf Jahren, war er Klingsor mit den zehn Leben gewesen. Es gab da bei den

Knaben ein Räuberspiel, und jeder von den Räubern hatte zehn Leben, von denen er jedesmal eines verlor, wenn er vom Verfolger mit der Hand oder mit dem Wurfspeer berührt wurde. Mit sechs, mit drei, mit einem einzigen Leben konnte man noch davonkommen und sich befreien, erst mit dem zehnten war alles verloren. Er aber, Klingsor, hatte seinen Stolz darein gesetzt, sich mit allen, allen seinen zehn Leben durchzuschlagen, und es für eine Schande erklärt, wenn er mit neun, mit sieben davonkam. So war er als Knabe gewesen, in jener unglaublichen Zeit, wo nichts auf der Welt unmöglich, nichts auf der Welt schwierig war, wo alle Klingsor liebten, wo Klingsor allen befahl, wo alles Klingsor gehörte. Und so hatte er es weiter getrieben und immer mit zehn Leben gelebt. Und wenn auch nie die Sättigung, niemals die volle brausende Symphonie zu erreichen war – einstimmig und arm war sein Lied doch nicht gewesen, immer doch hatte er ein paar Saiten mehr auf seinem Spiel gehabt als andere, ein paar Eisen mehr im Feuer, ein paar Taler mehr im Sack, ein paar Rosse mehr am Wagen! Gott sei Dank!

Wie klang die dunkle Gartenstille voll und durchpulst herein, wie Atem einer schlafenden Frau! Wie schrie der Pfau! Wie brannte das Feuer in der Brust, wie schlug das Herz und schrie und litt und jubelte und blutete. Es war doch ein guter Sommer hier oben in Castagnetta, herrlich wohnte er in seiner alten noblen Ruine, herrlich blickte er auf die raupigen Rücken der hundert Kastanienwälder hinab, schön war es, je und je aus dieser edlen alten Wald- und Schloßwelt gierig hinabzusteigen und das farbige frohe Spielzeug drunten anzuschauen und in seiner guten frohen Grellheit zu malen: die Fabrik, die Eisenbahn, den blauen Tramwagen, die Plakatsäule am Kai, die stolzierenden Pfauen, Weiber, Priester, Automobile. Und wie schön und peinigend und unbegreiflich war dies Gefühl in seiner Brust, diese Liebe und flackernde Gier nach jedem bunten Band und Fetzen des Lebens, dieser süße wilde Zwang zu schauen und zu gestalten, und doch zugleich heimlich, unter dünnen Decken, das innige Wissen von der Kindlichkeit und Vergeblichkeit all seines Tuns!

Fiebernd schmolz die kurze Sommernacht hinweg, Dampf stieg aus der grünen Taltiefe, in hunderttausend Bäumen kochte der Saft, hunderttausend Träume quollen in Klingsors leichtem Schlummer auf, seine Seele schritt durch den Spiegelsaal seines Lebens, wo alle Bilder vervielfacht und jedesmal mit neuem Gesicht und neuer Bedeutung sich begegneten und neue Verbindungen eingingen, als würde ein Sternhimmel im Würfelbecher durcheinander geschüttelt.

Ein Traumbild unter den vielen entzückte und erschütterte ihn: Er lag in einem Walde und hatte ein Weib mit rotem Haar auf seinem Schoß, und eine Schwarze lag an seiner Schulter, und eine andere kniete neben ihm, hielt seine Hand und küßte seine Finger, und überall und rundum waren Frauen und Mädchen, manche noch Kinder, mit dünnen hohen Beinen, manche in voller Blüte, manche reif und mit den Zeichen des Wissens und der Ermüdung in den zuckenden Gesichtern, und alle liebten ihn, und alle wollten von ihm geliebt sein. Da brach Krieg und Flamme zwischen den Weibern aus, da griff die Rote mit rasender Hand in das Haar der Schwarzen und riß sie daran zu Boden und ward selber hinabgerissen, und alle stürzten sich aufeinander, jede schrie, jede riß, jede biß, jede tat weh, jede litt Weh, Gelächter, Wutschrei und Schmerzgeheul klangen ineinander verwickelt und ver-

knotet, Blut floß überall, Krallen schlugen blutig in festes Fleisch.
Mit einem Gefühl von Wehmut und Beklemmung erwachte Klingsor für Minuten, weit offen starrten seine Augen nach dem lichten Loch in der Wand. Noch standen die Gesichter der rasenden Weiber vor seinem Blick, und viele von ihnen kannte und nannte er mit Namen: Nina, Hermine, Elisabeth, Gina, Edith, Berta und sagte mit heiserer Stimme noch aus dem Traum heraus: »Kinder, hört auf! Ihr lügt ja, ihr lügt mich ja an; nicht euch müßt ihr zerreißen, sondern mich, mich!«

Louis

Louis der Grausame war vom Himmel gefallen, plötzlich war er da, Klingsors alter Freund, der Reisende, der Unberechenbare, der in der Eisenbahn wohnte und dessen Atelier sein Rucksack war. Gute Stunden tropften vom Himmel dieser Tage, gute Winde wehten. Sie malten gemeinsam, auf dem Ölberg und in Carthago.
»Ob diese ganze Malerei eigentlich einen Wert hat?« sagte Louis auf dem Ölberg, nackt im Grase liegend, den Rücken rot von der Sonne. »Man malt doch bloß faute de mieux, mein Lieber. Hättest du immer das Mädchen auf dem Schoß, das dir gerade gefällt, und die Suppe im Teller, nach der heute dein Sinn steht, du würdest dich nicht mit dem wahnsinnigen Kinderspiel plagen. Die Natur hat zehntausend Farben, und wir haben uns in den Kopf gesetzt, die Skala auf zwanzig zu reduzieren. Das ist die Malerei. Zufrieden ist man nie, und muß noch die Kritiker ernähren helfen. Hingegen eine gute Marseiller Fischsuppe, caro mio, und ein kleiner lauer Burgunder

dazu, und nachher ein Mailänder Schnitzel, zum Dessert Birnen und einen Gorgonzola, und ein türkischer Kaffee – das sind Realitäten, mein Herr, das sind Werte! Wie ißt man schlecht in eurem Palästina hier! Ach Gott, ich wollte, ich wäre in einem Kirschbaum, und die Kirschen wüchsen mir ins Maul, und gerade über mir auf der Leiter stünde das braune heftige Mädchen, dem wir heut früh begegnet sind. Klingsor, gib das Malen auf! Ich lade dich zu einem guten Essen in Laguno ein, es wird bald Zeit.«

»Gilt es?« fragte Klingsor blinzelnd.

»Es gilt. Ich muß nur vorher noch schnell an den Bahnhof. Nämlich, offen gestanden, ich habe einer Freundin telegraphiert, daß ich am Sterben sei, sie kann um elf Uhr da sein.«

Lachend riß Klingsor die begonnene Studie vom Brett.

»Recht hast du, Junge. Gehen wir nach Laguno! Zieh dein Hemd an, Luigi. Die Sitten hier sind von großer Unschuld, aber nackt kannst du leider nicht in die Stadt gehen.«

Sie gingen ins Städtchen, sie gingen zum Bahnhof, eine schöne Frau kam an, sie aßen schön und gut in einem Restaurant, und Klingsor, der dies in seinen ländlichen Monaten ganz vergessen hatte, war erstaunt, daß es alle diese Dinge noch gab, diese lieben heiteren Dinge: Forellen, Lachsschinken, Spargeln, Chablis, Walliser Dôle, Benediktiner.

Nach dem Essen fuhren sie, alle drei, in der Seilbahn durch die steile Stadt hinauf, quer durch die Häuser, an Fenstern und hängenden Gärten vorüber, es war sehr hübsch, sie blieben sitzen und fuhren wieder hinab, und noch einmal hinauf und hinab. Sonderbar schön und seltsam war die Welt, sehr farbig, etwas fragwürdig, etwas unwahrscheinlich, jedoch wunderschön. Klingsor nur war ein wenig befangen, er trug Kaltblütigkeit zur Schau, wollte sich nicht in Luigis schöne Freundin verlieben. Sie gingen nochmals in ein Café, sie gingen in den leeren mittäglichen Park, legten sich am Wasser unter die Riesenbäume. Vieles sahen sie, was hätte gemalt werden müssen: rote edelsteinerne Häuser in tiefem Grün, Schlangenbäume und Perückenbäume, blau und braun berostet.

»Du hast sehr liebe und lustige Sachen gemalt, Luigi«, sagte Klingsor, »die ich alle sehr liebe: Fahnenstangen, Clowns, Zirkusse. Aber das Liebste von allem ist mir ein Fleck auf deinem nächtlichen Karussellbild. Weißt du, da weht über dem violetten Gezelt und fern von all den Lichtern hoch oben in der Nacht eine kühle kleine Fahne, hellrosa, so schön, so kühl, so einsam, so scheußlich einsam! Das ist wie ein Gedicht von Li Tai Po oder von Paul Verlaine. In dieser kleinen, dummen Rosafahne ist alles Weh und alle Resignation der Welt, und auch noch alles gute Lachen über Weh und Resignation. Daß du dieses Fähnchen gemalt hast, damit ist dein Leben gerechtfertigt, ich rechne es dir hoch an, das Fähnchen.«

»Ja, ich weiß, daß du es gern hast.«

»Du selber hast es auch gern. Schau, wenn du nicht einige solche Sachen gemalt hättest, dann würden alle guten Essen und Weine und Weiber und Kaffees dir nichts helfen, du wärest ein armer Teufel. So aber bist du ein reicher Teufel, und bist ein Kerl, den man liebhat. Sieh, Luigi, ich denke oft wie du: unsere ganze Kunst ist bloß ein Ersatz, ein mühsamer und zehnmal zu teuer bezahlter Ersatz für versäumtes Leben, versäumte Tierheit, versäumte Liebe. Aber es ist doch nicht so. Es ist ganz anders. Man überschätzt das Sinnliche, wenn man das Geistige nur als einen Notersatz für fehlendes Sinnliches ansieht. Das Sinnliche ist um kein Haar mehr wert als der Geist, so wenig wie umgekehrt. Es ist alles eins, es ist alles gleich gut. Ob du ein Weib umarmst oder ein Gedicht machst, ist dasselbe. Wenn nur die Hauptsache da ist, die Liebe, das Brennen, das Ergriffensein, dann ist es einerlei, ob du Mönch auf dem Berge Athos bist oder Lebemann in Paris.«

Louis blickte langsam aus den spöttischen Augen herüber. »Junge, brich dir man keene Verzierungen ab!«

Mit der schönen Frau durchstreiften sie die Gegend. Im Sehen waren sie beide stark, das konnten sie. Im Umkreis der paar Städtchen und Dörfer sahen sie Rom, sahen Japan, sahen die Südsee, und zerstörten die Illusionen wieder mit spielendem Finger; ihre Laune zündete Sterne am Himmel an und löschte sie wieder aus. Durch die üppigen Nächte ließen sie ihre Leuchtkugeln steigen: die Welt war Seifenblase, war Oper, war froher Unsinn.

Louis, der Vogel, schwebte auf seinem Fahrrad durch die Hügelgegend, war da und dort, während Klingsor malte. Manche Tage opferte Klingsor, dann saß er wieder verbissen draußen und arbeitete. Louis wollte nicht arbeiten. Louis war plötzlich abgereist, samt der Freundin, schrieb eine Karte aus weiter Ferne. Plötzlich war er wieder da, als Klingsor ihn schon verlorengegeben hatte, stand im Strohhut und offnen Hemde vor der Tür, als wäre er nie weggewesen. Noch einmal sog Klingsor aus dem süßesten Becher seiner Jugendzeit den Trank der Freundschaft. Viele Freunde hatte er, viele liebten ihn, vielen hatte er gegeben, vielen sein rasches Herz geöffnet, aber nur zwei von den Freunden hörten auch in diesem Sommer noch den alten Herzensruf von seinen Lippen: Louis der Maler und der Dichter Hermann, genannt Thu Fu.

An manchen Tagen saß Louis im Feld auf seinem Malstuhl, im Birnbaumschatten, im Pflaumenbaumschatten, und malte nicht. Er saß und dachte und hielt Papier auf das Malbrett geheftet und schrieb, schrieb viel, schrieb viele Briefe. Sind Menschen glücklich, die so viele Briefe schreiben? Er schrieb angestrengt, Louis, der Sorglose, sein Blick hing eine Stunde lang peinlich am Papier. Viel Verschwiegenes trieb ihn um. Klingsor liebte ihn dafür.
Anders tat Klingsor. Er konnte nicht schweigen. Er konnte sein Herz nicht verbergen. Von den heimlichen Leiden seines Lebens, von denen wenige wußten, ließ er doch die Nächsten wissen. Oft litt er an Angst, an Schwermut, oft lag er im Schacht der Finsternis gefangen, Schatten aus seinem frühern Leben fielen zuzeiten übergroß in seine Tage und machten sie schwarz. Dann tat es ihm wohl, Luigis Gesicht zu sehen. Dann klagte er ihm zuweilen.
Louis aber sah diese Schwächen nicht gerne. Sie quälten ihn, sie forderten Mitleid. Klingsor gewöhnte sich daran, dem Freund sein Herz zu zeigen, und begriff zu spät, daß er ihn damit verliere.
Wieder begann Louis von Abreise zu sprechen. Klingsor wußte, nun würde er ihn noch für Tage halten können, für drei, für fünf; plötzlich aber würde er ihm den gepackten Koffer zeigen und abreisen, um lange Zeit nicht wiederzukommen. Wie war das Leben kurz, wie unwiederbringlich war alles! Den einzigen seiner Freunde, der seine Kunst ganz verstand, dessen eigene Kunst der seinen nah und ebenbürtig war, diesen einzigen hatte er nun erschreckt und belästigt, ihn verstimmt und abgekühlt, bloß aus dummer Schwäche und Bequemlichkeit,

bloß aus dem kindlichen und unanständigen Bedürfnis, einem Freund gegenüber sich keine Mühe geben zu müssen, keine Geheimnisse vor ihm zu hüten, keine Haltung vor ihm zu bewahren. Wie dumm, wie knabenhaft war das gewesen! So strafte sich Klingsor, zu spät.
Den letzten Tag wanderten sie zusammen durch die goldenen Täler, Louis war sehr guter Laune, Abreise war Lebenslust für sein Vogelherz. Klingsor machte mit, sie hatten wieder den alten, leichten, spielenden und spöttischen Ton gefunden, und ließen ihn nicht mehr los. Abends saßen sie im Garten des Wirtshauses. Fische ließen sie sich backen, Reis mit Pilzen kochen und gossen Maraschino über Pfirsiche.
»Wohin reist du morgen?« fragte Klingsor.
»Ich weiß nicht.«
»Fährst du zu der schönen Frau?«
»Ja. Vielleicht. Wer kann das wissen? Frage nicht soviel. Wir wollen jetzt, zum Schluß, noch einen guten Weißwein trinken. Ich bin für Neuenburger.«
Sie tranken; plötzlich rief Louis: »Es ist schon gut, daß ich abreise, alter Seehund. Manchmal, wenn ich so neben dir sitze, zum Beispiel jetzt, fällt mir plötzlich etwas Dummes ein. Es fällt mir ein, daß jetzt da die zwei Maler sitzen, die unser gutes Vaterland hat, und dann habe ich ein scheußliches Gefühl in den Knien, wie wenn wir beide aus Bronze wären und Hand in Hand auf einem Denkmal stehen müßten, weiß du, so wie der Goethe und der Schiller. Die können schließlich auch nichts dafür, daß sie ewig dastehen und einander an der Bronzehand halten müssen, und daß sie uns allmählich so fatal und verhaßt geworden sind. Vielleicht waren sie ganz feine Kerle und reizende Burschen, vom Schiller habe ich früher einmal ein Stück

gelesen, das war direkt hübsch. Und doch ist jetzt das aus ihm geworden, daß er ein berühmtes Vieh ist und neben seinem siamesischen Zwilling stehen muß, Gipskopf neben Gipskopf, und daß man ihre gesammelten Werke herumstehen sieht und sie in den Schulen erklärt. Es ist schauderhaft. Denke dir, ein Professor in hundert Jahren, wie er den Gymnasiasten predigt: Klingsor, geboren 1877, und sein Zeitgenosse Louis, genannt der Vielfraß, Erneuerer der Malerei, Befreiung vom Naturalismus der Farbe, bei näherer Betrachtung zerfällt dies Künstlerpaar in drei deutlich unterscheidbare Perioden! Lieber komme ich noch heut unter eine Lokomotive.«

»Gescheiter wäre es, es kämen die Professoren darunter.«

»So große Lokomotiven gibt es nicht. Du weißt, wie kleinlich unsre Technik ist.«

Schon kamen Sterne herauf. Plötzlich stieß Louis sein Glas an das des Freundes.

»So, wir wollen anstoßen und austrinken. Dann setze ich mich auf mein Rad und adieu. Nur keinen langen Abschied! Der Wirt ist bezahlt. Prosit, Klingsor!«

Sie stießen an, sie tranken aus, im Garten stieg Louis aufs Zweirad, schwang den Hut, war fort. Nacht, Sterne. Louis war in China. Louis war eine Legende.

Klingsor lächelte traurig. Wie liebte er diesen Zugvogel! Lange stand er im Kies des Wirtsgartens, sah die leere Straße hinab.

Der Kareno-Tag

Zusammen mit den Freunden aus Barengo und mit Agosto und Ersilia unternahm Klingsor die Fußreise nach

Kareno. Sie sanken in der Morgenstunde, zwischen den stark duftenden Spiräen und umzittert von den noch betauten Spinngeweben der Waldränder durch den steilen warmen Wald hinab in das Tal von Pampambio, wo vom Sommertag betäubt an der gelben Straße grelle gelbe Häuser schliefen, vornübergeneigt und halbtot, und am versiegten Bach die weißen metallenen Weiden hingen mit schweren Flügeln über den goldenen Wiesen. Farbig schwamm die Karawane der Freunde auf der rosigen Straße durch das dampfende Talgrün: die Männer weiß und gelb in Leinen und Seide, die Frauen weiß und rosa, der herrliche veronesergrüne Sonnenschirm Ersilias funkelte wie ein Kleinod im Zauberring.

Melancholisch klagte der Doktor mit der menschenfreundlichen Stimme: »Es ist ein Jammer, Klingsor, Ihre wunderbaren Aquarelle werden in zehn Jahren alle weiß sein; diese Farben, die Sie bevorzugen, halten alle nicht.«

Klingsor: »Ja, und was noch schlimmer ist: Ihre schönen braunen Haare, Doktor, werden in zehn Jahren alle grau sein, und eine kleine Weile später liegen unsere hübschen frohen Knochen irgendwo in einem Loch in der Erde, leider auch Ihre so schönen und gesunden Knochen, Ersilia. Kinder, wir wollen nicht so spät im Leben noch anfangen, vernünftig zu werden. Hermann, wie spricht Li Tai Po?«

Hermann der Dichter blieb stehen und sprach:

»Das Leben vergeht wie ein Blitzstrahl,
Dessen Glanz kaum so lange währt, daß man ihn sehen kann.
Wenn die Erde und der Himmel ewig unbeweglich stehen,
Wie rasch fliegt die wechselnde Zeit über das Antlitz der Menschen.

O du, der du beim vollen Becher sitzest und nicht trinkst,
O sage mir, auf wen wartest du noch?«

»Nein«, sagte Klingsor, »ich meine den andern Vers, mit Reimen, von den Haaren, die am Morgen noch dunkel waren –«

Hermann sagte alsbald den Vers:

»Noch am Morgen glänzten deine Haare wie schwarze Seide,
Abend hat schon Schnee auf sie getan,
Wer nicht will, daß er lebendigen Leibes sterbend leide,
Schwinge den Becher und fordre den Mond als Kumpan!«

Klingsor lachte laut, mit seiner etwas heiseren Stimme. »Braver Li Tai Po! Er hatte Ahnungen, er wußte allerlei. Auch wir wissen allerlei, er ist unser alter kluger Bruder. Dieser trunkene Tag würde ihm gefallen, es ist gerade so ein Tag, an dessen Abend es schön wäre, den Tod Li Tai Pos zu sterben, im Boot auf dem stillen Fluß. Ihr werdet sehen, alles wird heut wunderbar sein.«

»Was war das für ein Tod, den Li Tai Po auf dem Fluß gestorben ist?« fragte die Malerin.

Aber Ersilia unterbrach, mit ihrer guten tiefen Stimme: »Nein, jetzt hört auf! Wer noch ein Wort von Tod und Sterben sagt, den habe ich nicht mehr lieb. Finisca adesso, brutto Klingsor!«

Klingsor kam lachend zu ihr herüber: »Wie haben Sie recht, bambina! Wenn ich noch ein Wort vom Sterben sage, dürfen Sie mir mit dem Sonnenschirm in beide Augen stoßen. Aber im Ernst, es ist heut wunderbar, liebe Menschen! Ein Vogel singt heut, der ist ein Märchenvogel, ich hab ihn schon am Morgen gehört. Ein Wind geht heut, der ist ein Märchenwind, das himmliche Kind, der

weckt die schlafenden Prinzessinnen auf und schüttelt den Verstand aus den Köpfen. Heut blüht eine Blume, die ist eine Märchenblume, die ist blau und blüht nur einmal im Leben, und wer sie pflückt, der hat die Seligkeit.«
»Meint er etwas damit?« fragte Ersilia den Doktor. Klingsor hörte es.
»Ich meine damit: dieser Tag kommt niemals wieder, und wer ihn nicht ißt und trinkt und schmeckt und riecht, dem wird er in aller Ewigkeit kein zweites Mal angeboten. Niemals wird die Sonne so scheinen wie heut, sie hat eine Konstellation am Himmel, eine Verbindung mit Jupiter, mit mir, mit Agosto und Ersilia und uns allen, die kommt nie, niemals wieder, nicht in tausend Jahren. Darum möchte ich jetzt, weil das Glück bringt, ein wenig an Ihrer linken Seite gehen und Ihren smaragdenen Sonnenschirm tragen, in seinem Licht wird mein Schädel aussehen wie ein Opal. Sie aber müssen auch mittun und müssen ein Lied singen, eines von Ihren schönsten.«
Er nahm Ersilias Arm, sein scharfes Gesicht tauchte weich in den blaugrünen Schatten des Schirmes, in den er verliebt war und dessen grellsüße Farbe ihn entzückte.
Ersilia fing an zu singen:

»Il mio papa non vuole,
Ch' io spos' un bersaglier –«

Stimmen schlossen sich an, man schritt singend bis zum Walde und in den Wald hinein, bis die Steigung zu groß wurde, der Weg führte wie eine Leiter steil bergan durch die Farnkräuter den großen Berg empor.
»Wie wundervoll gradlinig ist dieses Lied!« lobte Klingsor. »Der Papa ist gegen die Liebenden, wie er es immer

ist. Sie nehmen ein Messer, das gut schneidet und machen den Papa tot. Weg ist er. Sie machen es in der Nacht, niemand sieht sie als der Mond, der verrät sie nicht, und die Sterne, die sind stumm, und der liebe Gott, der wird ihnen schon verzeihen. Wie schön und aufrichtig ist das! Ein heutiger Dichter würde dafür gesteinigt werden.«
Man klomm im durchsonnten spielenden Kastanienschatten den engen Bergweg hinan. Wenn Klingsor aufblickte, sah er vor seinem Gesicht die dünnen Waden der Malerin rosig aus durchsichtigen Strümpfen scheinen. Sah er zurück, so wölbte sich über dem schwarzen Negerkopf Ersilias der Türkis des Sonnenschirmes. Darunter war sie violett in Seide, die einzige Dunkle unter allen Figuren.
Bei einem Bauernhaus, blau und orange, lagen gefallene grüne Sommeräpfel in der Wiese, kühl und sauer, von denen probierten sie. Die Malerin erzählte schwärmend von einem Ausflug auf der Seine, in Paris, einst, vor dem Kriege. Ja, Paris, und das selige Damals!
»Das kommt nicht wieder. Nie mehr.«
»Es soll auch nicht«, rief der Maler heftig und schüttelte grimmig den scharfen Sperberkopf. »Nichts soll wiederkommen! Wozu denn? Was sind das für Kinderwünsche! Der Krieg hat alles, was vorher war, zu einem Paradies umgemalt, auch das Dümmste, auch das Entbehrlichste. Gut so, es war schön in Paris und schön in Rom und schön in Arles. Aber ist es heut und hier weniger schön? Das Paradies ist nicht Paris und nicht die Friedenszeit, das Paradies ist hier, da oben liegt es auf dem Berg, und in einer Stunde sind wir mitten drin und sind die Schächer, zu denen gesagt wird: Heut wirst du mit mir im Paradiese sein.«
Sie brachen aus dem durchsprenkelten Schatten des Wald-

pfades auf die offene breite Fahrstraße hinaus, die führte licht und heiß in großen Spiralen zur Höhe. Klingsor, die Augen mit der dunkelgrünen Brille geschützt, ging als letzter und blieb oft zurück, um die Figuren sich bewegen und ihre farbigen Konstellationen zu sehen. Er hatte nichts zum Arbeiten mitgenommen, absichtlich, nicht einmal das kleine Notizbuch, und stand doch hundertmal still, bewegt von Bildern. Einsam stand seine hagere Gestalt, weiß auf der rötlichen Straße, am Rand des Akaziengehölzes. Sommer hauchte heiß über den Berg, Licht floß senkrecht herab, Farbe dampfte hundertfältig aus der Tiefe herauf. Über die nächsten Berge, die grün und rot mit weißen Dörfern aufklangen, schauten bläuliche Bergzüge und lichter und blauer dahinter neue und neue Züge und ganz fern und unwirklich die kristallenen Spitzen von Schneebergen. Über dem Wald von Akazien und Kastanien trat freier und mächtiger der Felsrücken und böckrige Gipfel des Salute hervor, rötlich und hellviolett. Schöner als alles waren die Menschen, wie Blumen standen sie im Licht unterm Grün, wie ein riesiger Skarabäus leuchtete der smaragdne Sonnenschirm, Ersilias schwarzes Haar darunter, die weiße schlanke Malerin, mit rosigem Gesicht, und alle andern. Klingsor trank sie mit durstigem Auge, seine Gedanken aber waren bei Gina. Erst in einer Woche konnte er sie wiedersehen, sie saß in einem Büro in der Stadt und schrieb auf der Maschine, selten nur glückte es, daß er sie sah, und nie allein. Und sie liebte er, gerade sie, die nichts von ihm wußte, die ihn nicht kannte, nicht verstand, für die er nur ein seltner seltsamer Vogel, ein fremder berühmter Maler war. Wie seltsam war das, daß gerade an ihr sein Verlangen hängenblieb, daß kein anderer Liebesbecher ihm genügte. Er war es nicht gewohnt, lange Wege um eine Frau zu gehen. Um Gina ging er sie, um eine Stunde neben ihr zu sein, ihre schlanken kleinen Finger zu halten, seinen Schuh unter ihren zu schieben, einen schnellen Kuß auf ihren Nacken zu drücken. Er sann darüber nach, sich selbst ein drolliges Rätsel. War dies schon die Wende? Schon das Alter? War es nur das, nur der Johannistrieb des Vierzigjährigen zur Zwanzigjährigen?

Der Bergrücken war erreicht, und jenseits brach eine neue Welt dem Blick entgegen: hoch und unwirklich der Monte Gennaro, aufgebaut aus lauter steilen spitzen Pyramiden und Kegeln, die Sonne schräg dahinter, jedes Plateau emailglänzend auf tief violetten Schatten schwimmend. Zwischen dort und hier die flimmernde Luft, und unendlich tief verloren der schmale blaue Seearm, kühl hinter grünen Waldflammen ruhend.

Ein winziges Dorf auf dem Berggrat: ein Herrschaftsgut mit kleinem Wohnhaus, vier, fünf andere Häuser, steinern, blau und rosig bemalt, eine Kapelle, ein Brunnen, Kirschbäume. Die Gesellschaft hielt in der Sonne am Brunnen, Klingsor ging weiter, durch einen Torbogen in ein schattiges Gehöft, drei bläuliche Häuser standen hoch, mit wenig kleinen Fenstern, Gras und Geröll dazwischen, eine Ziege, Brennesseln. Ein Kind lief vor ihm fort, er lockte es, zog Schokolade aus der Tasche. Es hielt, er fing es ein, streichelte und fütterte es, es war scheu und schön, ein kleines schwarzes Mädchen, erschrockene schwarze Tieraugen, schlanke nackte Beine braun und glänzend. »Wo wohnt ihr?« fragte er, sie lief zur nächsten Tür, die in dem Häusergeklüft sich öffnete. Aus einem finstern Steinraum wie aus Höhlen der Urzeit trat ein Weib, die Mutter, auch sie nahm Schokolade. Aus schmutzigen

Kleidern stieg der braune Hals, ein festes breites Gesicht, sonnverbrannt und schön, breiter voller Mund, großes Auge, roher süßer Liebreiz, Geschlecht und Mutterschaft sprach breit und still aus großen asiatischen Zügen. Er neigte sich verführend zu ihr, sie wich lächelnd aus, schob das Kind zwischen sich und ihn. Er ging weiter, zu einer Wiederkehr entschlossen. Diese Frau wollte er malen, oder ihr Geliebter sein, sei es nur eine Stunde lang. Sie war alles: Mutter, Kind, Geliebte, Tier, Madonna.

Langsam kehrte er zur Gesellschaft zurück, das Herz voll von Träumen. Auf der Mauer des Gutes, dessen Wohnhaus leer und geschlossen schien, waren alte rauhe Kanonenkugeln befestigt, eine launische Treppe führte durch Gebüsch zu einem Hain und Hügel, zu oberst ein Denkmal, da stand barock und einsam eine Büste, Kostüm Wallenstein, Locken, gewellter Spitzbart. Spuk und Phantastik umglühte den Berg im gleißenden Mittagslicht, Wunderliches lag auf der Lauer, auf eine andere, ferne Tonart war die Welt gestimmt. Klingsor trank am Brunnen, ein Segelfalter flog her und sog an den verspritzten Tropfen auf dem kalksteinernen Brunnenrand.

Dem Grat nach führte die Bergstraße weiter, unter Kastanien, unter Nußbäumen, sonnig, schattig. An einer Biegung eine Wegkapelle, alt und gelb, in der Nische verblichene alte Bilder, ein Heiligenkopf engelsüß und kindlich, ein Stück Gewand rot und braun, der Rest verbröckelt. Klingsor liebte alte Bilder sehr, wenn sie ihm ungesucht entgegenkamen, er liebte solche Fresken, er liebte die Wiederkehr dieser schönen Werke zum Staub und zur Erde.

Wieder Bäume, Reben, heiße Straße blendend, wieder eine Biegung: da war das Ziel, plötzlich, unverhofft: ein dunkler Torgang, eine große hohe Kirche aus rotem Stein, froh und selbstbewußt in den Himmel hinan geschmettert, ein Platz voll Sonne, Staub und Frieden, rot verbrannter Rasen, der unterm Fuße brach, Mittagslicht von grellen Wänden zurückgeworfen, eine Säule, eine Figur darauf, unsichtbar vor Sonnenschwall, eine Steinbrüstung um weiten Platz über blauer Unendlichkeit. Dahinter das Dorf, Kareno, uralt, eng, finster, sarazenisch, düstere Steinhöhlen unter verblichen braunem Ziegelstein, Gassen bedrückend traumschmal und voll Finsternis, kleine Plätze plötzlich in weißer Sonne aufschreiend, Afrika und Nagasaki, darüber der Wald, darunter der blaue Absturz, weiße, fette, satte Wolken oben.

»Es ist komisch«, sagte Klingsor, »wie lange man braucht, bis man sich in der Welt ein bißchen auskennt! Als ich einmal nach Asien fuhr, vor Jahren, kam ich im Schnellzug in der Nacht sechs Kilometer von hier vorbeigefahren, oder zehn, und wußte nichts. Ich fuhr nach Asien, und es war damals sehr notwendig, daß ich es tat. Aber alles, was ich dort fand, das finde ich heut auch hier: Urwald, Hitze, schöne fremde Menschen ohne Nerven, Sonne, Heiligtümer. Man braucht so lang, bis man lernt, an einem einzigen Tage drei Erdteile zu besuchen. Hier sind sie. Willkommen, Indien! Willkommen, Afrika! Willkommen, Japan!«

Die Freunde kannten eine junge Dame, die hier oben hauste, und Klingsor freute sich auf den Besuch bei der Unbekannten sehr. Er nannte sie die Königin der Gebirge, so hatte eine geheimnisvolle morgenländische Erzählung in den Büchern seiner Knabenjahre geheißen.

Erwartungsvoll brach die Karawane durch die blaue Schattenschlucht der Gassen, kein Mensch, kein Laut, kein Huhn, kein Hund. Aber im Halbschatten eines Fensterbogens sah Klingsor lautlos eine Gestalt stehen, ein schönes Mädchen, schwarzäugig, rotes Kopftuch um schwarzes Haar. Ihr Blick, still nach den Fremden lauernd, traf den seinen, einen langen Atemzug lang schauten sie, Mann und Mädchen, sich in die Augen, voll und ernst, zwei fremde Welten einen Augenblick lang einander nah. Dann lächelten sich beide kurz und innig den ewigen Gruß der Geschlechter zu, die alte, süße, gierige Feindschaft, und mit einem Schritt um die Kante des Hauses war der fremde Mann hinweggeflossen und lag in des Mädchens Truhe, Bild bei vielen Bildern, Traum bei vielen Träumen. In Klingsors nie ersättigtem Herzen stach der kleine Stachel, einen Augenblick zögerte er und dachte umzukehren, Agosto rief ihn, Ersilia fing zu singen an, eine Schattenmauer schwand hinweg, und ein kleiner greller Platz mit zwei gelben Palästen lag still und blendend im verzauberten Mittag, schmale steinerne Balkone, geschlossene Läden, herrliche Bühne für den ersten Akt einer Oper.

»Ankunft in Damaskus«, rief der Doktor. »Wo wohnt Fatme, die Perle unter den Frauen?«

Antwort kam überraschend aus dem kleineren Palast. Aus der kühlen Schwärze hinter der halbgeschlossenen Balkontür sprang ein seltsamer Ton, noch einer und zehnmal der gleiche, dann die Oktave dazu, zehnmal – ein Flügel, der gestimmt wurde, ein singender Flügel voller Töne mitten in Damaskus.

Hier mußte es sein, hier wohnte sie. Das Haus schien aber ohne Tor zu sein, nur rosig gelbe Mauer mit zwei Balkonen, darüber am Verputz des Giebels eine alte Malerei: Blumen blau und rot und ein Papagei. Eine gemalte Tür hätte hier sein müssen, und wenn man dreimal an sie pochte und den Schlüssel Salomonis dazu sprach, ging die gemalte Pforte auf, und den Wanderer empfing der Duft von persischen Ölen, hinter Schleiern thronte hoch die Königin der Gebirge. Sklavinnen kauerten auf den Stufen zu Ihren Füßen, der gemalte Papagei flog kreischend auf die Schulter der Herrin.

Sie fanden eine winzige Tür in einer Nebengasse, eine heftige Glocke, teuflischer Mechanismus, schrillte böse auf, eng wie eine Leiter führte eine steile Treppe empor. Unausdenklich, wie der Flügel in dies Haus gekommen war. Durchs Fenster? Durchs Dach?

Ein großer schwarzer Hund kam gestürzt, ein kleiner blonder Löwe ihm nach, großer Lärm, die Stiege klapperte, hinten sang der Flügel elfmal den gleichen Ton. Aus einem rosig getünchten Raum quoll sanftsüßes Licht, Türen schlugen. War da ein Papagei?

Plötzlich stand die Königin der Gebirge da, schlanke elastische Blüte, straff und federnd, ganz in Rot, brennende Flamme, Bildnis der Jugend. Vor Klingsors Auge stoben hundert geliebte Bilder hinweg, und das neue sprang strahlend auf. Er wußte sofort, daß er sie malen würde, nicht nach der Natur, sondern den Strahl in ihr, den er empfangen hatte, das Gedicht, den holden herben Klang: Jugend, Rot, Blond, Amazone. Er würde sie ansehen, eine Stunde lang, vielleicht mehrere Stunden lang. Er würde sie gehen sehen, sitzen sehen, lachen sehen, vielleicht tanzen sehen, vielleicht singen hören. Der Tag war gekrönt, der Tag hatte seinen Sinn gefunden. Was weiter dazu kommen mochte, war Geschenk, war Überfluß. Immer war es so: das Erlebnis kam nie allein, immer flogen ihm Vögel voraus, immer gingen ihm Boten und Vorzeichen

voran, der mütterlich asiatische Tierblick unter jener Tür, die schwarze Dorfschöne im Fenster, dies und das.
Eine Sekunde lang empfand er aufzuckend: »Wäre ich zehn Jahre jünger, zehn kurze Jahre, so könnte diese mich haben, mich fangen, mich um den Finger wickeln! Nein, du bist zu jung, du kleine rote Königin, du bist zu jung für den alten Zauberer Klingsor! Er wird dich bewundern, er wird dich auswendig lernen, er wird dich malen, er wird das Lied deiner Jugend für immer aufzeichnen; aber er wird keine Wallfahrt um dich tun, keine Leiter nach dir steigen, keinen Mord um dich begehen und kein Ständchen vor deinem hübschen Balkon bringen. Nein, leider wird er dies alles nicht tun, der alte Maler Klingsor, das alte Schaf. Er wird dich nicht lieben, er wird nicht den Blick nach dir werfen, den er nach der Asiatin, den er nach der Schwarzen im Fenster warf, die vielleicht keinen Tag jünger ist als du. Für sie ist er nicht zu alt, nur für dich, Königin der Gebirge, rote Blume am Berg. Für dich, Steinnelke, ist er zu alt. Für dich genügt die Liebe nicht, die Klingsor zwischen einem Tag voll Arbeit und einem Abend voll Rotwein zu verschenken hat. Desto besser wird mein Auge dich trinken, schlanke Rakete, und von dir wissen, wenn du mir lang erloschen bist.«
Durch Räume mit Steinböden und offenen Bogen kam man in einen Saal, wo barocke wilde Stuckfiguren über hohen Türen emporflackerten und rundum auf dunklem Fries gemalte Delphine, weiße Rosse und rosenrote Amoretten durch ein dicht bevölkertes Sagenmeer schwammen. Ein paar Stühle und am Boden die Teile des zerlegten Flügels, sonst war nichts in dem großen Raum, aber zwei verlockende Türen führten auf die zwei kleinen Balkone über dem strahlenden Opernplatz hinaus, und

gegenüber über Eck brüsteten sich die Balkone des Nachbarpalastes, auch sie mit Bildern bemalt, dort schwamm ein roter feister Kardinal wie ein Goldfisch in der Sonne.

Man ging nicht wieder fort. Im Saale wurden Vorräte ausgepackt und ein Tisch gedeckt, Wein kam, seltener Weißwein aus dem Norden, Schlüssel für Heere von Erinnerungen. Der Klavierstimmer hatte die Flucht ergriffen, der zerstückte Flügel schwieg. Nachdenklich starrte Klingsor in das entblößte Saitengedärme, dann tat er leise den Deckel zu. Seine Augen schmerzten, aber in seinem Herzen sang der Sommertag, sang die sarazenische Mutter, sang blau und schwellend der Traum von Kareno. Er aß und stieß mit seinem Glase an Gläser, er sprach hell und froh, und hinter all dem arbeitete der Apparat in seiner Werkstatt, sein Blick war um die Steinnelke, um die Feuerblume ringsum wie das Wasser um den Fisch, ein fleißiger Chronist saß in seinem Gehirn und schrieb Formen, Rhythmen, Bewegungen genau wie in ehernen Zahlensäulen auf.

Gespräch und Gelächter füllten den leeren Saal. Klug und gütig lachte der Doktor, tief und freundlich Ersilia, stark und unterirdisch Agosto, vogelleicht die Malerin, klug sprach der Dichter, spaßhaft sprach Klingsor, beobachtend und ein wenig scheu ging die rote Königin unter ihren Gästen, Delphinen und Rossen umher, war hier und dort, stand am Flügel, kauerte auf einem Kissen, schnitt Brot, schenkte Wein mit unerfahrener Mädchenhand. Freude scholl im kühlen Saal, Augen glänzten schwarz und blau, vor den lichten hohen Balkontüren lag starr der blendende Mittag auf Wache.

Hell floß der edle Wein in die Gläser, holder Gegensatz

zum einfachen kalten Mahl. Hell floß der rote Schein vom Kleid der Königin durch den hohen Saal, hell und wachsam folgten ihm die Blicke aller Männer. Sie verschwand, kam wieder und hatte ein grünes Brusttuch umgebunden. Sie verschwand, kam wieder und hatte ein blaues Kopftuch umgebunden.

Nach Tische, ermüdet und gesättigt, brach man fröhlich auf, in den Wald, legte sich in Gras und Moos, Sonnenschirme leuchteten, unter Strohhüten glühten Gesichter, gleißend brannte der Sonnenhimmel. Die Königin der Gebirge lag rot im grünen Gras, hell stieg ihr feiner Hals aus der Flamme, satt und belebt saß ihr hoher Schuh am schlanken Fuß. Klingsor, ihr nahe, las sie, studierte sie, füllte sich mit ihr, wie er als Knabe die Zaubergeschichte von der Königin der Gebirge gelesen und sich mit ihr gefüllt hatte. Man ruhte, man schlummerte, man plauderte, man kämpfte mit Ameisen, glaubte Schlangen zu hören, stachliche Kastanienschalen blieben in Frauenhaaren hängen. Man dachte an abwesende Freunde, die in diese Stunde gepaßt hätten, es waren nicht viele, Louis der Grausame wurde herbeigesehnt, Klingsors Freund, der Maler der Karusselle und Zirkusse, sein phantastischer Geist schwebte nah über der Runde.

Der Nachmittag ging hin wie ein Jahr im Paradiese. Beim Abschied wurde viel gelacht, Klingsor nahm alles in seinem Herzen mit: die Königin, den Wald, den Palast und Delphinensaal, die beiden Hunde, den Papagei.

Im Bergabwandern zwischen den Freunden überkam ihn allmählich die frohe und hingerissene Laune, die er nur an den seltenen Tagen kannte, in denen er freiwillig die Arbeit hatte ruhen lassen. Hand in Hand mit Ersilia, mit Hermann, mit der Malerin tanzte er die besonnte Straße

hinab, stimmte Lieder an, ergötzte sich kindlich an Witzen und Wortspielen, lachte hingegeben. Er rannte den andern voraus und versteckte sich in einen Hinterhalt, um sie zu erschrecken.
So rasch man ging, die Sonne ging rascher, schon bei Palazzetto sank sie hinter den Berg, und unten im Tale war es schon Abend. Sie hatten den Weg verfehlt und waren zu tief gestiegen, man war hungrig und müde und mußte die Pläne aufgeben, die man für den Abend gesponnen hatte: Spaziergang durchs Korn nach Barengo, Fischessen im Wirtshaus des Seedorfes.
»Liebe Leute«, sagte Klingsor, der sich auf eine Mauer am Wege gesetzt hatte, »unsre Pläne waren ja sehr schön, und ein gutes Abendessen bei den Fischern oder im Monte d'oro würde gewiß mich dankbar finden. Aber wir kommen nicht mehr so weit, ich wenigstens nicht. Ich bin müde, und ich habe Hunger. Ich gehe von hier aus keinen Schritt mehr weiter als bis zum nächsten Grotto, der gewiß nicht weit ist. Dort gibt es Wein und Brot, das genügt. Wer kommt mit?«
Sie kamen alle. Der Grotto wurde gefunden, im steilen Bergwald auf schmaler Terrasse standen Steinbänke und Tische im Baumdunkel, aus dem Felsenkeller brachte der Wirt den kühlen Wein, Brot war da. Nun saß man schweigend und essend, froh, endlich zu sitzen. Hinter den hohen Baumstämmen erlosch der Tag, der blaue Berg wurde schwarz, die rote Straße wurde weiß, man hörte unten auf der nächtlichen Straße einen Wagen fahren und einen Hund bellen, da und dort gingen am Himmel Sterne und an der Erde Lichter auf, nicht voneinander zu unterscheiden.
Glücklich saß Klingsor, ruhte, sah in die Nacht, füllte sich

langsam mit Schwarzbrot, leerte still die bläulichen Tassen mit Wein. Gesättigt fing er wieder zu plaudern und zu singen an, schaukelte sich im Takt der Lieder, spielte mit den Frauen, witterte im Duft ihrer Haare. Der Wein schien ihm gut. Alter Verführer, redete er leicht die Vorschläge zum Weitergehen nieder, trank Wein, schenkte Wein ein, stieß zärtlich an, ließ neuen Wein kommen. Langsam stiegen aus den irdenen bläulichen Tassen, Sinnbild der Vergänglichkeit, die bunten Zauber, wandelten die Welt, färbten Stern und Licht.
Hoch saßen sie in schwebender Schaukel überm Abgrund der Welt und Nacht, Vögel in goldenem Käfig, ohne Heimat, ohne Schwere, den Sternen gegenüber. Sie sangen, die Vögel, sangen exotische Lieder, sie phantasierten aus berauschten Herzen in die Nacht, in den Himmel, in den Wald, in das fragwürdige, bezauberte Weltall hinein. Antwort kam von Stern und Mond, von Baum und Gebirg, Goethe saß da und Hafis, heiß duftete Ägypten und innig Griechenland herauf, Mozart lächelte, Hugo Wolf spielte den Flügel in der irren Nacht.
Lärm krachte erschreckend auf, Licht blitzte knallend: unter ihnen mitten durch das Herz der Erde flog mit hundert blendenden Lichtfenstern ein Eisenbahnzug in den Berg und in die Nacht hinein, oben vom Himmel her läuteten Glocken einer unsichtbaren Kirche. Lauernd stieg der halbe Mond über den Tisch, blickte spiegelnd in den dunklen Wein, riß Mund und Auge einer Frau aus der Finsternis, lächelte, stieg weiter, sang den Sternen zu. Der Geist Louis' des Grausamen hockte auf einer Bank, einsam, schrieb Briefe.
Klingsor, König der Nacht, hohe Krone im Haar, rückgelehnt auf steinernem Sitz, dirigierte den Tanz der Welt,

gab den Takt an, rief den Mond hervor, ließ die Eisenbahn verschwinden. Fort war sie, wie ein Sternbild übern Rand des Himmels fällt. Wo war die Königin der Gebirge? Klang nicht ein Flügel im Wald, bellte nicht fern der kleine mißtrauische Löwe? Hatte sie nicht eben noch ein blaues Kopftuch getragen? Hallo, alte Welt, trage Sorge, daß du nicht zusammenfällst! Hierher, Wald! Dorthin, schwarzes Gebirg! Im Takt bleiben! Sterne, wie seid ihr blau und rot, wie im Volkslied: »Deine roten Augen und dein blauer Mund!«
Malen war schön, Malen war ein schönes, ein liebes Spiel für brave Kinder. Anders war es, größer und wuchtiger, die Sterne zu dirigieren, Takt des eigenen Blutes, Farbenkreise der eigenen Netzhaut in die Welt hinein fortzusetzen, Schwebungen der eigenen Seele ausschwingen zu lassen im Wind der Nacht. Weg mit dir, schwarzer Berg! Sei Wolke, fliege nach Persien, regne über Uganda! Her mit dir, Geist Shakespeares, sing uns dein besoffenes Narrenlied vom Regen, der regnet jeglichen Tag!
Klingsor küßte eine kleine Frauenhand, er lehnte sich an eine wohlig atmende Frauenbrust. Ein Fuß unterm Tisch spielte mit seinem. Er wußte nicht, wessen Hand oder wessen Fuß, er spürte Zärtlichkeit um sich, fühlte alten Zauber neu und dankbar: er war noch jung, es war noch weit vom Ende, noch ging Strahlung und Verlockung von ihm aus, noch liebten sie ihn, die guten ängstlichen Weibchen, noch zählten sie auf ihn.
Er blühte höher auf. Mit leiser, singender Stimme begann er zu erzählen, ein ungeheures Epos, die Geschichte einer Liebe, oder eigentlich einer Reise nach der Südsee, wo er in Begleitung von Gauguin und Robinson die Papageieninsel entdeckt und den Freistaat der glückseligen Inseln

begründet hatte. Wie hatten die tausend Papageien im Abendlicht gefunkelt, wie hatten ihre blauen Schwänze sich in der grünen Bucht gespiegelt! Ihr Geschrei und das hundertstimmige Geschrei der großen Affen hat ihn wie ein Donner begrüßt, ihn, Klingsor, als er seinen Freistaat ausrief. Dem weißen Kakadu hatte er die Bildung eines Kabinetts aufgetragen, und mit dem mürrischen Nashornvogel hatte er Palmwein aus schweren Kokosbechern getrunken. Oh, Mond von damals, Mond der seligen Nächte, Mond über der Pfahlhütte im Schilf! Sie hieß Kül Kalüa, die braune scheue Prinzessin, schlank und langgliedrig schritt sie im Pisanggehölz, honigglänzend unterm saftigen Dach der Riesenblätter, Rehauge im sanften Gesicht, Katzenglut im starken biegsamen Rücken, Katzensprung im federnden Knöchel und sehnigen Bein. Kül Kalüa, Kind, Urglut und Kinderunschuld des heiligen Südostens, tausend Nächte lagst du an Klingsors Brust, und jede war neu, jede war inniger, war holder als alle gewesenen. Oh, Fest des Erdgeistes, wo die Jungfern der Papageieninsel vor dem Gotte tanzten!

Über Insel, Robinson und Klingsor, über Geschichte und Zuhörer wölbte sich die weißgestirnte Nacht, zärtlich schwoll der Berg wie ein sanfter atmender Bauch und Busen unter den Bäumen und Häusern und Füßen der Menschen, im Eilschritt tanzte fiebernd der feuchte Mond über die Himmelshalbkugel, von den Sternen im wilden schweigenden Tanz verfolgt. Ketten von Sternen waren aufgereiht, gleißende Schnur der Drahtseilbahn zum Paradiese. Urwald dunkelte mütterlich, Schlamm der Urwelt duftete Verfall und Zeugung, Schlange kroch und Krokodil, ohne Ufer ergoß sich der Strom der Gestaltungen.

»Ich werde doch wieder malen«, sagte Klingsor, »schon morgen. Aber nicht mehr diese Häuser und Leute und Bäume. Ich male Krokodile und Seesterne, Drachen und Purpurschlangen, und alles im Werden, alles in der Wandlung, voll Sehnsucht, Mensch zu werden, voll Sehnsucht, Stern zu werden, voll Geburt, voll Verwesung, voll Gott und Tod.«

Mitten durch seine leisen Worte und durch die aufgewühlte trunkne Stunde klang tief und klar Ersilias Stimme, still sang sie das Lied vom bel mazzo di fiori vor sich hin, Friede strömte von ihrem Liede aus, Klingsor hörte es wie von einer fernen schwimmenden Insel über Meere von Zeit und Einsamkeit herüber. Er drehte seine leere Weintasse um, er schenkte nicht mehr ein. Er hörte zu. Ein Kind sang. Eine Mutter sang. War man nun ein verirrter und verruchter Kerl, im Schlamm der Welt gebadet, ein Strolch und Luder, oder war man ein kleines dummes Kind?

»Ersilia«, sagte er mit Ehrerbietung, »du bist unser guter Stern.«

Durch steilen finstern Wald bergan, an Zweig und Wurzel geklammert, quoll man hinweg, den Heimweg suchend. Lichter Waldrand ward erreicht, Feld geentert, schmaler Weg im Maisfeld atmete Nacht und Heimkehr, Mondblick im spiegelnden Blatt des Maises, Rebenreihen schräg entfliehend. Nun sang Klingsor, leise, mit der etwas heiseren Stimme, sang leise und viel, deutsch und malaiisch, mit Worten und ohne Worte. Im leisen Gesang strömte er gestaute Fülle aus, wie eine braune Mauer am Abend gesammeltes Tageslicht ausstrahlt.

Hier nahm einer der Freunde Abschied, und dort einer, schwand im Rebenschatten auf kleinem Pfad dahin. Jeder

ging, jeder war für sich, suchte Heimkehr, war allein unterm Himmel. Eine Frau küßte Klingsor zur guten Nacht, brennend sog ihr Mund an seinem. Weg rollten sie, weg schmolzen sie, alle. Als Klingsor allein die Treppe zu seiner Wohnung erstieg, sang er noch immer. Er besang und lobte Gott und sich selbst, er pries Li Tai Po und pries den guten Wein von Pampambio. Wie ein Götze ruhte er auf Wolken der Bejahung.
»Inwendig«, sang er, »bin ich wie eine Kugel von Gold, wie die Kuppel eines Domes, man kniet darin, man betet, Gold strahlt von der Wand, auf altem Bilde blutet der Heiland, blutet das Herz der Maria. Wir bluten auch, wir Anderen, wir Irrgegangenen, wir Sterne und Kometen, sieben und vierzehn Schwerter gehn durch unsre selige Brust. Ich liebe dich, blonde und schwarze Frau, ich liebe alle, auch die Philister; ihr seid arme Teufel wie ich, ihr seid arme Kinder und fehlgeratene Halbgötter wie der betrunkne Klingsor. Sei mir gegrüßt, geliebtes Leben! Sei mir gegrüßt, geliebter Tod!«

Klingsor an Edith

Lieber Stern am Sommerhimmel!
Wie hast Du mir gut und wahr geschrieben, und wie ruft Deine Liebe mir schmerzlich zu, wie ewiges Leid, wie ewiger Vorwurf. Aber Du bist auf gutem Wege, wenn Du mir, wenn Du Dir selbst jede Empfindung des Herzens eingestehst. Nur nenne keine Empfindung klein, keine Empfindung unwürdig! Gut, sehr gut ist jede, auch der Haß, auch der Neid, auch die Eifersucht, auch die Grausamkeit. Von nichts andrem leben wir als von unsern

armen, schönen, herrlichen Gefühlen, und jedes, dem wir unrecht tun, ist ein Stern, den wir auslöschen.

Ob ich Gina liebe, weiß ich nicht. Ich zweifle sehr daran. Ich würde kein Opfer für sie bringen. Ich weiß nicht, ob ich überhaupt lieben kann. Ich kann begehren und kann mich in andern Menschen suchen, nach Echo aushorchen, nach einem Spiegel verlangen, kann Lust suchen, und alles das kann wie Liebe aussehen.

Wir gehen beide, Du und ich, im selben Irrgarten, im Garten unsrer Gefühle, die in dieser üblen Welt zu kurz gekommen sind, und wir nehmen dafür, jeder nach seiner Art, Rache an dieser bösen Welt. Wir wollen aber einer des andern Träume bestehen lassen, weil wir wissen, wie rot und süß der Wein der Träume schmeckt.

Klarheit über ihre Gefühle und über die »Tragweite« und Folgen ihrer Handlungen haben nur die guten, gesicherten Menschen, die an das Leben glauben und keinen Schritt tun, den sie nicht auch morgen und übermorgen werden billigen können. Ich habe nicht das Glück, zu ihnen zu zählen, und ich fühle und handle so, wie einer, der nicht an morgen glaubt und jeden Tag für den letzten ansieht.

Liebe schlanke Frau, ich versuche ohne Glück meine Gedanken auszudrücken. Ausgedrückte Gedanken sind immer so tot! Lassen wir sie leben! Ich fühle tief und dankbar, wie Du mich verstehst, wie etwas in Dir mir verwandt ist. Wie das im Buch des Lebens zu buchen sei, ob unsre Gefühle Liebe, Wollust, Dankbarkeit, Mitleid, ob sie mütterlich oder kindlich sind, das weiß ich nicht. Oft sehe ich jede Frau an wie ein alter gewiegter Wüstling und oft wie ein kleiner Knabe. Oft hat die keuscheste Frau für mich die größte Verlockung, oft die üppigste. Alles ist

schön, alles ist heilig, alles ist unendlich gut, was ich lieben darf. Warum, wie lange, in welchem Grad, das ist nicht zu messen.
Ich lieb nicht Dich allein, das weißt Du, ich liebe auch nicht Gina allein, ich werde morgen und übermorgen andre Bilder lieben, andere Bilder malen. Bereuen aber werde ich keine Liebe, die ich je gefühlt, und keine Weisheit oder Dummheit, die ich ihretwegen begangen. Dich liebe ich vielleicht, weil Du mir ähnlich bist. Andre liebe ich, weil sie so anders sind als ich.
Es ist spät in der Nacht, der Mond steht überm Salute.
Wie lacht das Leben, wie lacht der Tod!
Wirf den dummen Brief ins Feuer, und wirf ins Feuer

Deinen Klingsor

Die Musik des Untergangs

Der letzte Tag des Juli war gekommen, Klingsors Lieblingsmonat, die hohe Festzeit Li Tai Pos, war verblüht, kam nimmer wieder, Sonnenblumen schrien im Garten golden ins Blau empor. Zusammen mit dem treuen Thu Fu pilgerte Klingsor an diesem Tage durch eine Gegend, die er liebte: verbrannte Vorstädte, staubige Straßen unter hoher Allee, rot und orange bemalte Hütten am sandigen Ufer, Lastwagen und Ladeplätze der Schiffe, lange violette Mauern, farbiges armes Volk. Am Abend dieses Tages saß er am Rand einer Vorstadt im Staube und malte die farbigen Zelte und Wagen eines Karussells, am Straßenbord auf kahlem, versengtem Anger saß er hingekauert, angesogen von den starken Farben der Zelte. Tief biß er sich fest im verschossenen Lila einer Zeltborte, im

freudigen Grün und Rot der schwerfälligen Wohnwagen, in den blau-weiß gestrichnen Gerüststangen. Grimmig wühlte er im Kadmium, wild im süßkühlen Kobalt, zog die verfließenden Striche Krapplack durch den gelb und grünen Himmel. Noch eine Stunde, oh, weniger, dann war Schluß, die Nacht kam, und morgen begann schon der August, der brennende Fiebermonat, der so viel Todesfurcht und Bangnis in seine glühenden Becher mischt. Die Sense war geschärft, die Tage neigten sich, der Tod lachte versteckt im bräunenden Laub. Klinge hell und schmettre Kadmium! Prahle laut, üppiger Krapplack! Lache grell, Zitronengelb! Her mit dir, tiefblauer Berg der Ferne! An mein Herz ihr, staubgrüne matte Bäume! Wie seid ihr müd, wie laßt ihr ergebene fromme Äste sinken! Ich trinke euch, holde Erscheinungen! Ich täusche euch Dauer und Unsterblichkeit vor, ich, der Vergänglichste, der Ungläubigste, der Traurigste, der mehr als ihr alle an der Angst vor dem Tode leidet. Juli ist verbrannt, August wird schnell verbrannt sein, plötzlich fröstelt uns aus gelbem Laub am betauten Morgen das große Gespenst entgegen. Plötzlich fegt November über den Wald. Plötzlich lacht das große Gespenst, plötzlich friert uns das Herz, plötzlich fällt uns das liebe rosige Fleisch von den Knochen, in der Wüste heult der Schakal, heiser singt sein verfluchtes Lied der Aasgeier. Ein verfluchtes Blatt der Großstadt bringt mein Bild, und darunter steht: »Vortrefflicher Maler, Expressionist, großer Kolorist, starb am sechzehnten dieses Monats.«
Voll Haß riß er eine Furche Pariserblau unter den grünen Zigeunerwagen. Voll Erbitterung schlug er die Kante Chromgelb auf die Prellsteine. Voll tiefer Verzweiflung setzte er Zinnober in einen ausgesparten Fleck, vertilgte

das fordernde Weiß, kämpfte blutend um Fortdauer, schrie hellgrün und neapelgelb zum unerbittlichen Gott. Stöhnend warf er mehr Blau in das fade Staubgrün, flehend zündete er innigere Lichter im Abendhimmel an. Die kleine Palette voll reiner, unvermischter Farben voll hellster Leuchtkraft, sie war sein Trost, sein Turm, sein Arsenal, sein Gebetbuch, seine Kanone, aus der er nach dem bösen Tode schoß. Purpur war Leugnung des Todes, Zinnober war Verhöhnen der Verwesung. Gut war sein Arsenal, glänzend stand seine kleine tapfere Truppe, strahlend läuteten die raschen Schüsse seiner Kanonen auf. Es half nichts, alles Schießen war ja vergebens, aber Schießen war doch gut, war Glück und Trost, war noch Leben, war noch Triumphieren.

Thu Fu war gegangen, einen Freund zu besuchen, der dort zwischen Fabrik und Ladeplatz seine Zauberburg bewohnte. Nun kam er und brachte ihn mit, den armenischen Sterndeuter.

Klingsor, mit dem Bilde fertig, atmete tief auf, als er die beiden Gesichter bei sich sah, das blonde gute Haar Thu Fus, den schwarzen Bart und den mit weißen Zähnen lächelnden Mund des Magiers. Und da kam mit ihnen auch der Schatten, der lange, dunkle, mit den weit zurückgeflohenen Augen in den tiefen Höhlen. Willkommen auch du, Schatten, lieber Kerl!

»Weißt du, was für ein Tag heut ist?« fragte Klingsor seinen Freund.

»Der letzte Juli, ich weiß.«

»Ich stellte heut ein Horoskop«, sagte der Armenier, »und da sah ich, daß dieser Abend mir etwas bringen wird. Saturn steht unheimlich, Mars neutral, Jupiter dominiert. Li Tai Po, sind Sie nicht ein Julikind?«

»Ich bin am zweiten Juli geboren.«
»Ich dachte es. Ihre Sterne stehen verwirrt, Freund, nur Sie selbst können sie deuten. Fruchtbarkeit umgibt Sie wie eine Wolke, die nahe am Bersten ist. Seltsam stehen Ihre Sterne, Klingsor, Sie müssen es fühlen.«
Li packte sein Gerät zusammen. Erloschen war die Welt, die er gemalt hatte, erloschen der gelb und grüne Himmel, ertrunken die blaue helle Fahne, ermordet und verwelkt das schöne Gelb. Er war hungrig und durstig, die Kehle hing ihm voll Staub.
»Freunde«, sagte er herzlich, »wir wollen diesen Abend beisammen bleiben. Wir werden nicht mehr zusammen sein, wir alle vier, ich lese das nicht aus den Sternen, es steht mir im Herzen geschrieben. Mein Julimond ist vorüber, dunkel glühn seine letzten Stunden, in der Tiefe ruft die große Mutter. Nie war die Welt so schön, nie war ein Bild von mir so schön, Wetterleuchten zuckt, Musik des Untergangs ist angestimmt. Wir wollen sie mitsingen, die süße bange Musik, wir wollen hier beisammen bleiben und Wein trinken und Brot essen.«
Neben dem Karussell, dessen Zelt eben abgedeckt und für den Abend gerüstet wurde, standen einige Tische unter Bäumen, eine hinkende Magd ging ab und zu, ein kleines Wirtshaus lag im Schatten. Hier blieben sie und saßen am Brettertisch, Brot wurde gebracht und Wein in die irdenen Schalen geschenkt, unter den Bäumen glommen Lichter auf, drüben begann die Orgel des Karussells zu erdröhnen, heftig warf sie ihre bröckelnde gelle Musik in den Abend.
»Dreihundert Becher will ich heute leeren«, rief Ti Tai Po und stieß mit dem Schatten an. »Sei gegrüßt, Schatten, standhafter Zinnsoldat! Seid gegrüßt, Freunde! Seid

gegrüßt, elektrische Lichter, Bogenlampen und funkelnde Pailletten am Karussell! Oh, daß Louis da wäre, der flüchtige Vogel! Vielleicht ist er uns schon vorausgeflogen in den Himmel. Vielleicht auch kommt er morgen wieder, der alte Schakal, und findet uns nicht mehr und lacht und pflanzt Bogenlampen und Fahnenstangen auf unser Grab.«

Still ging der Magier und holte neuen Wein, froh lächelten seine weißen Zähne aus dem roten Mund.

»Schwermut«, sagte er mit einem Blick zu Klingsor hinüber, »ist eine Sache, die man nicht mit sich tragen sollte. Es ist so leicht – es ist das Werk einer Stunde, einer kurzen intensiven Stunde mit zusammengebissenen Zähnen, dann ist man mit der Schwermut für immer fertig.«

Klingsor sah aufmerksam auf seinen Mund, auf die hellen klaren Zähne, welche einst in einer glühenden Stunde die Schwermut erwürgt und totgebissen hatten. War auch ihm möglich, was dem Sterndeuter möglich gewesen war? Oh, kurzer süßer Blick in ferne Gärten: Leben ohne Angst, Leben ohne Schwermut! Er wußte, diese Gärten waren ihm unerreichbar. Er wußte, ihm war andres bestimmt, anders blickte zu ihm Saturn herüber, andre Lieder wollte Gott auf seinen Saiten spielen.

»Jeder hat seine Sterne«, sagte Klingsor langsam, »jeder hat seinen Glauben. Ich glaube nur an eines: an den Untergang. Wir fahren in einem Wagen überm Abgrund, und die Pferde sind scheu geworden. Wir stehen im Untergang, wir alle, wir müssen sterben, wir müssen wieder geboren werden, die große Wende ist für uns gekommen. Es ist überall das gleiche: der große Krieg, die große Wandlung in der Kunst, der große Zusammenbruch der Staaten des Westens. Bei uns im alten Europa ist alles das gestorben, was bei uns gut und unser eigen war; unsre schöne Vernunft ist Irrsinn geworden, unser Geld ist Papier, unsre Maschinen können bloß noch schießen und explodieren, unsre Kunst ist Selbstmord. Wir gehen unter, Freunde, so ist es uns bestimmt, die Tonart Tsing Tse ist angestimmt.«

Der Armenier schenkte Wein ein.

»Wie Sie wollen«, sagte er. »Man kann ja sagen, und man kann nein sagen, das ist nur Kinderspiel. Untergang ist etwas, das nicht existiert. Damit Untergang oder Aufgang wäre, müßte es unten und oben geben. Unten und oben aber gibt es nicht, das lebt nur im Gehirn des Menschen, in der Heimat der Täuschungen. Alle Gegensätze sind Täuschungen: weiß und schwarz ist Täuschung, Tod und Leben ist Täuschung, gut und böse ist Täuschung. Es ist das Werk einer Stunde, einer glühenden Stunde mit zusammengebissenen Zähnen, dann hat man das Reich der Täuschungen überwunden.«

Klingsor hörte seiner guten Stimme zu.

»Ich spreche von uns«, gab er Antwort, »ich spreche von Europa, von unsrem alten Europa, das zweitausend Jahre lang das Gehirn der Welt zu sein glaubte. Dies geht unter. Meinst du, Magier, ich kenne dich nicht? Du bist ein Bote aus dem Osten, ein Bote auch an mich, vielleicht ein Spion, vielleicht ein verkleideter Feldherr. Du bist hier, weil hier das Ende beginnt, weil du hier Untergang witterst. Aber wir gehen gerne unter, du, wir sterben gerne, wir wehren uns nicht.«

»Du kannst auch sagen: gerne werden wir geboren«, lachte der Asiate. »Dir scheint es Untergang, mir scheint es vielleicht Geburt. Beides ist Täuschung. Der Mensch, der an die Erde glaubt als an die feststehende Scheibe unterm Himmel, der sieht und glaubt Aufgang und Untergang – und alle, fast alle Menschen glauben an die feste Scheibe! Die Sterne selbst wissen kein Auf und Unter.«

»Sind nicht Sterne untergegangen?« rief Thu Fu.

»Für uns, für unsre Augen.«

Er schenkte die Tassen voll, immer machte er den Schenken, immer war er dienstfertig und lächelte dazu. Er ging mit dem leeren Kruge weg, neuen Wein zu holen. Schmetternd schrie die Karussellmusik.

»Gehen wir hinüber, es ist so schön«, bat Thu Fu, und sie gingen hin, standen an der bemalten Barriere, sahen im stechenden Glanz der Pailletten und Spiegel das Karussell im Kreise wüten, hundert Kinder mit den Augen gierig am Glanze hängen. Einen Augenblick fühlte Klingsor tief und lachend das Urtümliche und Negerhafte dieser kreiselnden Maschine, dieser mechanischen Musik, dieser grellen wilden Bilder und Farben, Spiegel und irrsinnigen Schmucksäulen, alles trug Züge von Medizinmann und Schamane, von Zauber und uralter Rattenfängerei, und der ganze wilde wüste Glanz war im Grund nichts andres als der zuckende Glanz des Blechlöffels, den der Hecht für ein Fischlein hält und an dem man ihn herauszieht.

Alle Kinder mußten Karussell fahren. Allen Kindern gab Thu Fu Geld, alle Kinder lud der Schatten ein. In Knäueln umgaben sie die Schenkenden, hingen sich an, flehten, dankten. Ein schönes blondes Mädchen, zwölfjährig, dem gaben sie alle, sie fuhr jede Runde. Im Lichterglanz wehte hold der kurze Rock um ihre schönen Knabenbeine. Ein Knabe weinte. Knaben schlugen sich. Peitschend knallten zur Orgel die Tschinellen, gossen Feuer in den Takt, Opium in den Wein. Lange standen die vier im Getümmel.

Wieder saßen sie dann unterm Baume, in die Tassen goß der Armenier den Wein, schürte Untergang, lächelte hell.
»Dreihundert Becher wollen wir heute leeren«, sang Klingsor; sein verbrannter Schädel glühte gelb, laut schallte sein Gelächter hin; Schwermut kniete, ein Riese, auf seinem zuckenden Herzen. Er stieß an, er pries den Untergang, das Sterbenwollen, die Tonart Tsing Tse. Brausend erscholl die Karussellmusik. Aber innen im Herzen saß Angst, das Herz wollte nicht sterben, das Herz haßte den Tod.
Plötzlich klirrte eine zweite Musik wütend in die Nacht, schrill, hitzig, aus dem Hause her. Im Erdgeschoß, neben dem Kamin, dessen Gesimse voll und schön geordneter Weinflaschen stand, knallte ein Maschinengewehr los, Maschinengewehr, wild, scheltend, überstürzt. Leid schrie aus verstimmten Tönen, Rhythmus bog mit schwerer Dampfwalze stöhnende Dissonanzen nieder. Volk war da, Licht, Lärm, Burschen tanzten und Mädchen, auch die hinkende Magd, auch Thu Fu. Er tanzte mit dem blonden kleinen Mädchen, Klingsor sah zu, leicht und hold wehte ihr kurzes Sommerkleid um die dünnen schönen Beine, freundlich lächelte Thu Fus Gesicht, voll Liebe. An der Kaminecke saßen die andern, vom Garten hereingekommen, nah bei der Musik, mitten im Lärm. Klingsor sah Töne, hörte Farben. Der Magier nahm Flaschen vom Kamin, öffnete, schenkte ein. Hell stand sein Lächeln auf dem braunen klugen Gesicht. Furchtbar donnerte die Musik im niedern Saal. In die Reihe der alten Flaschen überm Kamin brach der Armenier langsam eine Bresche, wie ein Tempelräuber Kelch um Kelch die Geräte eines Altars wegnimmt.
»Du bist ein großer Künstler«, flüsterte der Sterndeuter

Klingsor zu, indem er seine Tasse füllte. »Du bist einer der größten Künstler dieser Zeit. Du hast das Recht, dich Li Tai Po zu nennen. Aber du bist, Li Tai, du bist ein gehetzter, armer, ein gepeinigter und angstvoller Mensch. Du hast die Musik des Untergangs angestimmt, du sitzest singend in deinem brennenden Haus, das du selber angezündet hast, und es ist dir nicht wohl dabei, Li Tai Po, auch wenn du jeden Tag dreihundert Becher leerst und mit dem Monde anstößt. Es ist dir nicht wohl dabei, es ist dir sehr weh dabei, Sänger des Untergangs, willst du nicht innehalten? Willst du nicht leben? Willst du nicht fortdauern?«

Klingsor trank und flüsterte mit seiner etwas heisern Stimme zurück: »Kann man denn Schicksal wenden? Gibt es denn Freiheit des Wollens? Kannst denn du, Sterndeuter, meine Sterne anders lenken?«

»Nicht lenken, nur deuten kann ich sie. Lenken kannst nur du dich selbst. Es gibt Freiheit des Wollens. Sie heißt Magie.«

»Warum soll ich Magie treiben, wenn ich Kunst treiben kann? Ist Kunst nicht ebenso gut?«

»Alles ist gut. Nichts ist gut. Magie hebt Täuschungen auf. Magie hebt jene schlimmste Täuschung auf, die wir ›Zeit‹ heißen.«

»Tut das Kunst nicht auch?«

»Sie versucht es. Ist dein gemalter Juli, den du in deinen Mappen hast, dir genug? Hast du Zeit aufgehoben? Bist du ohne Angst vor dem Herbst, vor dem Winter?«

Klingsor seufzte und schwieg, schweigend trank er, schweigend füllte der Magier seine Tasse. Irrsinnig tobte die entfesselte Klaviermaschine, zwischen den Tanzenden schwebte engelhaft Thu Fus Gesicht. Der Juli war zu Ende.

Klingsor spielte mit den leeren Flaschen auf dem Tische, ordnete sie im Kreise.

»Dies sind unsre Kanonen«, rief er, »mit diesen Kanonen schießen wir die Zeit kaputt, den Tod kaputt, das Elend kaputt. Auch mit Farben habe ich auf den Tod geschossen, mit dem feurigen Grün, mit dem knallenden Zinnober, mit dem süßen Geraniumlack. Oft habe ich ihn auf den Schädel getroffen, Weiß und Blau habe ich ihm ins Auge gejagt. Oft habe ich ihn in die Flucht geschlagen. Noch oft werde ich ihn treffen, ihn besiegen, ihn überlisten. Seht den Armenier, wieder öffnet er eine alte Flasche, und die eingeschlossene Sonne vergangener Sommer schießt uns ins Blut. Auch der Armenier hilft uns, auf den Tod zu schießen, auch der Armenier weiß keine andere Waffe gegen den Tod.«

Der Magier brach Brot und aß.

»Gegen den Tod brauche ich keine Waffe, weil es keinen Tod gibt. Es gibt aber eines: Angst vor dem Tode. Die kann man heilen, gegen die gibt es eine Waffe. Es ist die Sache einer Stunde, die Angst zu überwinden. Aber Li Tai Po will nicht. Li liebt ja den Tod, er liebt ja seine Angst vor dem Tode, seine Schwermut, sein Elend, nur die Angst hat ihn ja all das gelehrt, was er kann und wofür wir ihn lieben.«

Spöttisch stieß er an, seine Zähne blitzten, immer heiterer ward sein Gesicht, Leid schien ihm fremd. Niemand gab Antwort. Klingsor schoß mit der Weinkanone gegen den Tod. Groß stand der Tod vor den offenen Türen des Saales, der von Menschen, Wein und Tanzmusik geschwollen war. Groß stand der Tod vor den Türen, leise rüttelte er am schwarzen Akazienbaum, finster stand er im Garten auf der Lauer. Alles war draußen voll Tod,

voll von Tod, nur hier im engen schallenden Saal ward noch gekämpft, ward noch herrlich und tapfer gekämpft gegen den schwarzen Belagerer, der nah durch die Fenster greinte.
Spöttisch blickte der Magier über den Tisch, spöttisch schenkte er die Schalen voll. Viele Schalen schon hatte Klingsor zerbrochen, neue hatte er ihm gegeben. Viel hatte auch der Armenier getrunken, aber aufrecht saß er wie Klingsor.
»Laß uns trinken, Li«, höhnte er leise. »Du liebst ja den Tod, gerne willst du ja untergehen, gerne den Tod sterben. Sagtest du nicht so, oder habe ich mich getäuscht – oder hast du mich und dich selber am Ende getäuscht? Laß uns trinken, Li, laß uns untergehen!«
Zorn quoll in Klingsor empor. Auf stand er, stand aufrecht und hoch, der alte Sperber mit dem scharfen Kopf, spie in den Wein, zerschmiß seine volle Tasse am Boden. Weithin spritzte der rote Wein in den Saal, die Freunde wurden bleich, fremde Menschen lachten.
Aber schweigend und lächelnd holte der Magier eine neue Tasse, schenkte sie lächelnd voll, bot sie lächelnd Li Tai an. Da lächelte Li, da lächelte auch er. Über sein verzerrtes Gesicht lief das Lächeln wie Mondlicht.
»Kinder«, rief er, »laßt diesen Fremdling reden! Er weiß viel, der alte Fuchs, er kommt aus einem versteckten und tiefen Bau. Er weiß viel, aber er versteht uns nicht. Er ist zu alt, um Kinder zu verstehen. Er ist zu weise, um Narren zu verstehen. Wir, wir Sterbenden, wissen mehr vom Tode als er. Wir sind Menschen, nicht Sterne. Seht da meine Hand, die eine kleine blaue Schale voll Wein hält! Sie kann viel, diese Hand, diese braune Hand. Sie hat mit vielen Pinseln gemalt, sie hat neue Stücke der

Welt aus dem Finstern gerissen und vor die Augen der Menschen gestellt. Diese braune Hand hat viele Frauen unterm Kinn gestreichelt, und hat viele Mädchen verführt, viel ist sie geküßt worden, Tränen sind auf sie gefallen, ein Gedicht hat Thu Fu auf sie gedichtet. Diese liebe Hand, Freunde, wird bald voll Erde und voll Maden sein, keiner von euch würde sie mehr anrühren. Wohl, eben darum liebe ich sie. Ich liebe meine Hand, ich liebe meine Augen, ich liebe meinen weißen, zärtlichen Bauch, ich liebe sie mit Bedauern und mit Spott und mit großer Zärtlichkeit, weil sie alle so bald verwelken und verfaulen müssen. Schatten, du dunkler Freund, alter Zinnsoldat auf dem Grabe Andersens, auch dir ergeht es so, lieber Kerl! Stoß mit mir an, unsre lieben Glieder und Eingeweide sollen leben!«

Sie stießen an, dunkel lächelte der Schatten aus seinen tiefen Höhlenaugen – und plötzlich ging etwas durch den Saal wie ein Wind, wie ein Geist. Verstummt war unversehens die Musik, plötzlich, wie erloschen, weggeflossen waren die Tänzer, von der Nacht verschlungen, und die Hälfte der Lichter war verlöscht. Klingsor blickte nach den schwarzen Türen. Draußen stand der Tod. Er sah ihn stehen. Er roch ihn. Wie Regentropfen in Landstraßenlaub, so roch der Tod.

Da rückte Li die Schale von sich weg, stieß den Stuhl von sich und ging langsam aus dem Saal, in den dunklen Garten hinaus und fort, im Finstern, Wetterleuchten überm Haupt, allein. Schwer lag ihm das Herz in der Brust, wie der Stein auf einem Grab.

Abend im August

Im sinkenden Abend kam Klingsor – er hatte den Nachmittag in Sonne und Wind bei Manuzzo und Veglia gemalt – sehr müde im Wald über Veglia zu einem kleinen, schlafenden Canvetto. Es gelang ihm, eine greise Wirtsfrau herbeizurufen, sie brachte ihm eine irdene Tasse voll Wein, er setzte sich auf einen Nußbaumstumpf vor der Tür und packte den Rucksack aus, fand noch ein Stück Käse und einige Pflaumen darin, und hielt sein Nachtmahl. Die alte Frau saß dabei, weiß, gebückt und zahnlos, und erzählte mit faltig arbeitendem Halse und stillgewordenen alten Augen vom Leben ihres Weilers und ihrer Familie, vom Krieg und der Teuerung und vom Stand der Felder, von Wein und Milch und was sie kosten, von gestorbenen Enkeln und ausgewanderten Söhnen; alle Lebenszeiten und Sternbilder dieses kleinen Bauernlebens lagen klar und freundlich ausgebreitet, rauh in dürftiger Schönheit, voll Freude und Sorge, voll Angst und Leben. Klingsor aß, trank, ruhte, hörte zu, fragte nach Kindern und Vieh, Pfarrer und Bischof, lobte freundlich den ärmlichen Wein, bot eine letzte Pflaume an, gab die Hand, wünschte eine glückliche Nacht und stieg, am Stock und mit dem Sack beschwert, langsam in den lichten Wald bergaufwärts, dem Nachtlager entgegen.
Es war die spätgoldene Stunde, noch glühte Licht des Tages überall, doch gewann der Mond schon Schimmer, und erste Fledermäuse schwammen in der grünen Flimmerluft. Ein Waldrand stand sanft im letzten Licht, helle Kastanienstämme vor schwarzen Schatten, eine gelbe Hütte strahlte leise das eingesogene Tageslicht von sich, sanftglühend wie ein gelber Topas, rosarot und violett

führten die kleinen Wege durch Wiesen, Reben und Wald, da und dort schon ein gelber Akazienzweig, der Westhimmel golden und grün über sammetblauen Bergen.
Oh, jetzt noch arbeiten zu können, in der letzten, verzauberten Viertelstunde des reifen Sommertages, der nie wieder kam! Wie namenlos schön war alles jetzt, wie ruhig, gut und spendend, wie voll von Gott!
Klingsor setzte sich ins kühle Gras, griff mechanisch nach dem Bleistift und ließ die Hand lächelnd wieder sinken. Er war todmüde. Seine Finger betasteten das trockene Gras, die trockene mürbe Erde. Wie lange noch, dann war dies liebe erregende Spiel vorbei! Wie lange noch, dann hatte man Hand und Mund und Augen voll Erde! Thu Fu hatte ihm dieser Tage ein Gedicht gesandt, dessen erinnerte er sich und sagte es langsam vor sich hin:

»Vom Baum des Lebens fällt
Mir Blatt um Blatt.
O taumelbunte Welt,
Wie machst du satt,
Wie machst du satt und müd,
Wie machst du trunken!
Was heut noch glüht,
Ist bald versunken.
Bald klirrt der Wind
Über mein braunes Grab,
Über das kleine Kind
Beugt sich die Mutter herab.
Ihre Augen will ich wiedersehn,
Ihr Blick ist mein Stern,
Alles andre mag gehn und verwehn,
Alles stirbt, alles stirbt gern.

Nur die ewige Mutter bleibt,
Von der wir kamen,
Ihr spielender Finger schreibt
In die flüchtige Luft unsre Namen.«

Nun, es war gut so. Wie viele hatte Klingsor noch von seinen zehn Leben? Drei? Zwei? Mehr als eines war es immer noch, immer noch mehr als ein braves, gewöhnliches Allerwelts- und Bürgerleben. Und viel hatte er getan, viel gesehen, viel Papier und Leinwand bemalt, viele Herzen in Liebe und Haß erregt, in Kunst und Leben viel Ärgernis und frischen Wind in die Welt gebracht. Viel Frauen hatte er geliebt, viele Traditionen und Heiligtümer zerstört, viel neue Dinge gewagt. Viele volle Becher hatte er leergesogen, viel Tage und Sternennächte geatmet, unter vielen Sonnen gebrannt, in vielen Wassern geschwommen. Nun saß er hier, in Italien oder Indien oder China, der Sommerwind stieß launisch in die Kastanienkronen, gut und vollkommen war die Welt. Es war gleichgültig, ob er noch hundert Bilder malte oder zehn, ob er noch zwanzig Sommer lebte oder einen. Müde war er geworden, müde. Alles stirbt, alles stirbt gern. Braver Thu Fu!

Es war Zeit, nach Hause zu kommen. Er würde ins Zimmer wanken, vom Wind durch die Balkontür empfangen. Er würde Licht machen und seine Skizzen auspacken. Das Waldinnere mit dem vielen Chromgelb und Chinesischblau war vielleicht gut, es würde einmal ein Bild geben. Auf denn, es war Zeit.

Er blieb dennoch sitzen, den Wind im Haar, in der wehenden, beschmierten Leinenjacke, Lächeln und Weh im abendlichen Herzen. Weich und schlaff wehte der

1928

Wind, weich und lautlos taumelten die Fledermäuse im erlöschenden Himmel. Alles stirbt, alles stirbt gern. Nur die ewige Mutter bleibt.
Er konnte auch hier schlafen, wenigstens eine Stunde, es war ja warm. Er legte den Kopf auf den Rucksack und sah in den Himmel. Wie ist die Welt schön, wie macht sie satt und müd!
Schritte kamen den Berg herab, kräftig auf losen hölzernen Sohlen. Zwischen den Farnen und Ginstern erschien eine Gestalt, eine Frau, schon waren die Farben ihrer Kleider nicht mehr zu erkennen. Sie kam näher, in gesundem, gleichmäßigem Tritt. Klingsor sprang auf und rief guten Abend. Sie erschrak ein wenig und blieb einen Augenblick stehen. Er sah ihr ins Gesicht. Er kannte sie, er wußte nicht, woher. Sie war hübsch und dunkel, hell blitzten ihre schönen, festen Zähne.
»Sieh da!« rief er und gab ihr die Hand. Er spürte, daß ihn etwas mit dieser Frau verband, irgendeine kleine Erinnerung. »Kennt man sich noch?«
»Madonna! Ihr seid ja der Maler von Castagnetta! Habt Ihr mich noch gekannt?«
Ja, jetzt wußte er. Sie war eine Bauernfrau vom Tavernetal, bei ihrem Hause hatte er einst, in der schon so schattentiefen und verwirrten Vergangenheit dieses Sommers, einige Stunden gemalt, hatte Wasser an ihrem Brunnen geschöpft, eine Stunde im Schatten des Feigenbaumes geschlummert, und zum Schluß einen Becher Wein und einen Kuß von ihr bekommen.
»Ihr seid nie mehr wiedergekommen«, klagte sie. »Ihr hattet es mir doch so sehr versprochen.«
Mutwille und Herausforderung klangen in ihrer tiefen Stimme. Klingsor wurde lebendig.

»Ecco, desto besser, daß du nun zu mir gekommen bist! Was für ein Glück ich habe, grade jetzt, wo ich so allein und traurig war!«

»Traurig? Macht mir nichts vor, Herr, Ihr seid ein Spaßmacher, kein Wort darf man Euch glauben. Na, ich muß aber weiter.«

»Oh, dann begleite ich dich.«

»Es ist nicht Euer Weg und ist auch nicht nötig. Was soll mir passieren?«

»Dir nichts, aber mir. Wie leicht könnte einer kommen und dir gefallen und ginge mit dir und küßte deinen lieben Mund und deinen Hals und deine schöne Brust, ein andrer statt meiner. Nein, das darf nicht sein.«

Er hatte die Hand um ihren Nacken gelegt und ließ sie nicht mehr los.

»Stern, mein kleiner! Schatz! Meine kleine süße Pflaume! Beiß mich, sonst esse ich dich.«

Er küßte sie, die sich lachend zurückbog, auf den offnen, starken Mund, zwischen Sträuben und Widerreden gab sie nach, küßte wieder, schüttelte den Kopf, lachte, suchte sich freizumachen. Er hielt sie an sich gezogen, seinen Mund auf ihrem, seine Hand auf ihrer Brust, ihr Haar roch wie Sommer, nach Heu, Ginster, Farnkraut, Brombeeren. Einen Augenblick tief Atem schöpfend, bog er den Kopf zurück, da sah er am verglühten Himmel klein und weiß den ersten Stern aufgegangen. Die Frau schwieg, ihr Gesicht war ernst geworden, sie seufzte, sie legte ihre Hand auf seine und drückte sie fester um ihre Brust. Er bückte sich sanft, drückte ihr den Arm in die Kniekehlen, die nicht widerstrebten, und bettete sie ins Gras.

»Hast du mich lieb?« fragte sie wie ein kleines Mädchen. »Povera me!«

Sie tranken den Becher, Wind strich über ihr Haar und nahm ihren Atem mit.

Ehe sie Abschied nahmen, suchte er im Rucksack, in seinen Rocktaschen, ob er ihr nichts zu schenken habe, fand eine kleine silberne Taschendose, noch halb voll von Zigarettentabak, die leerte er aus und gab sie ihr.

»Nein, kein Geschenk, gewiß nicht!« versicherte er. »Nur ein Andenken, daß du mich nicht vergißt.«

»Ich vergesse dich nicht«, sagte sie. Und: »Kommst du wieder?«

Er wurde traurig. Langsam küßte er sie auf beide Augen.

»Ich komme wieder«, sagte er.

Noch eine Weile hörte er, regungslos stehend, ihre Schritte auf den Holzsohlen bergabwärts klingen, über den Wiesengrund, durch den Wald, auf Erde, auf Fels, auf Laub, auf Wurzeln. Nun war sie fort. Schwarz stand der Wald in der Nacht, lau strich der Wind über die erloschene Erde. Irgend etwas, vielleicht ein Pilz, vielleicht ein welkes Farnkraut, roch scharf und bitter nach Herbst.

Klingsor konnte sich nicht zur Heimkehr entschließen. Wozu jetzt den Berg hinaufsteigen, wozu in seine Zimmer zu all den Bildern gehen? Er streckte sich ins Gras und lag und sah die Sterne an, schlief endlich ein und schlief, bis spät in der Nacht ein Tierschrei oder ein Windstoß oder die Kühle des Taus ihn erweckte. Dann stieg er nach Castagnetta hinauf, fand sein Haus, seine Tür, seine Zimmer. Briefe lagen da und Blumen, es war Freundesbesuch dagewesen.

So müde er war, er packte doch, nach der alten, zähen Gewöhnung, in aller Nacht noch seine Sachen aus und sah beim Lampenlicht die Skizzenblätter des Tages an.

Das Waldinnere war schön, Gekräut und Gestein im lichtdurchzuckten Schatten glänzte kühl und köstlich wie eine Schatzkammer. Es war richtig gewesen, daß er nur mit Chromgelb, Orange und Blau gearbeitet und das Zinnobergrün weggelassen hatte. Lange sah er das Blatt an.

Aber wozu? Wozu alle die Blätter voll Farbe? Wozu all die Mühe, all der Schweiß, all die kurze, trunkene Schaffenslust? Gab es Erlösung? Gab es Ruhe? Gab es Frieden?

Erschöpft sank er, kaum entkleidet, ins Bett, löschte das Licht, suchte nach Schlaf und summte leise die Verse Thu Fus vor sich hin:

»Bald klirrt der Wind
Über mein braunes Grab.«

Klingsor schreibt an Louis den Grausamen

Caro Luigi! Lange hat man Deine Stimme nicht mehr gehört. Lebst Du noch am Lichte? Nagt schon der Geier Dein Gebein?

Hast du einmal mit einer Stricknadel in einer stehengebliebenen Wanduhr gestochert? Ich tat es einmal, und habe es erlebt, daß plötzlich der Teufel in das Werk fuhr und die ganze vorhandene Zeit abrasselte, die Zeiger machten Wettrennen ums Zifferblatt, mit einem unheimlichen Geräusch drehten sie sich wahnsinnig fort, prestissimo, bis ebenso plötzlich alles abschnappte und die Uhr den Geist aufgab. Genau so ist es zur Zeit hier bei uns: Sonne und Mond rennen gehetzt wie Amokläufer über den Himmel, die Tage jagen sich, die Zeit läuft einem davon, wie durch ein Loch im Sack. Hoffentlich wird auch das Ende dann ein plötzliches sein und diese betrunkene Welt untergehen, statt wieder in ein bürgerliches Tempo zu fallen.

Die Tage über bin ich zu sehr beschäftigt, als daß ich etwas denken könnte (wie komisch das übrigens klingt, wenn man einen solchen sogenannten »Satz« einmal laut vor sich hinsagt: »als daß ich etwas denken könnte«)! Aber am Abend fehlst Du mir oft. Ich sitze dann meistens irgendwo im Wald in einem der vielen Keller und trinke den beliebten Rotwein, der zwar meistens nicht gut ist, aber doch auch das Leben tragen hilft und den Schlaf befördert. Einige Male bin ich sogar am Tisch im Grotto eingeschlafen und habe unter dem Grinsen der Eingeborenen bewiesen, daß es mit meiner Neurasthenie doch nicht so schlimm stehen kann. Manchmal sind Freunde und Mädchen dabei, und man übt seine Finger am Plastizin weiblicher Glieder und spricht über Hüte und Absätze und die Kunst. Manchmal glückt es, daß eine gute Temperatur erreicht wird, dann schreien und lachen wir die ganze Nacht, und die Leute freuen sich, daß Klingsor so ein lustiger Bruder ist. Es gibt hier eine sehr hübsche Frau, die jedesmal, wenn ich sie sehe, heftig nach Dir fragt.

Die Kunst, die wir beide treiben, hängt, wie ein Professor sagen würde, noch immer zu eng am Gegenstand (wäre fein als Bilderrätsel darzustellen). Wir malen immer noch, wenn auch mit etwas freier Handschrift und für den Bourgeois aufregend genug, die Dinge der »Wirklichkeit«: Menschen, Bäume, Jahrmärkte, Eisenbahnen, Landschaften. Darin fügen wir uns noch einer Konvention. »Wirklich« nennt ja der Bürger die Dinge, die von allen oder doch vielen ähnlich wahrgenommen und beschrieben werden. Ich habe im Sinn, sobald dieser Sommer herum ist, eine Zeitlang nur noch Phantasien zu malen, namentlich Träume. Es wird darin zum Teil auch nach Deinem Sinn zugehen, nämlich wahnsinnig lustig und überraschend, etwa so wie in den Geschichten Collofinos des Hasenjägers vom Kölner Dom. Wenn ich auch fühle, daß der Boden unter mir etwas dünn geworden ist, und wenn ich auch im ganzen mich wenig nach weitern Jahren und Taten sehne, ich möchte doch immerhin noch einige heftige Raketen dieser Welt in den Rachen jagen. Ein Bilderkäufer schrieb mir kürzlich, er sehe mit Bewunderung, wie ich in meinen neuesten Arbeiten eine zweite Jugend erlebe. Etwas daran ist ja richtig. Zu malen habe ich eigentlich erst dies Jahr recht angefangen, scheint mir. Aber es ist weniger ein Frühling, was ich da erlebe, als eine Explosion. Erstaunlich, wie viel Dynamit in mir noch steckt; aber Dynamit läßt sich schlecht im Sparherd brennen.

Lieber Louis, schon oft habe ich mich im stillen darüber gefreut, daß wir zwei alten Wüstlinge im Grunde so rührend schamhaft sind und einander lieber die Gläser an den Kopf schmeißen, als etwas von unsern Gefühlen gegeneinander merken zu lassen. Möge es so bleiben, alter Igel!

Wir haben dieser Tage in jenem Grotto bei Barengo ein Fest mit Brot und Wein gefeiert, herrlich klang unser Gesang im hohen Wald in der Mitternacht, die alten römischen Lieder. Man braucht so wenig zum Glück, wenn man älter wird und an den Füßen zu frieren beginnt: acht bis zehn Stunden Arbeit am Tag, einen Liter Piemonteser, ein halbes Pfund Brot, eine Virginia, ein paar Freundinnen, und allerdings Wärme und gutes Wet-

ter. Die haben wir, die Sonne funktioniert prachtvoll, mein Schädel ist verbrannt wie der einer Mumie.
An manchen Tagen habe ich das Gefühl, mein Leben und Arbeiten beginne eben erst, manchmal aber kommt es mir vor, ich habe achtzig Jahre schwer gearbeitet und habe bald einen Anspruch auf Ruhe und Feierabend. Jeder kommt einmal an ein Ende, mein Louis, auch ich, auch Du. Weiß Gott, was ich Dir da schreibe, man sieht, daß ich etwas unwohl bin. Es sind wohl Hypochondrien, ich habe viel Augenschmerzen, und manchmal verfolgt mich die Erinnerung an eine Abhandlung über Netzhautablösung, die ich vor Jahren gelesen habe.
Wenn ich durch meine Balkontür hinuntersehe, die Du kennst, dann wird mir klar, daß wir noch eine gute Weile fleißig sein müssen. Die Welt ist unsäglich schön und mannigfaltig, durch diese grüne hohe Tür läutet sie Tag und Nacht zu mir herauf und schreit und fordert, und immer wieder renne ich hinaus und reiße ein Stück davon an mich, ein winziges Stück. Die grüne Gegend hier ist durch den trocknen Sommer jetzt wunderbar licht und rötlich geworden, ich hätte nie gedacht, daß ich wieder zu Englischrot und Siena greifen würde. Dann steht der ganze Herbst bevor, Stoppelfelder, Weinlese, Maisernte, rote Wälder. Ich werde das alles noch einmal mitmachen, Tag für Tag, und noch einige hundert Studien malen. Dann aber, das fühle ich, werde ich den Weg nach innen gehen und noch einmal, wie ich es als junger Kerl eine Weile tat, ganz aus der Erinnerung und Phantasie malen, Gedichte machen und Träume spinnen. Auch das muß sein.
Ein großer Pariser Maler, den ein junger Künstler um Ratschläge bat, hat ihm gesagt: »Junger Mann, wenn Sie

ein Maler werden wollen, so vergessen Sie nicht, daß man vor allem gut essen muß. Zweitens ist die Verdauung wichtig, sorgen Sie für einen regelmäßigen Stuhlgang! Und drittens: halten Sie sich stets eine hübsche kleine Freundin!« Ja, man sollte meinen, diese Anfänge der Kunst habe ich gelernt, und es könne mir hierin eigentlich kaum fehlen. Aber dies Jahr, es ist verflucht, stimmt es bei mir auch in diesen einfachen Dingen nicht mehr recht. Ich esse wenig und schlecht, oft ganze Tage nur Brot, ich habe zuzeiten mit dem Magen zu tun (ich sage Dir: das Unnützeste, was man zu tun haben kann!), und ich habe auch keine richtige kleine Freundin, sondern habe mit vier, fünf Frauen zu tun und bin ebensooft erschöpft wie hungrig. Es fehlt etwas am Uhrwerk, und seit ich mit der Nadel hineingestochen habe, läuft es zwar wieder, aber rasch wie der Satan, und rasselt so unvertraut dabei. Wie einfach ist das Leben, wenn man gesund ist! Du hast noch nie einen so langen Brief von mir bekommen, außer vielleicht damals in der Zeit, wo wir über die Palette disputierten. Ich will aufhören, es geht gegen fünf Uhr, das schöne Licht fängt an. Sei gegrüßt von Deinem

Klingsor.

Nachschrift:

Ich erinnere mich, daß Du ein kleines Bild von mir gern hattest, das am meisten chinesische, das ich gemacht habe, mit der Hütte, dem roten Weg, den veronsergrünen Zakkenbäumen und der fernen Spielzeugstadt im Hintergrund. Ich kann es jetzt nicht schicken, weiß auch nicht, wo Du bist. Aber es gehört Dir, das möchte ich Dir für alle Fälle sagen.

Klingsor schickt seinem Freunde Thu Fu ein Gedicht

(Aus den Tagen, in welchen er an seinem Selbstbildnis malte)

Trunken sitz ich des Nachts im durchwehten Gehölz,
An den singenden Zweigen hat Herbst genagt;
Murmelnd läuft in den Keller,
Meine leere Flasche zu füllen, der Wirt.

Morgen, morgen haut mir der bleiche Tod
Seine klirrende Sense ins rote Fleisch,
Lange schon auf der Lauer
Weiß ich ihn liegen, den grimmen Feind.

Ihn zu höhnen, sing ich die halbe Nacht,
Lalle mein trunkenes Lied in den müden Wald;
Seiner Drohung zu lachen
Ist meines Liedes und meines Trinkens Sinn.

Vieles tat und erlitt ich, Wandrer auf langem Weg,
Nun am Abend sitz ich, trinke und warte bang,
Bis die blitzende Sichel
Mir das Haupt vom zuckenden Herzen trennt.

Das Selbstbildnis

In den ersten Septembertagen, nach vielen Wochen einer ungewöhnlichen trocknen Sonnenglut, gab es einige Regentage. In diesen Tagen malte Klingsor, in dem hochfenstrigen Saal seines Palazzos in Castagnetta, sein Selbstporträt, das jetzt in Frankfurt hängt.

Dies furchtbare und doch so zauberhaft schöne Bild, sein letztes ganz zu Ende geführtes Werk, steht am Ende der Arbeit jenes Sommers, am Ende einer unerhört glühenden, rasenden Arbeitszeit, als deren Gipfel und Krönung. Vielen ist es aufgefallen, daß jeder, der Klingsor kannte, ihn auf diesem Bilde sofort und unfehlbar wiedererkannte, obwohl niemals ein Bildnis sich so weit von jeder naturalistischen Ähnlichkeit entfernte.

Wie alle späteren Werke Klingsors, so kann man auch dies Selbstbildnis aus den verschiedensten Standpunkten betrachten. Für manche, zumal solche, die den Maler nicht kannten, ist das Bild vor allem ein Farbenkonzert, ein wunderbar gestimmter, trotz aller Buntheit still und edel wirkender Teppich. Andre sehen darin einen letzten kühnen, ja verzweifelten Versuch zur Befreiung vom Gegenständlichen: ein Antlitz wie eine Landschaft gemalt, Haare an Laub und Baumrinde erinnernd, Augenhöhlen wie Felsspalten – sie sagen, dies Bild erinnere an die Natur nur so wie mancher Bergrücken an ein Menschengesicht, mancher Baumast an Hände und Beine erinnert, nur von ferne her, nur gleichnishaft. Viele aber sehen im Gegenteil gerade in diesem Werk nur den Gegenstand, das Gesicht Klingsors, von ihm selbst mit unerbittlicher Psychologie zerlegt und gedeutet, eine riesige Konfession, ein rücksichtsloses, schreiendes, rührendes, erschreckendes Bekenntnis. Noch andere, und darunter einige seiner erbittertsten Gegner, sehen in diesem Bildnis lediglich ein Produkt und Zeichen von Klingsors angeblichem Wahnsinn. Sie vergleichen den Kopf des Bildes mit dem naturalistisch gesehenen Original, mit Photographien, und finden in den Deformationen und Übertreibungen der Formen negerhafte, entartete, atavistische, tierische Züge. Manche von diesen halten sich auch über das Götzenhafte und Phantastische dieses Bildes auf, sehen eine Art von monomanischer Selbstanbetung darin, eine Blasphemie und Selbstverherrlichung, eine Art von religiösem Größenwahn. Alle diese Arten der Betrachtung sind möglich und noch viele andere.

Während der Tage, die er an diesem Bilde malte, ging Klingsor nicht aus, außer des Nachts zum Wein, aß nur Brot und Obst, das ihm die Hauswirtin brachte, blieb unrasiert und sah mit den unter der verbrannten Stirn tief eingesunkenen Augen in dieser Verwahrlosung in der Tat erschreckend aus. Er malte sitzend und auswendig, nur von Zeit zu Zeit, fast nur in den Arbeitspausen, ging er zu dem großen, altmodischen, mit Rosenranken bemalten Spiegel an der Nordwand, streckte den Kopf vor, riß die Augen auf, schnitt Gesichter.

Viele, viele Gesichter sah er hinter dem Klingsor-Gesicht im großen Spiegel zwischen den dummen Rosenranken, viele Gesichter malte er in sein Gesicht hinein: Kindergesichter süß und erstaunt, Jünglingsschläfen voll Traum und Glut, spöttische Trinkeraugen, Lippen eines Dürstenden, eines Verfolgten, eines Leidenden, eines Suchenden, eines Wüstlings, eines enfant perdu. Den Kopf aber baute er majestätisch und brutal, einen Urwaldgötzen, einen in sich verliebten, eifersüchtigen Jehova, einen Popanz, vor dem man Erstlinge und Jungfrauen opfert. Dies waren einige seiner Gesichter. Ein andres war das des Verfallenden, des Untergehenden, des mit seinem Untergang Einverstandenen: Moos wuchs auf seinem Schädel, schief standen die alten Zähne, Risse durchzogen die welke

Haut, und in den Rissen stand Schorf und Schimmel. Das ist es, was einige Freunde an dem Bilde besonders lieben. Sie sagen: es ist der Mensch, ecce homo, der müde, gierige, wilde, kindliche und raffinierte Mensch unsrer späten Zeit, der sterbende, sterbenwollende Europamensch: von jeder Sehnsucht verfeinert, von jedem Laster krank, vom Wissen um seinen Untergang enthusiastisch beseelt, zu jedem Fortschritt bereit, zu jedem Rückschritt reif, ganz Glut und auch ganz Müdigkeit, dem Schicksal und dem Schmerz ergeben wie der Morphinist dem Gift, vereinsamt, ausgehöhlt, uralt, Faust zugleich und Karamasow, Tier und Weiser, ganz entblößt, ganz ohne Ehrgeiz, ganz nackt, voll von Kinderangst vor dem Tode und voll von müder Bereitschaft, ihn zu sterben.

Und noch weiter, noch tiefer hinter all diesen Gesichtern schliefen fernere, tiefere, ältere Gesichter, vormenschliche, tierische, pflanzliche, steinerne, so als erinnere sich der letzte Mensch auf Erden im Augenblick vor dem Tode nochmals traumschnell an alle Gestaltungen seiner Vorzeit und Weltenjugend.

In diesen rasend gespannten Tagen lebte Klingsor wie ein Ekstatiker. Nachts füllte er sich schwer mit Wein und stand dann, die Kerze in der Hand, vor dem alten Spiegel, betrachtete das Gesicht im Glas, das schwermütig grinsende Gesicht des Säufers. Den einen Abend hatte er eine Geliebte bei sich, auf dem Diwan im Studio, und während er sie nackt an sich gedrückt hielt, starrte er über ihre Schulter weg in den Spiegel, sah neben ihrem aufgelösten Haar sein verzerrtes Gesicht, voll Wollust und voll Ekel vor der Wollust, mit geröteten Augen. Er hieß sie morgen wiederkommen, aber Grauen hatte sie gefaßt, sie kam nicht wieder.

Nachts schlief er wenig. Oft erwachte er aus angstvollen

Träumen, Schweiß im Gesicht, wild und lebensmüde, und sprang doch alsbald auf, starrte in den Schrankspiegel, las die wüste Landschaft dieser verstörten Züge ab, düster, haßvoll, oder lächelnd, wie schadenfroh. Er hatte einen Traum, in dem sah er sich selbst, wie er gefoltert wurde, in die Augen wurden Nägel geschlagen, die Nase mit Haken aufgerissen; und er zeichnete dies gefolterte Gesicht, mit den Nägeln in den Augen, mit Kohle auf einen Buchdekkel, der ihm zur Hand lag; wir fanden das seltsame Blatt nach seinem Tode. Von einem Anfall von Gesichtsneuralgien befallen, hing er krumm über die Lehne eines Stuhles, lachte und schrei vor Pein und hielt sein entstelltes Gesicht vor das Glas des Spiegels, betrachtete die Zukkungen, verhöhnte die Tränen.
Und nicht sein Gesicht allein, oder seine tausend Gesichter, malte er auf dies Bild, nicht bloß seine Augen und Lippen, die leidvolle Talschlucht des Mundes, den gespaltenen Felsen der Stirn, die wurzelhaften Hände, die zukkenden Finger, den Hohn des Verstandes, den Tod im Auge. Er malte, in seiner eigenwilligen, überfüllten, gedrängten und zuckenden Pinselschrift sein Leben dazu, seine Liebe, seinen Glauben, seine Verzweiflung. Scharen nackter Frauen malte er mit, im Sturm vorbeigetrieben wie Vögel, Schlachtopfer vor dem Götzen Klingsor, und einen Jüngling mit dem Gesicht des Selbstmörders, ferne Tempel und Wälder, einen alten bärtigen Gott, mächtig und dumm, eine Frauenbrust, vom Dolch gespalten, Schmetterlinge mit Gesichtern auf den Flügeln, und zuhinterst im Bilde, am Rade des Chaos den Tod, ein graues Gespenst, der mit einem Speer, klein wie eine Nadel, in das Gehirn des gemalten Klingsor stach.
Wenn er stundenlang gemalt hatte, trieb Unruhe ihn auf,

rastlos lief er und flackernd durch sein Zimmer, die Türen wehten hinter ihm, riß Flaschen aus dem Schrank, riß Bücher aus den Schäften, Teppiche von den Tischen, lag lesend am Boden, lehnte sich tief atmend aus den Fenstern, suchte alte Zeichnungen und Photographien und füllte Böden und Tische und Betten und Stühle aller Zimmer mit Papieren, Bildern, Büchern, Briefen an. Alles wehte wirr und traurig durcheinander, wenn der Regenwind durch die Fenster kam. Er fand sein Kinderbildnis unter alten Sachen, Lichtbild aus seinem vierten Jahr, in einem weißen Sommeranzug, unterm weißlich hellblonden Haar ein süßtrotziges Knabengesicht. Er fand die Bilder seiner Eltern, Photographien von Jugendgeliebten. Alles beschäftigte, reizte, spannte, quälte ihn, riß ihn hin und her, alles riß er an sich, warf es wieder hin, bis er wieder davon zuckte, über seiner Holztafel hing und weitermalte. Tiefer zog er die Furchen durch das Geklüft seines Bildnisses, breiter baute er den Tempel seines Lebens auf, mächtiger sprach er die Ewigkeit jedes Daseins aus, schluchzender seine Vergänglichkeit, holder sein lächelndes Gleichnis, höhnischer seine Verurteilung zur Verwesung. Dann sprang er wieder auf, gejagter Hirsch, und lief den Trab des Gefangenen durch seine Zimmer. Freude durchzuckte ihn und tiefe Schöpfungswonne wie ein feuchtes frohlockendes Gewitter, bis Schmerz ihn wieder zu Boden warf und ihm die Scherben seines Lebens und seiner Kunst ins Gesicht schmiß. Er betete vor seinem Bild, und er spie es an. Er war irrsinnig, wie jeder Schöpfer irrsinnig ist. Aber er tat im Irrsinn des Schaffens unfehlbar klug wie ein Nachtwandler alles, was sein Werk förderte. Er fühlte gläubig, daß in diesem grausamen Kampf um sein Bildnis nicht nur Geschick und

Rechenschaft eines Einzelnen sich vollziehe, sondern Menschliches, sondern Allgemeines, Notwendiges. Er fühlte, nun stand er wieder vor einer Aufgabe, vor einem Schicksal, und alle vorhergegangene Angst und Flucht und aller Rausch und Taumel waren nur Angst und Flucht vor dieser seiner Aufgabe gewesen. Nun gab es nicht Angst noch Flucht mehr, nur noch Vorwärts, nur noch Hieb und Stich, Sieg und Untergang. Er siegte, und er ging unter, und litt und lachte und biß sich durch, tötete und starb, gebar und wurde geboren.

Ein französischer Maler wollte ihn besuchen, die Wirtin führte ihn ins Vorzimmer, Unordnung und Schmutz grinsten im überfüllten Raum. Klingsor kam, Farbe an den Ärmeln, Farbe im Gesicht, grau, unrasiert, mit langen Schritten schritten rannte er durch den Raum. Der Fremde brachte Grüße aus Paris und Genf, sprach seine Verehrung aus. Klingsor ging auf und ab, schien nicht zu hören. Verlegen schwieg der Gast und begann sich zurückzuziehen, da trat Klingsor zu ihm, legte ihm die farbenbedeckte Hand auf die Schulter, sah ihm nah ins Auge. »Danke«, sagte er langsam, mühsam, »danke, lieber Freund. Ich arbeite, ich kann nicht sprechen. Man spricht zu viel, immer. Seien Sie mir nicht böse, und grüßen Sie mir meine Freunde, sagen Sie ihnen, daß ich sie liebe.« Und verschwand wieder ins andere Zimmer.

Das fertige Bild stellte er, am Ende dieser gepeitschten Tage, in die unbenützte leere Küche und schloß ab. Er hat es nie gezeigt. Dann nahm er Veronal und schlief einen Tag und eine Nacht hindurch. Dann wusch er sich, rasierte sich, legte neue Wäsche und Kleider an, fuhr zur Stadt und kaufte Obst und Zigaretten, um sie Gina zu schenken. *(1919)*

1931

Siddhartha

Eine indische Dichtung

Erster Teil

Der Sohn des Brahmanen

Im Schatten des Hauses, in der Sonne des Flußufers bei den Booten, im Schatten des Salwaldes, im Schatten des Feigenbaumes wuchs Siddhartha auf, der schöne Sohn des Brahmanen, der junge Falke, zusammen mit Govinda, seinem Freunde, dem Brahmanensohn. Sonne bräunte seine lichten Schultern am Flußufer, beim Bade, bei den heiligen Waschungen, bei den heiligen Opfern. Schatten floß in seine schwarzen Augen im Mangohain, bei den Knabenspielen, beim Gesang der Mutter, bei den heiligen Opfern, bei den Lehren seines Vaters, des Gelehrten, beim Gespräch der Weisen. Lange schon nahm Siddhartha am Gespräch der Weisen teil, übte sich mit Govinda im Redekampf, übte sich mit Govinda in der Kunst der Betrachtung, im Dienst der Versenkung. Schon verstand er, lautlos das Om zu sprechen, das Wort der Worte, es lautlos in sich hinein zu sprechen mit dem Einhauch, es lautlos aus sich heraus zu sprechen mit dem Aushauch, mit gesammelter Seele, die Stirn umgeben vom Glanz des klardenkenden Geistes. Schon verstand er, im Innern seines Wesens Atman zu wissen, unzerstörbar, eins mit dem Weltall.

Freude sprang in seines Vaters Herzen über den Sohn, den Gelehrigen, den Wissensdurstigen, einen großen Weisen und Priester sah er in ihm heranwachsen, einen Fürsten unter den Brahmanen.

Wonne sprang in seiner Mutter Brust, wenn sie ihn sah, wenn sie ihn schreiten, wenn sie ihn niedersitzen und aufstehen sah, Siddhartha, den Starken, den Schönen, den auf schlanken Beinen Schreitenden, den mit vollkommenem Anstand sie Begrüßenden.

Liebe rührte sich in den Herzen der jungen Brahmanentöchter, wenn Siddhartha durch die Gassen der Stadt ging, mit der leuchtenden Stirn, mit dem Königsauge, mit den schmalen Hüften.

Mehr als sie alle aber liebte ihn Govinda, sein Freund, der Brahmanensohn. Er liebte Siddharthas Auge und holde Stimme, er liebte seinen Gang und den vollkommenen Anstand seiner Bewegungen, er liebte alles, was Siddhartha tat und sagte, und am meisten liebte er seinen Geist, seine hohen, feurigen Gedanken, seinen glühenden Willen, seine hohe Berufung. Govinda wußte: dieser wird kein gemeiner Brahmane werden, kein fauler Opferbeamter, kein habgieriger Händler mit Zaubersprüchen, kein eitler, leerer Redner, kein böser, hinterlistiger Priester, und auch kein gutes, dummes Schaf in der Herde der Vielen. Nein, und auch er, Govinda, wollte kein solcher werden, kein Brahmane, wie es zehntausend gibt. Er wollte Siddhartha folgen, dem Geliebten, dem Herrlichen. Und wenn Siddhartha einstmals ein Gott würde, wenn er einstmals eingehen würde zu den Strahlenden, dann wollte Govinda ihm folgen, als sein Freund, als sein Begleiter, als sein Diener, als sein Speerträger, sein Schatten.

So liebten den Siddhartha alle. Allen schuf er Freude, allen war er zur Lust.

Er aber, Siddhartha, schuf sich nicht Freude, er war sich nicht zur Lust. Wandelnd auf den rosigen Wegen des Feigengartens, sitzend im bläulichen Schatten des Hains der Betrachtung, waschend seine Glieder im täglichen Sühnebad, opfernd im tiefschattigen Mangowald, von vollkommenem Anstand der Gebärden, von allen geliebt, aller Freude, trug er doch keine Freude im Herzen. Träume kamen ihm und rastlose Gedanken aus dem Wasser des Flusses geflossen, aus den Sternen der Nacht gefunkelt, aus den Strahlen der Sonne geschmolzen, Träume kamen ihm und Ruhelosigkeit der Seele, aus den Opfern geraucht, aus den Versen der Rig-Veda gehaucht, aus den Lehren der alten Brahmanen geträufelt.

Siddhartha hatte begonnen, Unzufriedenheit in sich zu nähren. Er hatte begonnen zu fühlen, daß die Liebe seines Vaters, und die Liebe seiner Mutter, und auch die Liebe seines Freundes, Govindas, nicht immer und für alle Zeit ihn beglücken, ihn stillen, ihn sättigen, ihm genügen werde. Er hatte begonnen zu ahnen, daß sein ehrwürdiger Vater und seine anderen Lehrer, daß die weisen Brahmanen ihm vor ihrer Weisheit das meiste und beste schon mitgeteilt, daß sie ihre Fülle schon in sein wartendes Gefäß gegossen hätten, und das Gefäß war nicht voll, der Geist war nicht begnügt, die Seele war nicht ruhig, das Herz nicht gestillt. Die Waschungen waren gut, aber sie waren Wasser, sie wuschen nicht Sünde ab, sie heilten nicht Geistesdurst, sie lösten nicht Herzensangst. Vortrefflich waren die Opfer und die Anrufung der Götter – aber war dies alles? Gaben die Opfer Glück? Und wie war das mit den Göttern? War es wirklich Prajapati, der die Welt erschaffen hat? War es nicht der Atman, Er, der Einzige, der All-Eine? Waren nicht die Götter Gestaltungen, erschaffen wie ich und du, der Zeit untertan, vergänglich? War es also gut, war es richtig, war es ein sinnvolles und höchstes Tun, den Göttern zu opfern? Wem anders war zu opfern, wem anders war Verehrung darzubringen als Ihm, dem Einzigen, dem Atman? Und wo war Atman zu finden, wo wohnte Er, wo schlug Sein ewiges Herz, wo anders als im eigenen Ich, im Innersten, im Unzerstörbaren, das ein jeder in sich trug? Aber wo, wo war dies Ich, dies Innerste, dies Letzte? Es war nicht Fleisch und Bein, es war nicht Denken noch Bewußtsein, so lehrten die Weisesten. Wo, wo also war es? Dorthin zu dringen, zum Ich, zu mir, zum Atman, – gab es einen andern Weg, den zu suchen sich lohnte? Ach, und niemand zeigte diesen Weg, niemand wußte ihn, nicht der Vater, nicht die Lehrer und Weisen, nicht die heiligen Opfergesänge! Alles wußten sie, die Brahmanen und ihre heiligen Bücher, alles wußten sie, um alles hatten sie sich gekümmert und um mehr als alles, die Erschaffung der Welt, das Entstehen der Rede, der Speise, des Einatmens, des Ausatmens, die Ordnungen der Sinne, die Taten der Götter – unendlich vieles wußten sie – aber war es wertvoll, dies alles zu wissen, wenn man das Eine und Einzige nicht wußte, das Wichtigste, das allein Wichtige?

Gewiß, viele Verse der heiligen Bücher, zumal in den Upanishaden des Samaveda, sprachen von diesem Innersten und Letzten, herrliche Verse. »Deine Seele ist die ganze Welt«, stand da geschrieben, und geschrieben stand, daß der Mensch im Schlafe, im Tiefschlaf, zu seinem Innersten eingehe und im Atman wohne. Wunderbare Weisheit stand in diesen Versen, alles Wissen der Weisesten stand hier in magischen Worten gesammelt, rein wie von Bienen gesammelter Honig. Nein, nicht gering zu achten war das Ungeheure an Erkenntnis, das hier von unzählbaren Geschlechterfolgen weiser Brahmanen gesammelt und bewahrt lag. – Aber wo waren die

Brahmanen, wo die Priester, wo die Weisen oder Büßer, denen es gelungen war, dieses tiefste Wissen nicht bloß zu wissen, sondern zu leben? Wo war der Kundige, der das Daheimsein im Atman aus dem Schlafe herüberzauberte ins Wachsein, in das Leben, in Schritt und Tritt, in Wort und Tat? Viele ehrwürdige Brahmanen kannte Siddhartha, seinen Vater vor allen, den Reinen, den Gelehrten, den höchst Ehrwürdigen. Zu bewundern war sein Vater, still und edel war sein Gehaben, rein sein Leben, weise sein Wort, feine und adlige Gedanken wohnten in seiner Stirn – aber auch er, der so viel Wissende, lebte er denn in Seligkeit, hatte er Frieden, war er nicht auch nur ein Suchender, ein Dürstender? Mußte er nicht immer und immer wieder an heiligen Quellen, ein Durstender, trinken, am Opfer, an den Büchern, an der Wechselrede der Brahmanen? Warum mußte er, der Untadelige, jeden Tag Sünde abwaschen, jeden Tag sich um Reinigung mühen, jeden Tag von neuem? War denn nicht Atman in ihm, floß denn nicht in seinem eigenen Herzen der Urquell? Ihn mußte man finden, den Urquell im eigenen Ich, ihn mußte man zu eigen haben! Alles andre war Suchen, war Umweg, war Verirrung.

So waren Siddharthas Gedanken, dies war sein Durst, dies sein Leiden.

Oft sprach er aus einem Chandogya-Upanishad sich die Worte vor: »Fürwahr, der Name des Brahman ist Satyam – wahrlich, wer solches weiß, der geht täglich ein in die himmlische Welt.« Oft schien sie nahe, die himmlische Welt, aber niemals hatte er sie ganz erreicht, nie den letzten Durst gelöscht. Und von allen Weisen und Weisesten, die er kannte und deren Belehrung er genoß, von ihnen allen war keiner, der sie ganz erreicht hatte, die himmlische Welt, der ihn ganz gelöscht hatte, den ewigen Durst.

»Govinda«, sprach Siddhartha zu seinem Freunde, »Govinda, Lieber, komm mit mir unter den Banyanenbaum, wir wollen der Versenkung pflegen.«

Sie gingen zum Banyanenbaum, sie setzten sich nieder, hier Siddhartha, zwanzig Schritte weiter Govinda. Indem er sich niedersetzte, bereit, das Om zu sprechen, wiederholte Siddhartha murmelnd den Vers:

»Om ist Bogen, der Pfeil ist Seele,
Das Brahman ist des Pfeiles Ziel,
Das soll man unentwegt treffen.«

Als die gewohnte Zeit der Versenkungsübung hingegangen war, erhob sich Govinda. Der Abend war gekommen, Zeit war es, die Waschung der Abendstunde vorzunehmen. Er rief Siddharthas Namen. Siddhartha gab nicht Antwort. Siddhartha saß versunken, seine Augen standen starr auf ein sehr fernes Ziel gerichtet, seine Zungenspitze stand ein wenig zwischen den Zähnen hervor, er schien nicht zu atmen. So saß er, in Versenkung gehüllt, Om denkend, seine Seele als Pfeil nach dem Brahman ausgesandt.

Einst waren Samanas durch Siddharthas Stadt gezogen, pilgernde Asketen, drei dürre, erloschene Männer, nicht alt noch jung, mit staubigen und blutigen Schultern, nahezu nackt, von der Sonne versengt, von Einsamkeit umgeben, fremd und feind der Welt, Fremdlinge und hagere Schakale im Reich der Menschen. Hinter ihnen her wehte heiß ein Duft von stiller Leidenschaft, von zerstörendem Dienst, von mitleidloser Entselbstung.

Am Abend, nach der Stunde der Betrachtung, sprach Siddhartha zu Govinda: »Morgen in der Frühe, mein Freund, wird Siddhartha zu den Samanas gehen. Er wird ein Samana werden.«
Govinda erbleichte, da er die Worte hörte und im unbewegten Gesicht seines Freundes den Entschluß las, unablenkbar wie der vom Bogen losgeschnellte Pfeil. Alsbald und beim ersten Blick erkannte Govinda: nun beginnt es, nun geht Siddhartha seinen Weg, nun beginnt sein Schicksal zu sprossen, und mit seinem das meine. Und er wurde bleich wie eine trockene Bananenschale.
»O Siddhartha«, rief er, »wird das dein Vater dir erlauben?«
Siddhartha blickte herüber wie ein Erwachender. Pfeilschnell las er in Govindas Seele, las die Angst, las die Ergebung.
»O Govinda«, sprach er leise, »wir wollen nicht Worte verschwenden. Morgen mit Tagesanbruch werde ich das Leben der Samanas beginnen. Rede nicht mehr davon.«
Siddhartha trat in die Kammer, wo sein Vater auf einer Matte aus Bast saß, und trat hinter seinen Vater und blieb da stehen, bis sein Vater fühlte, daß einer hinter ihm stehe. Sprach der Brahmane: »Bist du es, Siddhartha? So sage, was zu sagen du gekommen bist.«
Sprach Siddhartha: »Mit deiner Erlaubnis, mein Vater. Ich bin gekommen, dir zu sagen, daß mich verlangt, morgen dein Haus zu verlassen und zu den Asketen zu gehen. Ein Samana zu werden, ist mein Verlangen. Möge mein Vater dem nicht entgegen sein.«
Der Brahmane schwieg, und schwieg so lange, daß im kleinen Fenster die Sterne wanderten und ihre Figur veränderten, ehe das Schweigen in der Kammer ein Ende

fand. Stumm und regungslos stand mit gekreuzten Armen der Sohn, stumm und regungslos saß auf der Matte der Vater, und die Sterne zogen am Himmel. Da sprach der Vater: »Nicht ziemt es dem Brahmanen, heftige und zornige Worte zu reden. Aber Unwille bewegt mein Herz. Nicht möchte ich diese Bitte zum zweiten Male aus deinem Munde hören.«

Langsam erhob sich der Brahmane, Siddhartha stand stumm mit gekreuzten Armen.

»Worauf wartest du?« fragte der Vater.

Sprach Siddhartha: »Du weißt es.«

Unwillig ging der Vater aus der Kammer, unwillig suchte er sein Lager auf und legte sich nieder.

Nach einer Stunde, da kein Schlaf in seine Augen kam, stand der Brahmane auf, tat Schritte hin und her, trat aus dem Hause. Durch das kleine Fenster der Kammer blickte er hinein, da sah er Siddhartha stehen, mit gekreuzten Armen, unverrückt. Bleich schimmerte sein helles Obergewand. Unruhe im Herzen, kehrte der Vater zu seinem Lager zurück.

Nach einer Stunde, da kein Schlaf in seine Augen kam, stand der Brahmane von neuem auf, tat Schritte hin und her, trat vor das Haus, sah den Mond aufgegangen. Durch das Fenster der Kammer blickte er hinein, da stand Siddhartha, unverrückt, mit gekreuzten Armen, an seinen bloßen Schienbeinen spiegelte das Mondlicht. Besorgnis im Herzen, suchte der Vater sein Lager auf.

Und er kam wieder nach einer Stunde, und kam wieder nach zweien Stunden, blickte durchs kleine Fenster, sah Siddhartha stehen, im Mond, im Sternenschein, in der Finsternis. Und kam wieder von Stunde zu Stunde, schweigend, blickte in die Kammer, sah den unverrückt

Stehenden, füllte sein Herz mit Zorn, füllte sein Herz mit Unruhe, füllte sein Herz mit Zagen, füllte es mit Leid.
Und in der letzten Nachtstunde, ehe der Tag begann, kehrte er wieder, trat in die Kammer, sah den Jüngling stehen, der ihm groß und wie fremd erschien.
»Siddhartha«, sprach er, »worauf wartest du?«
»Du weißt es.«
»Wirst du immer so stehen und warten, bis es Tag wird, Mittag wird, Abend wird?«
»Ich werde stehen und warten.«
»Du wirst müde werden, Siddhartha.«
»Ich werde müde werden.«
»Du wirst einschlafen, Siddhartha.«
»Ich werde nicht einschlafen.«
»Du wirst sterben, Siddhartha.«
»Ich werde sterben.«
»Und willst lieber sterben, als deinem Vater gehorchen?«
»Siddhartha hat immer seinem Vater gehorcht.«
»So willst du dein Vorhaben aufgeben?«
»Siddhartha wird tun, was sein Vater ihm sagen wird.«
Der erste Schein des Tages fiel in die Kammer. Der Brahmane sah, daß Siddhartha in den Knien leise zitterte. In Siddharthas Gesicht sah er kein Zittern, fernhin blickten die Augen. Da erkannte der Vater, daß Siddhartha schon jetzt nicht mehr bei ihm und in der Heimat weile, daß er ihn schon jetzt verlassen habe.
Der Vater berührte Siddharthas Schulter.
»Du wirst«, sprach er, »in den Wald gehen und ein Samana sein. Hast du Seligkeit gefunden im Walde, so komm und lehre mich Seligkeit. Findest du Enttäuschung, dann kehre wieder und laß uns wieder gemeinsam den Göttern opfern. Nun gehe und küsse deine Mutter, sage

ihr, wohin du gehst. Für mich aber ist es Zeit, an den Fluß zu gehen und die erste Waschung vorzunehmen.«

Er nahm die Hand von der Schulter seines Sohnes und ging hinaus. Siddhartha schwankte zur Seite, als er zu gehen versuchte. Er bezwang seine Glieder, verneigte sich vor seinem Vater und ging zur Mutter, um zu tun, wie der Vater gesagt hatte.

Als er im ersten Tageslicht langsam auf erstarrten Beinen die noch stille Stadt verließ, erhob sich bei der letzten Hütte ein Schatten, der dort gekauert war, und schloß sich an den Pilgernden an – Govinda.

»Du bist gekommen«, sagte Siddhartha und lächelte.

»Ich bin gekommen«, sagte Govinda.

Bei den Samanas

Am Abend dieses Tages holten sie die Asketen ein, die dürren Samanas, und boten ihnen Begleitschaft und Gehorsam an. Sie wurden angenommen.

Siddhartha schenkte sein Gewand einem armen Brahmanen auf der Straße. Er trug nur noch die Schambinde und den erdfarbenen ungenähten Überwurf. Er aß nur einmal am Tage, und niemals Gekochtes. Er fastete fünfzehn Tage. Er fastete achtundzwanzig Tage. Das Fleisch schwand ihm von Schenkeln und Wangen. Heiße Träume flackerten aus seinen vergrößerten Augen, an seinen dorrenden Fingern wuchsen lang die Nägel und am Kinn der trockne, struppige Bart. Eisig wurde sein Blick, wenn er Weibern begegnete; sein Mund zuckte Verachtung, wenn er durch eine Stadt mit schön gekleideten Menschen ging.

Er sah Händler handeln, Fürsten zur Jagd gehen, Leidtragende ihre Toten beweinen, Huren sich anbieten, Ärzte sich um Kranke bemühen, Priester den Tag für die Aussaat bestimmen, Liebende lieben, Mütter ihre Kinder stillen – und alles war nicht den Blick seines Auges wert, alles log, alles stank, alles stank nach Lüge, alles täuschte Sinn und Glück und Schönheit vor, und alles war uneingestandene Verwesung. Bitter schmeckte die Welt. Qual war das Leben.

Ein Ziel stand vor Siddhartha, ein einziges: leer werden, leer von Durst, leer von Wunsch, leer von Traum, leer von Freude und Leid. Von sich selbst wegsterben, nicht mehr Ich sein, entleerten Herzens Ruhe zu finden, im entselbsteten Denken dem Wunder offen zu stehen, das war sein Ziel. Wenn alles Ich überwunden und gestorben war, wenn jede Sucht und jeder Trieb im Herzen schwieg, dann mußte das Letzte erwachen, das Innerste im Wesen, das nicht mehr Ich ist, das große Geheimnis.

Schweigend stand Siddhartha im senkrechten Sonnenbrand, glühend vor Schmerz, glühend vor Durst, und stand, bis er nicht Schmerz noch Durst mehr fühlte. Schweigend stand er in der Regenzeit, aus seinem Haare troff das Wasser über frierende Schultern, über frierende Hüften und Beine, und der Büßer stand, bis Schultern und Beine nicht mehr froren, bis sie schwiegen, bis sie still waren. Schweigend kauerte er im Dorngerank, aus der brennenden Haut tropfte das Blut, aus Schwären der Eiter, und Siddhartha verweilte starr, verweilte regungslos, bis kein Blut mehr floß, bis nichts mehr stach, bis nichts mehr brannte.

Siddhartha saß aufrecht und lernte den Atem sparen, lernte mit wenig Atem auskommen, lernte den Atem

abzustellen. Er lernte, mit dem Atem beginnend, seinen Herzschlag beruhigen, lernte die Schläge seines Herzens vermindern, bis es wenige und fast keine mehr waren.
Vom Ältesten der Samanas belehrt, übte Siddhartha Entselbstung, übte Versenkung, nach neuen Samanaregeln. Ein Reiher flog überm Bambuswald – und Siddhartha nahm den Reiher in seiner Seele auf, flog über Wald und Gebirg, war Reiher, fraß Fische, hungerte Reiherhunger, sprach Reihergekrächz, starb Reihertod. Ein toter Schakal lag am Sandufer, und Siddharthas Seele schlüpfte in den Leichnam hinein, war toter Schakal, lag am Strande, blähte sich, stank, verweste, ward von Hyänen zerstückt, ward von Geiern enthäutet, ward Gerippe, ward Staub, wehte ins Gefild. Und Siddharthas Seele kehrte zurück, war gestorben, war verwest, war zerstäubt, hatte den trüben Rausch des Kreislaufs geschmeckt, harrte in neuem Durst wie ein Jäger auf die Lücke, wo dem Kreislauf zu entrinnen wäre, wo das Ende der Ursachen, wo leidlose Ewigkeit begänne. Er tötete seine Sinne, er tötete seine Erinnerung, er schlüpfte aus seinem Ich in tausend fremde Gestaltungen, war Tier, war Aas, war Stein, war Holz, war Wasser, und fand sich jedesmal erwachend wieder, Sonne schien oder Mond, war wieder Ich, schwang im Kreislauf, fühlte Durst, überwand den Durst, fühlte neuen Durst.
Vieles lernte Siddhartha bei den Samanas, viele Wege vom Ich hinweg lernte er gehen. Er ging den Weg der Entselbstung durch den Schmerz, durch das freiwillige Erleiden und Überwinden des Schmerzes, des Hungers, des Durstes, der Müdigkeit. Er ging den Weg der Entselbstung durch Meditation, durch das Leerdenken des Sinnes von allen Vorstellungen. Diese und andere Wege lernte er

gehen, tausendmal verließ er sein Ich, stundenlang und tagelang verharrte er im Nicht-Ich. Aber ob auch die Wege vom Ich hinwegführten, ihr Ende führte doch immer zum Ich zurück. Ob Siddhartha tausendmal dem Ich entfloh, im Nichts verweilte, im Tier, im Stein verweilte unvermeidlich war die Rückkehr, unentrinnbar die Stunde, da er sich wiederfand, im Sonnenschein oder im Mondschein, im Schatten oder im Regen, und wieder Ich und Siddhartha war, und wieder die Qual des auferlegten Kreislaufes empfand.

Neben ihm lebte Govinda, sein Schatten, ging dieselben Wege, unterzog sich denselben Bemühungen. Selten sprachen sie anderes miteinander, als der Dienst und die Übungen erforderten. Zuweilen gingen sie zu zweien durch die Dörfer, um Nahrung für sich und ihre Lehrer zu betteln.

»Wie denkst du, Govinda«, sprach einst auf diesem Bettelgang Siddhartha, »wie denkst du, sind wir weiter gekommen? Haben wir Ziele erreicht?«

Antwortete Govinda: »Wir haben gelernt, und wir lernen weiter. Du wirst ein großer Samana sein, Siddhartha. Schnell hast du jede Übung gelernt, oft haben die alten Samanas dich bewundert. Du wirst einst ein Heiliger sein, o Siddhartha.«

Sprach Siddhartha: »Mir will es nicht so erscheinen, mein Freund. Was ich bis zu diesem Tage bei den Samanas gelernt habe, das, o Govinda, hätte ich schneller und einfacher lernen können. In jeder Kneipe eines Hurenviertels, mein Freund, unter den Fuhrleuten und Würfelspielern hätte ich es lernen können.«

Sprach Govinda: »Siddhartha macht sich einen Scherz mit mir. Wie hättest du Versenkung, wie hättest du

Anhalten des Atems, wie hättest du Unempfindsamkeit gegen Hunger und Schmerz dort bei jenen Elenden lernen sollen?«

Und Siddhartha sagte leise, als spräche er zu sich selber: »Was ist Versenkung? Was ist Verlassen des Körpers? Was ist Fasten? Was ist Anhalten des Atems? Es ist Flucht vor dem Ich, es ist ein kurzes Entrinnen aus der Qual des Ichseins, es ist eine kurze Betäubung gegen den Schmerz und die Unsinnigkeit des Lebens. Dieselbe Flucht, dieselbe kurze Betäubung findet der Ochsentreiber in der Herberge, wenn er einige Schalen Reiswein trinkt oder gegorene Kokosmilch. Dann fühlt er sein Selbst nicht mehr, dann fühlt er die Schmerzen des Lebens nicht mehr, dann findet er kurze Betäubung. Er findet, über seiner Schale mit Reiswein eingeschlummert, dasselbe, was Siddhartha und Govinda finden, wenn sie in langen Übungen aus ihrem Körper entweichen, im Nicht-Ich verweilen. So ist es, o Govinda.«

Sprach Govinda: »So sagst du, o Freund, und weißt doch, daß Siddhartha kein Ochsentreiber ist und ein Samana kein Trunkenbold. Wohl findet der Trinker Betäubung, wohl findet er kurze Flucht und Rast, aber er kehrt zurück aus dem Wahn und findet alles beim alten, ist nicht weiser geworden, hat nicht Erkenntnis gesammelt, ist nicht um Stufen höher gestiegen.«

Und Siddhartha sprach mit Lächeln: »Ich weiß es nicht, ich bin nie ein Trinker gewesen. Aber daß ich, Siddhartha, in meinen Übungen und Versenkungen nur kurze Betäubung finde und ebenso weit von der Weisheit, von der Erlösung entfernt bin wie als Kind im Mutterleibe, das weiß ich, o Govinda, das weiß ich.«

Und wieder ein anderes Mal, da Siddhartha mit Govinda

den Wald verließ, um im Dorfe etwas Nahrung für ihre Brüder und Lehrer zu betteln, begann Siddhartha zu sprechen und sagte: »Wie nun, o Govinda, sind wir wohl auf dem rechten Wege? Nähern wir uns wohl der Erkenntnis? Nähern wir uns wohl der Erlösung? Oder gehen wir nicht vielleicht im Kreise – wir, die wir doch dem Kreislauf zu entrinnen dachten?«
Sprach Govinda: »Viel haben wir gelernt, Siddhartha, viel bleibt noch zu lernen. Wir gehen nicht im Kreise, wir gehen nach oben, der Kreis ist eine Spirale, manche Stufe sind wir schon gestiegen.«
Antwortete Siddhartha: »Wie alt wohl, meinst du, ist unser ältester Samana, unser ehrwürdiger Lehrer?«
Sprach Govinda: »Vielleicht sechzig Jahre mag unser Ältester zählen.«
Und Siddhartha: »Sechzig Jahre ist er alt geworden und hat Nirwana nicht erreicht. Er wird siebzig werden und achtzig, und du und ich, wir werden ebenso alt werden und werden uns üben, und werden fasten und werden meditieren. Aber Nirwana werden wir nicht erreichen, er nicht, wir nicht. O Govinda, ich glaube, von allen Samanas, die es gibt, wird vielleicht nicht einer, nicht einer Nirwana erreichen. Wir finden Tröstungen, wir finden Betäubungen, wir lernen Kunstfertigkeiten, mit denen wir uns täuschen. Das Wesentliche aber, den Weg der Wege, finden wir nicht.«
»Mögest du doch«, sprach Govinda, »nicht so erschrekkende Worte aussprechen, Siddhartha! Wie sollte denn unter so vielen gelehrten Männern, unter so viel Brahmanen, unter so vielen strengen und ehrwürdigen Samanas, unter so viel suchenden, so viel innig beflissenen, so viel heiligen Männern keiner den Weg der Wege finden?«

Siddhartha aber sagte mit einer Stimme, welche soviel Trauer wie Spott enthielt, mit einer leisen, einer etwas traurigen, einer etwas spöttischen Stimme: »Bald, Govinda, wird dein Freund diesen Pfad der Samanas verlassen, den er so lang mit dir gegangen ist. Ich leide Durst, o Govinda, und auf diesem langen Samanawege ist mein Durst um nichts kleiner geworden. Immer habe ich nach Erkenntnis gedürstet, immer bin ich voll von Fragen gewesen. Ich habe die Brahmanen befragt, Jahr um Jahr, und habe die heiligen Vedas befragt, Jahr um Jahr. Vielleicht, o Govinda, wäre es ebenso gut, wäre es ebenso klug und ebenso heilsam gewesen, wenn ich den Nashornvogel oder den Schimpansen befragt hätte. Lange Zeit habe ich gebraucht und bin noch nicht damit zu Ende, um dies zu lernen, o Govinda: daß man nichts lernen kann! Es gibt, so glaube ich, in der Tat jenes Ding nicht, das wir ›Lernen‹ nennen. Es gibt, o mein Freund, nur ein Wissen, das ist überall, das ist Atman, das ist in mir und in dir und in jedem Wesen. Und so beginne ich zu glauben: dies Wissen hat keinen ärgeren Feind als das Wissenwollen, als das Lernen.«

Da blieb Govinda auf dem Wege stehen, erhob die Hände und sprach: »Mögest du, Siddhartha, deinen Freund doch nicht mit solchen Reden beängstigen! Wahrlich, Angst erwecken deine Worte in meinem Herzen. Und denke doch nur: wo bliebe die Heiligkeit der Gebete, wo bliebe die Ehrwürdigkeit des Brahmanenstandes, wo die Heiligkeit der Samanas, wenn es so wäre, wie du sagst, wenn es kein Lernen gäbe?! Was, o Siddhartha, was würde dann aus alledem werden, was auf Erden heilig, was wertvoll, was ehrwürdig ist?!«

Und Govinda murmelte einen Vers vor sich hin, einen Vers aus einer Upanishad:

»Wer nachsinnend, geläuterten Geistes, in Atman sich versenkt,
Unaussprechlich durch Worte ist seines Herzens Seligkeit.«

Siddhartha aber schwieg. Er dachte der Worte, welche Govinda zu ihm gesagt hatte, und dachte die Worte bis an ihr Ende.

Ja, dachte er, gesenkten Hauptes stehend, was bliebe noch übrig von allem, was uns heilig schien? Was bleibt? Was bewährt sich? Und er schüttelte den Kopf.

Einstmals, als die beiden Jünglinge gegen drei Jahre bei den Samanas gelebt und ihre Übungen geteilt hatten, da erreichte sie auf mancherlei Wegen und Umwegen eine Kunde, ein Gerücht, eine Sage: einer sei erschienen, Gotama genannt, der Erhabene, der Buddha, der habe in sich das Leid der Welt überwunden und das Rad der Wiedergeburten zum Stehen gebracht. Lehrend ziehe er, von Jüngern umgeben, durch das Land, besitzlos, heimatlos, weiblos, im gelben Mantel eines Asketen, aber mit heiterer Stirn, ein Seliger, und Brahmanen und Fürsten beugten sich vor ihm und würden seine Schüler.

Diese Sage, dies Gerücht, dies Märchen klang auf, duftete empor, hier und dort, in den Städten sprachen die Brahmanen davon, im Wald die Samanas, immer wieder drang der Name Gotamas, des Buddha, zu den Ohren der Jünglinge, im Guten und im Bösen, in Lobpreisung und in Schmähung.

Wie wenn in einem Lande die Pest herrscht, und es erhebt sich die Kunde, da und dort sei ein Mann, ein Weiser, ein Kundiger, dessen Wort und Anhauch genüge, um jeden von der Seuche Befallenen zu heilen, und wie dann diese

Kunde das Land durchläuft und jedermann davon spricht, viele glauben, viele zweifeln, viele aber sich alsbald auf den Weg machen, um den Weisen, den Helfer aufzusuchen, so durchlief das Land jene Sage, jene duftende Sage von Gotama, dem Buddha, dem Weisen aus dem Geschlecht der Sakya. Ihm war, so sprachen die Gläubigen, höchste Erkenntnis zu eigen, er erinnerte sich seiner vormaligen Leben, er hatte Nirwana erreicht und kehrte nie mehr in den Kreislauf zurück, tauchte nie mehr in den trüben Strom der Gestaltungen unter. Vieles Herrliche und Unglaubliche wurde von ihm berichtet, er hatte Wunder getan, hatte den Teufel überwunden, hatte mit den Göttern gesprochen. Seine Feinde und Ungläubige aber sagten, dieser Gotama sei ein eitler Verführer, er bringe seine Tage in Wohlleben hin, verachte die Opfer, sei ohne Gelehrsamkeit und kenne weder Übung noch Kasteiung.

Süß klang die Sage von Buddha, Zauber duftete aus diesen Berichten. Krank war ja die Welt, schwer zu ertragen war das Leben – und siehe, hier schien eine Quelle zu springen, hier schien ein Botenruf zu tönen, trostvoll, mild, edler Versprechungen voll. Überall, wohin das Gerücht vom Buddha erscholl, überall in den Ländern Indiens horchten die Jünglinge auf, fühlten Sehnsucht, fühlten Hoffnung, und unter den Brahmanensöhnen der Städte und Dörfer war jeder Pilger und Fremdling willkommen, wenn er Kunde von ihm, dem Erhabenen, dem Sakyamuni, brachte.

Auch zu den Samanas im Walde, auch zu Siddhartha, auch zu Govinda war die Sage gedrungen, langsam, in Tropfen, jeder Tropfen schwer von Hoffnung, jeder Tropfen schwer von Zweifel. Sie sprachen wenig davon, denn der Älteste der Samanas war kein Freund dieser Sage. Er hatte vernommen, daß jener angebliche Buddha vormals Asket gewesen und im Walde gelebt, sich dann aber zu Wohlleben und Weltlust zurückgewendet habe, und er hielt nichts von diesem Gotama.

»O Siddhartha«, sprach einst Govinda zu seinem Freunde. »Heute war ich im Dorf, und ein Brahmane lud mich ein, in sein Haus zu treten, und in seinem Hause war ein Brahmanensohn aus Magadha, dieser hat mit seinen eigenen Augen den Buddha gesehen und hat ihn lehren hören. Wahrlich, da schmerzte mich der Atem in der Brust, und ich dachte bei mir: möchte doch auch ich, möchten doch auch wir beide, Siddhartha und ich, die Stunde erleben, da wir die Lehre aus dem Mund jenes Vollendeten vernehmen! Sprich, Freund, wollen wir nicht auch dorthin gehen und die Lehre aus dem Munde des Buddha anhören?«

Sprach Siddhartha: »Immer, o Govinda, hatte ich gedacht, Govinda würde bei den Samanas bleiben, immer hatte ich geglaubt, es wäre sein Ziel, sechzig und siebzig Jahre alt zu werden und immer weiter die Künste und Übungen zu treiben, welche den Samana zieren. Aber sieh, ich hatte Govinda zu wenig gekannt, wenig wußte ich von seinem Herzen. Nun also willst du, Teuerster, einen Pfad einschlagen und dorthin gehen, wo der Buddha seine Lehre verkündet.«

Sprach Govinda: »Dir beliebt es zu spotten. Mögest du immerhin spotten, Siddhartha! Ist aber nicht auch in dir ein Verlangen, eine Lust erwacht, diese Lehre zu hören? Und hast du nicht einst zu mir gesagt, nicht lange mehr werdest du den Weg der Samanas gehen?«

Da lachte Siddhartha, auf seine Weise, wobei der Ton seiner Stimme einen Schatten von Trauer und einen

Schatten von Spott annahm, und sagte: »Wohl, Govinda, wohl hast du gesprochen, richtig hast du dich erinnert. Mögest du doch auch des andern dich erinnern, das du von mir gehört hast, daß ich nämlich mißtrauisch und müde gegen Lehre und Lernen geworden bin, und daß mein Glaube klein ist an Worte, die von Lehrern zu uns kommen. Aber wohlan, Lieber, ich bin bereit, jene Lehre zu hören – obschon ich im Herzen glaube, daß wir die beste Frucht jener Lehre schon gekostet haben.«

Sprach Govinda: »Deine Bereitschaft erfreut mein Herz. Aber sage, wie sollte das möglich sein? Wie sollte die Lehre des Gotama, noch ehe wir sie vernommen, uns schon ihre beste Frucht erschlossen haben?«

Sprach Siddhartha: »Laß diese Frucht uns genießen und das weitere abwarten, o Govinda! Diese Frucht aber, die wir schon jetzt dem Gotama verdanken, besteht darin, daß er uns von den Samanas hinwegruft! Ob er uns noch anderes und Besseres zu geben hat, o Freund, darauf laß uns ruhigen Herzens warten.«

An diesem selben Tage gab Siddhartha dem Ältesten der Samanas seinen Entschluß zu wissen, daß er ihn verlassen wollte. Er gab ihn dem Ältesten zu wissen mit der Höflichkeit und Bescheidenheit, welche dem Jüngeren und Schüler ziemt. Der Samana aber geriet in Zorn, daß die beiden Jünglinge ihn verlassen wollten, und redete laut und brauchte grobe Schimpfworte.

Govinda erschrak und kam in Verlegenheit. Siddhartha aber neigte den Mund zu Govindas Ohr und flüsterte ihm zu: »Nun will ich dem Alten zeigen, daß ich etwas bei ihm gelernt habe.«

Indem er sich nahe vor dem Samana aufstellte, mit gesammelter Seele, fing er den Blick des Alten mit seinen

Blicken ein, bannte ihn, machte ihn stumm, machte ihn willenlos, unterwarf ihn seinem Willen, befahl ihm, lautlos zu tun, was er von ihm verlangte. Der alte Mann wurde stumm, sein Auge wurde starr, sein Wille gelähmt, seine Arme hingen herab, machtlos war er Siddharthas Bezauberung erlegen. Siddharthas Gedanken aber bemächtigten sich des Samana, er mußte vollführen, was sie befahlen. Und so verneigte sich der Alte mehrmals, vollzog segnende Gebärden, sprach stammelnd einen frommen Reisewunsch. Und die Jünglinge erwiderten dankend die Verneigungen, erwiderten den Wunsch, zogen grüßend von dannen.

Unterwegs sagte Govinda: »O Siddhartha, du hast bei den Samanas mehr gelernt, als ich wußte. Es ist schwer, es ist sehr schwer, einen alten Samana zu bezaubern. Wahrlich, wärest du dort geblieben, du hättest bald gelernt, auf dem Wasser zu gehen.«

»Ich begehre nicht, auf dem Wasser zu gehen«, sagte Siddhartha. »Mögen alte Samanas mit solchen Künsten sich zufriedengeben.«

Gotama

In der Stadt Savathi kannte jedes Kind den Namen des Erhabenen Buddha, und jedes Haus war gerüstet, den Jüngern Gotamas, den schweigend Bittenden, die Almoschale zu füllen. Nahe bei der Stadt lag Gotamas liebster Aufenthalt, der Hain Jetavana, welchen der reiche Kaufherr Anathapindika, ein ergebener Verehrer des Erhabenen, ihm und den Seinen zum Geschenk gemacht hatte.

Nach dieser Gegend hatten die Erzählungen und Antworten hingewiesen, welche den beiden jungen Asketen auf der Suche nach Gotamas Aufenthalt zuteil wurden. Und da sie in Savathi ankamen, ward ihnen gleich im ersten Hause, vor dessen Tür sie bittend stehenblieben, Speise angeboten, und sie nahmen Speise an, und Siddhartha fragte die Frau, welche ihnen die Speise reichte:
»Gerne, du Mildtätige, gerne möchten wir erfahren, wo der Buddha weilt, der Ehrwürdigste, denn wir sind zwei Samanas aus dem Walde und sind gekommen, um ihn, den Vollendeten, zu sehen und die Lehre aus seinem Munde zu vernehmen.«
Sprach die Frau: »Am richtigen Orte wahrlich seid ihr hier abgestiegen, ihr Samanas aus dem Walde. Wisset, in Jetavana, im Garten Anathapindikas, weilt der Erhabene. Dort möget ihr, Pilger, die Nacht verbringen, denn genug Raum ist daselbst für die Unzähligen, die herbeiströmen, um aus seinem Munde die Lehre zu hören.«
Da freute sich Govinda, und voll Freude rief er: »Wohl denn, so ist unser Ziel erreicht und unser Weg zu Ende! Aber sage uns, du Mutter der Pilgernden, kennst du ihn, den Buddha, hast du ihn mit deinen Augen gesehen?«
Sprach die Frau: »Viele Male habe ich ihn gesehen, den Erhabenen. An vielen Tagen habe ich ihn gesehen, wie er durch die Gassen geht, schweigend, im gelben Mantel, wie er schweigend an den Haustüren seine Almosenschale darreicht, wie er die gefüllte Schale von dannen trägt.«
Entzückend lauschte Govinda und wollte noch vieles fragen und hören. Aber Siddhartha mahnte zum Weitergehen. Sie sagten Dank und gingen und brauchten kaum nach dem Wege zu fragen, denn nicht wenige Pilger und Mönche aus Gotamas Gemeinschaft waren nach dem

Jetavana unterwegs. Und da sie in der Nacht dort anlangten, war daselbst ein beständiges Ankommen, Rufen und Reden von solchen, welche Herberge heischten und bekamen. Die beiden Samanas, des Lebens im Walde gewohnt, fanden schnell und geräuschlos einen Unterschlupf und ruhten da bis zum Morgen.
Beim Aufgang der Sonne sahen sie mit Erstaunen, welch große Schar, Gläubige und Neugierige, hier genächtigt hatte. In allen Wegen des herrlichen Haines wandelten Mönche im gelben Gewand, unter den Bäumen saßen sie hier und dort, in Betrachtung versenkt oder im geistlichen Gespräch, wie eine Stadt waren die schattigen Gärten zu sehen, voll von Menschen wimmelnd wie Bienen. Die Mehrzahl der Mönche zog mit der Almosenschale aus, um in der Stadt Nahrung für die Mittagszahlzeit, die einzige des Tages, zu sammeln. Auch der Buddha selbst, der Erleuchtete, pflegte am Morgen den Bettelgang zu tun.
Siddhartha sah ihn, und er erkannte ihn alsbald, als hätte ihm ein Gott ihn gezeigt. Er sah ihn, einen schlichten Mann in gelber Kutte, die Almosenschale in der Hand tragend, still dahin gehen.
»Sieh hier!« sagte Siddhartha leise zu Govinda. »Dieser hier ist der Buddha.«
Aufmerksam blickte Govinda den Mönch in der gelben Kutte an, der sich in nichts von den Hunderten der Mönche zu unterscheiden schien. Und bald erkannte auch Govinda: dieser ist es. Und sie folgten ihm nach und betrachteten ihn.
Der Buddha ging seines Weges bescheiden und in Gedanken versunken, sein stilles Gesicht war weder fröhlich noch traurig, es schien leise nach innen zu lächeln. Mit einem verborgenen Lächeln, still, ruhig, einem gesunde-

nen Kinde nicht unähnlich, wandelte der Buddha, trug das Gewand und setzte den Fuß gleich wie alle seine Mönche, nach genauer Vorschrift. Aber sein Gesicht und sein Schritt, sein still gesenkter Blick, seine still herabhängende Hand, und noch jeder Finger an seiner still herabhängenden Hand sprach Friede, sprach Vollkommenheit, suchte nicht, ahmte nicht nach, atmete sanft in einer unverwelklichen Ruhe, in einem unverwelklichen Licht, einem unantastbaren Frieden.

So wandelte Gotama der Stadt entgegen, um Almosen zu sammeln, und die beiden Samanas erkannten ihn einzig an der Vollkommenheit seiner Ruhe, an der Stille seiner Gestalt, in welcher kein Suchen, kein Wollen, kein Nachahmen, kein Bemühen zu erkennen war, nur Licht und Frieden.

»Heute werden wir die Lehre aus seinem Munde vernehmen«, sagte Govinda.

Siddhartha gab nicht Antwort. Er war wenig neugierig auf die Lehre, er glaubte nicht, daß sie ihn Neues lehren werde, hatte er doch, ebenso wie Govinda, wieder und wieder den Inhalt dieser Buddhalehre vernommen, wenn schon aus Berichten von zweiter und dritter Hand. Aber er blickte aufmerksam auf Gotamas Haupt, auf seine Schultern, auf seine Füße, auf seine still herabhängende Hand, und ihm schien, jedes Glied an jedem Finger dieser Hand war Lehre, sprach, atmete, duftete, glänzte Wahrheit. Dieser Mann, dieser Buddha, war wahrhaftig bis in die Gebärde seines letzten Fingers. Dieser Mann war heilig. Nie hatte Siddhartha einen Menschen so verehrt, nie hatte er einen Menschen so geliebt wie diesen.

Die beiden folgten dem Buddha bis zur Stadt und kehrten schweigend zurück, denn sie selbst gedachten diesen Tag sich der Speise zu enthalten. Sie sahen Gotama wiederkehren, sahen ihn im Kreise seiner Jünger die Mahlzeit einnehmen – was er aß, hätte keinen Vogel satt gemacht – und sahen ihn sich zurückziehen in den Schatten der Mangobäume.

Am Abend aber, als die Hitze sich legte und alles im Lager lebendig ward und sich versammelte, hörten sie den Buddha lehren. Sie hörten seine Stimme, und auch sie war vollkommen, war von vollkommener Ruhe, war voll von Frieden. Gotama lehrte die Lehre vom Leiden, von der Herkunft des Leidens, vom Weg zur Aufhebung des Leidens. Ruhig floß und klar seine stille Rede. Leiden war das Leben, voll Leid war die Welt, aber Erlösung vom Leid war gefunden: Erlösung fand, wer den Weg des Buddha ging.

Mit sanfter, doch fester Stimme sprach der Erhabene, lehrte die vier Hauptsätze, lehrte den achtfachen Pfad, geduldig ging er den gewohnten Weg der Lehre, der Beispiele, der Wiederholungen, hell und still schwebte seine Stimme über den Hörenden, wie ein Licht, wie ein Sternhimmel.

Als der Buddha – es war schon Nacht geworden – seine Rede schloß, traten manche Pilger hervor und baten um Aufnahme in die Gemeinschaft, nahmen ihre Zuflucht zur Lehre. Und Gotama nahm sie auf, indem er sprach: »Wohl habt ihr die Lehre vernommen, wohl ist sie verkündigt. Tretet denn herzu und wandelt in Heiligkeit, allem Leid ein Ende zu bereiten.«

Siehe, da trat auch Govinda hervor, der Schüchterne, und sprach: »Auch ich nehme meine Zuflucht zum Erhabenen und zu seiner Lehre«, und bat um Aufnahme in die Jüngerschaft, und ward aufgenommen.

Gleich darauf, da sich der Buddha zur Nachtruhe zurückgezogen hatte, wendete sich Govinda zu Siddhartha und sprach eifrig: »Siddhartha, nicht steht es mir zu, dir einen Vorwurf zu machen. Beide haben wir den Erhabenen gehört, beide haben wir die Lehre vernommen. Govinda hat die Lehre gehört, er hat seine Zuflucht zu ihr genommen. Du aber, Verehrter, willst denn nicht auch du den Pfad der Erlösung gehen? Willst du zögern, willst du noch warten?«

Siddhartha erwachte wie aus einem Schlafe, als er Govindas Worte vernahm. Lange blickte er in Govindas Gesicht. Dann sprach er leise, mit einer Stimme ohne Spott: »Govinda, mein Freund, nun hast du den Schritt getan, nun hast du den Weg erwählt. Immer, o Govinda, bist du mein Freund gewesen, immer bist du einen Schritt hinter mir gegangen. Oft habe ich gedacht: Wird Govinda nicht auch einmal einen Schritt allein tun, ohne mich, aus der eigenen Seele? Siehe, nun bist du ein Mann geworden und wählst selber deinen Weg. Mögest du ihn zu Ende gehen, o mein Freund! Mögest du Erlösung finden!«

Govinda, welcher noch nicht völlig verstand, wiederholte mit einem Ton von Ungeduld seine Frage: »Sprich doch, ich bitte dich, mein Lieber! Sage mir, wie es ja nicht anders sein kann, daß auch du, mein gelehrter Freund, deine Zuflucht zum erhabenen Buddha nehmen wirst!«

Siddhartha legte seine Hand auf die Schulter Govindas: »Du hast meinen Segenswunsch überhört, o Govinda. Ich wiederhole ihn: Mögest du diesen Weg zu Ende gehen! Mögest du Erlösung finden!«

In diesem Augenblick erkannt Govinda, daß sein Freund ihn verlassen habe, und er begann zu weinen.

»Siddhartha!« rief er klagend.

Siddhartha sprach freundlich zu ihm: »Vergiß nicht, Govinda, daß du nun zu den Samanas des Buddhas gehörst! Abgesagt hast du Heimat und Eltern, abgesagt Herkunft und Eigentum, abgesagt deinem eigenen Willen, abgesagt der Freundschaft. So will es die Lehre, so will es der Erhabene. So hast du selbst es gewollt. Morgen, o Govinda, werde ich dich verlassen.«

Lange noch wandelten die Freunde im Gehölz, lange lagen sie und fanden nicht den Schlaf. Und immer von neuem drang Govinda in seinen Freund, er möge ihm sagen, warum er nicht seine Zuflucht zu Gotamas Lehre nehmen wolle, welchen Fehler denn er in dieser Lehre finde. Siddhartha aber wies ihn jedesmal zurück und sagte: »Gib dich zufrieden, Govinda! Sehr gut ist des Erhabenen Lehre, wie sollte ich einen Fehler an ihr finden.«

Am frühesten Morgen ging ein Nachfolger Buddhas, einer seiner ältesten Mönche, durch den Garten und rief alle jene zu sich, welche als Neulinge ihre Zuflucht zur Lehre genommen hatten, um ihnen das gelbe Gewand anzulegen und sie in den ersten Lehren und Pflichten ihres Standes zu unterweisen. Da riß Govinda sich los, umarmte noch einmal den Freund seiner Jugend und schloß sich dem Zuge der Novizen an.

Siddhartha aber wandelte in Gedanken durch den Hain.

Da begegnete ihm Gotama, der Erhabene, und als er ihn mit Ehrfurcht begrüßte und der Blick des Buddha so voll Güte und Stille war, faßte der Jüngling Mut und bat den Ehrwürdigen um Erlaubnis, zu ihm zu sprechen. Schweigend nickte der Erhabene Gewährung.

Sprach Siddhartha: »Gestern, o Erhabener, war es mir

vergönnt, deine wundersame Lehre zu hören. Zusammen mit meinem Freund kam ich aus der Ferne her, um die Lehre zu hören. Und nun wird mein Freund bei den Deinen bleiben, zu dir hat er seine Zuflucht genommen. Ich aber trete meine Pilgerschaft aufs neue an.«

»Wie es dir beliebt«, sprach der Ehrwürdige höflich.

»Allzu kühn ist meine Rede«, fuhr Siddhartha fort, »aber ich möchte den Erhabenen nicht verlassen, ohne ihm meine Gedanken in Aufrichtigkeit mitgeteilt zu haben. Will mir der Ehrwürdige noch einen Augenblick Gehör schenken?«

Schweigend nickte der Buddha Gewährung.

Sprach Siddhartha: »Eines, o Ehrwürdigster, habe ich an deiner Lehre vor allem bewundert. Alles in deiner Lehre ist vollkommen klar, ist bewiesen; als eine vollkommene, als eine nie und nirgends unterbrochene Kette zeigst du die Welt, als eine ewige Kette, gefügt aus Ursachen und Wirkungen. Niemals ist dies so klar gesehen, nie so unwiderleglich dargestellt worden; höher wahrlich muß jedem Brahmanen das Herz im Leibe schlagen, wenn er, durch deine Lehre hindurch, die Welt erblickt als vollkommenen Zusammenhang, lückenlos, klar wie ein Kristall, nicht vom Zufall abhängig, nicht von Göttern abhängig. Ob sie gut oder böse, ob das Leben in ihr Leid oder Freude sei, möge dahingestellt bleiben, es mag vielleicht sein, daß dies nicht wesentlich ist – aber die Einheit der Welt, der Zusammenhang alles Geschehens, das Umschlossensein alles Großen und Kleinen vom selben Strome, vom selben Gesetz der Ursachen, des Werdens und des Sterbens, dies leuchtet hell aus deiner erhabenen Lehre, o Vollendeter. Nun aber ist, deiner selben Lehre nach, diese Einheit und Folgerichtigkeit aller Dinge dennoch an einer Stelle unterbrochen, durch eine kleine Lücke strömt in diese Welt der

Einheit etwas Fremdes, etwas Neues, etwas, das vorher nicht war, und das nicht gezeigt und nicht bewiesen werden kann: das ist deine Lehre von der Überwindung der Welt, von der Erlösung. Mit dieser kleinen Lücke, mit dieser kleinen Durchbrechung aber ist das ganze ewige und einheitliche Weltgesetz wieder zerbrochen und aufgehoben. Mögest du mir verzeihen, wenn ich diesen Einwand ausspreche.«

Still hatte Gotama ihm zugehört, unbewegt. Mit seiner gütigen, mit seiner höflichen und klaren Stimme sprach er nun, der Vollendete: »Du hast die Lehre gehört, o Brahmanensohn, und wohl dir, daß du über sie so tief nachgedacht hast. Du hast eine Lücke in ihr gefunden, einen Fehler. Mögest du weiter darüber nachdenken. Laß dich aber warnen, du Wißbegierer, vor dem Dickicht der Meinungen und vor dem Streit um Worte. Es ist an Meinungen nichts gelegen, sie mögen schön oder häßlich, klug oder töricht sein, jeder kann ihnen anhängen oder sie verwerfen. Die Lehre aber, die du von mir gehört hast, ist nicht meine Meinung, und ihr Ziel ist nicht, die Welt für Wißbegierige zu erklären. Ihr Ziel ist ein anderes; ihr Ziel ist Erlösung vom Leiden. Diese ist es, welche Gotama lehrt, nichts anderes.«

»Mögest du mir, o Erhabener, nicht zürnen«, sagte der Jüngling. »Nicht um Streit mit dir zu suchen, Streit um Worte, habe ich so zu dir gesprochen. Du hast wahrlich recht, wenig ist an Meinungen gelegen. Aber laß mich dies eine noch sagen: Nicht einen Augenblick habe ich an dir gezweifelt. Ich habe nicht einen Augenblick gezweifelt, daß du Buddha bist, daß du das Ziel erreicht hast, das höchste, nach welchem so viel tausend Brahmanen und Brahmanensöhne unterwegs sind. Du hast die Erlösung vom Tode gefunden. Sie ist dir geworden aus deinem eigenen Suchen, auf deinem eigenen Wege, durch Gedanken, durch Versenkung, durch Erkenntnis, durch Erleuchtung. Nicht ist sie dir geworden durch Lehre! Und – so ist mein Gedanke, o Erhabener – keinem wird Erlösung zuteil durch Lehre! Keinem, o Ehrwürdiger, wirst du in Worten und durch Lehre mitteilen und sagen können, was dir geschehen ist in der Stunde deiner Erleuchtung! Vieles enthält die Lehre des erleuchteten Buddha, viele lehrt sie, rechtschaffen zu leben, Böses zu meiden. Eines aber enthält die so klare, die so ehrwürdige Lehre nicht: sie enthält nicht das Geheimnis dessen, was der Erhabene selbst erlebt hat, er allein unter den Hunderttausenden. Dies ist es, was ich gedacht und erkannt habe, als ich die Lehre hörte. Dies ist es, weswegen ich meine Wanderschaft fortsetze – nicht um eine andere, eine bessere Lehre zu suchen, denn ich weiß, es gibt keine, sondern um alle Lehren und alle Lehrer zu verlassen und allein mein Ziel zu erreichen oder zu sterben. Oftmals aber werde ich dieses Tages gedenken, o Erhabener, und dieser Stunde, da meine Augen einen Heiligen sahen.«

Die Augen des Buddha blickten still zu Boden, still in vollkommenem Gleichmut strahlte sein unerforschliches Gesicht.

»Mögen deine Gedanken«, sprach der Ehrwürdige langsam, »keine Irrtümer sein! Mögest du ans Ziel kommen! Aber sage mir: Hast du die Schar meiner Samanas gesehen, meiner vielen Brüder, welche ihre Zuflucht zur Lehre genommen haben? Und glaubst du, fremder Samana, glaubst du, daß es diesen allen besser wäre, die Lehre zu verlassen und in das Leben der Welt und der Lüste zurückzukehren?«

»Fern ist ein solcher Gedanke von mir«, rief Siddhartha. »Mögen sie alle bei der Lehre bleiben, mögen sie ihr Ziel erreichen! Nicht steht mir zu, über eines andern Leben zu urteilen! Einzig für mich, für mich allein muß ich urteilen, muß ich wählen, muß ich ablehnen. Erlösung vom Ich suchen wir Samanas, o Erhabener. Wäre ich nun einer deiner Jünger, o Ehrwürdiger, so fürchte ich, es möchte mir geschehen, daß nur scheinbar, nur trügerisch mein Ich zur Ruhe käme und erlöst würde, daß es aber in Wahrheit weiterlebte und groß würde, denn ich hätte dann die Lehre, hätte meine Nachfolge, hätte meine Liebe zu dir, hätte die Gemeinschaft der Mönche zu meinem Ich gemacht!«

Mit halbem Lächeln, mit einer unerschütterten Helle und Freundlichkeit sah Gotama dem Fremdling ins Auge und verabschiedete ihn mit einer kaum sichtbaren Gebärde.

»Klug bist du, o Samana«, sprach der Ehrwürdige. »Klug weißt du zu reden, mein Freund. Hüte dich vor allzu großer Klugheit!«

Hinweg wandelte der Buddha, und sein Blick und halbes Lächeln blieb für immer in Siddharthas Gedächtnis eingegraben.

So habe ich noch keinen Menschen blicken und lächeln, sitzen und schreiten sehen, dachte er, so wahrlich wünsche auch ich blicken und lächeln, sitzen und schreiten zu können, so frei, so ehrwürdig, so verborgen, so offen, so kindlich und geheimnisvoll. So wahrlich blickt und schreitet nur der Mensch, der ins Innerste seines Selbst gedrungen ist. Wohl, auch ich werde ins Innerste meines Selbst zu dringen suchen.

Einen Menschen sah ich, dachte Siddhartha, einen einzigen, vor dem ich meine Augen niederschlagen mußte. Vor keinem andern mehr will ich meine Augen niederschlagen, vor keinem mehr. Keine Lehre mehr wird mich verlocken, da dieses Menschen Lehre mich nicht verlockt hat.

Beraubt hat mich der Buddha, dachte Siddhartha, beraubt hat er mich, und mehr noch hat er mich beschenkt. Beraubt hat er mich meines Freundes, dessen, der an mich glaubte und der nun an ihn glaubt, der mein Schatten war und nun Gotamas Schatten ist. Geschenkt aber hat er mir Siddhartha, mich selbst.

Erwachen

Als Siddhartha den Hain verließ, in welchem der Buddha, der Vollendete, zurückblieb, in welchem Govinda zurückblieb, da fühlte er, daß in diesem Hain auch sein bisheriges Leben hinter ihm zurückblieb und sich von ihm trennte. Dieser Empfindung, die ihn ganz erfüllte, sann er im langsamen Dahingehen nach. Tief sann er nach, wie durch ein tiefes Wasser ließ er sich bis auf den Boden dieser Empfindung hinab, bis dahin, wo die Ursachen ruhen, denn Ursachen erkennen, so schien ihm, das eben ist Denken, und dadurch allein werden Empfindungen zu Erkenntnissen und gehen nicht verloren, sondern werden wesenhaft und beginnen auszustrahlen, was in ihnen ist.

Im langsamen Dahingehen dachte Siddhartha nach. Er stellte fest, daß er kein Jüngling mehr, sondern ein Mann geworden sei. Er stellte fest, daß eines ihn verlassen hatte, wie die Schlange von ihrer alten Haut verlassen wird, daß eines nicht mehr in ihm vorhanden war, das durch seine ganze Jugend ihn begleitet und zu ihm gehört hatte: der Wunsch, Lehrer zu haben und Lehren zu hören. Den letzten Lehrer, der an seinem Wege ihm erschienen war, auch ihn, den höchsten und weisesten Lehrer, den Heiligsten, Buddha, hatte er verlassen, hatte sich von ihm trennen müssen, hatte seine Lehre nicht annehmen können.

Langsamer ging der Denkende dahin und fragte sich selbst: »Was nun ist es aber, das du aus Lehren und von Lehrern hattest lernen wollen, und was sie, die dich viel gelehrt haben, dich doch nicht lehren konnten?« Und er fand: »Das Ich war es, dessen Sinn und Wesen ich lernen wollte. Das Ich war es, von dem ich loskommen, das ich überwinden wollte. Ich konnte es aber nicht überwinden, konnte es nur täuschen, konnte nur vor ihm fliehen, mich nur vor ihm verstecken. Wahrlich, kein Ding in der Welt hat so viel meine Gedanken beschäftigt wie dieses mein Ich, dies Rätsel, daß ich lebe, daß ich einer und von allen andern getrennt und abgesondert bin, daß ich Siddhartha bin! Und über kein Ding in der Welt weiß ich weniger als über mich, über Siddhartha!«

Der im langsamen Dahingehen Denkende blieb stehen, von diesem Gedanken erfaßt, und alsbald sprang aus diesem Gedanken ein anderer hervor, ein neuer Gedanke, der lautete: »Daß ich nichts von mir weiß, daß Siddhartha mir so fremd und unbekannt geblieben ist, das kommt aus einer Ursache, einer einzigen: ich hatte Angst vor mir, ich war auf der Flucht vor mir! Atman suchte ich, Brahman suchte ich, ich war gewillt, mein Ich zu zerstücken und auseinanderzuschälen, um in seinem unbekannten Innersten den Kern aller Schalen zu finden,

den Atman, das Leben, das Göttliche, das Letzte. Ich selbst aber ging mir dabei verloren.«
Siddhartha schlug die Augen auf und sah um sich, ein Lächeln erfüllte sein Gesicht, und ein tiefes Gefühl von Erwachen aus langen Träumen durchströmte ihn bis in die Zehen. Und alsbald lief er wieder, lief rasch, wie ein Mann, welcher weiß, was er zu tun hat.
»Oh«, dachte er aufatmend mit tiefem Atemzug, »nun will ich mir den Siddhartha nicht mehr entschlüpfen lassen! Nicht mehr will ich mein Denken und mein Leben beginnen mit Atman und mit dem Leid der Welt. Ich will mich nicht mehr töten und zerstücken, um hinter den Trümmern ein Geheimnis zu finden. Nicht Yoga-Veda mehr soll mich lehren, noch Atharva-Veda, noch die Asketen, noch irgendwelche Lehre. Bei mir selbst will ich lernen, will ich Schüler sein, will ich mich kennenlernen, das Geheimnis Siddhartha.«
Er blickte um sich, als sähe er zum ersten Male die Welt. Schön war die Welt, bunt war die Welt, seltsam und rätselhaft war die Welt! Hier war Blau, hier war Gelb, hier war Grün, Himmel floß und Fluß, Wald starrte und Gebirg, alles schön, alles rätselvoll und magisch, und inmitten er, Siddhartha, der Erwachende, auf dem Wege zu sich selbst. All dieses, all dies Gelb und Blau, Fluß und Wald, ging zum erstenmal durchs Auge in Siddhartha ein, war nicht mehr Zauber Maras, war nicht mehr der Schleier der Maja, war nicht mehr sinnlose und zufällige Vielfalt der Erscheinungswelt, verächtlich dem tiefdenkenden Brahmanen, der die Vielfalt verschmäht, der die Einheit sucht. Blau war Blau, Fluß war Fluß, und wenn auch im Blau und Fluß in Siddhartha das Eine und Göttliche verborgen lebte, so war es doch eben des Göttlichen

Art und Sinn, hier Gelb, hier Blau, dort Himmel, dort Wald und hier Siddhartha zu sein. Sinn und Wesen waren nicht irgendwo hinter den Dingen, sie waren in ihnen, in allem.

»Wie bin ich taub und stumpf gewesen!« dachte der rasch dahin Wandelnde. »Wenn einer eine Schrift liest, deren Sinn er suchen will, so verachtet er nicht die Zeichen und Buchstaben und nennt sie Täuschung, Zufall und wertlose Schale, sondern er liest sie, er studiert und liebt sie, Buchstabe um Buchstabe. Ich aber, der ich das Buch der Welt und das Buch meines eigenen Wesens lesen wollte, ich habe, einem im voraus vermuteten Sinn zuliebe, die Zeichen und Buchstaben verachtet, ich nannte die Welt der Erscheinungen Täuschung, nannte mein Auge und meine Zunge zufällige und wertlose Erscheinungen. Nein, dies ist vorüber, ich bin erwacht, ich bin in der Tat erwacht und heute erst geboren.«

Indem Siddhartha diesen Gedanken dachte, blieb er abermals stehen, plötzlich, als läge eine Schlange vor ihm auf dem Weg.

Denn plötzlich war auch dies ihm klargeworden: er, der in der Tat wie ein Erwachter oder Neugeborener war, er mußte sein Leben neu und völlig von vorn beginnen. Als er an diesem selben Morgen den Hain Jetavana, den Hain jenes Erhabenen, verlassen hatte, schon erwachend, schon auf dem Wege zu sich selbst, da war es seine Absicht gewesen und war ihm natürlich und selbstverständlich erschienen, daß er, nach den Jahren seines Asketentums, in seine Heimat und zu seinem Vater zurückkehrte. Jetzt aber, erst in diesem Augenblick, da er stehenblieb, als läge eine Schlange auf seinem Wege, erwachte er auch zu dieser Einsicht: »Ich bin ja nicht mehr, der ich war, ich bin nicht mehr Asket, ich bin nicht mehr Priester, ich bin nicht mehr Brahmane. Was denn soll ich zu Hause und bei meinem Vater tun? Studieren? Opfern? Die Versenkung pflegen? Dies alles ist ja vorüber, dies alles liegt nicht mehr an meinem Wege.«

Regungslos blieb Siddhartha stehen, und einen Augenblick und Atemzug lang fror sein Herz, er fühlte es in der Brust innen frieren wie ein kleines Tier, einen Vogel oder einen Hasen, als er sah, wie allein er sei. Jahrelang war er heimatlos gewesen und hatte es nicht gefühlt. Nun fühlte er es. Immer noch, auch in der fernsten Versenkung, war er seines Vaters Sohn gewesen, war Brahmane gewesen, hohen Standes, ein Geistiger. Jetzt war er nur noch Siddhartha, der Erwachte, sonst nichts mehr. Tief sog er den Atem ein, und einen Augenblick fror er und schauderte. Niemand war so allein wie er. Kein Adliger, der nicht zu den Adligen, kein Handwerker, der nicht zu den Handwerkern gehörte und Zuflucht bei ihnen fand, ihr Leben teilte, ihre Sprache sprach. Kein Brahmane, der nicht zu den Brahmanen zählte und mit ihnen lebte, kein Asket, der nicht im Stande der Samanas seine Zuflucht fand, und auch der verlorenste Einsiedler im Walde war nicht einer und allein, auch ihn umgab Zugehörigkeit, auch er gehörte einem Stande an, der ihm Heimat war. Govinda war Mönch geworden, und tausend Mönche waren seine Brüder, trugen sein Kleid, glaubten seinen Glauben, sprachen seine Sprache. Er aber, Siddhartha, wo war er zugehörig? Wessen Leben würde er teilen? Wessen Sprache würde er sprechen?

Aus diesem Augenblick, wo die Welt rings von ihm wegschmolz, wo er allein stand wie ein Stern am Himmel, aus diesem Augenblick einer Kälte und Verzagtheit tauchte Siddhartha empor, mehr Ich als zuvor, fester geballt. Er fühlte: dies war der letzte Schauder des Erwachens gewesen, der letzte Krampf der Geburt. Und alsbald schritt er wieder aus, begann rasch und ungeduldig zu gehen, nicht mehr nach Hause, nicht mehr zum Vater, nicht mehr zurück.

Zweiter Teil

Kamala

Siddhartha lernte Neues auf jedem Schritt seines Weges, denn die Welt war verwandelt, und sein Herz war bezaubert. Er sah die Sonne überm Waldgebirge aufgehen und überm fernen Palmenstrande untergehen. Er sah nachts am Himmel die Sterne geordnet, und den Sichelmond wie ein Boot im Blauen schwimmend. Er sah Bäume, Sterne, Tiere, Wolken, Regenbogen, Felsen, Kräuter, Blumen, Bach und Fluß, Taublitz im morgendlichen Gesträuch, ferne hohe Berge blau und bleich, Vögel sangen und Bienen, Wind wehte silbern im Reisfelde. Dies alles, tausendfalt und bunt, war immer dagewesen, immer hatten Sonne und Mond geschienen, immer Flüsse gerauscht und Bienen gesummt, aber es war in den früheren Zeiten für Siddhartha dies alles nichts gewesen als ein flüchtiger und trügerischer Schleier vor seinem Auge, mit Mißtrauen betrachtet, dazu bestimmt, vom Gedanken durchdrungen und vernichtet zu werden, da es nicht Wesen war, da das Wesen jenseits der Sichtbarkeit lag. Nun aber weilte sein befreites Auge diesseits, es sah und erkannte die Sichtbarkeit, suchte Heimat in dieser Welt, suchte nicht das Wesen, zielte in kein Jenseits. Schön war die Welt, wenn man sie so betrachtete, so ohne Suchen, so einfach, so kinderhaft. Schön war Mond und Gestirn, schön war Bach und Ufer, Wald und Fels, Ziege und Goldkäfer, Blume und Schmetterling. Schön und lieblich war es, so durch die Welt zu gehen, so kindlich, so erwacht, so dem Nahen aufgetan, so ohne Mißtrauen. Anders brannte die Sonne aufs Haupt, anders kühlte der Waldschatten, anders schmeckte Bach und Zisterne, anders Kürbis und Banane. Kurz waren die Tage, kurz die Nächte, jede Stunde floh schnell hinweg wie ein Segel auf dem Meere, unterm Segel ein Schiff voll von Schätzen, voll von Freuden. Siddhartha sah ein Affenvolk im hohen Waldgewölbe wandern, hoch im Geäst, und hörte einen wilden, gierigen Gesang. Siddhartha sah einen Schafbock ein Schaf verfolgen und begatten. Er sah in einem Schilfsee den Hecht im Abendhunger jagen, vor ihm her schnellten angstvoll, flatternd und blitzend die jungen Fische in Scharen aus dem Wasser, Kraft und Leidenschaft duftete dringlich aus den hastigen Wasserwirbeln, die der ungestüm Jagende zog.

All dieses war immer gewesen, und er hatte es nicht gesehen; er war nicht dabeigewesen. Jetzt war er dabei, er gehörte dazu. Durch sein Auge lief Licht und Schatten, durch sein Herz lief Stern und Mond.

Siddhartha erinnerte sich unterwegs auch alles dessen, was er im Garten Jetavana erlebt hatte, der Lehre, die er dort gehört, des göttlichen Buddha, des Abschiedes von Govinda, des Gespräches mit dem Erhabenen. Seiner eigenen Worte, die er zum Erhabenen gesprochen hatte, erinnerte er sich wieder, jedes Wortes, und mit Erstaunen wurde er dessen inne, daß er da Dinge gesagt hatte, die er damals noch gar nicht eigentlich wußte. Was er zu Gotama gesagt hatte: sein, des Buddha, Schatz und Geheimnis sei nicht die Lehre, sondern das Unaussprechliche und nicht Lehrbare, das er einst zur Stunde seiner Erleuchtung erlebt habe – dies war es ja eben, was zu erleben er jetzt auszog, was zu erleben er jetzt begann. Sich selbst mußte er jetzt erleben. Wohl hatte er schon lange gewußt, daß sein Selbst Atman sei, vom selben ewigen Wesen wie Brahman. Aber nie hatte er dies Selbst wirklich gefunden, weil er es mit dem Netz des Gedankens hatte fangen wollen. War auch gewiß der Körper nicht das Selbst, und nicht das Spiel im Sinne, so war es doch auch das Denken nicht, nicht der Verstand, nicht die erlernte Weisheit, nicht die erlernte Kunst, Schlüsse zu ziehen und aus schon Gedachtem neue Gedanken zu spinnen. Nein, auch diese Gedankenwelt war noch diesseits, und es führte zu keinem Ziele, wenn man das zufällige Ich der Sinne tötete, dafür aber das zufällige Ich der Gedanken und Gelehrsamkeiten mästete. Beide, die Gedanken wie die Sinne, waren hübsche Dinge, hinter beiden lag der letzte Sinn verborgen, beide galt es zu hören, mit beiden zu spielen, beide weder zu verachten noch zu überschätzen, aus beiden die geheimen Stimmen des Innersten zu erlauschen. Nach nichts wollte er trachten, als wonach die Stimme ihm zu trachten beföhle, bei nichts verweilen, als wo die Stimme es riete. Warum war Gotama einst, in der Stunde der Stunden, unter dem Bo-Baume niedergesessen, wo die Erleuchtung ihn traf? Er hatte eine Stimme gehört, eine Stimme im eigenen Herzen, die ihm befahl, unter diesem Baume Rast zu suchen, und er hatte nicht Kasteiung, Opfer, Bad oder Gebet, nicht Essen noch Trinken, nicht Schlaf noch Traum vorgezogen, er hatte der Stimme gehorcht. So zu gehorchen, nicht äußerm Befehl, nur der Stimme, so bereit zu sein, das war gut, das war notwendig, nichts anderes war notwendig.

In der Nacht, da er in der strohernen Hütte eines Fährmannes am Flusse schlief, hatte Siddhartha einen Traum: Govinda stand vor ihm, in einem gelben Asketengewand. Traurig sah Govinda aus, traurig fragte er: Warum hast du mich verlassen? Da umarmte er Govinda, schlang seine Arme um ihn, und indem er ihn an seine Brust zog und küßte, war es nicht Govinda mehr, sondern ein Weib, und aus des Weibes Gewand quoll eine volle Brust, an der lag Siddhartha und trank, süß und stark schmeckte die Milch dieser Brust. Sie schmeckte nach Weib und Mann, nach Sonne und Wald, nach Tier und Blume, nach jeder Frucht, nach jeder Lust. Sie machte trunken und bewußtlos. – Als Siddhartha erwachte, schimmerte der bleiche Fluß durch die Tür der Hütte, und im Walde klang tief und wohllaut ein dunkler Eulenruf.

Als der Tag begann, bat Siddhartha seinen Gastgeber, den Fährmann, ihn über den Fluß zu setzen. Der Fährmann setzte ihn auf seinem Bambusfloß über den Fluß, rötlich schimmerte im Morgenschein das breite Wasser.

»Das ist ein schöner Fluß«, sagte er zu seinem Begleiter.

»Ja«, sagte der Fährmann, »ein sehr schöner Fluß, ich liebe ihn über alles. Oft habe ich ihm zugehört, oft in seine Augen gesehen, und immer habe ich von ihm gelernt. Man kann viel von einem Flusse lernen.«

»Ich danke dir, mein Wohltäter«, sprach Siddhartha, da er ans andere Ufer steig. »Kein Gastgeschenk habe ich dir zu geben, Lieber, und keinen Lohn zu geben. Ein Heimatloser bin ich, ein Brahmanensohn und Samana.«

»Ich sah es wohl«, sprach der Fährmann, »und ich habe keinen Lohn von dir erwartet, und kein Gastgeschenk. Du wirst mir das Geschenk ein anderes Mal geben.«

»Glaubst du?« sagte Siddhartha lustig.

»Gewiß. Auch das habe ich vom Flusse gelernt: alles kommt wieder! Auch du, Samana, wirst wiederkommen. Nun lebe wohl! Möge deine Freundschaft mein Lohn sein. Mögest du meiner gedenken, wenn du den Göttern opferst.«

Lächelnd schieden sie voneinander. Lächelnd freute sich Siddhartha über die Freundschaft und Freundlichkeit des Fährmanns. »Wie Govinda ist er«, dachte er lächelnd, »alle, die ich auf meinem Wege antreffe, sind wie Govinda. Alle sind dankbar, obwohl sie selbst Anspruch auf Dank hätten. Alle sind unterwürfig, alle mögen gern Freund sein, gern gehorchen, wenig denken. Kinder sind die Menschen.«

Um die Mittagszeit kam er durch ein Dorf. Vor den Lehmhütten wälzten sich Kinder auf der Gasse, spielten mit Kürbiskernen und Muscheln, schrien und balgten sich, flohen aber alle scheu vor dem fremden Samana. Am Ende des Dorfes führte der Weg durch einen Bach, und am Rande des Baches kniete ein junges Weib und wusch Kleider. Als Siddhartha sie grüßte, hob sie den Kopf und blickte mit Lächeln zu ihm auf, daß er das Weiße in ihrem Auge blitzen sah. Er rief einen Segensspruch hinüber, wie er unter Reisenden üblich ist, und fragte, wie weit der Weg bis zur großen Stadt noch sei. Da stand sie auf und trat zu ihm her, schön schimmerte ihr feuchter Mund im jungen Gesicht. Sie tauschte Scherzreden mit ihm, fragte, ob er schon gegessen habe, und ob es wahr sei, daß die Samanas nachts allein im Wald schliefen und keine Frauen bei sich haben dürften. Dabei setzte sie ihren linken Fuß auf seinen rechten und machte eine Bewegung, wie die Frau sie macht, wenn sie den Mann zu jener Art des Liebesgenusses auffordert, welchen die Lehrbücher

»das Baumbesteigen« nennen. Siddhartha fühlte sein Blut erwarmen, und da sein Traum ihm in diesem Augenblick wieder einfiel, bückte er sich ein wenig zu dem Weibe herab und küßte mit den Lippen die braune Spitze ihrer Brust. Aufschauend sah er ihr Gesicht voll Verlangen lächeln und die verkleinerten Augen in Sehnsucht flehen.

Auch Siddhartha fühlte Sehnsucht und den Quell des Geschlechts sich bewegen; da er aber noch nie ein Weib berührt hatte, zögerte er einen Augenblick, während seine Hände schon bereit waren, nach ihr zu greifen. Und in diesem Augenblick hörte er, erschauernd, die Stimme seines Innern, und die Stimme sagte nein. Da wich vom lächelnden Gesicht der jungen Frau aller Zauber, er sah nichts mehr als den feuchten Blick eines brünstigen Tierweibchens. Freundlich streichelte er ihre Wange, wandte sich von ihr und verschwand vor der Enttäuschten leichtfüßig in das Bambusgehölze.

An diesem Tage erreichte er vor Abend eine große Stadt, und freute sich, denn er begehrte nach Menschen. Lange hatte er in den Wäldern gelebt, und die stroherne Hütte des Fährmanns, in welcher er diese Nacht geschlafen hatte, war seit langer Zeit das erste Dach, das er über sich gehabt hatte.

Vor der Stadt, bei einem schönen umzäunten Haine, begegnete dem Wandernden ein kleiner Troß von Dienern und Dienerinnen, mit Körben beladen. Inmitten in einer geschmückten Sänfte, von Vieren getragen, saß auf roten Kissen unter einem bunten Sonnendach eine Frau, die Herrin. Siddhartha blieb beim Eingang des Lusthaines stehen und sah dem Aufzuge zu, sah die Diener, die Mägde, die Körbe, sah die Sänfte, und sah in der Sänfte die Dame. Unter hochgetürmten schwarzen Haaren sah er ein sehr helles, sehr zartes, sehr kluges Gesicht, hellroten Mund wie eine frisch aufgebrochene Feige, Augenbrauen gepflegt und gemalt in hohen Bogen, dunkle Augen klug und wachsam, lichten hohen Hals aus grün und goldenem Oberkleide steigend, ruhende helle Hände lang und schmal mit breiten Goldreifen über den Gelenken.

Siddhartha sah, wie schön sie war, und sein Herz lachte. Tief verneigte er sich, als die Sänfte nahe kam, und sich wieder aufrichtend blickte er in das helle holde Gesicht, las einen Augenblick in den klugen hochüberwölbten Augen, atmete einen Hauch von Duft, den er nicht kannte. Lächelnd nickte die schöne Frau, einen Augenblick, und verschwand im Hain, und hinter ihr die Diener.

So betrete ich diese Stadt, dachte Siddhartha, unter einem holden Zeichen. Es zog ihn, sogleich in den Hain zu treten, doch bedachte er sich, und nun erst ward ihm bewußt, wie ihn die Diener und Mägde am Eingang betrachtet hatten, wie verächtlich, wie mißtrauisch, wie abweisend.

Noch bin ich ein Samana, dachte er, noch immer, ein Asket und Bettler. Nicht so werde ich bleiben dürfen, nicht so in den Hain treten. Und er lachte.

Den nächsten Menschen, der des Weges kam, fragte er nach dem Hain und nach dem Namen dieser Frau, und erfuhr, daß dies der Hain der Kamala war, der berühmten Kurtisane, und daß sie außer dem Haine ein Haus in der Stadt besaß.

Dann betrat er die Stadt. Er hatte nun ein Ziel.

Sein Ziel verfolgend, ließ er sich von der Stadt einschlürfen, trieb im Strom der Gassen, stand auf Plätzen still, ruhte auf Steintreppen am Flusse aus. Gegen den Abend befreundete er sich mit einem Barbiergehilfen, den er im Schatten eines Gewölbes hatte arbeiten sehen, den er betend in einem Tempel Vishnus wiederfand, dem er von den Geschichten Vishnus und der Lakschmi erzählte. Bei den Booten am Flusse schlief er die Nacht, und früh am Morgen, ehe die ersten Kunden in seinen Laden kamen, ließ er sich von dem Barbiergehilfen den Bart rasieren und das Haar beschneiden, das Haar kämmen und mit feinem Öle salben. Dann ging er im Flusse baden.

Als am Spätnachmittag die schöne Kamala in der Sänfte sich ihrem Haine näherte, stand am Eingang Siddhartha, verbeugte sich und empfing den Gruß der Kurtisane. Demjenigen Diener aber, der zuletzt im Zuge ging, winkte er und bat ihn, der Herrin zu melden, daß ein junger Brahmane mit ihr zu sprechen begehre. Nach einer Weile kam der Diener zurück, forderte den Wartenden auf, ihm zu folgen, führte den ihm Folgenden schweigend in einen Pavillon, wo Kamala auf einem Ruhebette lag, und ließ ihn bei ihr allein.

»Bist du nicht gestern schon da draußen gestanden und hast mich begrüßt?« fragte Kamala.

»Wohl habe ich gestern schon dich gesehen und begrüßt.«

»Aber trugst du nicht gestern einen Bart, und lange Haare, und Staub in den Haaren?«

»Wohl hast du beobachtet, alles hast du gesehen. Du hast Siddhartha gesehen, den Brahmanensohn, welcher seine Heimat verlassen hat, um ein Samana zu werden, und drei Jahre lang ein Samana gewesen ist. Nun aber habe ich jenen Pfad verlassen, und kam in diese Stadt, und die erste, die mir noch vor dem Betreten der Stadt begegnete, warst du. Dies zu sagen, bin ich zu dir gekommen, o Kamala! Du bist die erste Frau, zu welcher Siddhartha anders als mit niedergeschlagenen Augen redet. Nie mehr will ich meine Augen niederschlagen, wenn eine schöne Frau mir begegnet.«

Kamala lächelte und spielte mit ihrem Fächer aus Pfauenfedern. Und fragte: »Und nur um mir dies zu sagen, ist Siddhartha zu mir gekommen?«

»Um dir dies zu sagen, und um dir zu danken, daß du so schön bist. Und wenn es dir nicht mißfällt, Kamala, möchte ich dich bitten, meine Freundin und Lehrerin zu sein, denn ich weiß noch nichts von der Kunst, in welcher du Meisterin bist.«

Da lachte Kamala laut.

»Nie ist mir das geschehen, Freund, daß ein Samana aus dem Walde zu mir kam und von mir lernen wollte! Nie ist mir das geschehen, daß ein Samana mit langen Haaren und in einem alten zerrissenen Schamtuche zu mir kam! Viele Jünglinge kommen zu mir, und auch Brahmanensöhne sind darunter, aber sie kommen in schönen Kleidern, sie kommen in feinen Schuhen, sie haben Wohlgeruch im Haar und Geld in den Beuteln. So, du Samana, sind die Jünglinge beschaffen, welche zu mir kommen.«

Sprach Siddhartha: »Schon fange ich an, von dir zu lernen. Auch gestern schon habe ich gelernt. Schon habe ich den Bart abgelegt, habe das Haar gekämmt, habe Öl im Haare. Weniges ist, das mir noch fehlt, du Vortreffliche: feine Kleider, feine Schuhe, Geld im Beutel. Wisse, Schwereres hat Siddhartha sich vorgenommen, als solche Kleinigkeiten sind, und hat es erreicht. Wie sollte ich nicht erreichen, was ich gestern mir vorgenommen habe: dein

Freund zu sein und die Freuden der Liebe von dir zu lernen! Du wirst mich gelehrig sehen, Kamala, Schwereres habe ich gelernt, als was du mich lehren sollst. Und nun also: Siddhartha genügt dir nicht, so wie er ist, mit Öl im Haar, aber ohne Kleider, ohne Schuhe, ohne Geld?«

Lachend rief Kamala: »Nein, Werter, er genügt noch nicht. Kleider muß er haben, hübsche Kleider, und Schuhe, hübsche Schuhe, und viel Geld im Beutel, und Geschenke für Kamala. Weißt du es nun, Samana aus dem Walde? Hast du es dir gemerkt?«

»Wohl habe ich es mir gemerkt«, rief Siddhartha. »Wie sollte ich mir nicht merken, was aus einem solchen Munde kommt! Dein Mund ist wie eine frisch aufgebrochene Feige, Kamala. Auch mein Mund ist rot und frisch, er wird zu deinem passen, du wirst sehen. – Aber sage, schöne Kamala, hast du gar keine Furcht vor dem Samana aus dem Walde, der gekommen ist, um Liebe zu lernen?«

»Warum sollte ich denn Furcht vor einem Samana haben, einem dummen Samana aus dem Walde, der von den Schakalen kommt und noch gar nicht weiß, was Frauen sind?«

»Oh, er ist stark, der Samana, und er fürchtet nichts. Er könnte dich zwingen, schönes Mädchen. Er könnte dich rauben. Er könnte dir weh tun.«

»Nein, Samana, das fürchte ich nicht. Hat je ein Samana oder ein Brahmane gefürchtet, einer könnte kommen und ihn packen und ihm seine Gelehrsamkeit, und seine Frömmigkeit, und seinen Tiefsinn rauben? Nein, denn die gehören ihm zu eigen, und er gibt davon nur, was er geben will und wem er geben will. So ist es, genau ebenso ist es auch mit Kamala, und mit den Freuden der Liebe. Schön und rot ist Kamalas Mund, aber versuche, ihn gegen Kamalas Willen zu küssen, und nicht einen Tropfen Süßigkeit wirst du von ihm haben, der so viel Süßes zu geben versteht! Du bist gelehrig Siddhartha, so lerne auch dies: Liebe kann man erbetteln, erkaufen, geschenkt bekommen, auf der Gasse finden, aber rauben kann man sie nicht. Da hast du dir einen flaschen Weg ausgedacht. Nein, schade wäre es, wenn ein hübscher Jüngling wie du es so falsch angreifen wollte.«

Siddhartha verneigte sich lächelnd. »Schade wäre es, Kamala, wie sehr hast du recht! Überaus schade wäre es. Nein, von deinem Munde soll mir kein Tropfen Süßigkeit verlorengehen, noch dir von dem meinen! Es bleibt also dabei: Siddhartha wird wiederkommen, wenn er hat, was ihm noch fehlt: Kleider, Schuhe, Geld. Aber sprich, holde Kamala, kannst du mir nicht noch einen kleinen Rat geben?«

»Einen Rat? Warum nicht? Wer wollte nicht gerne einem armen, unwissenden Samana, der von den Schakalen aus dem Walde kommt, einen Rat geben?«

»Liebe Kamala, so rate mir: wohin soll ich gehen, daß ich am raschesten jene drei Dinge finde?«

»Freund, das möchten viele wissen. Du mußt tun, was du gelernt hast, und dir dafür Geld geben lassen und Kleider und Schuhe. Anders kommt ein Armer nicht zu Geld. Was kannst du denn?«

»Ich kann denken. Ich kann warten. Ich kann fasten.«

»Nichts sonst?«

»Nichts. Doch, ich kann auch dichten. Willst du mir für ein Gedicht einen Kuß geben?«

»Das will ich tun, wenn dein Gedicht mir gefällt. Wie heißt es denn?«

Siddhartha sprach, nachdem er sich einen Augenblick besonnen hatte, diese Verse:

»In ihren schattigen Hain trat die schöne Kamala,
An Haines Eingang stand der braune Samana.
Tief, da er die Lotusblüte erblickte,
Beugte sich jener, lächelnd dankte Kamala.
Lieblicher, dachte der Jüngling, als Göttern zu opfern,
Lieblicher ist es, zu opfern der schönen Kamala.«

Laut klatschte Kamala in die Hände, daß die goldenen Armringe klangen.

»Schön sind deine Verse, brauner Samana, und wahrlich, ich verliere nichts, wenn ich dir einen Kuß für sie gebe.«

Sie zog ihn mit den Augen zu sich, er beugte sein Gesicht auf ihres, und legte seinen Mund auf den Mund, der wie eine frisch aufgebrochene Feige war. Lange küßte ihn Kamala, und mit tiefem Erstaunen fühlte Siddhartha, wie sie ihn lehrte, wie sie weise war, wie sie ihn beherrschte, ihn zurückwies, ihn lockte, und wie hinter diesem ersten eine lange, eine wohlgeordnete, wohlerprobte Reihe von Küssen stand, jeder vom andern verschieden, die ihn noch erwarteten. Tief atmend blieb er stehen, und war in diesem Augenblick wie ein Kind erstaunt über die Fülle des Wissens und Lernenswerten, die sich vor seinen Augen erschloß.

»Sehr schön sind deine Verse«, rief Kamala, »wenn ich reich wäre, gäbe ich dir Goldstücke dafür. Aber schwer wird es dir werden, mit Versen so viel Geld zu erwerben, wie du brauchst. Denn du brauchst viel Geld, wenn du Kamalas Freund sein willst.«

»Wie kannst du küssen, Kamala!« stammelte Siddhartha.

»Ja, das kann ich schon, darum fehlt es mir auch nicht an

Kleidern, Schuhen, Armbändern und allen schönen Dingen. Aber was wird aus dir werden? Kannst du nichts als denken, fasten, dichten?«

»Ich kann auch die Opferlieder«, sagte Siddhartha, »aber ich will sie nicht mehr singen. Ich kann auch Zaubersprüche, aber ich will sie nicht mehr sprechen. Ich habe die Schriften gelesen ––«

»Halt«, unterbrach ihn Kamala. »Du kannst lesen? Und schreiben?«

»Gewiß kann ich das. Manche können das.«

»Die meisten können es nicht. Auch ich kann es nicht. Es ist sehr gut, daß du lesen und schreiben kannst, sehr gut. Auch die Zaubersprüche wirst du noch brauchen können.«

In diesem Augenblick kam eine Dienerin gelaufen und flüsterte der Herrin eine Nachricht ins Ohr.

»Ich bekomme Besuch«, rief Kamala. »Eile und verschwinde, Siddhartha, niemand darf dich hier sehen, das merke dir! Morgen sehe ich dich wieder.«

Der Magd aber befahl sie, dem frommen Brahmanen ein weißes Obergewand zu geben. Ohne zu wissen, wie ihm geschah, sah sich Siddhartha von der Magd hinweggezogen, auf Umwegen in ein Gartenhaus gebracht, mit einem Oberkleid beschenkt, ins Gebüsch geführt und dringlich ermahnt, sich alsbald ungesehen aus dem Hain zu verlieren.

Zufrieden tat er, wie ihm geheißen war. Des Waldes gewohnt, brachte er sich lautlos aus dem Hain und über die Hecke. Zufrieden kehrte er in die Stadt zurück, das zusammengerollte Kleid unterm Arm tragend. In einer Herberge, wo Reisende einkehrten, stellte er sich an die Tür, bat schweigend um Essen, nahm schweigend ein

Stück Reiskuchen an. Vielleicht schon morgen, dachte er, werde ich niemand mehr um Essen bitten.
Stolz flammte plötzlich in ihm auf. Er war kein Samana mehr, nicht mehr stand es ihm an zu betteln. Er gab den Reiskuchen einem Hunde und blieb ohne Speise.
»Einfach ist das Leben, das man in der Welt hier führt«, dachte Siddhartha. »Es hat keine Schwierigkeiten. Schwer war alles, mühsam und am Ende hoffnungslos, als ich noch Samana war. Nun ist alles leicht, leicht wie der Unterricht im Küssen, den mir Kamala gibt. Ich brauche Kleider und Geld, sonst nichts, das sind kleine nahe Ziele, sie stören einem nicht den Schlaf.«
Längst hatte er das Stadthaus Kamalas erkundet, dort fand er sich am andern Tage ein.
»Es geht gut«, rief sie ihm entgegen. »Du wirst bei Kamaswami erwartet, er ist der reichste Kaufmann dieser Stadt. Wenn du ihm gefällst, wird er dich in Dienst nehmen. Sei klug, brauner Samana. Ich habe ihm durch andre von dir erzählen lassen. Sei freundlich gegen ihn, er ist sehr mächtig. Aber sei nicht zu bescheiden! Ich will nicht, daß du sein Diener wirst, du sollst seinesgleichen werden, sonst bin ich nicht mit dir zufrieden. Kamaswami fängt an, alt und bequem zu werden. Gefällst du ihm, so wird er dir viel anvertrauen.«
Siddhartha dankte ihr und lachte, und da sie erfuhr, er habe gestern und heute nichts gegessen, ließ sie Brot und Früchte bringen und bewirtete ihn.
»Du hast Glück gehabt«, sagte sie beim Abschied, »eine Tür um die andre tut sich dir auf. Wie kommt das wohl? Hast du einen Zauber?«
Siddhartha sagte: »Gestern erzählte ich dir, ich verstünde zu denken, zu warten und zu fasten, du aber fandest, das

sei zu nichts nütze. Es ist aber zu vielem nütze, Kamala, du wirst es sehen. Du wirst sehen, daß die dummen Samanas im Walde viel Hübsches lernen und können, das ihr nicht könnt. Vorgestern war ich noch ein struppiger Bettler, gestern habe ich schon Kamala geküßt, und bald werde ich ein Kaufmann sein und Geld haben und all diese Dinge, auf die du Wert legst.«

»Nun ja«, gab sie zu. »Aber wie stünde es mit dir ohne mich? Was wärest du, wenn Kamala dir nicht hülfe?«

»Liebe Kamala«, sagte Siddhartha und richtete sich hoch auf, »als ich zu dir in deinen Hain kam, tat ich den ersten Schritt. Es war mein Vorsatz, bei dieser schönsten Frau die Liebe zu lernen. Von jenem Augenblick an, da ich den Vorsatz faßte, wußte ich auch, daß ich ihn ausführen werde. Ich wußte, daß du mir helfen würdest, bei deinem ersten Blick am Eingang des Haines wußte ich es schon.«

»Wenn ich aber nicht gewollt hätte?«

»Du hast gewollt. Sieh, Kamala: wenn du einen Stein ins Wasser wirfst, so eilt er auf dem schnellsten Wege zum Grunde des Wassers. So ist es, wenn Siddhartha ein Ziel, einen Vorsatz hat. Siddhartha tut nichts, er wartet, er denkt, er fastet, aber er geht durch die Dinge der Welt hindurch wie der Stein durchs Wasser, ohne etwas zu tun, ohne sich zu rühren; er wird gezogen, er läßt sich fallen. Sein Ziel zieht ihn an sich, denn er läßt nichts in seine Seele ein, was dem Ziel widerstreben könnte. Das ist es, was Siddhartha bei den Samanas gelernt hat. Es ist das, was die Toren Zauber nennen und wovon sie meinen, es werde durch Dämonen bewirkt. Nichts wird von Dämonen bewirkt, es gibt keine Dämonen. Jeder kann zaubern, jeder kann seine Ziele erreichen, wenn er denken kann, wenn er warten kann, wenn er fasten kann.«

Kamala hörte ihm zu. Sie liebte seine Stimme, sie liebte den Blick seiner Augen.
»Vielleicht ist es so«, sagte sie leise, »wie du sprichst, Freund. Vielleicht ist es aber auch so, daß Siddhartha ein hübscher Mann ist, daß sein Blick den Frauen gefällt, daß darum das Glück ihm entgegenkommt.«
Mit einem Kuß nahm Siddhartha Abschied. »Möge es so sein, meine Lehrerin. Möge immer mein Blick dir gefallen, möge immer von dir mir Glück entgegenkommen!«

Bei den Kindermenschen

Siddhartha ging zum Kaufmann Kamaswami, in ein reiches Haus ward er gewiesen, Diener führten ihn zwischen kostbaren Teppichen in ein Gemach, wo er den Hausherrn erwartete.
Kamaswami trat ein, ein rascher, geschmeidiger Mann mit stark ergrauendem Haar, mit sehr klugen, vorsichtigen Augen, mit einem begehrlichen Mund. Freundlich begrüßten sich Herr und Gast.
»Man hat mir gesagt«, begann der Kaufmann, »daß du ein Brahmane bist, ein Gelehrter, daß du aber Dienste bei einem Kaufmann suchst. Bist du denn in Not geraten, Brahmane, daß du Dienste suchst?«
»Nein«, sagte Siddhartha, »ich bin nicht in Not geraten und bin nie in Not gewesen. Wisse, daß ich von den Samanas komme, bei welchen ich lange Zeit gelebt habe.«
»Wenn du von den Samanas kommst, wie solltest du da nicht in Not sein? Sind nicht die Samanas völlig besitzlos?«

»Besitzlos bin ich«, sagte Siddhartha, »wenn es das ist, was du meinst. Gewiß bin ich besitzlos. Doch bin ich es freiwillig, bin also nicht in Not.«

»Wovon aber willst du leben, wenn du besitzlos bist?«

»Ich habe daran noch nie gedacht, Herr. Ich bin mehr als drei Jahre besitzlos gewesen, und habe niemals daran gedacht, wovon ich leben solle.«

»So hast du vom Besitz anderer gelebt.«

»Vermutlich ist es so. Auch der Kaufmann lebt ja von der Habe anderer.«

»Wohl gesprochen. Doch nimmt er von den andern das Ihre nicht umsonst; er gibt ihnen seine Waren dafür.«

»So scheint es sich in der Tat zu verhalten. Jeder nimmt, jeder gibt, so ist das Leben.«

»Aber erlaube: wenn du besitzlos bist, was willst du geben?«

»Jeder gibt, was er hat. Der Krieger gibt Kraft, der Kaufmann gibt Ware, der Lehrer Lehre, der Bauer Reis, der Fischer Fische.«

»Sehr wohl. Und was ist es nun, was du zu geben hast? Was ist es, das du gelernt hast, das du kannst?«

»Ich kann denken. Ich kann warten. Ich kann fasten.«

»Das ist alles?«

»Ich glaube, es ist alles!«

»Und wozu nützt es? Zum Beispiel das Fasten – wozu ist es gut?«

»Es ist sehr gut, Herr. Wenn ein Mensch nichts zu essen hat, so ist Fasten das Allerklügste, was er tun kann. Wenn, zum Beispiel, Siddhartha nicht fasten gelernt hätte, so müßte er heute noch irgendeinen Dienst annehmen, sei es bei dir oder wo immer, denn der Hunger würde ihn dazu zwingen. So aber kann Siddhartha ruhig warten, er kennt keine Ungeduld, er kennt keine Notlage, lange kann er sich vom Hunger belagern lassen und kann dazu lachen. Dazu, Herr, ist Fasten gut.«

»Du hast recht, Samana. Warte einen Augenblick.«

Kamaswami ging hinaus und kehrte mit einer Rolle wieder, die er seinem Gaste hinreichte, indem er fragte: »Kannst du dies lesen?«

Siddhartha betrachtete die Rolle, in welcher ein Kaufvertrag niedergeschrieben war, und begann ihren Inhalt vorzulesen.

»Vortrefflich«, sagte Kamaswami. »Und willst du mir etwas auf dieses Blatt schreiben?«

Er gab ihm ein Blatt und einen Griffel, und Siddhartha schrieb und gab das Blatt zurück.

Kamaswami las: »Schreiben ist gut, Denken ist besser. Klugheit ist gut, Geduld ist besser.«

»Vorzüglich verstehst du zu schreiben«, lobte der Kaufmann. »Manches werden wir noch miteinander zu sprechen haben. Für heute bitte ich dich, sei mein Gast und nimm in diesem Hause Wohnung.«

Siddhartha dankte und nahm an, und wohnte nun im Hause des Händlers. Kleider wurden ihm gebracht, und Schuhe, und ein Diener bereitete ihm täglich das Bad. Zweimal am Tage wurde eine reichliche Mahlzeit aufgetragen. Siddhartha aber aß nur einmal am Tage, und aß weder Fleisch, noch trank er Wein. Kamaswami erzählte ihm von seinem Handel, zeigte ihm Waren und Magazine, zeigte ihm Berechnungen. Vieles Neue lernte Siddhartha kennen, er hörte viel und sprach wenig. Und der Worte Kamalas eingedenk, ordnete er sich niemals dem Kaufmann unter, zwang ihn, daß er ihn als seinesgleichen, ja als mehr denn seinesgleichen behandle. Kamaswami betrieb seine Geschäfte mit Sorglichkeit und oft mit Leidenschaft, Siddhartha aber betrachtete dies alles wie ein Spiel, dessen Regeln genau zu lernen er bemüht war, dessen Inhalt aber sein Herz nicht berührte.

Nicht lange war er in Kamaswamis Hause, da nahm er schon an seines Hausherrn Handel teil. Täglich aber zu der Stunde, die sie ihm nannte, besuchte er die schöne Kamala, in hübschen Kleidern, in feinen Schuhen, und bald brachte er ihr auch Geschenke mit. Vieles lehrte ihn ihr roter, kluger Mund. Vieles lehrte ihn ihre zarte, geschmeidige Hand. Ihn, der in der Liebe noch ein Knabe war und dazu neigte, sich blindlings und unersättlich in die Lust zu stürzen wie ins Bodenlose, lehrte sie von Grund auf die Lehre, daß man Lust nicht nehmen kann, ohne Lust zu geben, und daß jede Gebärde, jedes Streicheln, jede Berührung, jeder Anblick, jede kleinste Stelle des Körpers ihr Geheimnis hat, das zu wecken dem Wissenden Glück bereitet. Sie lehrte ihn, daß Liebende nach einer Liebesfeier nicht voneinander gehen dürfen, ohne eins das andere zu bewundern, ohne ebenso besiegt zu sein, wie gesiegt zu haben, so daß bei keinem von beiden Übersättigung und Öde entstehe und das böse Gefühl, mißbraucht zu haben oder mißbraucht worden zu sein. Wunderbare Stunden brachte er bei der schönen und klugen Künstlerin zu, wurde ihr Schüler, ihr Liebhaber, ihr Freund. Hier bei Kamala lag der Wert und Sinn seines jetzigen Lebens, nicht im Handel des Kamaswami.

Der Kaufmann übertrug ihm das Schreiben wichtiger Briefe und Verträge und gewöhnte sich daran, alle wichtigen Angelegenheiten mit ihm zu beraten. Er sah bald, daß Siddhartha von Reis und Wolle, von Schiffahrt und Handel wenig verstand, daß aber seine Hand eine glückliche war, und daß Siddhartha ihn, den Kaufmann, übertraf an Ruhe und Gleichmut, und in der Kunst des Zuhörenkönnens und Eindringens in fremde Menschen. »Dieser Brahmane«, sagte er zu einem Freunde, »ist kein richtiger Kaufmann und wird nie einer werden, nie ist seine Seele mit Leidenschaft bei den Geschäften. Aber er hat das Geheimnis jener Menschen, zu welchen der Erfolg von selber kommt, sei das nun ein angeborener guter Stern, sei es Zauber, sei es etwas, das er bei den Samanas gelernt hat. Immer scheint er mit den Geschäften nur zu spielen, nie gehen sie ganz in ihn ein, nie beherrschen sie ihn, nie fürchtet er Mißerfolg, nie bekümmert ihn ein Verlust.«

Der Freund riet dem Händler: »Gib ihm von den Geschäften, die er für dich treibt, ein Drittel vom Gewinn, laß ihn aber auch denselben Anteil des Verlustes treffen, wenn Verlust entsteht. So wird er eifriger werden.«

Kamaswami folgte dem Rat. Siddhartha aber kümmerte sich wenig darum. Traf ihn Gewinn, so nahm er ihn gleichmütig hin; traf ihn Verlust, so lachte er und sagte: »Ei sieh, dies ist also schlecht gegangen!«

Es schien in der Tat, als seien die Geschäfte ihm gleichgültig. Einmal reiste er in ein Dorf, um dort eine große Reisernte aufzukaufen. Als er ankam, war aber der Reis schon an einen andern Händler verkauft. Dennoch blieb Siddhartha manche Tage in jenem Dorf, bewirtete die Bauern, schenkte ihren Kindern Kupfermünzen, feierte eine Hochzeit mit und kam überaus zufrieden von der Reise zurück. Kamaswami machte ihm Vorwürfe, daß er nicht sogleich umgekehrt sei, daß er Zeit und Geld vergeudet habe. Siddhartha antwortete: »Laß das Schelten, lieber Freund! Noch nie ist mit Schelten etwas erreicht worden.

Ist Verlust entstanden, so laß mich den Verlust tragen. Ich bin sehr zufrieden mit dieser Reise. Ich habe vielerlei Menschen kennengelernt, ein Brahmane ist mein Freund geworden, Kinder sind auf meinen Knien geritten, Bauern haben mir ihre Felder gezeigt, niemand hat mich für einen Händler gehalten.«

»Sehr hübsch ist dies alles«, rief Kamaswami unwillig, »aber tatsächlich bist du doch ein Händler, sollte ich meinen! Oder bist du denn nur zu deinem Vergnügen gereist?«

»Gewiß«, lachte Siddhartha, »gewiß bin ich zu meinem Vergnügen gereist. Wozu denn sonst? Ich habe Menschen und Gegenden kennengelernt, ich habe Freundlichkeit und Vertrauen genossen, ich habe Freundschaft gefunden. Sieh, Lieber, wenn ich Kamaswami gewesen wäre, so wäre ich sofort, als ich meinen Kauf vereitelt sah, voll Ärger und in Eile wieder zurückgereist, und Zeit und Geld wäre in der Tat verloren gewesen. So aber habe ich gute Tage gehabt, habe gelernt, habe Freude genossen, habe weder mich noch andere durch Ärger und durch Eilfertigkeit geschädigt. Und wenn ich jemals wieder dorthin komme, vielleicht um eine spätere Ernte zu kaufen, oder zu welchem Zwecke es sei, so werden freundliche Menschen mich freundlich und heiter empfangen, und ich werde mich dafür loben, daß ich damals nicht Eile und Unmut gezeigt habe. Also laß gut sein, Freund, und schade dir nicht durch Schelten! Wenn der Tag kommt, an dem du sehen wirst: Schaden bringt mir dieser Siddhartha, dann sprich ein Wort, und Siddhartha wird seiner Wege gehen. Bis dahin aber laß uns einer mit dem andern zufrieden sein.«

Vergeblich waren auch die Versuche des Kaufmanns,

Siddhartha zu überzeugen, daß er sein, Kamaswamis, Brot esse. Siddhartha aß sein eignes Brot, vielmehr sie beide aßen das Brot anderer, das Brot aller. Niemals hatte Siddhartha ein Ohr für Kamaswamis Sorgen, und Kamaswami machte sich viele Sorgen. War ein Geschäft im Gange, welchem Mißerfolg drohte, schien eine Warensendung verloren, schien ein Schuldner nicht zahlen zu können, nie konnte Kamaswami seinen Mitarbeiter überzeugen, daß es nützlich sei, Worte des Kummers oder des Zornes zu verlieren, Falten auf der Stirn zu haben, schlecht zu schlafen. Als ihm Kamaswami einstmals vorhielt, er habe alles, was er verstehe, von ihm gelernt, gab er zur Antwort: »Wolle mich doch nicht mit solchen Späßen zum besten haben! Von dir habe ich gelernt, wieviel ein Korb voll Fische kostet, und wieviel Zins man für geliehenes Geld fordern kann. Das sind deine Wissenschaften. Denken habe ich nicht bei dir gelernt, teurer Kamaswami, suche lieber du, es von mir zu lernen.«

In der Tat war seine Seele nicht beim Handel. Die Geschäfte waren gut, um ihm Geld für Kamala einzubringen, und sie brachten weit mehr ein, als er brauchte. Im übrigen war Siddharthas Teilnahme und Neugierde nur bei den Menschen, deren Geschäfte, Handwerke, Sorgen, Lustbarkeiten und Torheiten ihm früher fremd und fern gewesen waren wie der Mond. So leicht es ihm gelang, mit allen zu sprechen, mit allen zu leben, von allen zu lernen, so sehr ward ihm dennoch bewußt, daß etwas sei, was ihn von ihnen trennte, und dies Trennende war sein Samanatum. Er sah die Menschen auf eine kindliche oder tierhafte Art dahinleben, welche er zugleich liebte und auch verachtete. Er sah sie sich mühen, sah sie leiden und grau werden um Dinge, die ihm dieses Preises ganz unwert

schienen, um Geld, um kleine Lust, um kleine Ehren, er sah sie einander schelten und beleidigen, er sah sie um Schmerzen wehklagen, über die der Samana lächelt, und unter Entbehrungen leiden, die ein Samana nicht fühlt.
Allem stand er offen, was diese Menschen ihm zubrachten. Willkommen war ihm der Händler, der ihm Leinwand zum Kauf anbot, willkommen der Verschuldete, der ein Darlehen suchte, willkommen der Bettler, der ihm eine Stunde lang die Geschichte seiner Armut erzählte, und welcher nicht halb so arm war als ein jeder Samana. Den reichen ausländischen Händler behandelte er nicht anders als den Diener, der ihn rasierte, und den Straßenverkäufer, von dem er sich beim Bananenkauf um kleine Münze betrügen ließ. Wenn Kamaswami zu ihm kam, um über seine Sorgen zu klagen oder ihm wegen eines Geschäftes Vorwürfe zu machen, so hörte er neugierig und heiter zu, wunderte sich über ihn, suchte ihn zu verstehen, ließ ihn ein wenig recht haben, ebensoviel als ihm unentbehrlich schien, und wandte sich von ihm ab, dem Nächsten zu, der ihn begehrte. Und es kamen viele zu ihm, viele, um mit ihm zu handeln, viele, um ihn zu betrügen, viele, um ihn auszuhorchen, viele, um sein Mitleid anzurufen, viele, um seinen Rat zu hören. Er gab Rat, er bemitleidete, er schenkte, er ließ sich ein wenig betrügen, und dieses ganze Spiel und die Leidenschaft, mit welcher alle Menschen dies Spiel betrieben, beschäftigte seine Gedanken ebensosehr, wie einst die Götter und das Brahman sie beschäftigt hatten.
Zuzeiten spürte er, tief in der Brust, eine sterbende, leise Stimme, die mahnte leise, klagte leise, kaum daß er sie vernahm. Alsdann kam ihm für eine Stunde zum Bewußtsein, daß er ein seltsames Leben führe, daß er da

lauter Dinge tue, die bloß ein Spiel waren, daß er wohl heiter sei und zuweilen Freude fühle, daß aber das eigentliche Leben dennoch an ihm vorbeifließe und ihn nicht berühre. Wie ein Ballspieler mit seinen Bällen spielt, so spielte er mit seinen Geschäften, mit den Menschen seiner Umgebung, sah ihnen zu, fand seinen Spaß an ihnen; mit dem Herzen, mit der Quelle seines Wesens war er nicht dabei. Die Quelle lief irgendwo, wie fern von ihm, lief und lief unsichtbar, hatte nichts mehr mit seinem Leben zu tun. Und einigemal erschrak er ob solchen Gedanken und wünschte sich, es möge doch auch ihm gegeben sein, bei all dem kindlichen Tun des Tages mit Leidenschaft und mit dem Herzen beteiligt zu sein, wirklich zu leben, wirklich zu tun, wirklich zu genießen und zu leben, statt nur so als ein Zuschauer daneben zu stehen.

Immer aber kam er wieder zur schönen Kamala, lernte Liebeskunst, übte den Kult der Lust, bei welchem mehr als irgendwo Geben und Nehmen zu einem wird, plauderte mit ihr, lernte von ihr, gab ihr Rat, empfing Rat. Sie verstand ihn besser, als Govinda ihn einst verstanden hatte, sie war ihm ähnlicher.

Einmal sagte er zu ihr: »Du bist wie ich, du bist anders als die meisten Menschen. Du bist Kamala, nichts andres, und in dir innen ist eine Stille und Zuflucht, in welche du zu jeder Stunde eingehen und bei dir daheim sein kannst, so wie auch ich es kann. Wenige Menschen haben das, und doch könnten alle es haben.«

»Nicht alle Menschen sind klug«, sagte Kamala.

»Nein«, sagte Siddhartha, »nicht daran liegt es. Kamaswami ist ebenso klug wie ich, und hat doch keine Zuflucht in sich. Andre haben sie, die an Verstand kleine Kinder sind. Die meisten Menschen, Kamala, sind wie ein fallendes Blatt, das weht und dreht sich durch die Luft, und schwankt, und taumelt zu Boden. Andre aber, wenige, sind wie Sterne, die gehen eine feste Bahn, kein Wind erreicht sie, in sich selber haben sie ihr Gesetz und ihre Bahn. Unter allen Gelehrten und Samanas, deren ich viele kannte, war einer von dieser Art ein Vollkommener, nie kann ich ihn vergessen. Es ist jener Gotama, der Erhabene, der Verkünder jener Lehre. Tausend Jünger hören jeden Tag seine Lehre, folgen jeder Stunde seiner Vorschrift, aber sie alle sind fallendes Laub, nicht in sich selbst haben sie Lehre und Gesetz.«

Kamala betrachtete ihn mit Lächeln. »Wieder redest du von ihm«, sagte sie, »wieder hast du Samanagedanken.«

Siddhartha schwieg, und sie spielten das Spiel der Liebe, eines von den dreißig oder vierzig verschiedenen Spielen, welche Kamala wußte. Ihr Leib war biegsam wie der eines Jaguars und wie der Bogen eines Jägers; wer von ihr die Liebe gelernt hatte, war vieler Lüste, vieler Geheimnisse kundig. Lange spielte sie mit Siddhartha, lockte ihn, wies ihn zurück, zwang ihn, umspannte ihn, freute sich seiner Meisterschaft, bis er besiegt war und erschöpft an ihrer Seite ruhte.

Die Hetäre beugte sich über ihn, sah lang in sein Gesicht, in seine müdgewordenen Augen.

»Du bist der beste Liebende«, sagte sie nachdenklich, »den ich gesehen habe. Du bist stärker als andre, biegsamer, williger. Gut hast du meine Kunst gelernt, Siddhartha. Einst, wenn ich älter bin, will ich von dir ein Kind haben. Und dennoch, Lieber, bist du ein Samana geblieben, dennoch liebst du mich nicht, du liebst keinen Menschen. Ist es nicht so?«

»Es mag wohl so sein«, sagte Siddhartha müde. »Ich bin wie du. Auch du liebst nicht – wie könntest du sonst die Liebe als eine Art Kunst betreiben? Die Menschen von unserer Art können vielleicht nicht lieben. Die Kindermenschen können es; das ist ihr Geheimnis.

Sansara

Lange Zeit hatte Siddhartha das Leben der Welt und der Lüste gelebt, ohne ihm doch anzugehören. Seine Sinne, die er in heißen Samana-Jahren ertötet hatte, waren wieder erwacht, er hatte Reichtum gekostet, hatte Wollust gekostet, hatte Macht gekostet; dennoch war er lange Zeit im Herzen noch ein Samana geblieben, dies hatte Kamala, die Kluge, richtig erkannt. Immer war es die Kunst des Denkens, des Wartens, des Fastens, von welcher sein Leben gelenkt wurde, immer noch waren die Menschen der Welt, die Kindermenschen, ihm fremd geblieben, wie er ihnen fremd war.

Die Jahre liefen dahin, in Wohlergehen eingehüllt fühlte Siddhartha ihr Schwinden kaum. Er war reich geworden, er besaß längst ein eigenes Haus und eigene Dienerschaft, und einen Garten vor der Stadt am Flusse. Die Menschen hatten ihn gerne, sie kamen zu ihm, wenn sie Geld oder Rat brauchten, niemand aber stand ihm nahe, außer Kamala.

Jenes hohle, helle Wachsein, welches er einst, auf der Höhe seiner Jugend, erlebt hatte, in den Tagen nach Gotamas Predigt, nach der Trennung von Govinda, jene gespannte Erwartung, jenes stolze Alleinstehen ohne Lehren und ohne Lehrer, jene geschmeidige Bereitschaft, die göttliche Stimme im eigenen Herzen zu hören, war allmählich Erinnerung geworden, war vergänglich gewesen; fern und leise rauschte die heilige Quelle, die einst nahe gewesen war, die einst in ihm selber gerauscht hatte. Vieles zwar, das er von den Samanas gelernt, das er von Gotama gelernt, das er von seinem Vater, dem Brahmanen, gelernt hatte, war noch lange Zeit in ihm geblieben: mäßiges Leben, Freude am Denken, Stunden der Versenkung, heimliches Wissen vom Selbst, vom ewigen Ich, das nicht Körper noch Bewußtsein ist. Manches davon war in ihm geblieben, eines ums andere aber war untergesunken und hatte sich mit Staub bedeckt. Wie die Scheibe des Töpfers, einmal angetrieben, sich noch lange dreht und nur langsam ermüdet und ausschwingt, so hatte in Siddharthas Seele das Rad der Askese, das Rad des Denkens, das Rad der Unterscheidung lange weiter geschwungen, schwang immer noch, aber es schwang langsam und zögernd und war dem Stillstand nahe. Langsam, wie Feuchtigkeit in den absterbenden Baumstrunk dringt, ihn langsam füllt und faulen macht, war Welt und Trägheit in Siddharthas Seele gedrungen, langsam füllte sie seine Seele, machte sie schwer, machte sie müde, schläferte sie ein. Dafür waren seine Sinne lebendig geworden, viel hatten sie gelernt, viel erfahren.

Siddhartha hatte gelernt, Handel zu treiben, Macht über Menschen auszuüben, sich mit dem Weibe zu vergnügen, er hatte gelernt, schöne Kleider zu tragen, Dienern zu befehlen, sich in wohlriechenden Wassern zu baden. Er hatte gelernt, zart und sorgfältig bereitete Speisen zu essen, auch den Fisch, auch Fleisch und Vogel, Gewürze und Süßigkeiten, und den Wein zu trinken, der träge und vergessen macht. Er hatte gelernt, mit Würfeln und auf dem Schachbrette zu spielen, Tänzerinnen zuzusehen, sich in der Sänfte tragen zu lassen, auf einem weichen Bett zu schlafen. Aber immer noch hatte er sich von den andern verschieden und ihnen überlegen gefühlt, immer hatte er ihnen mit ein wenig Spott zugesehen, mit ein wenig spöttischer Verachtung, mit eben jener Verachtung, wie sie ein Samana stets für Weltleute fühlt. Wenn Kamaswami kränklich war, wenn er ärgerlich war, wenn er sich beleidigt fühlte, wenn er von seinen Kaufmannssorgen geplagt wurde, immer hatte Siddhartha es mit Spott angesehen. Langsam und unmerklich nur, mit den dahingehenden Erntezeiten und Regenzeiten, war sein Spott müder geworden, war seine Überlegenheit stiller geworden. Langsam nur, zwischen seinen wachsenden Reichtümern, hatte Siddhartha selbst etwas von der Art der Kindermenschen angenommen, etwas von ihrer Kindlichkeit und von ihrer Ängstlichkeit. Und doch beneidete er sie, beneidete sie desto mehr, je ähnlicher er ihnen wurde. Er beneidete sie um das Eine, was ihm fehlte und was sie hatten, um die Wichtigkeit, welche sie ihrem Leben beizulegen vermochten, um die Leidenschaftlichkeit ihrer Freuden und Ängste, um das bange, aber süße Glück ihrer ewigen Verliebtheit. In sich selbst, in Frauen, in ihre Kinder, in Ehre oder Geld, in Pläne oder Hoffnungen verliebt waren diese Menschen immerzu. Er aber lernte dies nicht von ihnen, gerade dies nicht, diese Kinderfreude und Kindertorheit; er lernte von ihnen gerade das Unangenehme, was er selbst verachtete. Es geschah immer öfter, daß er am Morgen nach einem geselligen Abend lange liegenblieb und sich dumm und müde fühlte. Es geschah, daß er ärgerlich und ungeduldig wurde, wenn Kamaswami ihn mit seinen Sorgen langweilte. Es geschah, daß er allzu laut lachte, wenn er im Würfelspiel verlor. Sein Gesicht war noch immer klüger und geistiger als andre, aber es lachte selten, und nahm einen um den andern jene Züge an, die man im Gesicht reicher Leute so häufig findet, jene Züge der Unzufriedenheit, der Kränklichkeit, des Mißmutes, der Trägheit, der Lieblosigkeit. Langsam ergriff ihn die Seelenkrankheit der Reichen.

Wie ein Schleier, wie ein dünner Nebel senkte sich Müdigkeit über Siddhartha, langsam, jeden Tag ein wenig dichter, jeden Monat ein wenig trüber, jedes Jahr ein wenig schwerer. Wie ein neues Kleid mit der Zeit alt wird, mit der Zeit seine schöne Farbe verliert, Flecken bekommt, Falten bekommt, an den Säumen abgestoßen wird und hier und dort blöde, fädige Stellen zu zeigen beginnt, so war Siddharthas neues Leben, das er nach seiner Trennung von Govinda begonnen hatte, alt geworden, so verlor es mit den hinrinnenden Jahren Farbe und Glanz, so sammelten sich Falten und Flecken auf ihm, und im Grunde verborgen, hier und dort schon häßlich hervorblickend, wartete Enttäuschung und Ekel. Siddhartha merkte es nicht. Er merkte nur, daß jene helle und sichere Stimme seines Innern, die einst in ihm erwacht war und ihn in seinen glänzenden Zeiten je und je geleitet hatte, schweigsam geworden war.

Die Welt hatte ihn eingefangen, die Lust, die Begehrlichkeit, die Trägheit, und zuletzt auch noch jenes Laster, das er als das törichteste stets am meisten verachtet und gehöhnt hatte: die Habgier. Auch das Eigentum, der Besitz und Reichtum hatte ihn schließlich eingefangen, war ihm kein Spiel und Tand mehr, war Kette und Last geworden. Auf einem seltsamen und listigen Wege war

Siddhartha in diese letzte und schnödeste Abhängigkeit geraten, durch das Würfelspiel. Seit der Zeit nämlich, da er im Herzen aufgehört hatte, ein Samana zu sein, begann Siddhartha das Spiel um Geld und Kostbarkeiten, das er sonst lächelnd und lässig als eine Sitte der Kindermenschen mitgemacht hatte, mit einer zunehmenden Wut und Leidenschaft zu treiben. Er war ein gefürchteter Spieler, wenige wagten es mit ihm, so hoch und frech waren seine Einsätze. Er trieb das Spiel aus der Not seines Herzens, das Verspielen und Verschleudern des elenden Geldes schuf ihm eine zornige Freude, auf keine andere Weise konnte er seine Verachtung des Reichtums, des Götzen der Kaufleute, deutlicher und höhnischer zeigen. So spielte er hoch und schonungslos, sich selbst hassend, sich selbst verhöhnend, strich Tausende ein, warf Tausende weg, verspielte Geld, verspielte Schmuck, verspielte ein Landhaus, gewann wieder, verspielte wieder. Jene Angst, jene furchtbare und beklemmende Angst, welche er während des Würfelns, während des Bangens um hohe Einsätze empfand, jene Angst liebte er und suchte sie immer zu erneuern, immer zu steigern, immer höher zu kitzeln, denn in diesem Gefühl allein noch fühlte er etwas wie Glück, etwas wie Rausch, etwas wie erhöhtes Leben inmitten seines gesättigten, lauen, faden Lebens. Und nach jedem großen Verluste sann er auf neuen Reichtum, ging eifriger dem Handel nach, zwang strenger seine Schuldner zum Zahlen, denn er wollte weiter spielen, er wollte weiter vergeuden, weiter dem Reichtum seine Verachtung zeigen. Siddhartha verlor die Gelassenheit bei Verlusten, er verlor die Geduld gegen säumige Zahler, verlor die Gutmütigkeit gegen Bettler, verlor die Lust am Verschenken und Wegleihen des Geldes an Bittende. Er, der zehntausend auf einen Wurf verspielte und dazu lachte, wurde im Handel strenger und kleinlicher, träumte nachts zuweilen von Geld! Und so oft er aus dieser häßlichen Bezauberung erwachte, so oft er sein Gesicht im Spiegel an der Schlafzimmerwand gealtert und häßlicher geworden sah, so oft Scham und Ekel ihn überfiel, floh er weiter, floh in neues Glücksspiel, floh in Betäubungen der Wollust, des Weines, und von da zurück in den Trieb des Häufens und Erwerbens. In diesem sinnlosen Kreislauf lief er sich müde, lief er sich alt, lief sich krank.

Da mahnte ihn einst ein Traum. Er war die Abenstunden bei Kamala gewesen, in ihrem schönen Lustgarten. Sie waren unter den Bäumen gesessen, im Gespräch, und Kamala hatte nachdenkliche Worte gesagt, Worte, hinter welchen sich eine Trauer und Müdigkeit verbarg. Von Gotama hatte sie ihn gebeten zu erzählen, und konnte nicht genug von ihm hören, wie rein sein Auge, wie still und schön sein Mund, wie gütig sein Lächeln, wie friedevoll sein Gang gewesen. Lange hatte er ihr vom erhabenen Buddha erzählen müssen, und Kamala hatte geseufzt, und hatte gesagt: »Einst, vielleicht bald, werde auch ich diesem Buddha folgen. Ich werde ihm meinen Lustgarten schenken, und werde meine Zuflucht zu seiner Lehre nehmen.« Darauf aber hatte sie ihn gereizt und ihn im Liebesspiel mit schmerzlicher Inbrunst an sich gefesselt, unter Bissen und unter Tränen, als wolle sie noch einmal aus dieser eiteln, vergänglichen Lust den letzten süßen Tropfen pressen. Nie war es Siddhartha so seltsam klargeworden, wie nahe die Wollust dem Tode verwandt ist. Dann war er an ihrer Seite gelegen, und Kamalas Antlitz war ihm nahe gewesen, und unter ihren Augen und neben ihren Mundwinkeln hatte er deutlich wie noch niemals eine bange Schrift gelesen, eine Schrift von feinen Linien, von leisen Furchen, eine Schrift, die an den Herbst und an das Alter erinnerte, wie denn auch Siddhartha selbst, der erst in den Vierzigen stand, schon hier und dort ergraute Haare zwischen seinen schwarzen bemerkt hatte. Müdigkeit stand auf Kamalas schönem Gesicht geschrieben, Müdigkeit vom Gehen eines langen Weges, der kein frohes Ziel hat, Müdigkeit und beginnende Welke, und verheimlichte, noch nicht gesagte, vielleicht noch nicht einmal gewußte Bangigkeit: Furcht vor dem Alter, Furcht vor dem Herbste, Furcht vor dem Sterbenmüssen. Seufzend hatte er von ihr Abschied genommen, die Seele voll Unlust und voll verheimlichter Bangigkeit.

Dann hatte Siddhartha die Nacht in seinem Hause mit Tänzerinnen beim Weine zugebracht, hatte gegen seine Standesgenossen den Überlegenen gespielt, welcher er nicht mehr war, hatte viel Wein getrunken und spät nach Mitternacht sein Lager aufgesucht, müde und dennoch erregt, dem Weinen und der Verzweiflung nahe, und hatte lang vergeblich den Schlaf gesucht, das Herz voll eines Elendes, das er nicht mehr ertragen zu können meinte, voll eines Ekels, von dem er sich durchdrungen fühlte wie vom lauen widerlichen Geschmack des Weines, der allzu süßen, öden Musik, dem allzu weichen Lächeln der Tänzerinnen, dem allzu süßen Duft ihrer Haare und Brüste. Mehr aber als vor allem anderen ekelte ihm vor sich selbst, vor seinen duftenden Haaren, vor dem Weingeruch seines Mundes, vor der schlaffen Müdigkeit und Unlust seiner Haut. Wie wenn einer, der allzuviel gegessen oder getrunken hat, es unter Qualen wieder erbricht und doch der Erleichterung froh ist, so wünschte sich der Schlaflose, in einem ungeheuren Schwall von Ekel sich dieser Genüsse, dieser Gewohnheiten, dieses ganzen sinnlosen Lebens und seiner selbst zu entledigen. Erst beim Schein des Morgens und dem Erwachen der ersten Geschäftigkeit auf der Straße vor seinem Stadthause war er eingeschlummert, hatte für wenige Augenblicke eine halbe Betäubung, eine Ahnung von Schlaf gefunden. In diesen Augenblicken hatte er einen Traum:

Kamala besaß in einem goldenen Käfig einen kleinen seltenen Singvogel. Von diesem Vogel träumte er. Er träumte: dieser Vogel war stumm geworden, der sonst stets in der Morgenstunde sang, und da dies ihm auffiel, trat er vor den Käfig und blickte hinein, da war der kleine Vogel tot und lag steif am Boden. Er nahm ihn heraus, wog ihn einen Augenblick in der Hand und warf ihn dann weg, auf die Gasse hinaus, und im gleichen Augenblick erschrak er furchtbar, und das Herz tat ihm weh, so, als habe er mit diesem toten Vogel allen Wert und alles Gute von sich geworfen.

Aus diesem Traum auffahrend, fühlte er sich von tiefer Traurigkeit umfangen. Wertlos, so schien ihm, wertlos und sinnlos hatte er sein Leben dahingeführt; nichts Lebendiges, nichts irgendwie Köstliches oder Behaltenswertes war ihm in Händen geblieben. Allein stand er und leer, wie ein Schiffbrüchiger am Ufer.

Finster begab sich Siddhartha in einen Lustgarten, der ihm gehörte, verschloß die Pforte, setzte sich unter einem Mangobaum nieder, fühlte den Tod im Herzen und das Grauen in der Brust, saß und spürte, wie es in ihm starb, in ihm welkte, in ihm zu Ende ging. Allmählich sammelte er seine Gedanken und ging im Geiste nochmals den ganzen Weg seines Lebens, von den ersten Tagen an, auf welche er sich besinnen konnte. Wann denn hatte er ein

Glück erlebt, eine wahre Wonne gefühlt? O ja, mehrere Male hatte er solches erlebt. In den Knabenjahren hatte er es gekostet, wenn er von den Brahmanen Lob errungen hatte, wenn er, den Altersgenossen weit voraus, sich mit dem Hersagen der heiligen Verse, im Disput mit den Gelehrten, als Gehilfe beim Opfer ausgezeichnet hatte. Da hatte er es in seinem Herzen gefühlt: »Ein Weg liegt vor dir, zu dem du berufen bist, auf dich warten die Götter.« Und wieder als Jüngling, da ihn das immer höher emporfliehende Ziel alles Nachdenkens aus der Schar Gleichstrebender heraus- und hinangerissen hatte, da er in Schmerzen um den Sinn des Brahman rang, da jedes erreichte Wissen nur neuen Durst in ihm entfachte, da wieder hatte er, mitten im Durst, mitten im Schmerze dieses selbe gefühlt: »Weiter! Weiter! Du bist berufen!« Diese Stimme hatte er vernommen, als er seine Heimat verlassen und das Leben des Samana gewählt hatte, und wieder, als er von den Samanas hinweg zu jenem Vollendeten, und auch von ihm hinweg ins Ungewisse gegangen war. Wie lange hatte er diese Stimme nicht gehört, wie lange keine Höhe mehr erreicht, wie eben und öde war sein Weg dahingegangen, viel lange Jahre, ohne hohes Ziel, ohne Durst, ohne Erhebung, mit kleinen Lüsten zufrieden und dennoch nie begnügt! Alle diese Jahre hatte er, ohne es selbst zu wissen, sich bemüht und danach gesehnt, ein Mensch wie diese vielen zu werden, wie diese Kinder, und dabei war sein Leben viel elender und ärmer gewesen als das ihre, denn ihre Ziele waren nicht die seinen, noch ihre Sorgen, diese ganze Welt der Kamaswami-Menschen war ihm ja nur ein Spiel gewesen, ein Tanz, dem man zusieht, eine Komödie. Einzig Kamala war ihm lieb, war ihm wertvoll gewesen – aber war sie es noch? Brauchte er sie noch, oder sie ihn? Spielten sie nicht ein Spiel ohne Ende? War es notwendig, dafür zu leben? Nein, es war nicht notwendig! Dieses Spiel hieß Sansara, ein Spiel für Kinder, ein Spiel, vielleicht hold zu spielen, einmal, zweimal, zehnmal – aber immer und immer wieder?

Da wußte Siddhartha, daß das Spiel zu Ende war, daß er es nicht mehr spielen könne. Ein Schauder lief ihm über den Leib, in seinem Innern, so fühlte er, war etwas gestorben.

Jenen ganzen Tag saß er unter dem Mangobaume, seines Vaters gedenkend, Govindas gedenkend, Gotamas gedenkend. Hatte er diese verlassen müssen, um ein Kamaswami zu werden? Er saß noch, als die Nacht angebrochen war. Als er aufschauend die Sterne erblickte, dachte er: »Hier sitze ich unter meinem Mangobaume, in meinem Lustgarten.« Er lächelte ein wenig – war es denn notwendig, war es richtig, war es nicht ein törichtes Spiel, daß er einen Mangobaum, daß er einen Garten besaß?

Auch damit schloß er ab, auch das starb in ihm. Er erhob sich, nahm Abschied vom Mangobaum. Abschied vom Lustgarten. Da er den Tag ohne Speise geblieben war, fühlte er heftigen Hunger, und gedachte an sein Haus in der Stadt, an sein Gemach und Bett, an den Tisch mit den Speisen. Er lächelte müde, schüttelte sich und nahm Abschied von diesen Dingen.

In derselben Nachtstunde verließ Siddhartha seinen Garten, verließ die Stadt und kam niemals wieder. Lange ließ Kamaswami nach ihm suchen, der ihn in Räuberhand gefallen glaubte. Kamala ließ nicht nach ihm suchen. Als sie erfuhr, daß Siddhartha verschwunden sei, wunderte sie sich nicht. Hatte sie es nicht immer erwartet? War er

nicht ein Samana, ein Heimloser, ein Pilger? Und am meisten hatte sie dies beim letzten Zusammensein gefühlt, und sie freute sich mitten im Schmerz des Verlustes, daß sie ihn dieses letzte Mal noch so innig an ihr Herz gezogen, sich noch einmal so ganz von ihm besessen und durchdrungen gefühlt hatte.
Als sie die erste Nachricht von Siddharthas Verschwinden bekam, trat sie ans Fenster, wo sie in einem goldenen Käfig einen seltenen Singvogel gefangen hielt. Sie öffnete die Tür des Käfigs, nahm den Vogel heraus und ließ ihn fliegen. Lange sah sie ihm nach, dem fliegenden Vogel. Sie empfing von diesem Tage an keine Besucher mehr und hielt ihr Haus verschlossen. Nach einiger Zeit aber ward sie inne, daß sie von dem letzten Zusammensein mit Siddhartha schwanger sei.

Am Flusse

Siddhartha wanderte im Walde, schon fern von der Stadt, und wußte nichts als das eine, daß er nicht mehr zurück konnte, daß dies Leben, wie er es nun viele Jahre lang geführt, vorüber und dahin und bis zum Ekel ausgekostet und ausgesogen war. Tot war der Singvogel, von dem er geträumt. Tot war der Vogel in seinem Herzen. Tief war er in Sansara verstrickt, Ekel und Tod hatte er von allen Seiten in sich eingesogen, wie ein Schwamm Wasser einsaugt, bis er voll ist. Voll war er von Überdruß, voll von Elend, voll von Tod, nichts mehr gab es in der Welt, das ihn locken, das ihn freuen, das ihn trösten konnte.
Sehnlich wünschte er, nichts mehr von sich zu wissen,

Ruhe zu haben, tot zu sein. Käme doch ein Blitz und erschlüge ihn! Käme doch ein Tiger und fräße ihn! Gäbe es doch einen Wein, ein Gift, das ihm Betäubung brächte, Vergessen und Schlaf, und kein Erwachen mehr! Gab es denn noch irgendeinen Schmutz, mit dem er sich nicht beschmutzt hatte, eine Sünde und Torheit, die er nicht begangen, eine Seelenöde, die er nicht auf sich geladen hatte? War es denn noch möglich zu leben? War es möglich, nochmals und nochmals wieder Atem zu ziehen, Atem auszustoßen, Hunger zu fühlen, wieder zu essen, wieder zu schlafen, wieder beim Weibe zu liegen? War dieser Kreislauf nicht für ihn erschöpft und abgeschlossen?

Siddhartha gelangte an den großen Fluß im Walde, an denselben Fluß, über welchen ihn einst, als er noch ein junger Mann war und von der Stadt des Gotama kam, ein Fährmann geführt hatte. An diesem Flusse machte er halt, blieb zögernd beim Ufer stehen. Müdigkeit und Hunger hatten ihn geschwächt, und wozu auch sollte er weitergehen, wohin denn, zu welchem Ziel? Nein, es gab keine Ziele mehr, es gab nichts mehr als die tiefe, leidvolle Sehnsucht, diesen ganzen wüsten Traum von sich zu schütteln, diesen schalen Wein von sich zu speien, diesem jämmerlichen und schmachvollen Leben ein Ende zu machen.

Über das Flußufer hing ein Baum gebeugt, ein Kokosbaum, an dessen Stamm lehnte sich Siddhartha mit der Schulter, legte den Arm um den Stamm und blickte in das grüne Wasser hinab, das unter ihm zog und zog, blickte hinab und fand sich ganz und gar von dem Wunsche erfüllt, sich loszulassen und in diesem Wasser unterzugehen. Eine schauerliche Leere spiegelte ihm aus dem Wasser entgegen, welcher die furchtbare Leere in seiner Seele

Antwort gab. Ja, er war am Ende. Nichts mehr gab es für ihn, als sich auszulöschen als das mißlungene Gebilde seines Lebens zu zerschlagen, es wegzuwerfen, hohnlachenden Göttern vor die Füße. Dies war das große Erbrechen, nach dem er sich gesehnt hatte: der Tod, das Zerschlagen der Form, die er haßte! Mochten ihn die Fische fressen, diesen Hund von Siddhartha, diesen Irrsinnigen, diesen verdorbenen und verfaulten Leib, diese erschlaffte und mißbrauchte Seele! Mochten die Fische und Krokodile ihn fressen, mochten die Dämonen ihn zerstücken!

Mit verzerrtem Gesichte starrte er ins Wasser, sah sein Gesicht gespiegelt und spie danach. In tiefer Müdigkeit löste er den Arm vom Baumstamme und drehte sich ein wenig, um sich senkrecht hinabfallen zu lassen, um endlich unterzugehen. Er sank, mit geschlossenen Augen, dem Tod entgegen.

Da zuckte aus entlegenen Bezirken seiner Seele, aus Vergangenheiten seines ermüdeten Lebens her ein Klang. Es war ein Wort, eine Silbe, die er ohne Gedanken mit lallender Stimme vor sich hinsprach, das alte Anfangswort und Schlußwort aller brahmanischen Gebete, das heilige »Om«, das so viel bedeutet wie »das Vollkommene« oder »die Vollendung«. Und im Augenblick, da der Klang »Om« Siddharthas Ohr berührte, erwachte sein entschlummerter Geist plötzlich, und erkannte die Torheit seines Tuns.

Siddhartha erschrak tief. So also stand es um ihn, so verloren war er, so verirrt und von allem Wissen verlassen, daß er den Tod hatte suchen können, daß dieser Wunsch, dieser Kinderwunsch in ihm hatte groß werden können: Ruhe zu finden, indem er seinen Leib auslöschte! Was alle Qual dieser letzten Zeiten, alle Ernüchterung, alle Verzweiflung nicht bewirkt hatte, das bewirkte dieser Augenblick, da das Om in sein Bewußtsein drang: daß er sich in seinem Elend und in seinem Irrsal erkannte.

»Om!« sprach er vor sich hin: »Om!« Und wußte um Brahman, wußte um die Unzerstörbarkeit des Lebens, wußte um alles Göttliche wieder, das er vergessen hatte.

Doch war dies nur ein Augenblick, ein Blitz. Am Fuß des Kokosbaumes sank Siddhartha nieder, legte sein Haupt auf die Wurzel des Baumes und sank in tiefen Schlaf.

Tief war sein Schlaf und frei von Träumen, seit langer Zeit hatte er einen solchen Schlaf nicht mehr gekannt. Als er nach manchen Stunden erwachte, war ihm, als seien zehn Jahre vergangen, er hörte das leise Strömen des Wassers, wußte nicht, wo er sei und wer ihn hierher gebracht habe, schlug die Augen auf, sah mit Verwunderung Bäume und Himmel über sich, und erinnerte sich, wo er wäre und wie er hierher gekommen sei. Doch bedurfte er hierzu einer langen Weile, und das Vergangene erschien ihm wie von einem Schleier überzogen, unendlich fern, unendlich weit weg gelegen, unendlich gleichgültig. Er wußte nur, daß er sein früheres Leben (im ersten Augenblick der Besinnung erschien ihm dies frühere Leben wie eine weit zurückliegende, einstige Verkörperung, wie eine frühe Vorgeburt seines jetzigen Ich) –, daß er sein früheres Leben verlassen habe, daß er voll Ekel und Elend sogar sein Leben habe wegwerfen wollen, daß er aber an einem Flusse, unter einem Kokosbaume, zu sich gekommen sei, das heilige Wort Om auf den Lippen, dann entschlummert sei, und nun erwacht als ein neuer Mensch in die Welt blicke. Leise sprach er das Wort Om vor sich hin, über welchem er eingeschlafen war, und ihm schien, sein ganzer langer Schlaf sei nichts als ein langes, versunkenes Om-Sprechen gewesen, ein Om-Denken, ein Untertauchen und völliges Eingehen in Om, in das Namenlose, Vollendete.

Was für ein wunderbarer Schlaf war dies doch gewesen! Niemals hatte ein Schlaf ihn so erfrischt, so erneut, so verjüngt! Vielleicht war er wirklich gestorben, war untergegangen und in einer neuen Gestalt wiedergeboren? Aber nein, er kannte sich, er kannte seine Hand und seine Füße, kannte den Ort, an dem er lag, kannte dies Ich in seiner Brust, diesen Siddhartha, den Eigenwilligen, den Seltsamen, aber dieser Siddhartha war dennoch verwandelt, war erneut, war merkwürdig ausgeschlafen, merkwürdig wach, freudig und neugierig.

Siddhartha richtete sich empor, da sah er sich gegenüber einen Menschen sitzen, einen fremden Mann, einen Mönch in gelbem Gewande mir rasiertem Kopfe, in der Stellung des Nachdenkens. Er betrachtete den Mann, der weder Haupthaar noch Bart an sich hatte, und nicht lange hatte er ihn betrachtet, da erkannte er in diesem Mönche Govinda, den Freund seiner Jugend, Govinda, der seine Zuflucht zum erhabenen Buddha genommen hatte. Govinda war gealtert, auch er, aber noch immer trug sein Gesicht die alten Züge, sprach von Eifer, von Treue, von Suchen, von Ängstlichkeit. Als nun aber Govinda, seinen Blick fühlend, das Auge aufschlug und ihn anschaute, sah Siddhartha, daß Govinda ihn nicht erkenne. Govinda freute sich, ihn wach zu finden, offenbar hatte er lange hier gesessen und auf sein Erwachen gewartet, obwohl er ihn nicht kannte.

»Ich habe geschlafen«, sagte Siddhartha. »Wie bist du denn hierher gekommen?«

»Du hast geschlafen«, antwortete Govinda. »Es ist nicht gut, an solchen Orten zu schlafen, wo häufig Schlangen sind und die Tiere des Waldes ihre Wege haben. Ich, o Herr, bin ein Jünger des erhabenen Gotama, des Buddha, des Sakyamuni, und bin mit einer Zahl der Unsrigen diesen Weg gepilgert, da sah ich dich liegen und schlafen an einem Orte, wo es gefährlich ist zu schlafen. Darum suchte ich dich zu wecken, o Herr, und da ich sah, daß dein Schlaf sehr tief war, blieb ich hinter den Meinigen zurück und saß bei dir. Und dann, so scheint es, bin ich selbst eingeschlafen, der ich deinen Schlaf bewachen wollte. Schlecht habe ich meinen Dienst versehen, Müdigkeit hat mich übermannt. Aber nun, da du ja wach bist, laß mich gehen, damit ich meine Brüder einhole.«

»Ich danke dir, Samana, daß du meinen Schlaf behütet hast«, sprach Siddhartha. »Freundlich seid ihr Jünger des Erhabenen. Nun magst du denn gehen.«

»Ich gehe, Herr. Möge der Herr sich immer wohl befinden.«

»Ich danke dir, Samana.«

Govinda machte das Zeichen des Grußes und sagte: »Lebe wohl.«

»Lebe wohl, Govinda«, sagte Siddhartha.

Der Mönch blieb stehen.

»Erlaube, Herr, woher kennst du meinen Namen?«

Da lächelte Siddhartha.

»Ich kenne dich, o Govinda, aus der Hütte deines Vaters, und aus der Brahmanenschule, und von den Opfern, und von unsrem Gang zu den Samanas, und von jener Stunde, da du im Hain Jetavana deine Zuflucht zum Erhabenen nahmest.«

»Du bist Siddhartha!« rief Govinda laut. »Jetzt erkenne

ich dich, und begreife nicht mehr, wie ich dich nicht sogleich erkennen konnte. Sei willkommen, Siddhartha, groß ist meine Freude, dich wiederzusehen.«

»Auch mich erfreut es, dich wiederzusehen. Du bist der Wächter meines Schlafes gewesen, nochmals danke ich dir dafür, obwohl ich keines Wächters bedurft hätte. Wohin gehst du, o Freund?«

»Nirgendhin gehe ich. Immer sind wir Mönche unterwegs, solange nicht Regenzeit ist, immer ziehen wir von Ort zu Ort, leben nach der Regel, verkündigen die Lehre, nehmen Almosen, ziehen weiter. Immer ist es so. Du aber, Siddhartha, wo gehst du hin?«

Sprach Siddhartha: »Auch mit mir steht es so, Freund, wie mit dir. Ich gehe nirgendhin. Ich bin nur unterwegs. Ich pilgere.«

Govinda sprach: »Du sagst, du pilgerst, und ich glaube dir. Doch verzeih, o Siddhartha, nicht wie ein Pilger siehst du aus. Du trägst das Kleid eines Reichen, du trägst die Schuhe eines Vornehmen, und dein Haar, das nach wohlriechendem Wasser duftet, ist nicht das Haar eines Pilgers, nicht das Haar eines Samanas.«

»Wohl, Lieber, gut hast du beobachtet, alles sieht dein scharfes Auge. Doch habe ich nicht zu dir gesagt, daß ich ein Samana sei. Ich sagte: ich pilgere. Und so ist es: ich pilgere.«

»Du pilgerst«, sagte Govinda. »Aber wenige pilgern in solchem Kleide, wenige in solchen Schuhen, wenige mit solchen Haaren. Nie habe ich, der ich schon viele Jahre pilgere, solch einen Pilger angetroffen.«

»Ich glaube es dir, mein Govinda. Aber nun, heute, hast du eben einen solchen Pilger angetroffen, in solchen Schuhen, mit solchem Gewande. Erinnere dich, Lieber: vergänglich ist die Welt der Gestaltungen, vergänglich, höchst vergänglich sind unsere Gewänder, und die Tracht unserer Haare, und unsere Haare und Körper selbst. Ich trage die Kleider eines Reichen, da hast du recht gesehen. Ich trage sie, denn ich bin ein Reicher gewesen, und trage das Haar wie die Weltleute und Lüstlinge, denn einer von ihnen bin ich gewesen.«

»Und jetzt, Siddhartha, was bist du jetzt?«

»Ich weiß es nicht, ich weiß es so wenig wie du. Ich bin unterwegs. Ich war ein Reicher, und bin es nicht mehr; und was ich morgen sein werde, weiß ich nicht.«

»Du hast deinen Reichtum verloren?«

»Ich habe ihn verloren, oder er mich. Er ist mir abhanden gekommen. Schnell dreht sich das Rad der Gestaltungen, Govinda. Wo ist der Brahmane Siddhartha? Wo ist der Samana Siddhartha? Wo ist der Reiche Siddhartha? Schnell wechselt das Vergängliche, Govinda, du weißt es.«

Govinda blickte den Freund seiner Jugend lange an, Zweifel im Auge. Darauf grüßte er ihn, wie man Vornehme grüßt, und ging seines Weges.

Mit lächelndem Gesicht schaute Siddhartha ihm nach, er liebte ihn noch immer, diesen Treuen, diesen Ängstlichen. Und wie hätte er, in diesem Augenblick, in dieser herrlichen Stunde nach seinem wunderbaren Schlafe, durchdrungen von Om, irgend jemand und irgend etwas nicht lieben sollen! Eben darin bestand die Verzauberung, welche im Schlafe und durch das Om in ihm geschehen war, daß er alles liebte, daß er voll froher Liebe war zu allem, was er sah. Und eben daran, so schien es ihm jetzt, war er vorher so sehr krank gewesen, daß er nichts und niemand hatte lieben können.

Mit lächelndem Gesichte schaute Siddhartha dem hinweggehenden Mönche nach. Der Schlaf hatte ihn sehr gestärkt, sehr aber quälte ihn der Hunger, denn er hatte nun zwei Tage nichts gegessen, und lange war die Zeit vorüber, da er hart gegen den Hunger gewesen war. Mit Kummer, und doch auch mit Lachen, gedachte er jener Zeit. Damals, so erinnerte er sich, hatte er sich vor Kamala dreier Dinge gerühmt, hatte drei edle und unüberwindliche Künste gekonnt: Fasten – Warten – Denken. Dies war sein Besitz gewesen, seine Macht und Kraft, sein fester Stab, in den fleißigen, mühseligen Jahren seiner Jugend hatte er diese drei Künste gelernt, nichts anderes. Und nun hatten sie ihn verlassen, keine von ihnen war mehr sein, nicht Fasten, nicht Warten, nicht Denken. Um das Elendeste hatte er sie hingegeben, um das Vergänglichste, um Sinnenlust, um Wohlleben, um Reichtum! Seltsam war es ihm in der Tat ergangen. Und jetzt, so schien es, jetzt war er wirklich ein Kindermensch geworden.

Siddhartha dachte über seine Lage nach. Schwer fiel ihm das Denken, er hatte im Grunde keine Lust dazu, doch zwang er sich.

Nun, dachte er, da alle diese vergänglichsten Dinge mir wieder entglitten sind, nun stehe ich wieder unter der Sonne, wie ich einst als kleines Kind gestanden bin, nichts ist mein, nichts kann ich, nichts vermag ich, nichts habe ich gelernt. Wie ist dies wunderlich! Jetzt, wo ich nicht mehr jung bin, wo meine Haare schon halb grau sind, wo die Kräfte nachlassen, jetzt fange ich wieder von vorn und beim Kinde an! Wieder mußte er lächeln. Ja, seltsam war sein Geschick! Es ging abwärts mit ihm, und nun stand er wieder leer und nackt und dumm in der Welt. Aber

Kummer darüber konnte er nicht empfinden, nein, er fühlte sogar großen Anreiz zum Lachen, zum Lachen über sich, zum Lachen über diese seltsame törichte Welt.

»Abwärts geht es mit dir!« sagte er zu sich selber und lachte dazu, und wie er es sagte, fiel sein Blick auf den Fluß, und auch den Fluß sah er abwärts gehen, immer abwärts wandern, und dabei singen und fröhlich sein. Das gefiel ihm wohl, freundlich lächelte er dem Flusse zu. War dies nicht der Fluß, in welchem er sich hatte ertränken wollen, einst, vor hundert Jahren, oder hatte er das geträumt?

Wunderlich in der Tat war mein Leben, so dachte er, wunderliche Umwege hat es genommen. Als Knabe habe ich nur mit Göttern und Opfern zu tun gehabt. Als Jüngling habe ich nur mit Askese, mit Denken und Versenkung zu tun gehabt, war auf der Suche nach Brahman, verehrte das Ewige im Atman. Als junger Mann aber zog ich den Büßern nach, lebte im Walde, litt Hitze und Frost, lernte hungern, lehrte meinen Leib absterben. Wunderbar kam mir alsdann in der Lehre des großen Buddha Erkenntnis entgegen, ich fühlte Wissen um die Einheit der Welt in mir kreisen wie mein eigenes Blut. Aber auch von Buddha und von dem großen Wissen mußte ich wieder fort. Ich ging und lernte bei Kamala die Liebeslust, lernte bei Kamaswami den Handel, häufte Geld, vertat Geld, lernte meinen Magen lieben, lernte meinen Sinnen schmeicheln. Viele Jahre mußte ich damit hinbringen, den Geist zu verlieren, das Denken wieder zu verlernen, die Einheit zu vergessen. Ist es nicht so, als sei ich langsam und auf großen Umwegen aus einem Mann ein Kind geworden, aus einem Denker ein Kindermensch? Und doch ist dieser

Weg sehr gut gewesen, und doch ist der Vogel in meiner Brust nicht gestorben. Aber welch ein Weg war das! Ich habe durch so viel Dummheit, durch so viel Laster, durch so viel Irrtum, durch so viel Ekel und Enttäuschung und Jammer hindurchgehen müssen, bloß um wieder ein Kind zu werden und neu anfangen zu können. Aber es war richtig so, mein Herz sagt ja dazu, meine Augen lachen dazu. Ich habe Verzweiflung erleben müssen, ich habe hinabsinken müssen bis zum törichtesten aller Gedanken, zum Gedanken des Selbstmordes, um Gnade erleben zu können, um wieder Om zu vernehmen, um wieder richtig schlafen und richtig erwachen zu können. Ich habe ein Tor werden müssen, um Atman wieder in mir zu finden. Ich habe sündigen müssen, um wieder leben zu können. Wohin noch mag mein Weg mich führen? Närrisch ist er, dieser Weg, er geht in Schleifen, er geht vielleicht im Kreise. Mag er gehen, wie er will, ich will ihn gehen.

Wunderbar fühlte er in seiner Brust die Freude wallen. Woher denn, fragte er sein Herz, woher hast du diese Fröhlichkeit? Kommt sie wohl aus diesem langen, guten Schlafe her, der mir so sehr wohlgetan hat? Oder von dem Worte Om, das ich aussprach? Oder davon, daß ich entronnen bin, daß meine Flucht vollzogen ist, daß ich endlich wieder frei bin und wie ein Kind unter dem Himmel stehe? O wie gut ist dies Geflohensein, dies Freigewordensein! Wie rein und schön ist hier die Luft, wie gut zu atmen! Dort, von wo ich entlief, dort roch alles nach Salbe, nach Gewürzen, nach Wein, nach Überfluß, nach Trägheit. Wie haßte ich diese Welt der Reichen, der Schlemmer, der Spieler! Wie habe ich mich selbst gehaßt, daß ich so lang in dieser schrecklichen Welt geblieben bin! Wie habe ich mich gehaßt, habe mich beraubt, vergiftet, gepeinigt, habe mich alt und böse gemacht! Nein, nie mehr werde ich, wie ich es einst so gerne tat, mir einbilden, daß Siddhartha weise sei! Dies aber habe ich gut gemacht, dies gefällt mir, dies muß ich loben, daß es nun ein Ende hat mit jenem Haß gegen mich selber, mit jenem törichten und öden Leben! Ich lobe dich, Siddhartha, nach so viel Jahren der Torheit hast du wieder einmal einen Einfall gehabt, hast etwas getan, hast den Vogel in deiner Brust singen hören und bist ihm gefolgt!

So lobte er sich, hatte Freude an sich, hörte neugierig seinem Magen zu, der vor Hunger knurrte. Ein Stück Leid, ein Stück Elend hatte er nun, so fühlte er, in diesen letzten Zeiten und Tagen ganz und gar durchgekostet und ausgespien, bis zur Verzweiflung und bis zum Tode ausgefressen. So war es gut. Lange noch hätte er bei Kamaswami bleiben können, Geld erwerben, Geld vergeuden, seinen Bauch mästen und seine Seele verdursten lassen, lange noch hätte er in dieser sanften, wohlgepolsterten Hölle wohnen können, wäre dies nicht gekommen: der Augenblick der vollkommenen Trostlosigkeit und Verzweiflung, jener äußerste Augenblick, da er über dem strömenden Wasser hing und bereit war, sich zu vernichten. Daß er diese Verzweiflung, diesen tiefsten Ekel gefühlt hatte, und daß er ihm nicht erlegen war, daß der Vogel, die frohe Quelle und Stimme in ihm doch noch lebendig war, darüber fühlte er diese Freude, darüber lachte er, darüber strahlte sein Gesicht unter den ergrauten Haaren.

»Es ist gut«, dachte er, »alles selber zu kosten, was man zu wissen nötig hat. Daß Weltlust und Reichtum nicht vom Guten sind, habe ich schon als Kind gelernt. Gewußt habe ich es lange, erlebt habe ich es erst jetzt. Und nun weiß ich es, weiß es nicht nur mit dem Gedächtnis, sondern mit meinen Augen, mit meinem Herzen, mit meinem Magen. Wohl mir, daß ich es weiß!«

Lange sann er nach über seine Verwandlung, lauschte dem Vogel, wie er vor Freude sang. War nicht dieser Vogel in ihm gestorben, hatte er nicht seinen Tod gefühlt? Nein, etwas anderes in ihm war gestorben, etwas, das schon lange sich nach Sterben gesehnt hatte. War es nicht das, was er einst in seinen glühenden Büßerjahren hatte abtöten wollen? War es nicht sein Ich, sein kleines, banges und stolzes Ich, mit dem er so viele Jahre gekämpft hatte, das ihn immer wieder besiegt hatte, das nach jeder Abtötung wieder da war, Freude verbot, Furcht empfand? War es nicht dies, was heute endlich seinen Tod gefunden hatte, hier im Walde an diesem lieblichen Flusse? War es nicht dieses Todes wegen, daß er jetzt wie ein Kind war, so voll Vertrauen, so ohne Furcht, so voll Freude?

Nun auch ahnte Siddhartha, warum er als Brahmane, als Büßer vergeblich mit diesem Ich gekämpft hatte. Zu viel Wissen hatte ihn gehindert, zu viel heilige Verse, zu viel Opferregeln, zu viel Kasteiung, zu viel Tun und Streben! Voll Hochmut war er gewesen, immer der Klügste, immer der Eifrigste, immer allen um einen Schritt voran, immer der Wissende und Geistige, immer der Priester oder Weise. In dies Priestertum, in diesen Hochmut, in diese Geistigkeit hinein hatte sein Ich sich verkrochen, dort saß es fest und wuchs, während er es mit Fasten und Buße zu töten meinte. Nun sah er es, und sah, daß die heimliche Stimme recht gehabt hatte, daß kein Lehrer ihn je hätte erlösen können. Darum hatte er in die Welt gehen müssen, sich an Lust und Macht, an Weib und Geld verlieren müssen, hatte ein Händler, ein Würfelspieler, Trinker und

Habgieriger werden müssen, bis der Priester und Samana in ihm tot war. Darum hatte er weiter diese häßlichen Jahre ertragen müssen, den Ekel ertragen, die Leere, die Sinnlosigkeit eines öden und verlorenen Lebens, bis zum Ende, bis zur bittern Verzweiflung, bis auch der Lüstling Siddhartha, der Habgierige Siddhartha sterben konnte. Er war gestorben, ein neuer Siddhartha war aus dem Schlaf erwacht. Auch er würde alt werden, auch er würde einst sterben müssen, vergänglich war Siddhartha, vergänglich war jede Gestaltung. Heute aber war er jung, war ein Kind, der neue Siddhartha, und war voll Freude.

Diese Gedanken dachte er, lauschte lächelnd auf seinen Magen, hörte dankbar einer summenden Biene zu. Heiter blickte er in den strömenden Fluß, nie hatte ihm ein Wasser so wohl gefallen wie dieses, nie hatte er Stimme und Gleichnis des ziehenden Wassers so stark und schön vernommen. Ihm schien, es habe der Fluß ihm etwas Besonderes zu sagen, etwas, das er noch nicht wisse, das noch auf ihn warte. In diesem Fluß hatte sich Siddhartha ertränken wollen, in ihm war der alte, müde, verzweifelte Siddhartha heute ertrunken. Der neue Siddhartha aber fühlte eine tiefe Liebe zu diesem strömenden Wasser und beschloß bei sich, es nicht so bald wieder zu verlassen.

Der Fährmann

An diesem Fluß will ich bleiben, dachte Siddhartha, es ist derselbe, über den ich einstmals auf dem Wege zu den Kindermenschen gekommen bin, ein freundlicher Fährmann hat mich damals geführt, zu ihm will ich gehen, von seiner Hütte aus führte mich einst mein Weg in ein neues Leben, das nun alt geworden und tot ist – möge auch mein jetziger Weg, mein jetziges neues Leben dort seinen Ausgang nehmen!

Zärtlich blickte er in das strömende Wasser, in das durchsichtige Grün, in die kristallenen Linien seiner geheimnisreichen Zeichnung. Lichte Perlen sah er aus der Tiefe steigen, stille Luftblasen auf dem Spiegel schwimmen, Himmelsbläue darin abgebildet. Mit tausend Augen blickte der Fluß ihn an, mit grünen, mit weißen, mit kristallnen, mit himmelblauen. Wie liebte er dies Wasser, wie entzückte es ihn, wie war er ihm dankbar! Im Herzen hörte er die Stimme sprechen, die neu erwachte, und sie sagte ihm: Liebe dies Wasser! Bleibe bei ihm! Lerne von ihm! O ja, er wollte von ihm lernen, er wollte ihm zuhören. Wer dies Wasser und seine Geheimnisse verstünde, so schien ihm, der würde auch viel anderes verstehen, viele Geheimnisse, alle Geheimnisse.

Von den Geheimnissen des Flusses aber sah er heute nur eines, das ergriff seine Seele. Er sah: dies Wasser lief und lief, immerzu lief es, und war doch immer da, war immer und allezeit dasselbe und doch jeden Augenblick neu! Oh, wer dies faßte, dies verstünde! Er verstand und faßte es nicht, fühlte nur Ahnung sich regen, ferne Erinnerung, göttliche Stimmen.

Siddhartha erhob sich, unerträglich wurde das Treiben des Hungers in seinem Leibe. Hingenommen wanderte er weiter, den Uferpfad hinan, dem Strom entgegen, lauschte auf die Strömung, lauschte auf den knurrenden Hunger in seinem Leibe.

Als er die Fähre erreichte, lag eben das Boot bereit, und

derselbe Fährmann, welcher einst den jungen Samana über den Fluß gesetzt hatte, stand im Boot, Siddhartha erkannte ihn wieder, auch er war stark gealtert.
»Willst du mich übersetzen?« fragte er.
Der Fährmann, erstaunt, einen so vornehmen Mann allein und zu Fuße wandern zu sehen, nahm ihn ins Boot und stieß ab.
»Ein schönes Leben hast du dir erwählt«, sprach der Gast. »Schön muß es sein, jeden Tag an diesem Wasser zu leben und auf ihm zu fahren.«
Lächelnd wiegte sich der Ruderer: »Es ist schön, Herr, es ist, wie du sagst. Aber ist nicht jedes Leben, ist nicht jede Arbeit schön?«
»Es mag wohl sein. Dich aber beneide ich um die deine.«
»Ach, du möchtest bald die Lust an ihr verlieren. Das ist nichts für Leute in feinen Kleidern.«
Siddhartha lachte. »Schon einmal bin ich heute um meiner Kleider willen betrachtet worden, mit Mißtrauen betrachtet. Willst du nicht, Fährmann, diese Kleider, die mir lästig sind, von mir annehmen? Denn du mußt wissen, ich habe kein Geld, dir einen Fährlohn zu zahlen.«
»Der Herr scherzt«, lachte der Fährmann.
»Ich scherze nicht, Freund. Sieh, schon einmal hast du mich in deinem Boot über dies Wasser gefahren um Gotteslohn. So tue es auch heute, und nimm meine Kleider dafür an.«
»Und will der Herr ohne Kleider weiterreisen?«
»Ach, am liebsten wollte ich gar nicht weiterreisen. Am liebsten wäre es mir, Fährmann, wenn du mir eine alte Schürze gäbest und behieltest mich als deinen Gehilfen bei

dir, vielmehr als einen Lehrling, denn erst muß ich lernen, mit dem Boot umzugehen.«

Lange blickte der Fährmann den Fremden an, suchend.

»Jetzt erkenne ich dich«, sagte er endlich. »Einst hast du in meiner Hütte geschlafen, lange ist es her, wohl mehr als zwanzig Jahre mag das her sein, du bist von mir über den Fluß gebracht worden, und wir nahmen Abschied voneinander wie gute Freunde. Warst du nicht ein Samana? Deines Namens kann ich mich nicht mehr entsinnen.«

»Ich heiße Siddhartha, und ich war ein Samana, als du mich zuletzt gesehen hast.«

»So sei willkommen, Siddhartha. Ich heiße Vasudeva. Du wirst, so hoffe ich, auch heute mein Gast sein und in meiner Hütte schlafen, und mir erzählen, woher du kommst, und warum deine schönen Kleider dir so lästig sind.«

Sie waren in die Mitte des Flusses gelangt, und Vasudeva legte sich stärker ins Ruder, um gegen die Strömung anzukommen. Ruhig arbeitete er, den Blick auf der Bootspitze, mit kräftigen Armen. Siddhartha saß und sah ihm zu, und erinnerte sich, wie schon einstmals, an jenem letzten Tage seiner Samana-Zeit, Liebe zu diesem Manne sich in seinem Herzen geregt hatte. Dankbar nahm er Vasudevas Einladung an. Als sie am Ufer anlegten, half er ihm das Boot an den Pflöcken festbinden, darauf bat ihn der Fährmann, in die Hütte zu treten, bot ihm Brot und Wasser, und Siddhartha aß mit Lust, und aß mit Lust auch von den Mangofrüchten, die ihm Vasudeva anbot.

Danach setzten sie sich, es ging gegen Sonnenuntergang, auf einen Baumstamm am Ufer, und Siddhartha erzählte dem Fährmann seine Herkunft und sein Leben, wie er es heute, in jener Stunde der Verzweiflung, vor seinen Augen

gesehen hatte. Bis tief in die Nacht währte sein Erzählen.
Vasudeva hörte mit großer Aufmerksamkeit zu. Alles nahm er lauschend in sich auf, Herkunft und Kindheit, all das Lernen, all das Suchen, alle Freude, alle Not. Dies war unter des Fährmanns Tugenden eine der größten: er verstand wie wenige das Zuhören. Ohne daß er ein Wort gesprochen hätte, empfand der Sprechende, wie Vasudeva seine Worte in sich einließ, still, offen, wartend, wie er keines verlor, keines mit Ungeduld erwartete, nicht Lob noch Tadel daneben stellte, nur zuhörte. Siddhartha empfand, welches Glück es ist, einem solchen Zuhörer sich zu bekennen, in sein Herz das eigene Leben zu versenken, das eigene Suchen, das eigene Leiden.
Gegen das Ende von Siddharthas Erzählung aber, als er von dem Baum am Flusse sprach und von seinem tiefen Fall, vom heiligen Om, und wie er nach seinem Schlummer eine solche Liebe zu dem Flusse gefühlt hatte, da lauschte der Fährmann mit verdoppelter Aufmerksamkeit, ganz und völlig hingegeben, mit geschlossnem Auge.
Als aber Siddhartha schwieg und eine lange Stille gewesen war, da sagte Vasudeva: »Es ist so, wie ich dachte. Der Fluß hat zu dir gesprochen. Auch dir ist er Freund, auch zu dir spricht er. Das ist gut, das ist sehr gut. Bleibe bei mir, Siddhartha, mein Freund. Ich hatte einst eine Frau, ihr Lager war neben dem meinen, doch ist sie schon lange gestorben, lange habe ich allein gelebt. Lebe nun du mit mir, es ist Raum und Essen für beide vorhanden.«
»Ich danke dir«, sagte Siddhartha, »ich danke dir und nehme an. Und auch dafür danke ich dir, Vasudeva, daß du mir so gut zugehört hast! Selten sind die Menschen,

welche das Zuhören verstehen, und keinen traf ich, der es verstand wie du. Auch hierin werde ich von dir lernen.«
»Du wirst es lernen«, sprach Vasudeva, »aber nicht von mir. Das Zuhören hat mich der Fluß gelehrt, von ihm wirst auch du es lernen. Er weiß alles, der Fluß, alles kann man von ihm lernen. Sieh, auch das hast du schon vom Wasser gelernt, daß es gut ist, nach unten zu streben, zu sinken, die Tiefe zu suchen. Der reiche und vornehme Siddhartha wird ein Ruderknecht, der gelehrte Brahmane Siddhartha wird ein Fährmann: auch dies ist dir vom Fluß gesagt worden. Du wirst auch das andere von ihm lernen.«
Sprach Siddhartha, nach einer langen Pause: »Welches andere, Vasudeva?«
Vasudeva erhob sich. »Spät ist es geworden«, sagte er, »laß uns schlafen gehen. Ich kann dir das ›andere‹ nicht sagen, o Freund. Du wirst es lernen, vielleicht auch weißt du es schon. Sieh, ich bin kein Gelehrter, ich verstehe nicht zu sprechen, ich verstehe auch nicht zu denken. Ich verstehe nur zuzuhören und fromm zu sein, sonst habe ich nichts gelernt. Könnte ich es sagen und lehren, so wäre ich vielleicht ein Weiser, so aber bin ich nur ein Fährmann, und meine Aufgabe ist es, Menschen über diesen Fluß zu setzen. Viele habe ich übergesetzt, Tausende, und ihnen allen ist mein Fluß nichts anderes gewesen als ein Hindernis auf ihren Reisen. Sie reisten nach Geld und Geschäften, und zu Hochzeiten und zu Wallfahrten, und der Fluß war ihnen im Wege, und der Fährmann war dazu da, sie schnell über das Hindernis hinwegzubringen. Einige unter den Tausenden aber, einige wenige, vier oder fünf, denen hat der Fluß aufgehört, ein Hindernis zu sein, sie haben seine Stimme gehört, sie haben ihm zugehört,

und der Fluß ist ihnen heilig geworden, wie er es mir geworden ist. Laß uns nun zur Ruhe gehen, Siddhartha.«

Siddhartha blieb bei dem Fährmann und lernte das Boot bedienen, und wenn nichts an der Fähre zu tun war, arbeitete er mit Vasudeva im Reisfelde, sammelte Holz, pflückte die Früchte der Pisangbäume. Er lernte ein Ruder zimmern, und lernte das Boot ausbessern, und Körbe flechten, und war fröhlich über alles, was er lernte, und die Tage und Monate liefen schnell hinweg. Mehr aber, als Vasudeva ihn lehren konnte, lehrte ihn der Fluß. Von ihm lernte er unaufhörlich. Vor allem lernte er von ihm das Zuhören, das Lauschen mit stillem Herzen, mit wartender, geöffneter Seele, ohne Leidenschaft, ohne Wunsch, ohne Urteil, ohne Meinung.

Freundlich lebte er neben Vasudeva, und zuweilen tauschten sie Worte miteinander, wenige und lang bedachte Worte. Vasudeva war kein Freund der Worte, selten gelang es Siddhartha, ihn zum Sprechen zu bewegen.

»Hast du«, so fragte er ihn einst, »hast auch du vom Flusse jenes Geheime gelernt: daß es keine Zeit gibt?«

Vasudevas Gesicht überzog sich mit hellem Lächeln.

»Ja, Siddhartha«, sprach er. »Es ist doch dieses, was du meinst: daß der Fluß überall zugleich ist, am Ursprung und an der Mündung, am Wasserfall, an der Fähre, an der Stromschnelle, im Meer, im Gebirge, überall, zugleich, und daß es für ihn nur Gegenwart gibt, nicht den Schatten Zukunft?«

»Dies ist es«, sagte Siddhartha. »Und als ich es gelernt hatte, da sah ich mein Leben an, und es war auch ein Fluß, und es war der Knabe Siddhartha vom Manne Siddhartha und vom Greis Siddhartha nur durch Schatten getrennt, nicht durch Wirkliches. Es waren auch Siddharthas frühere Geburten keine Vergangenheit, und sein Tod und seine Rückkehr zu Brahma keine Zukunft. Nichts war, nichts wird sein; alles ist, alles hat Wesen und Gegenwart.«

Siddhartha sprach mit Entzücken, tief hatte diese Erleuchtung ihn beglückt. Oh, war denn nicht alles Leiden Zeit, war nicht alles Sichquälen und Sichfürchten Zeit, war nicht alles Schwere, alles Feindliche in der Welt weg und überwunden, sobald man die Zeit überwunden hatte, sobald man die Zeit wegdenken konnte? Entzückt hatte er gesprochen. Vasudeva aber lächelte ihn strahlend an und nickte Bestätigung, schweigend nickte er, strich mit der Hand über Siddharthas Schulter, wandte sich zu seiner Arbeit zurück.

Und wieder einmal, als eben der Fluß in der Regenzeit geschwollen war und mächtig rauschte, das sagte Siddhartha: »Nicht wahr, o Freund, der Fluß hat viele Stimmen, sehr viele Stimmen? Hat er nicht die Stimme eines Königs, und eines Kriegers, und eines Stieres, und eines Nachtvogels, und einer Gebärenden, und eines Seufzenden, und noch tausend andere Stimmen?«

»Es ist so«, nickte Vasudeva, »alle Stimmen der Geschöpfe sind in seiner Stimme.«

»Und weißt du«, fuhr Siddhartha fort, »welches Wort er spricht, wenn es dir gelingt, alle seine zehntausend Stimmen zugleich zu hören?«

Glücklich lachte Vasudevas Gesicht, er neigte sich gegen Siddhartha und sprach ihm das heilige Om ins Ohr. Und eben dies war es, was auch Siddhartha gehört hatte.

Und von Mal zu Mal ward sein Lächeln dem des Fährmanns ähnlicher, ward beinahe ebenso strahlend, beinahe

ebenso von Glück durchglänzt, ebenso aus tausend kleinen Falten leuchtend, ebenso kindlich, ebenso greisenhaft. Viele Reisende, wenn sie die beiden Fährmänner sahen, hielten sie für Brüder. Oft saßen sie am Abend gemeinsam beim Ufer auf dem Baumstamm, schwiegen und hörten beide dem Wasser zu, welches für sie kein Wasser war, sondern die Stimme des Lebens, die Stimme des Seienden, des ewig Werdenden. Und es geschah zuweilen, daß beide beim Anhören des Flusses an dieselben Dinge dachten, an ein Gespräch von vorgestern, an einen ihrer Reisenden, dessen Gesicht und Schicksal sie beschäftigte, an den Tod, an ihre Kindheit, und daß sie beide im selben Augenblick, wenn der Fluß ihnen etwas Gutes gesagt hatte, einander anblickten, beide genau dasselbe denkend, beide beglückt über dieselbe Antwort auf dieselbe Frage.
Es ging von der Fähre und von den beiden Fährleuten etwas aus, das manche von den Reisenden spürten. Es geschah zuweilen, daß ein Reisender, nachdem er in das Gesicht eines der Fährmänner geblickt hatte, sein Leben zu erzählen begann, Leid erzählte, Böses bekannte, Trost und Rat erbat. Es geschah zuweilen, daß einer um Erlaubnis bat, einen Abend bei ihnen zu verweilen, um dem Flusse zuzuhören. Es geschah auch, daß Neugierige kamen, welchen erzählt worden war, an dieser Fähre lebten zwei Weise oder Zauberer oder Heilige. Die Neugierigen stellten viele Fragen, aber sie bekamen keine Antworten, und sie fanden weder Zauberer noch Weise, sie fanden nur zwei alte freundliche Männlein, welche stumm zu sein und etwas sonderbar und verblödet schienen. Und die Neugierigen lachten und unterhielten sich darüber, wie töricht und leichtgläubig doch das Volk solche leere Gerüchte verbreite.

Die Jahre gingen hin, und keiner zählte sie. Da kaman einst Mönche gepilgert, Anhänger des Gotama, des Buddha, welche baten, sie über den Fluß zu setzen, und von ihnen erfuhren die Fährmänner, daß sie eiligst zu ihrem großen Lehrer zurückwanderten, denn es habe sich die Nachricht verbreitet, der Erhabene sei todkrank und werde bald seinen letzten Menschentod sterben, um zur Erlösung einzugehen. Nicht lange, so kam eine neue Schar Mönche gepilgert, und wieder eine, und sowohl die Mönche wie die meisten der übrigen Reisenden und Wanderer sprachen von nichts anderem als von Gotama und seinem nahen Tode. Und wie zu einem Kriegszug oder zur Krönung eines Königs von überall und allen Seiten her die Menschen strömen und sich gleich Ameisen in Scharen sammeln, so strömten sie, wie von einem Zauber gezogen dahin, wo der große Buddha seinen Tod erwartete, wo das Ungeheure geschehen und der große Vollendete eines Weltalters zur Herrlichkeit eingehen sollte.
Viel gedachte Siddhartha in dieser Zeit des sterbenden Weisen, des großen Lehrers, dessen Stimme Völker ermahnt und Hunderttausende erweckt hatte, dessen Stimme auch er einst vernommen, dessen heiliges Antlitz auch er einst mit Ehrfurcht geschaut hatte. Freundlich gedachte er seiner, sah seinen Weg der Vollendung vor Augen und erinnerte sich mit Lächeln der Worte, welche er einst als junger Mann an ihn, den Erhabenen, gerichtet hatte. Es waren, so schien ihm, stolze und altkluge Worte gewesen, lächelnd erinnerte er sich ihrer. Längst wußte er sich nicht mehr von Gotama getrennt, dessen Lehre er doch nicht hatte annehmen können. Nein, keine Lehre konnte ein wahrhaft Suchender annehmen, einer, der wahrhaft finden wollte. Der aber, der gefunden hat, der

konnte jede, jede Lehre gutheißen, jeden Weg, jedes Ziel, ihn trennte nichts mehr von all den tausend anderen, welche im Ewigen lebten, welche das Göttliche atmeten.
An einem dieser Tage, da so viele zum sterbenden Buddha pilgerten, pilgerte zu ihm auch Kamala, einst die Schönste der Kurtisanen. Längst hatte sie sich aus ihrem vorigen Leben zurückgezogen, hatte ihren Garten den Mönchen Gotamas geschenkt, hatte ihre Zuflucht zur Lehre genommen, gehörte zu den Freundinnen und Wohltäterinnen der Pilgernden. Zusammen mit dem Knaben Siddhartha, ihrem Sohne, hatte sie auf die Nachricht vom nahen Tode Gotamas hin sich auf den Weg gemacht, in einfachem Kleide, zu Fuß. Mit ihrem Söhnlein war sie am Flusse unterwegs; der Knabe aber war bald ermüdet, begehrte nach Hause zurück, begehrte zu rasten, begehrte zu essen, wurde trotzig und weinerlich. Kamala mußte häufig mit ihm rasten, er war gewohnt, seinen Willen gegen sie zu behaupten, sie mußte ihn füttern, mußte ihn trösten, mußte ihn schelten. Er begriff nicht, warum er mit seiner Mutter diese mühsame und traurige Pilgerschaft habe antreten müssen, an einen unbekannten Ort, zu einem fremden Manne, welcher heilig war und welcher im Sterben lag. Mochte er sterben, was ging dies den Knaben an?
Die Pilgernden waren nicht mehr ferne von Vasudevas Fähre, als der kleine Siddhartha abermals seine Mutter zu einer Rast nötigte. Auch sie selbst, Kamala, war ermüdet, und während der Knabe an einer Banane kaute, kauerte sie sich am Boden nieder, schloß ein wenig die Augen und ruhte. Plötzlich aber stieß sie einen klagenden Schrei aus, der Knabe sah sie erschrocken an und sah ihr Gesicht von Entsetzen gebleicht, und unter ihrem Kleide hervor ent-

wich eine kleine schwarze Schlange, von welcher Kamala gebissen war.

Eilig liefen sie nun beide des Weges, um zu Menschen zu kommen, und kamen bis in die Nähe der Fähre, dort sank Kamala zusammen, und vermochte nicht weiterzugehen. Der Knabe aber erhob ein klägliches Geschrei, dazwischen küßte und umhalste er seine Mutter, und auch sie stimmte in seine lauten Hilferufe ein, bis die Töne Vasudevas Ohr erreichten, der bei der Fähre stand. Schnell kam er gegangen, nahm die Frau auf die Arme, trug sie ins Boot, der Knabe lief mit, und bald kamen sie alle in der Hütte an, wo Siddhartha am Herde stand und eben Feuer machte. Er blickte auf und sah zuerst das Gesicht des Knaben, das ihn wunderlich erinnerte, an Vergessenes mahnte. Dann sah er Kamala, die er alsbald erkannte, obwohl sie besinngunslos im Arm des Fährmanns lag, und nun wußte er, daß es sein eigener Sohn sei, dessen Gesicht ihn so sehr gemahnt hatte, und das Herz bewegte sich in seiner Brust.

Kamalas Wunde wurde gewaschen, war aber schon schwarz und ihr Leib war angeschwollen, ein Heiltrank wurde ihr eingeflößt. Ihr Bewußtsein kehrte zurück, sie lag auf Siddharthas Lager in der Hütte, und über sie gebeugt stand Siddhartha, der sie einst so sehr geliebt hatte. Es schien ihr ein Traum zu sein, lächelnd blickte sie in ihres Freundes Gesicht, nur langsam erkannte sie ihre Lage, erinnerte sich des Bisses, rief ängstlich nach dem Knaben.

»Er ist bei dir, sei ohne Sorge«, sagte Siddhartha.

Kamala blickte in seine Augen. Sie sprach mit schwerer Zunge, vom Gift gelähmt. »Du bist alt geworden, Lieber«, sagte sie, »grau bist du geworden. Aber du gleichst dem jungen Samana, der einst ohne Kleider mit staubigen Füßen zu mir in den Garten kam. Du gleichst ihm viel mehr, als du ihm damals glichest, da du mich und Kamaswami verlassen hast. In den Augen gleichst du ihm, Siddhartha. Ach, auch ich bin alt geworden, alt – kanntest du mich denn noch?«

Siddhartha lächelte: »Sogleich kannte ich dich, Kamala, Liebe.«

Kamala deutete auf ihren Knaben und sagte: »Kanntest du auch ihn? Er ist dein Sohn.«

Ihre Augen wurden irr und fielen zu. Der Knabe weinte, Siddhartha nahm ihn auf seine Knie, ließ ihn weinen, streichelte sein Haar, und beim Anblick des Kindergesichtes fiel ein brahmanisches Gebet ihm ein, das er einst gelernt hatte, als er selbst ein kleiner Knabe war. Langsam, mit singender Stimme, begann er es zu sprechen, aus der Vergangenheit und Kindheit her kamen ihm die Worte geflossen. Und unter seinem Singsang wurde der Knabe ruhig, schluchzte noch hin und wieder auf und schlief ein. Siddhartha legte ihn auf Vasudevas Lager. Vasudeva stand am Herd und kochte Reis. Siddhartha warf ihm einen Blick zu, den er lächelnd erwiderte.

»Sie wird sterben«, sagte Siddhartha leise.

Vasudeva nickte, über sein freundliches Gesicht lief der Feuerschein vom Herde.

Nochmals erwachte Kamala zum Bewußtsein. Schmerz verzog ihr Gesicht, Siddharthas Auge las das Leiden auf ihrem Munde, auf ihren erblaßten Wangen. Stille las er es, aufmerksam, wartend, in ihr Leiden versenkt. Kamala fühlte es, ihr Blick suchte sein Auge.

Ihn anblickend, sagte sie: »Nun sehe ich, daß auch deine Augen sich verändert haben. Ganz anders sind sie gewor-

den. Woran doch erkenne ich noch, daß du Siddhartha bist? Du bist es, und bist es nicht.«
Siddhartha sprach nicht, still blickten seine Augen in die ihren.
»Du hast es erreicht?« fragte sie. »Du hast Friede gefunden?«
Er lächelte und legte seine Hand auf ihre.
»Ich sehe es«, sagte sie, »ich sehe es. Auch ich werde Friede finden.«
»Du hast ihn gefunden«, sprach Siddhartha flüsternd.
Kamala blickte ihm unverwandt in die Augen. Sie dachte daran, daß sie zu Gotama hatte pilgern wollen, um das Gesicht eines Vollendeten zu sehen, um seinen Frieden zu atmen, und daß sie statt seiner nun ihn gefunden, und daß es gut war, ebenso gut, als wenn sie jenen gesehen hätte. Sie wollte es ihm sagen, aber die Zunge gehorchte ihrem Willen nicht mehr. Schweigend sah sie ihn an, und er sah in ihren Augen das Leben erlöschen. Als der letzte Schmerz ihr Auge erfüllte und brach, als der letzte Schauder über ihre Glieder lief, schloß sein Finger ihre Lider.
Lange saß er und blickte auf ihr entschlafenes Gesicht. Lange betrachtete er ihren Mund, ihren alten, müden Mund mit den schmal gewordenen Lippen, und erinnerte sich, daß er einst, im Frühling seiner Jahre, diesen Mund einer frisch aufgebrochenen Feige verglichen hatte. Lange saß er, las in dem bleichen Gesicht, in den müden Falten, füllte sich mit dem Anblick, sah sein eigenes Gesicht ebenso liegen, ebenso weiß, ebenso erloschen, und sah zugleich sein Gesicht und das ihre jung, mit den roten Lippen, mit dem brennenden Auge, und das Gefühl der Gegenwart und Gleichzeitigkeit durchdrang ihm völlig,

das Gefühl der Ewigkeit. Tief empfand er, tiefer als jemals, in dieser Stunde die Unzerstörbarkeit jedes Lebens, die Ewigkeit jedes Augenblicks.
Da er sich erhob, hatte Vasudeva Reis für ihn bereitet. Doch aß Siddhartha nicht. Im Stall, wo ihre Ziege stand, machten sich die beiden Alten eine Streu zurecht, und Vasudeva legte sich schlafen. Siddhartha aber ging hinaus und saß die Nacht vor der Hütte, dem Flusse lauschend, von Vergangenheit umspült, von allen Zeiten seines Lebens zugleich berührt und umfangen. Zuweilen aber erhob er sich, trat an die Hüttentür und lauschte, ob der Knabe schlafe.
Früh am Morgen, noch ehe die Sonne sichtbar ward, kam Vasudeva aus dem Stalle und trat zu seinem Freunde.
»Du hast nicht geschlafen«, sagte er.
»Nein, Vasudeva. Ich saß hier, ich hörte dem Flusse zu. Viel hat er mir gesagt, tief hat er mich mit dem heilsamen Gedanken erfüllt, mit dem Gedanken der Einheit.«
»Du hast Leid erfahren, Siddhartha, doch ich sehe, es ist keine Traurigkeit in dein Herz gekommen.«
»Nein, Lieber, wie sollte ich denn traurig sein? Ich, der ich reich und glücklich war, bin jetzt noch reicher und glücklicher geworden. Mein Sohn ist mir geschenkt worden.«
»Willkommen sei dein Sohn auch mir. Nun aber, Siddhartha, laß uns an die Arbeit gehen, viel ist zu tun. Auf demselben Lager ist Kamala gestorben, auf welchem einst mein Weib gestorben ist. Auf demselben Hügel auch wollen wir Kamalas Scheiterhaufen bauen, auf welchem ich einst meines Weibes Scheiterhaufen gebaut habe.«
Während der Knabe noch schlief, bauten sie den Scheiterhaufen.

Der Sohn

Scheu und weinend hatte der Knabe der Bestattung seiner Mutter beigewohnt, finster und scheu hatte er Siddhartha angehört, der ihn als seinen Sohn begrüßte und ihn bei sich in Vasudevas Hütte willkommen hieß. Bleich saß er tagelang am Hügel der Toten, mochte nicht essen, verschloß seinen Blick, verschloß sein Herz, wehrte und sträubte sich gegen das Schicksal.
Siddhartha schonte ihn und ließ ihn gewähren, er ehrte seine Trauer. Siddhartha verstand, daß sein Sohn ihn nicht kenne, daß er ihn nicht lieben könne wie einen Vater. Langsam sah und verstand er auch, daß der Elfjährige ein verwöhnter Knabe war, ein Mutterkind, und in Gewohnheiten des Reichtums aufgewachsen, gewöhnt an feinere Speisen, an ein weiches Bett, gewohnt Dienern zu befehlen. Siddhartha verstand, daß der Trauernde und Verwöhnte nicht plötzlich und gutwillig in der Fremde und Armut sich zufrieden geben könne. Er zwang ihn nicht, er tat manche Arbeit für ihn, suchte stets den besten Bissen für ihn aus. Langsam hoffte er, ihn zu gewinnen, durch freundliche Geduld.
Reich und glücklich hatte er sich genannt, als der Knabe zu ihm gekommen war. Da indessen die Zeit hinfloß, und der Knabe fremd und finster blieb, da er ein stolzes und trotziges Herz zeigte, keine Arbeit tun wollte, den Alten keine Ehrfurcht erwies, Vasudevas Fruchtbäume beraubte, da begann Siddhartha zu verstehen, daß mit seinem Sohne nicht Glück und Friede zu ihm gekommen war, sondern Leid und Sorge. Aber er liebte ihn, und lieber war ihm Leid und Sorge der Liebe, als ihm Glück und Freude ohne den Knaben gewesen war.

Seit der junge Siddhartha in der Hütte war, hatten die Alten sich in die Arbeit geteilt. Vasudeva hatte das Amt des Fährmanns wieder allein übernommen, und Siddhartha, um bei seinem Sohne zu sein, die Arbeit in Hütte und Feld.

Lange Zeit, lange Monate wartete Siddhartha darauf, daß sein Sohn ihn verstehe, daß er seine Liebe annehme, daß er sie vielleicht erwidere. Lange Monate wartete Vasudeva, zusehend, wartete und schwieg. Eines Tages, als Siddhartha der Junge seinen Vater wieder sehr mit Trotz und Launen gequält und ihm beide Reisschüsseln zerbrochen hatte, nahm Vasudeva seinen Freund am Abend beiseite und sprach mit ihm.

»Entschuldige mich«, sagte er, »aus freundlichem Herzen rede ich zu dir. Ich sehe, daß du dich quälst, ich sehe, daß du Kummer hast. Dein Sohn, Lieber, macht dir Sorge, und auch mir macht er Sorge. An ein anderes Leben, an ein anderes Nest ist der junge Vogel gewöhnt. Nicht wie du ist er dem Reichtum und der Stadt entlaufen aus Ekel und Überdruß, er hat wider seinen Willen dies alles dahinten lassen müssen. Ich fragte den Fluß, o Freund, viele Male habe ich ihn gefragt. Der Fluß aber lacht, er lacht mich aus, mich und dich lacht er aus, und schüttelt sich über unsre Torheit. Wasser will zu Wasser, Jugend will zu Jugend, dein Sohn ist nicht an dem Orte, wo er gedeihen kann. Frage auch du den Fluß, höre auch du auf ihn!«

Bekümmert blickte Siddhartha ihm in das freundliche Gesicht, in dessen vielen Runzeln beständige Heiterkeit wohnte.

»Kann ich mich denn von ihm trennen?« fragte er leise, beschämt. »Laß mir noch Zeit, Lieber! Sieh, ich kämpfe um ihn, ich werbe um sein Herz, mit Liebe und mit freundlicher Geduld will ich es fangen. Auch zu ihm soll einst der Fluß reden, auch er ist berufen.«

Vasudevas Lächeln blühte wärmer. »O ja, auch er ist berufen, auch er ist vom ewigen Leben. Aber wissen wir denn, du und ich, wozu er berufen ist, zu welchem Wege, zu welchen Taten, zu welchen Leiden? Nicht klein wird sein Leiden sein, stolz und hart ist ja sein Herz, viel müssen solche leiden, viel irren, viel Unrecht tun, sich viel Sünde aufladen. Sage mir, mein Lieber: du erziehst deinen Sohn nicht? Du zwingst ihn nicht? Schlägst ihn nicht? Strafst ihn nicht?«

»Nein, Vasudeva, das tue ich alles nicht.«

»Ich wußte es. Du zwingst ihn nicht, schlägst ihn nicht, befiehlst ihm nicht, weil du weißt, daß Weich stärker ist als Hart, Wasser stärker als Fels, Liebe stärker als Gewalt. Sehr gut, ich lobe dich. Aber ist es nicht ein Irrtum von dir, zu meinen, daß du ihn nicht zwingst, nicht strafest? Bindest du ihn nicht in Bande mit deiner Liebe? Beschämst du ihn nicht täglich, und machst es ihm noch schwerer, mit deiner Güte und Geduld? Zwingst du ihn nicht, den hochmütigen und verwöhnten Knaben, in einer Hütte bei zwei alten Bananenessern zu leben, welchen schon Reis ein Leckerbissen ist, deren Gedanken nicht seine sein können, deren Herz alt und still ist und anderen Gang hat als das seine? Ist er mit alledem nicht gezwungen, nicht gestraft?«

Betroffen blickte Siddhartha zur Erde. Leise fragte er: »Was meinst du, soll ich tun?«

Sprach Vasudeva: »Bring ihn zur Stadt, bringe ihn in seiner Mutter Haus, es werden noch Diener dort sein, denen gib ihn. Und wenn keine mehr da sind, so bringe ihn einem Lehrer, nicht der Lehre wegen, aber daß er zu anderen Knaben komme, und zu Mädchen, und in die Welt, welche die seine ist. Hast du daran nie gedacht?«

»Du siehst in mein Herz«, sprach Siddhartha traurig. »Oft habe ich daran gedacht. Aber sieh, wie soll ich ihn, der ohnehin kein sanftes Herz hat, in diese Welt geben? Wird er nicht üppig werden, wird er nicht sich an Lust und Macht verlieren, wird er nicht alle Irrtümer seines Vaters wiederholen, wird er nicht vielleicht ganz und gar in Sansara verlorengehen?«

Hell strahlte des Fährmanns Lächeln auf; er berührte zart Siddharthas Arm und sagte: »Frage den Fluß darüber, Freund! Höre ihn darüber lachen! Glaubst du denn wirklich, daß du deine Torheiten begangen habest, um sie dem Sohn zu erspraren? Und kannst du denn deinen Sohn vor Sansara schützen? Wie denn? Durch Lehre, durch Gebet, durch Ermahnung? Lieber, hast du jene Geschichte denn ganz vergessen, jene lehrreiche Geschichte vom Brahmanensohn Siddhartha, die du mir einst hier an dieser Stelle erzählt hast? Wer hat den Samana Siddhartha vor Sansara bewahrt, vor Sünde, vor Habsucht, vor Torheit? Hat seines Vaters Frömmigkeit, seiner Lehrer Ermahnung, hat sein eigenes Wissen, sein eigenes Suchen ihn bewahren können? Welcher Vater, welcher Lehrer hat ihn davor schützen können, selbst das Leben zu leben, selbst sich mit dem Leben zu beschmutzen, selbst Schuld auf sich zu laden, selbst den bitteren Trank zu trinken, selber seinen Weg zu finden? Glaubst du denn, Lieber, dieser Weg bleibe irgend jemandem vielleicht erspart? Vielleicht deinem Söhnchen, weil du es liebst, weil du ihm gern Leid und Schmerz und Enttäuschung ersparen möchtest? Aber auch wenn du zehnmal für ihn stürbest, würdest du ihm nicht den kleinsten Teil seines Schicksals damit abnehmen können.«

Noch niemals hatte Vasudeva so viele Worte gesprochen. Freundlich dankte ihm Siddhartha, ging bekümmert in die Hütte, fand lange keinen Schlaf. Vasudeva hatte ihm nichts gesagt, das er nicht selbst schon gedacht und gewußt hätte. Aber es war ein Wissen, das er nicht tun konnte, stärker als das Wissen war seine Liebe zu dem Knaben, stärker seine Zärtlichkeit, seine Angst, ihn zu verlieren. Hatte er denn jemals an irgend etwas so sehr sein Herz verloren, hatte er je irgendeinen Menschen so geliebt, so blind, so leidend, so erfolglos und doch so glücklich?

Siddhartha konnte seines Freundes Rat nicht befolgen, er konnte den Sohn nicht hergeben. Er ließ sich von dem Knaben befehlen, er ließ sich von ihm mißachten. Er schwieg und wartete, begann täglich den stummen Kampf der Freundlichkeit, den lautlosen Krieg der Geduld. Auch Vasudeva schwieg und wartete, freundlich, wissend, langmütig. In der Geduld waren sie beide Meister.

Einst, als des Knaben Gesicht ihn sehr an Kamala erinnerte, mußte Siddhartha plötzlich eines Wortes gedenken, das Kamala vor Zeiten, in den Tagen der Jugend, einmal zu ihm gesagt hatte. »Du kannst nicht lieben«, hatte sie ihm gesagt, und er hatte ihr recht gegeben und hatte sich mit einem Stern, die Kindermenschen aber mit fallendem Laub verglichen, und dennoch hatte er in jenem Wort auch einen Vorwurf gespürt. In der Tat hatte er niemals sich an einen anderen Menschen ganz verlieren und hingeben können, sich selbst vergessen, Torheiten der Liebe eines anderen wegen begehen; nie hatte er das gekonnt, und dies war, wie ihm damals schien, der große Unterschied gewesen, der ihn von den Kindermenschen trennte. Nun aber, seit sein Sohn da war, nun war auch er, Siddhartha, vollends ein Kindermensch geworden, eines Menschen wegen leidend, einen Menschen liebend, an eine Liebe verloren, einer Liebe wegen ein Tor geworden. Nun fühlte auch er, spät, einmal im Leben diese stärkste und seltsamste Leidenschaft, litt an ihr, litt kläglich, und war doch beseligt, war doch um etwas erneuert, um etwas reicher.

Wohl spürte er, daß diese Liebe, diese blinde Liebe zu seinem Sohn eine Leidenschaft, etwas sehr Menschliches, daß sie Sansara sei, eine trübe Quelle, ein dunkles Wasser. Dennoch, so fühlte er gleichzeitig, war sie nicht wertlos, war sie notwendig, kam aus seinem eigenen Wesen. Auch diese Lust wollte gebüßt, auch diese Schmerzen wollten gekostet sein, auch diese Torheiten begangen.

Der Sohn indessen ließ ihn seine Torheiten begehen, ließ ihn werben, ließ ihn täglich sich vor seinen Launen demütigen. Dieser Vater hatte nichts, was ihn entzückt, und nichts, was er gefürchtet hätte. Er war ein guter Mann, dieser Vater, ein guter, gütiger, sanfter Mann, vielleicht ein sehr frommer Mann, vielleicht ein Heiliger – dies alles waren nicht Eigenschaften, welche den Knaben gewinnen konnten. Langweilig war ihm dieser Vater, der ihn da in seiner elenden Hütte gefangen hielt, langweilig war er ihm, und daß er jede Unart mit Lächeln, jeden Schimpf mit Freundlichkeit, jede Bosheit mit Güte beantwortete, das eben war die verhaßteste List dieses alten Schleichers. Viel lieber wäre der Knabe von ihm bedroht, von ihm mißhandelt worden.

Es kam ein Tag, an welchem des jungen Siddhartha Sinn zum Ausbruch kam und sich offen gegen seinen Vater wandte. Der hatte ihm einen Auftrag erteilt, er hatte ihn Reisig sammeln geheißen. Der Knabe ging aber nicht aus der Hütte, er blieb trotzig und wütend stehen, stampfte den Boden, ballte die Fäuste, und schrie in gewaltigem Ausbruch seinem Vater Haß und Verachtung ins Gesicht.

»Hole du selber dein Reisig!« rief er schäumend, »ich bin nicht dein Knecht. Ich weiß ja, daß du mich nicht schlägst, du wagst es ja nicht; ich weiß ja, daß du mich mit deiner Frömmigkeit und deiner Nachsicht beständig strafen und klein machen willst. Du willst, daß ich werden soll wie du, auch so fromm, auch so sanft, auch so weise! Ich aber, höre, ich will, dir zu Leide, lieber ein Straßenräuber und Mörder werden und zur Hölle fahren, als so werden wie du! Ich hasse dich, du bist nicht mein Vater, und wenn du zehnmal meiner Mutter Buhler gewesen bist!«

Zorn und Gram liefen in ihm über, schäumten in hundert wüsten und bösen Worten dem Vater entgegen. Dann lief der Knabe davon und kam erst spät am Abend wieder.

Am andern Morgen aber war er verschwunden. Verschwunden war auch ein kleiner, aus zweifarbigem Bast geflochtener Korb, in welchem die Fährleute jene Kupfer- und Silbermünzen aufbewahrten, welche sie als Fährlohn erhielten. Verschwunden war auch das Boot, Siddhartha sah es em jenseitigen Ufer liegen. Der Knabe war entlaufen.

»Ich muß ihm folgen«, sagte Siddhartha, der seit jenen gestrigen Schimpfreden des Knaben vor Jammer zitterte. »Ein Kind kann nicht allein durch den Wald gehen. Er wird umkommen. Wir müssen ein Floß bauen, Vasudeva, um übers Wasser zu kommen.«

»Wir werden ein Floß bauen«, sagte Vasudeva, »um unser Boot wieder zu holen, das der Junge entführt hat. Ihn aber solltest du laufen lassen, Freund, er ist kein Kind mehr, er weiß sich zu helfen. Er sucht den Weg nach der Stadt, und er hat recht, vergiß das nicht. Er tut das, was du selbst zu tun versäumt hast. Er sorgt für sich, er geht seine Bahn. Ach, Siddhartha, ich sehe dich leiden, aber du leidest Schmerzen, über die man lachen möchte, über die du selbst bald lachen wirst.«

Siddhartha antwortete nicht. Er hielt schon das Beil in Händen, und begann ein Floß aus Bambus zu machen, und Vasudeva half ihm, die Stämme mit Grasseilen zusammenzubinden. Dann fuhren sie hinüber, wurden weit abgetrieben, zogen das Floß am jenseitigen Ufer flußauf.

»Warum hast du das Beil mitgenommen?« fragte Siddhartha.

Vasudeva sagte: »Es könnte sein, daß das Ruder unsres Bootes verlorengegangen wäre.«

Siddhartha aber wußte, was sein Freund dachte. Er dachte, der Knabe werde das Ruder weggeworfen oder zerbrochen haben, um sich zu rächen und um sie an der Verfolgung zu hindern. Und wirklich war kein Ruder mehr im Boote. Vaseduva wies auf den Boden des Bootes und sah den Freund mit Lächeln an, als wollte er sagen: »Siehst du nicht, was dein Sohn dir sagen will? Siehst du nicht, daß er nicht verfolgt sein will?« Doch sagte er dies nicht mit Worten. Er machte sich daran, ein neues Ruder zu zimmern. Siddhartha aber nahm Abschied, um nach dem Entflohenen zu suchen. Vasudeva hinderte ihn nicht.

Als Siddhartha schon lange im Wald unterwegs war, kam ihm der Gedanke, daß sein Suchen nutzlos sei. Entweder, so dachte er, war der Knabe längst voraus und schon in der Stadt angelangt, oder, wenn er noch unterwegs sein sollte, würde er vor ihm, dem Verfolgenden, sich verborgen halten. Da er weiter dachte, fand er auch, daß er selbst nicht in Sorge um seinen Sohn war, daß er im Innersten wußte, er sei weder umgekommen, noch drohe ihm im Walde Gefahr. Dennoch lief er ohne Rast, nicht mehr, um ihn zu retten, nur aus Verlangen, nur um ihn vielleicht nochmals zu sehen. Und er lief bis vor die Stadt.

Als er nahe bei der Stadt auf die breite Straße gelangte, blieb er stehen, am Eingang des schönen Lustgartens, der einst Kamala gehört hatte, wo er sie einst, in der Sänfte, zum erstenmal gesehen hatte. Das Damalige stand in seiner Seele auf, wieder sah er sich dort stehen, jung, ein bärtiger nackter Samana, das Haar voll Staub. Lange stand Siddharta und blickte durch das offene Tor in den Garten, Mönche in gelben Kutten sah er unter den schönen Bäumen gehen.

Lange stand er, nachdenkend, Bilder sehend, der Geschichte seines Lebens lauschend. Lange stand er, blickte nach den Mönchen, sah statt ihrer den jungen Siddhartha, sah die junge Kamala unter den hohen Bäumen gehen. Deutlich sah er sich, wie er von Kamala bewirtet ward, wie er ihren ersten Kuß empfing, wie er stolz und verächtlich auf sein Brahmanentum zurückblickte, stolz und verlangend sein Weltleben begann. Er sah Kamaswami, sah die Diener, die Gelage, die Würfelspieler, die Musikanten, sah Kamalas Singvogel im Käfig, lebte dies alles nochmals, atmete Sansara, war nochmals alt und müde, fühlte nochmals den Ekel, fühlte nochmals den Wunsch, sich auszulöschen, genas nochmals am heiligen Om.

Nachdem er lange beim Tor des Gartens gestanden war,

sah Siddhartha ein, daß das Verlangen töricht war, das ihn bis zu dieser Stätte getrieben hatte, daß er seinem Sohne nicht helfen konnte, daß er sich nicht an ihn hängen durfte. Tief fühlte er die Liebe zu dem Entflohenen im Herzen, wie eine Wunde, und fühlte zugleich, daß ihm die Wunde nicht gegeben war, um in ihr zu wühlen, daß sie zur Blüte werden und strahlen müsse.

Daß die Wunde zu dieser Stunde noch nicht blühte, noch nicht strahlte, machte ihn traurig. An der Stelle des Wunschzieles, das ihn hierher und dem entflohenen Sohne nachgezogen hatte, stand nun Leere. Traurig setzte er sich nieder, fühlte etwas in seinem Herzen sterben, empfand Leere, sah keine Freude mehr, kein Ziel. Er saß versunken und wartete. Dies hatte er am Flusse gelernt, dies eine: warten, Geduld haben, lauschen. Und er saß und lauschte, im Staub der Straße, lauschte seinem Herzen, wie es müd und traurig ging, wartete auf eine Stimme. Manche Stunde kauerte er lauschend, sah keine Bilder mehr, sank in die Leere, ließ sich sinken, ohne einen Weg zu sehen. Und wenn er die Wunde brennen fühlte, sprach er lautlos das Om, füllte sich mit Om. Die Mönche im Garten sahen ihn, und da er viele Stunden kauerte und auf seinen grauen Haaren der Staub sich sammelte, kam einer gegangen und legte zwei Pisangfrüchte vor ihm nieder. Der Alte sah ihn nicht.

Aus dieser Erstarrung weckte ihn eine Hand, welche seine Schulter berührte. Alsbald erkannte er diese Berührung, die zarte, schamhafte, und kam zu sich. Er erhob sich und begrüßte Vasudeva, welcher ihm nachgegangen war. Und da er in Vasudevas freundliches Gesicht schaute, in die kleinen, wie mit lauter Lächeln ausgefüllten Falten, in die heiteren Augen, da lächelte auch er. Er sah nun die

Pisangfrüchte vor sich liegen, hob sie auf, gab eine dem Fährmann, aß selbst die andere. Darauf ging er schweigend mit Vasudeva in den Wald zurück, kehrte zur Fähre heim. Keiner sprach von dem, was heute geschehen war, keiner nannte den Namen des Knaben, keiner sprach von seiner Flucht, keiner sprach von der Wunde. In der Hütte legte sich Siddhartha auf sein Lager, und da nach einer Weile Vasudeva zu ihm trat, um ihm eine Schale Kokosmilch anzubieten, fand er ihn schon schlafend.

Om

Lange noch brannte die Wunde. Manchen Reisenden mußte Siddhartha über den Fluß setzen, der einen Sohn oder eine Tochter bei sich hatte, und keinen von ihnen sah er, ohne daß er ihn beneidete, ohne daß er dachte: »So viele, so viel Tausende besitzen dies holdeste Glück – warum ich nicht? Auch böse Menschen, auch Diebe und Räuber haben Kinder, und lieben sie, und werden von ihnen geliebt, nur ich nicht.« So einfach, so ohne Verstand dachte er nun, so ähnlich war er den Kindermenschen geworden.

Anders sah er jetzt die Menschen an als früher, weniger klug, weniger stolz, dafür wärmer, dafür neugieriger, beteiligter. Wenn er Reisende der gewöhnlichen Art übersetzte, Kindermenschen, Geschäftsleute, Krieger, Weibervolk, so erschienen diese Leute ihm nicht fremd wie einst: er verstand sie, er verstand und teilte ihr nicht von Gedanken und Einsichten, sondern einzig von Trieben und Wünschen geleitetes Leben, er fühlte sich wie sie. Obwohl er nahe der Vollendung war, und an seiner letzten Wunde trug, schien ihm doch, diese Kindermenschen seien seine Brüder, ihre Eitelkeiten, Begehrlichkeiten und Lächerlichkeiten verloren das Lächerliche für ihn, wurden begreiflich, wurden liebenswert, wurden ihm sogar verehrungswürdig. Die blinde Liebe einer Mutter zu ihrem Kind, den dummen, blinden Stolz eines eingebildeten Vaters auf sein einziges Söhnlein, das blinde, wilde Streben nach Schmuck und nach bewundernden Männeraugen bei einem jungen, eitlen Weibe, alle diese Triebe, alle diese Kindereien, alle diese einfachen, törichten, aber ungeheuer starken, stark lebenden, stark sich durchsetzenden Triebe und Begehrlichkeiten waren für Siddhartha jetzt keine Kindereien mehr, er sah um ihretwillen die Menschen leben, sah sie um ihretwillen Unendliches leisten, Reisen tun, Kriege führen, Unendliches leiden, Unendliches ertragen, und er konnte sie dafür lieben, er sah das Leben, das Lebendige, das Unzerstörbare, das Brahman in jeder ihrer Leidenschaften, jeder ihrer Taten. Liebenswert und bewundernswert waren diese Menschen in ihrer blinden Treue, ihrer blinden Stärke und Zähigkeit. Nichts fehlte ihnen, nichts hatte der Wissende und Denker vor ihnen voraus als eine einzige Kleinigkeit, eine einzige winzige kleine Sache: das Bewußtsein, den bewußten Gedanken der Einheit alles Lebens. Und Siddhartha zweifelte sogar zu mancher Stunde, ob dies Wissen, dieser Gedanke so sehr hoch zu werten, ob nicht auch er vielleicht eine Kinderei der Denkmenschen, der Denk-Kindermenschen sein möchte. In allem andern waren die Weltmenschen dem Weisen ebenbürtig, waren ihm oft weit überlegen, wie ja auch Tiere in ihrem zähen, unbeirrten Tun des Notwendigen in manchen Augenblicken den Menschen überlegen scheinen können.

Langsam blühte, langsam reifte in Siddhartha die Erkenntnis, das Wissen darum, was eigentlich Weisheit sei, was seines langen Suchens Ziel sei. Es war nichts als eine Bereitschaft der Seele, eine Fähigkeit, eine geheime Kunst, jeden Augenblick, mitten im Leben, den Gedanken der Einheit denken, die Einheit fühlen und einatmen zu können. Langsam blühte dies in ihm auf, strahlte ihm aus Vasudevas altem Kindergesicht wider: Harmonie, Wissen um die ewige Vollkommenheit der Welt, Lächeln, Einheit.

Die Wunde aber brannte noch, sehnlich und bitter gedachte Siddhartha seines Sohnes, pflegte seine Liebe und Zärtlichkeit im Herzen, ließ den Schmerz an sich fressen, beging alle Torheiten der Liebe. Nicht von selbst erlosch diese Flamme.

Und eines Tages, als die Wunde heftig brannte, fuhr Siddhartha über den Fluß, gejagt von Sehnsucht, stieg aus und war willens, nach der Stadt zu gehen und seinen Sohn zu suchen. Der Fluß floß sanft und leise, es war in der trokkenen Jahreszeit, aber seine Stimme klang sonderbar: sie lachte! Sie lachte deutlich. Der Fluß lachte, er lachte hell und klar den alten Fährmann aus. Siddhartha blieb stehen, er beugte sich übers Wasser, um noch besser zu hören, und im still ziehenden Wasser sah er sein Gesicht gespiegelt, und in diesem gespiegelten Gesicht war etwas, das ihn erinnerte, etwas Vergessenes, und da er sich besann, fand er es: dies Gesicht glich einem andern, das er einst gekannt und geliebt und auch gefürchtet hatte. Es glich dem Gesicht seines Vaters, des Brahmanen. Und er erinnerte sich, wie er vor Zeiten, ein Jüngling, seinen Vater gezwungen hatte, ihn zu den Büßern gehen zu lassen, wie er Abschied von ihm genommen hatte, wie er gegangen und nie mehr wiedergekommen war. Hatte nicht auch sein Vater um ihn dasselbe Leid gelitten, wie er es nun um seinen Sohn litt? War nicht sein Vater längst gestorben, allein, ohne seinen Sohn wiedergesehen zu haben? Mußte er selbst nicht dies selbe Schicksal erwarten? War es nicht eine Komödie, eine seltsame und dumme Sache, diese Wiederholung, dieses Laufen in einem verhängnisvollen Kreise?

Der Fluß lachte. Ja, es war so, es kam alles wieder, was nicht bis zu Ende gelitten und gelöst ward, es wurden immer wieder dieselben Leiden gelitten. Siddhartha aber stieg wieder in das Boot und fuhr zu der Hütte zurück, seines Vaters gedenkend, seines Sohnes gedenkend, vom Flusse verlacht, mit sich selbst im Streit, geneigt zur Verzweiflung, und nicht minder geneigt, über sich und die ganze Welt laut mitzulachen. Ach, noch blühte die Wunde nicht, noch wehrte sein Herz sich wider das Schicksal, noch strahlte nicht Heiterkeit und Sieg aus seinem Leide. Doch fühlte er Hoffnung, und da er zur Hütte zurückgekehrt war, spürte er ein unbesiegbares Verlangen, sich vor Vasudeva zu öffnen, ihm alles zu zeigen, ihm, dem Meister des Zuhörens, alles zu sagen.

Vasudeva saß in der Hütte und flocht an einem Korbe. Er fuhr nicht mehr mit dem Fährboot, seine Augen begannen schwach zu werden, und nicht nur seine Augen, auch seine Arme und Hände. Unverändert und blühend war nur die Freude und das heitere Wohlwollen seines Gesichtes.

Siddhartha setzte sich zu dem Greise, langsam begann er zu sprechen. Worüber sie niemals gesprochen hatten, davon erzählte er jetzt, von seinem Gange zur Stadt, damals, von der brennenden Wunde, von seinem Neid beim Anblick glücklicher Väter, von seinem Wissen um die Torheit solcher Wünsche, von seinem vergeblichen Kampf wider sie. Alles berichtete er, alles konnte er sagen, auch das Peinlichste, alles ließ sich sagen, alles sich zeigen, alles konnte er erzählen. Er zeigte seine Wunde dar, erzählte auch seine heutige Flucht, wie er übers Wasser gefahren sei, kindischer Flüchtling, willens nach der Stadt zu wandern, wie der Fluß gelacht habe.

Während er sprach, lange sprach, während Vasudeva mit stillem Gesicht lauschte, empfand Siddhartha dies Zuhören Vasudevas stärker, als er es jemals gefühlt hatte, er spürte, wie seine Schmerzen, seine Beängstigungen hinüberflossen, wie seine heimliche Hoffnung hinüberfloß, ihm von drüben wieder entgegenkam. Diesem Zuhörer seine Wunde zu zeigen, war dasselbe wie sie im Flusse baden, bis sie kühl und mit dem Flusse eins wurde. Während er immer noch sprach, immer noch bekannte und beichtete, fühlte Siddhartha mehr und mehr, daß dies nicht mehr Vasudeva, nicht mehr ein Mensch war, der ihm zuhörte, daß dieser regungslos Lauschende seine Beichte in sich einsog wie ein Baum den Regen, daß dieser Regungslose der Fluß selbst, daß er Gott selbst, daß er das Ewige selbst war. Und während Siddhartha aufhörte, an sich und an seine Wunden zu denken, nahm diese Erkenntnis vom veränderten Wesen des Vasudeva von ihm Besitz, und je mehr er es empfand und darein eindrang, desto weniger wunderlich wurde es, desto mehr sah er ein, daß alles in Ordnung und natürlich war, daß Vasudeva schon lange, beinahe schon immer so gewesen sei, daß nur er selbst es nicht ganz erkannt hatte, ja daß er selbst von jenem kaum noch verschieden sei. Er empfand, daß er den alten Vasudeva nun so sehe, wie das Volk die

Götter sieht, und daß dies nicht von Dauer sein könne; er begann im Herzen von Vasudeva Abschied zu nehmen. Dabei sprach er immerfort.
Als er zu Ende gesprochen hatte, richtete Vasudeva seinen freundlichen, etwas schwach gewordenen Blick auf ihn, sprach nicht, strahlte ihm schweigend Liebe und Heiterkeit entgegen, Verständnis und Wissen. Er nahm Siddharthas Hand, führte ihn zum Sitz am Ufer, setzte sich mit ihm nieder, lächelte dem Flusse zu.
»Du hast ihn lachen hören«, sagte er. »Aber du hast nicht alles gehört. Laß uns lauschen, du wirst mehr hören.«
Sie lauschten. Sanft klang der vielstimmige Gesang des Flusses. Siddhartha schaute ins Wasser, und im ziehenden Wasser erschienen ihm Bilder: sein Vater erschien, einsam, um den Sohn trauernd, er selbst erschien, einsam, auch er mit den Banden der Sehnsucht an den fernen Sohn gebunden; es erschien sein Sohn, einsam auch er, der Knabe, begehrlich auf der brennenden Bahn seiner jungen Wünsche stürmend, jeder auf sein Ziel gerichtet, jeder vom Ziel besessen, jeder leidend. Der Fluß sang mit einer Stimme des Leidens, sehnlich sang er, sehnlich floß er seinem Ziele zu, klagend klang seine Stimme.
»Hörst du?« fragte Vasudevas stummer Blick. Siddhartha nickte.
»Höre besser!« flüsterte Vasudeva.
Siddhartha bemühte sich, besser zu hören. Das Bild des Vaters, sein eigenes Bild, das Bild des Sohnes flossen ineinander, auch Kamalas Bild erschien und zerfloß, und das Bild Govindas, und andere Bilder, und flossen ineinander über, wurden alle zum Fluß, strebten alle als Fluß dem Ziele zu, sehnlich, begehrend, leidend, und des Flusses Stimme klang voll Sehnsucht, voll von brennendem

Weh, voll von unstillbarem Verlangen. Zum Ziele strebte der Fluß, Siddhartha sah ihn eilen, den Fluß, der aus ihm und den Seinen und aus allen Menschen bestand, die er je gesehen hatte, alle die Wellen und Wasser eilten, leidend, Zielen zu, vielen Zielen, dem Wasserfall, dem See, der Stromschnelle, dem Meere, und alle Ziele wurden erreicht, und jedem folgte ein neues, und aus dem Wasser ward Dampf und stieg in den Himmel, ward Regen und stürzte aus dem Himmel herab, ward Quelle, ward Bach, ward Fluß, strebte aufs neue, floß aufs neue. Aber die sehnliche Stimme hatte sich verändert. Noch tönte sie, leidvoll, suchend, aber andre Stimmen gesellten sich zu ihr, Stimmen der Freude und des Leides, gute und böse Stimmen, lachende und trauernde, hundert Stimmen, tausend Stimmen.

Siddhartha lauschte. Er war nun ganz Lauscher, ganz ins Zuhören vertieft, ganz leer, ganz einsaugend, er fühlte, daß er nun das Lauschen zu Ende gelernt habe. Oft schon hatte er all dies gehört, diese vielen Stimmen im Fluß, heute klang es neu. Schon konnte er die vielen Stimmen nicht mehr unterscheiden, nicht frohe von weinenden, nicht kindliche von männlichen, sie gehörten alle zusammen, Klage der Sehnsucht und Lachen des Wissenden, Schrei des Zorns und Stöhnen der Sterbenden, alles war eins, alles war ineinander verwoben und verknüpft, tausendfach verschlungen. Und alles zusammen, alle Stimmen, alle Ziele, alles Sehnen, alle Leiden, alle Lust, alles Gute und Böse, alles zusammen war die Welt. Alles zusammen war der Fluß des Geschehens, war die Musik des Lebens. Und wenn Siddhartha aufmerksam diesem Fluß, diesem tausendstimmigen Liede lauschte, wenn er nicht auf das Leid noch auf das Lachen hörte, wenn er seine Seele nicht an irgendeine Stimme band und mit seinem Ich in sie einging, sondern alle hörte, das Ganze, die Einheit vernahm, dann bestand das große Lied der tausend Stimmen aus einem einzigen Worte, das hieß Om: die Vollendung.

»Hörst du?« fragte wieder Vasudevas Blick.

Hell glänzte Vasudevas Lächeln, über all den Runzeln seines alten Antlitzes schwebte es leuchtend, wie über all den Stimmen des Flusses das Om schwebte. Hell glänzte sein Lächeln, als er den Freund anblickte, und hell glänzte nun auch auf Siddharthas Gesicht dasselbe Lächeln auf. Seine Wunde blühte, sein Leid strahlte, sein Ich war in die Einheit geflossen.

In dieser Stunde hörte Siddhartha auf, mit dem Schicksal zu kämpfen, hörte auf zu leiden. Auf seinem Gesicht blühte die Heiterkeit des Wissens, dem kein Wille mehr entgegensteht, das die Vollendung kennt, das einverstanden ist mit dem Fluß des Geschehens, mit dem Strom des Lebens, voll Mitleid, voll Mitlust, dem Strömen hingegeben, der Einheit zugehörig.

Als Vasudeva sich von dem Sitz am Ufer erhob, als er in Siddharthas Augen blickte und die Heiterkeit des Wissens darin strahlen sah, berührte er dessen Schulter leise mit der Hand, in seiner behutsamen und zarten Weise, und sagte: »Ich habe auf diese Stunde gewartet, Lieber. Nun sie gekommen ist, laß mich gehen. Lange habe ich auf diese Stunde gewartet, lange bin ich der Fährmann Vasudeva gewesen. Nun ist es genug. Lebe wohl, Hütte, lebe wohl, Fluß, lebe wohl, Siddhartha!«

Siddhartha verneigte sich tief vor dem Abschiednehmenden.

»Ich habe es gewußt«, sagte er leise. »Du wirst in die Wälder gehen?«

»Ich gehe in die Wälder, ich gehe in die Einheit«, sprach Vasudeva strahlend.
Strahlend ging er hinweg; Siddhartha blickte ihm nach. Mit tiefer Freude, mit tiefem Ernst blickte er ihm nach, sah seine Schritte voll Frieden, sah sein Haupt voll Glanz, sah seine Gestalt voll Licht.

Govinda

Mit anderen Mönchen weilte Govinda einst während einer Rastzeit in dem Lusthain, welchen die Kurtisane Kamala den Jüngern des Gotama geschenkt hatte. Er hörte von einem alten Fährmanne sprechen, welcher eine Tagereise entfernt am Flusse wohne, und der von vielen für einen Weisen gehalten werde. Als Govinda des Weges weiterzog, wählte er den Weg zur Fähre, begierig, diesen Fährmann zu sehen. Denn ob er wohl sein Leben lang nach der Regel gelebt hatte, auch von den jüngeren Mönchen seines Alters und seiner Bescheidenheit wegen mit Ehrfurcht angesehen wurde, war doch in seinem Herzen die Unruhe und das Suchen nicht erloschen.
Er kam zum Flusse, er bat den Alten um Überfahrt, und da sie drüben aus dem Boot stiegen, sagte er zum Alten: »Viel Gutes erweisest du uns Mönchen und Pilgern, viele von uns hast du schon übergesetzt. Bist nicht auch du, Fährmann, ein Sucher nach dem rechten Pfade?«
Sprach Siddhartha, aus den alten Augen lächelnd: »Nennst du dich einen Sucher, o Ehrwürdiger, und bist doch schon hoch in den Jahren und trägst das Gewand der Mönche Gotamas?«

»Wohl bin ich alt«, sprach Govinda, »zu suchen aber habe ich nicht aufgehört. Nie werde ich aufhören zu suchen, dies scheint meine Bestimmung. Auch du, so scheint es mir, hast gesucht. Willst du mir ein Wort sagen, Verehrter?«

Sprach Siddhartha: »Was sollte ich dir, Ehrwürdiger, wohl zu sagen haben? Vielleicht das, daß du allzuviel suchst? Daß du vor Suchen nicht zum Finden kommst?«

»Wie denn?« fragte Govinda.

»Wenn jemand sucht«, sagte Siddhartha, »dann geschieht es leicht, daß sein Auge nur noch das Ding sieht, das er sucht, daß er nichts zu finden, nichts in sich einzulassen vermag, weil er nur immer an das Gesuchte denkt, weil er ein Ziel hat, weil er vom Ziel besessen ist. Suchen heißt: ein Ziel haben. Finden aber heißt: frei sein, offen stehen, kein Ziel haben. Du, Ehrwürdiger, bist vielleicht in der Tat ein Sucher, denn, deinem Ziel nachstrebend, siehst du manches nicht, was nah vor deinen Augen steht.«

»Noch verstehe ich nicht ganz«, bat Govinda, »wie meinst du das?«

Sprach Siddhartha: »Einst, o Ehrwürdiger, vor manchen Jahren, bist du schon einmal an diesem Flusse gewesen und hast am Fluß einen Schlafenden gefunden, und hast dich zu ihm gesetzt, um seinen Schlaf zu behüten. Erkannt aber, o Govinda, hast du den Schlafenden nicht.«

Staunend, wie ein Bezauberter, blickte der Mönch in des Fährmanns Augen.

»Bist du Siddhartha?« fragte er mit scheuer Stimme. »Ich hätte dich auch dieses Mal nicht erkannt! Herzlich grüße ich dich, Siddhartha, herzlich freue ich mich, dich noch-

mals zu sehen! Du hast dich sehr verändert, Freund. – Und nun bist du also ein Fährmann geworden?«
Freundlich lachte Siddhartha. »Ein Fährmann, ja. Manche, Govinda, müssen sich viel verändern, müssen allerlei Gewand tragen, ihrer einer bin ich, Lieber. Sei willkommen, Govinda, und bleibe die Nacht in meiner Hütte.«
Govinda blieb die Nacht in der Hütte und schlief auf dem Lager, das einst Vasudevas Lager gewesen war. Viele Fragen richtete er an den Freund seiner Jugend, vieles mußte ihm Siddhartha aus seinem Leben erzählen.
Als es am andern Morgen Zeit war, die Tageswanderung anzutreten, da sagte Govinda, nicht ohne Zögern, die Worte: »Ehe ich meinen Weg fortsetze, Siddhartha, erlaube mir noch eine Frage. Hast du eine Lehre? Hast du einen Glauben oder ein Wissen, dem du folgst, das dir leben und rechttun hilft?«
Sprach Siddhartha: »Du weißt, Lieber, daß ich schon als junger Mann, damals, als wir bei den Büßern im Walde lebten, dazu kam, den Lehren und Lehrern zu mißtrauen und ihnen den Rücken zu wenden. Ich bin dabei geblieben. Dennoch habe ich seither viele Lehrer gehabt. Eine schöne Kurtisane ist lange Zeit meine Lehrerin gewesen, und ein reicher Kaufmann war mein Lehrer, und einige Würfelspieler. Einmal ist auch ein wandernder Jünger Buddhas mein Lehrer gewesen; er saß bei mir, als ich im Walde eingeschlafen war, auf der Pilgerschaft. Auch von ihm habe ich gelernt, auch ihm bin ich dankbar, sehr dankbar. Am meisten aber habe ich hier von diesem Flusse gelernt, und von meinem Vorgänger, dem Fährmann Vasudeva. Er war ein sehr einfacher Mensch, Vasudeva, er war kein Denker, aber er wußte das Notwendige, so gut wie Gotama, er war ein Vollkommener, ein Heiliger.«

Govinda sagte: »Noch immer, o Siddhartha, liebst du ein wenig den Spott, wie mir scheint. Ich glaube dir und weiß es, daß du nicht einem Lehrer gefolgt bist. Aber hast nicht du selbst, wenn auch nicht eine Lehre, so doch gewisse Gedanken, gewisse Erkenntnisse gefunden, welche dein eigen sind und die dir leben helfen? Wenn du mir von diesen etwas sagen möchtest, würdest du mir das Herz erfreuen.«

Sprach Siddhartha: »Ich habe Gedanken gehabt, ja, und Erkenntnisse, je und je. Ich habe manchmal, für eine Stunde oder für einen Tag, Wissen in mir gefühlt, so wie man Leben in seinem Herzen fühlt. Manche Gedanken waren es, aber schwer wäre es für mich, sie dir mitzuteilen. Sieh, mein Govinda, dies ist einer meiner Gedanken, die ich gefunden habe: Weisheit ist nicht mitteilbar. Weisheit, welche ein Weiser mitzuteilen versucht, klingt immer wie Narrheit.«

»Scherzest du?« fragte Govinda.

»Ich scherze nicht. Ich sage, was ich gefunden habe. Wissen kann man mitteilen, Weisheit aber nicht. Man kann sie finden, man kann sie leben, man kann von ihr getragen werden, man kann mit ihr Wunder tun, aber sagen und lehren kann man sie nicht. Dies war es, was ich schon als Jüngling manchmal ahnte, was mich von den Lehrern fortgetrieben hat. Ich habe einen Gedanken gefunden, Govinda, den du wieder für Scherz oder für Narrheit halten wirst, der aber mein bester Gedanke ist. Er heißt: von jeder Wahrheit ist das Gegenteil ebenso wahr! Nämlich so: eine Wahrheit läßt sich immer nur aussprechen und in Worte hüllen, wenn sie einseitig ist. Einseitig ist alles, was mit Gedanken gedacht und mit Worten gesagt werden kann, alles einseitig, alles halb, alles entbehrt der Ganzheit, des Runden, der Einheit. Wenn der erhabene Gotama lehrend von der Welt sprach, so mußte er sie teilen in Sansara und Nirwana, in Täuschung und Wahrheit, in Leid und Erlösung. Man kann nicht anders, es gibt keinen andern Weg für den, der lehren will. Die Welt selbst aber, das Seiende um uns her und in uns innen, ist nie einseitig. Nie ist ein Mensch, oder eine Tat, ganz Sansara oder ganz Nirwana, nie ist ein Mensch ganz heilig oder ganz sündig. Es scheint ja so, weil wir der Täuschung unterworfen sind, daß Zeit etwas Wirkliches sei. Zeit ist nicht wirklich, Govinda, ich habe dies oft und oft erfahren. Und wenn Zeit nicht wirklich ist, so ist die Spanne, die zwischen Welt und Ewigkeit, zwischen Leid und Seligkeit, zwischen Böse und Gut zu liegen scheint, auch eine Täuschung.«

»Wie das?« fragte Govinda ängstlich.

»Höre gut, Lieber, höre gut! Der Sünder, der ich bin und der du bist, der ist Sünder, aber er wird einst wieder Brahma sein, er wird einst Nirwana erreichen, wird Buddha sein – und nun siehe: dies ›Einst‹ ist Täuschung, ist nur Gleichnis! Der Sünder ist nicht auf dem Weg zur Buddhaschaft unterwegs, er ist nicht in einer Entwicklung begriffen, obwohl unser Denken sich die Dinge nicht anders vorzustellen weiß. Nein, in dem Sünder ist, ist jetzt und heute schon der künftige Buddha, seine Zukunft ist alle schon da, du hast in ihm, in dir, in jedem den werdenden, den möglichen, den verborgenen Buddha zu verehren. Die Welt, Freund Govinda, ist nicht unvollkommen, oder auf einem langsamen Wege zur Vollkommenheit begriffen: nein, sie ist in jedem Augenblick vollkommen, alle Sünde trägt schon die Gnade in sich, alle kleinen Kinder haben schon den Greis in sich, alle Säuglinge den

Tod, alle Sterbenden das ewige Leben. Es ist keinem Menschen möglich, vom anderen zu sehen, wie weit er auf seinem Wege sei, im Räuber und Würfelspieler wartet Buddha, im Brahmanen wartet der Räuber. Es gibt in der tiefen Meditation die Möglichkeit, die Zeit aufzuheben, alles gewesene, seiende und sein werdende Leben als gleichzeitig zu sehen, und da ist alles gut, alles vollkommen, alles ist Brahman. Darum scheint mir das, was ist, gut, es scheint mir Tod wie Leben, Sünde wie Heiligkeit, Klugheit wie Torheit, alles muß so sein, alles bedarf nur meiner Zustimmung, nur meiner Willigkeit, meines liebenden Einverständnisses, so ist es für mich gut, kann mir nie schaden. Ich habe an meinem Leibe und an meiner Seele erfahren, daß ich der Sünde sehr bedurfte, ich bedurfte der Wollust, des Strebens nach Gütern, der Eitelkeit und bedurfte der schmählichsten Verzweiflung, um das Wiederstreben aufgeben zu lernen, um die Welt lieben zu lernen, um sie nicht mehr mit irgendeiner von mir gewünschten, von mir eingebildeten Welt zu vergleichen, einer von mir ausgedachten Art der Vollkommenheit, sondern sie zu lassen, wie sie ist, und sie zu lieben, und ihr gerne anzugehören. – Dies, o Govinda, sind einige von den Gedanken, die mir in den Sinn gekommen sind.«

Siddhartha bückte sich, hob einen Stein vom Erdboden auf und wog ihn in der Hand.

»Dies hier«, sagte er spielend, »ist ein Stein, und er wird in einer bestimmten Zeit vielleicht Erde sein, und wird aus Erde Pflanze werden, oder Tier oder Mensch. Früher nun hätte ich gesagt: ›Dieser Stein ist bloß ein Stein, er ist wertlos, er gehört der Welt der Maja an: aber weil er vielleicht im Kreislauf der Verwandlungen auch Mensch und Geist werden kann, darum schenke ich auch ihm Geltung.‹ So hätte ich früher vielleicht gedacht. Heute aber denke ich: dieser Stein ist Stein, er ist auch Tier, er ist auch Gott, er ist auch Buddha, ich verehre und liebe ihn nicht, weil er einstmals dies oder jenes werden könnte, sondern weil er alles längst und immer ist – und gerade dies, daß er Stein ist, daß er mir jetzt und heute als Stein erscheint, gerade darum liebe ich ihn, und sehe Wert und Sinn in jeder von seinen Adern und Höhlungen, in dem Gelb, in dem Grau, in der Härte, im Klang, den er von sich gibt, wenn ich ihn beklopfe, in der Trockenheit oder Feuchtigkeit seiner Oberfläche. Es gibt Steine, die fühlen sich wie Öl oder wie Seife an, und andre wie Blätter, andre wie Sand, und jeder ist besonders und betet das Om auf seine Weise, jeder ist Brahman, zugleich aber und ebensosehr ist er Stein, ist ölig oder seifig, und gerade das gefällt mir und scheint mir wunderbar und der Anbetung würdig. – Aber mehr laß mich davon nicht sagen. Die Worte tun dem geheimen Sinn nicht gut, es wird immer alles gleich ein wenig anders, wenn man es ausspricht, ein wenig verfälscht, ein wenig närrisch – ja, und auch das ist sehr gut und gefällt mir sehr, auch damit bin ich sehr einverstanden, daß das, was eines Menschen Schatz und Weisheit ist, dem andern immer wie Narrheit klingt.«

Schweigend lauschte Govinda.

»Warum hast du mir das von dem Steine gesagt?« fragte er nach einer Pause zögernd.

»Es geschah ohne Absicht. Oder vielleicht war es so gemeint, daß ich eben den Stein, und den Fluß, und alle diese Dinge, die wir betrachten und von denen wir lernen können, liebe. Einen Stein kann ich lieben, Govinda, und auch einen Baum oder ein Stück Rinde. Das sind Dinge, und Dinge kann man lieben. Worte aber kann ich nicht lieben. Darum sind Lehren nichts für mich, sie haben keine Härte, keine Weiche, keine Farben, keine Kanten, keinen Geruch, keinen Geschmack, sie haben nichts als Worte. Vielleicht ist es dies, was dich hindert, den Frieden zu finden, vielleicht sind es die vielen Worte. Denn auch Erlösung und Tugend, auch Sansara und Nirwana sind bloße Worte, Govinda. Es gibt kein Ding, das Nirwana wäre; es gibt nur das Wort Nirwana.«

Sprach Govinda: »Nicht nur ein Wort, Freund, ist Nirwana. Es ist ein Gedanke.«

Siddhartha fuhr fort: »Ein Gedanke, es mag so sein. Ich muß dir gestehen, Lieber: ich unterscheide zwischen Gedanken und Worten nicht sehr. Offen gesagt, halte ich auch von Gedanken nicht viel. Ich halte von Dingen mehr. Hier auf diesem Fährboot zum Beispiel war ein Mann mein Vorgänger und Lehrer, ein heiliger Mann, der hat manche Jahre lang einfach an den Fluß geglaubt, sonst an nichts. Er hat gemerkt, daß des Flusses Stimme zu ihm sprach, von ihr lernte er, sie erzog und lehrte ihn, der Fluß schien ihm ein Gott, viele Jahre lang wußte er nicht, daß jeder Wind, jede Wolke, jeder Vogel, jeder Käfer genau so göttlich ist und ebensoviel weiß und lehren kann wie der verehrte Fluß. Als dieser Heilige aber in die Wälder ging, da wußte er alles, wußte mehr als du und ich, ohne Lehrer, ohne Bücher, nur weil er an den Fluß geglaubt hatte.«

Govinda sagte: »Aber ist das, was du ›Dinge‹ nennst, denn etwas Wirkliches, etwas Wesenhaftes? Ist das nicht nur Trug der Maja, nur Bild und Schein? Dein Stein, dein Baum, dein Fluß – sind sie denn Wirklichkeiten?«

»Auch dies«, sprach Siddhartha, »bekümmert mich nicht sehr. Mögen die Dinge Schein sein oder nicht, auch ich bin alsdann ja Schein, und so sind sie stets meinesgleichen. Das ist es, was sie mir so lieb und verehrenswert macht: sie sind meinesgleichen. Darum kann ich sie lieben. Und dies ist nun eine Lehre, über welche du lachen wirst: die Liebe, o Govinda, scheint mir von allem die Hauptsache zu sein. Die Welt zu durchschauen, sie zu erklären, sie zu verachten, mag großer Denker Sache sein. Mir aber liegt einzig daran, die Welt lieben zu können, sie nicht zu verachten, sie und mich nicht zu hassen, sie und mich und alle Wesen mit Liebe und Bewunderung und Ehrfurcht betrachten zu können.«

»Dies verstehe ich«, sprach Govinda. »Aber eben dies hat er, der Erhabene, als Trug erkannt. Er gebietet Wohlwollen, Schonung, Mitleid, Duldung, nicht aber Liebe; er verbot uns, unser Herz in Liebe an Irdisches zu fesseln.«

»Ich weiß es«, sagte Siddhartha; sein Lächeln strahlte golden. »Ich weiß es, Govinda. Und siehe, da sind wir mitten im Dickicht der Meinungen drin, im Streit um Worte. Denn ich kann nicht leugnen, meine Worte von der Liebe stehen im Widerspruch, im scheinbaren Widerspruch zu Gotamas Worten. Eben darum mißtraue ich den Worten so sehr, denn ich weiß, dieser Widerspruch ist Täuschung. Ich weiß, daß ich mit Gotama einig bin. Wie sollte denn auch Er die Liebe nicht kennen. Er, der alles Menschensein in seiner Vergänglichkeit, in seiner Nichtigkeit erkannt hat, und dennoch die Menschen so sehr liebte, daß er ein langes, mühevolles Leben einzig darauf verwendet hat, ihnen zu helfen, sie zu lehren! Auch bei ihm, auch bei deinem großen Lehrer, ist mir das Ding lieber als die Worte, sein Tun und Leben wichtiger als sein Reden, die Gebärde seiner Hand wichtiger als seine Meinungen. Nicht im Reden, nicht im Denken sehe ich seine Größe, nur im Tun, im Leben.«

Lange schwiegen die beiden alten Männer. Dann sprach Govinda, indem er sich zum Abschied verneigte: »Ich danke dir, Siddhartha, daß du mir etwas von deinen Gedanken gesagt hast. Es sind zum Teil seltsame Gedanken, nicht alle sind mir sofort verständlich geworden. Dies möge sein, wie es wolle, ich danke dir, und ich wünsche dir ruhige Tage.«

(Heimlich bei sich aber dachte er: Dieser Siddhartha ist ein wunderlicher Mensch, wunderliche Gedanken spricht er aus, närrisch klingt seine Lehre. Anders klingt des Erhabenen reine Lehre, klarer, reiner, verständlicher, nichts Seltsames, Närrisches oder Lächerliches ist in ihr enthalten. Aber anders als seine Gedanken scheinen mir Siddharthas Hände und Füße, seine Augen, seine Stirn, sein Atmen, sein Lächeln, sein Gruß, sein Gang. Nie mehr, seit unser erhabener Gotama in Nirwana einging, nie mehr habe ich einen Menschen angetroffen, von dem ich fühlte: dies ist ein Heiliger! Einzig ihn, diesen Siddhartha, habe ich so gefunden. Mag seine Lehre seltsam sein, mögen seine Worte närrisch klingen, sein Blick und seine Hand, seine Haut und sein Haar, alles an ihm strahlt eine Reinheit, strahlt eine Ruhe, strahlt eine Heiterkeit und Milde und Heiligkeit aus, welche ich an keinem anderen Menschen seit dem letzten Tode unseres erhabenen Lehrers gesehen habe.)

Indem Govinda also dachte, und ein Widerstreit in seinem Herzen war, neigte er sich nochmals zu Siddhartha, von Liebe gezogen. Tief verneigte er sich vor dem ruhig Sitzenden.

»Siddhartha«, sprach er, »wir sind alte Männer geworden. Schwerlich wird einer von uns den andern in dieser Gestalt wiedersehen. Ich sehe, Geliebter, daß du den Frieden gefunden hast. Ich bekenne, ihn nicht gefunden zu haben. Sage mir, Verehrter, noch ein Wort, gib mir etwas mit, das ich fassen, das ich verstehen kann! Gib mir etwas mit auf meinen Weg. Er ist oft beschwerlich, mein Weg, oft finster, Siddhartha.«

Siddhartha schwieg und blickte ihn mit dem immer gleichen, stillen Lächeln an. Starr blickte ihm Govinda ins Gesicht, mit Angst, mit Sehnsucht. Leid und ewiges Suchen stand in seinem Blick geschrieben, ewiges Nichtfinden.

Siddhartha sah es und lächelte.

»Neige dich zu mir!« flüsterte er leise in Govindas Ohr. »Neige dich zu mir her! So, noch näher! Ganz nahe! Küsse mich auf die Stirn, Govinda!«

Während aber Govinda verwundert, und dennoch von großer Liebe und Ahnung gezogen, seinen Worten gehorchte, sich nahe zu ihm neigte und seine Stirn mit den Lippen berührte, geschah ihm etwas Wunderbares. Während seine Gedanken noch bei Siddharthas wunderlichen Worten verweilten, während er sich noch vergeblich und mit Widerstreben bemühte, sich die Zeit hinwegzudenken, sich Nirwana und Sansara als Eines vorzustellen, während sogar eine gewisse Verachtung für die Worte des Freundes in ihm mit einer ungeheuren Liebe und Ehrfurcht stritt, geschah ihm dieses:

Er sah seines Freundes Siddhartha Gesicht nicht mehr, er sah statt dessen andre Gesichter, viele, eine lange Reihe, einen strömenden Fluß von Gesichtern, von Hunderten, von Tausenden, welche alle kamen und vergingen, und doch alle zugleich dazusein schienen, welche alle sich beständig veränderten und erneuerten, und welche doch alle Siddhartha waren. Er sah das Gesicht eines Fisches, eines Karpfens, mit unendlich schmerzvoll geöffnetem Maule, eines sterbenden Fisches, mit brechenden Augen – er sah das Gesicht eines neugeborenen Kindes, rot und voll Falten, zum Weinen verzogen – er sah das Gesicht eines Mörders, sah ihn ein Messer in den Leib eines Menschen stechen – er sah, zur selben Sekunde, diesen Verbrecher gefesselt knien und sein Haupt vom Henker mit einem Schwertschlag abgeschlagen werden – er sah die Körper von Männern und Frauen nackt in Stellungen und Kämpfen rasender Liebe – er sah Leichen ausgestreckt, still, kalt, leer – er sah Tierköpfe, von Ebern, von Krokodilen, von Elefanten, von Stieren, von Vögeln – er sah Götter, sah Krischna, sah Agni – er sah alle diese Gestalten und Gesichter in tausend Beziehungen Zueinander jede der andern helfend, sie liebend, sie hassend, sie vernichtend, sie neu gebärend, jede war ein Sterbenwollen, ein leidenschaftlich schmerzliches Bekenntnis der Vergänglichkeit, und keine starb doch, jede verwandelte sich nur, wurde stets neu geboren, bekam stets ein neues Gesicht, ohne daß doch zwischen einem und dem anderen Gesicht Zeit gelegen wäre – und alle diese Gestalten und Gesichter ruhten, flossen, erzeugten sich, schwammen dahin und strömten ineinander, und über alle war beständig etwas Dünnes, Wesenloses, dennoch Seiendes, wie ein dünnes Glas oder Eis gezogen, wie eine durchsichtige Haut, eine Schale oder Form oder Maske von Wasser, und diese Maske lächelte, und diese Maske war Siddharthas lächelndes Gesicht, das er, Govinda, in eben diesem selben Augenblick mit den Lippen berührte. Und, so sah Govinda, dies Lächeln der Maske, dies Lächeln der Einheit über den strömenden Gestaltungen, dies Lächeln der Gleichzeitigkeit über den tausend Geburten und Toden, dies Lächeln Siddharthas war genau dasselbe, war genau das gleiche, stille, feine, undurchdringliche, vielleicht gütige, vielleicht spöttische, weise, tausendfältige Lächeln Gotamas, des Buddha, wie er selbst es hundertmal mit Ehrfurcht gesehen hatte. So, das wußte Govinda, lächelten die Vollendeten.

Nicht mehr wissend, ob es Zeit gebe, ob diese Schauung eine Sekunde oder hundert Jahre gewährt habe, nicht mehr wissend, ob es einen Siddhartha, ob es einen Gotama, ob es Ich und Du gebe, im Innersten wie von einem göttlichen Pfeile verwundet, dessen Verwundung süß schmeckt, im Innersten verzaubert und aufgelöst, stand Govinda noch eine kleine Weile, über Siddharthas stilles Gesicht gebeugt, das er soeben geküßt hatte, das soeben Schauplatz aller Gestaltungen, alles Werdens, alles Seins gewesen war. Das Antlitz war unverändert, nachdem unter seiner Oberfläche die Tiefe der Tausendfältigkeit sich wieder geschlossen hatte, er lächelte still, lächelte leise und sanft, vielleicht sehr gütig, vielleicht sehr spöttisch, genau, wie er gelächelt hatte, der Erhabene.

Tief verneigte sich Govinda, Tränen liefen, von welchen er nichts wußte, über sein altes Gesicht, wie ein Feuer brannte das Gefühl der innigsten Liebe, der demütigsten Verehrung in seinem Herzen. Tief verneigte er sich, bis zur Erde, vor dem regungslos Sitzenden, dessen Lächeln ihn an alles erinnerte, was er in seinem Leben jemals geliebt hatte, was jemals in seinem Leben ihm wert und heilig gewesen war.

Hermann Hesse
Die Erzählungen

Sonderausgabe in zwei Bänden. 1020 Seiten
Erstmals sämtlich gesammelt und um 12 unbekannte
Erzählungen aus dem Nachlaß ergänzt.

Die Erzählungen Hermann Hesses, hier erstmals zusammengefaßt und in chronologischer Folge geordnet, bekräftigen sinnfällig die Feststellung Thomas Manns: »Deutscheres gibt es nicht als diesen Dichter und das Werk seines Lebens – nichts, das deutscher wäre im alten, frohen, freien und geistigen Sinn, dem der deutsche Name seinen besten Ruhm, dem er die Sympathie der Menschheit verdankt.« Zwar waren Hesses große Erzählungen, *Knulp, Der Steppenwolf, Narziß und Goldmund, Die Morgenlandfahrt,* von jeher bekannt und beachtet, doch die zahlreichen, nicht als Einzelausgaben erschienenen kürzeren Erzählungen sind unbekannter geblieben. In Sammelbänden verstreut, waren sie schwerer zugänglich und nicht als Gesamtheit überschaubar.
Die ersten dieser in fünf Jahrzehnten entstandenen Erzählungen stammen aus dem Jahre 1903, die letzte wurde 1953 geschrieben. Sie zeigen den Weg und die Entwicklungen eines Epikers, dem es kaum um die Fabel und schon gar nicht um Spannung oder Pointen zu tun ist, sondern dessen wohltuend unheldische Helden vor alltäglich-unscheinbarem Hintergrund in immer neuen Brechungen die ganze Vielfalt menschlicher Psychologie und Verhaltungsweise spiegeln. Nicht unerhörte Begebenheiten, sondern das Unerhörte der alltäglichen Begebenheiten kommt hier zu Wort. Denn so vertraut die Schauplätze anmuten, die Konflikte, die dort ausgetragen und beobachtet werden, wachsen weit über das Lokale hinaus. Der Mikrokosmos des scheinbar Provinziellen und des Individuellen verweist vom Detail auf das Ganze. »Er kann«, schrieb Kurt Tucholsky über Hesse, »was nur wenige können. Er kann einen Sommerabend und ein erfrischendes Schwimmbad und die schlaffe Müdigkeit nach körperlicher Anstrengung nicht nur schildern – das wäre nicht schwer. Aber er kann machen, daß uns heiß und kühl und müde ums Herz ist.«